高麗社會와 門閥貴族家門

朴龍雲

景仁文化社

책머리에

1960년대 말까지만 하여도 고려는 귀족사회라는 견해가 별다른 의심 없이 받아들여져 왔다. 하지만 그런 가운데서도 귀족이란 어떤 존재이며, 또 그 사회의 특성은 어떠하였는가 등에 대해서 깊이 있게 천착한 결과물을 쉽사리 대하기는 어려운 실정이었다. 그러다가 70년대에 들어와 고려는 귀족사회가 아니라 '官僚制' 내지는 '家産官僚制' 사회라는 異見이 제기되고, 그에 대한 찬반의 견해들이 속속 발표되면서 논의가 깊어져 귀족사회에 관한 이해의 폭 역시 크게 넓혀질 수 있었다. 평소 귀족사회 문제에 대하여 여러 가지 의문을 가지고 있던 필자는 그 같은 논쟁에 힘입어 귀족사회론을 옹호하는 입장에서 나름으로 의견을 써 본 것이 「高麗 家産官僚制說과 貴族制說에 대한 檢討」라는 글이었다.

한데 그후 꽤 시일이 지나 다시 귀족사회론을 비판하는 논고가 공표되었다. 그것은 일정한 지표를 설정한 바탕 위에서 귀족의 개념과 그 사회의 제특성 등을 검토한 글인데, 그 대상자 가운데 필자도 포함되었으므로 그에 대한 답변의 형식을 취하여 귀족사회론의 재확인 겸 그 내용을 좀더 추구하여 본 것이 바로 이 책의 제1부 첫 번째 논문이다. 그리고 두 번째 논문은 元 간섭기 이후의 정치적 사회적 지배세력으로 알려져 있는 權門과 世族 및 士大夫와 士類・士林을 다룬 글로, 귀족사회론을 주제로 삼은 것은 아니지만 일정한 관련이 있으므로 함께 실었다. 어쩌면 고려를 일관하는 정치적 사회적 지배세력과 그 성격의 파악에 도움을 받을 수 있지 않겠느냐는 생각이 들었기 때문이다.

이에 비해 제2부의 글들은 귀족사회론을 전후하여 이른바 貴族家門으로 평가를 받고 있는 집안을 살펴본 것들이다. 각 집안들의 家系에 나오는 인물들의 직위나 仕宦 방식, 通婚圈 등은 귀족사회의 실상을 파악함에 있어 한 좋은 논거가 된다고 여겨져 왔던 데 따른 것이다.

한데 고려 때는 外家나 妻家 쪽이 親族을 구성하는데 상당한 비중을 차지하는 사회였으므로 父系가 중심이 되는 가문의 파악은 옳지 않다는 견해가 있는 만큼 주의할 점이 없지 않다. 그러나 이런 부분만 유의한다면 가문 중심·姓氏集團의 연구가 당시 사회의 실상을 이해하는데 여전히 한 좋은 방법이라는 생각은 많이 든다. 이 책에서는 상당수에 달하는 가문 중에서 일부만을 검토하는데 그쳤지만, 그런 취지에서 이 방면의 연구는 앞으로 더 진행될 여지가 많다고 본다. 그리고 그것은 결국 고려사회를 파악하는 기초 작업의 일환이 되기도 할 것이다.

이런 종류의 연구 책자가 시장성이 없다는 것은 누구나 다 아는 사실이다. 그럼에도 기꺼이 맡아 출판하여 주시는 경인문화사의 사장과, 말끔한 책자가 되도록 꾸며준 당사 편집진 여러분에게 고맙다는 인사를 드린다. 아울러 이 책이 나오기까지 원고의 입력으로부터 교정 등 여러 가지 궂은 일들을 맡아 수고가 많았던 고려대학교 대학원의 고려시대사 전공자들에게도 감사의 뜻을 전한다.

2003년 7월 일

저 자

<목 차>

제1부

高麗 貴族社會論

제1장

高麗는 貴族社會임을 다시 논함

Ⅰ. 序 論

고려사회의 성격을 규정하는 데는 여러 시각이 있을 수 있지만, 정치적·사회적 지배세력의 측면에서는 흔히들 貴族社會로 파악하여 왔다. 한데 1970年代에 들어와 朴菖熙가 이같은 貴族社會說을 부인하고 고려는 官僚制 내지 家産官僚制 사회로 보아야 한다는 주장을 펴[1] 상당한 기간에 걸쳐 연구자들 사이에 논쟁이 있었다.[2] 그리하여 이 과정에서 고려사회의 성격에 대한 이해가 한층 깊어지게 되었지마는, 그러나 결국 고려는 여전히 귀족사회의 성격을 띤 국가라는 견해가 훨씬 우세하지 않았나 판단된다.

---

1) 朴菖熙, 1973, 「高麗時代 「官僚制」에 대한 고찰」 『歷史學報』 58.
2) 金毅圭·邊太燮·朴菖熙·李基白·朴龍雲·金龍善·韓忠熙·盧明鎬 등 諸氏의 논점이 金毅圭 편, 1985, 『高麗社會의 貴族制說과 官僚制論』, 知識産業社에 수록되어 있다.

그런데 근자에 유승원에 의하여 고려는 귀족사회가 아니라는 주장이 다시 제기되었다.[3] 귀족과 귀족사회의 개념을 그 나름으로 정리한 위에 서서 각 논자들의 견해를 비판함과 동시에 그간 고려를 귀족사회로 이해하는 하나의 중요 논거로 들어왔던 蔭叙制도 실상은 그런게 아니었으며, 또 門閥·家門의 유지기간이나 문벌의식·통혼권 등의 면에서 보더라도 역시 귀족사회로 파악하기는 어렵다는 것이다. 예리하면서도 넓은 안목을 가지고 서양의 중세사회와 중국의 殷·周 및 魏晉南北朝와 唐, 그리고 우리나라의 新羅와 高麗까지를 함께 비교 검토한 그의 논지에는 경청할만한 내용이 매우 많다. 따라서 그의 논고가 이 방면의 이해에 크게 기여하리라는 것은 의심의 여지가 없어 보인다.

하지만 유승원이 다른 연구자들과 엇갈리는 결론을 낸 데는 시각의 차이나 사실의 해석상에서 비롯된 부분이 많은 것 같다. 그러므로 이 자리를 빌어 그가 문제점으로 제기한 것들이긴 하지만, 지난날 고려를 귀족사회로 파악하는 논거들로 들어오기도 했던 상기한 여러 논점들에 대하여 다시 점검하여 보고자 하는 것이다. 그 과정에서 부분적으로 필자와 견해를 달리하는 논지를 편 몇몇 연구자의 의견에 대해서도 얼마간 언급하려고 한다. 그러나 다만 그간에 귀족사회론의 또다른 하나의 논거로 들어왔던 功蔭田柴制에 관해서는 다 알고 있듯이 5品 이상의 고위 관원에게 분급하였다는 설과, 모든 관리를 대상으로 하되, 글자 그대로 공로가 있는 사람에게 한정하여 지급하였다는 설로 대립되어 있는 상황에 더 보탤 의견을 갖고 있지 않으므로 논의를 삼가려 한다. 이점을 포함한 몇몇 미흡한 사안에 대해서는 독자 여러분의 양해가 있으시기 바란다.

---

3) 유승원, 1997, 「고려사회를 귀족사회로 보아야 할 것인가」 『역사비평』 36호.

Ⅱ. 貴族의 槪念과 貴族社會의 實在 문제

고려는 貴族社會가 아니라는 주장을 편 劉承源은 종래의 긍정론자들이 입각하고 있던 貴族의 개념과 지표가 잘못되었거나 방만한 것이었다는 점을 전제로 하여 논지를 전개하고 있다. 그러므로 먼저 이 문제부터 검토하는 것이 순서일 듯싶거니와, 원래 身分制를 깊이 연구한 바 있는 씨는 우선 身分의 개념을 다음과 같이 규정하고 있다. 즉, "신분은 일차적으로 형식적 불평등을 징표로 한다는 점에서 (계층과) 큰 차이가 있다. 다시 말하면 신분의 경우에는 계층과 달리 신분간의 우열 관계가 법제[特權과 差待]에 의해 외적으로 표현된다." 따라서 "결국 신분은 집단간의 법제적 차등을 징표로 하는 집단이며 동시에 그러한 법제적 차등이 세습되도록 규제된 집단이라" 할 수 있다고 정의하고 있는 것이다.[4]

이어서 그는 "신분이 어디까지나 법제적 차등 관계 속에서 설정된 세습적 집단이라면 신분의 분류 – 검출 기준도 당연히 법제적 차등이나 그 세습적 규제에 두어져야 할 것이다"라고 말하면서 그 "법제적 차등이란 사회 성원 사이의 특권과 차대를 가리키며, 이는 통상 권리·의무상의 차등으로 나타나는데" "근대 이전의 신분제 사회에 있어서도 모든 법제적 차등이 상이한 혈통에서 비롯되는 것은 아니므로 개개인의 능력이나 노력에 따라 후천적으로 취득한 지위나 자격에 따라 부여되는 특전은 신분의 분류 – 검출 기준에서 배제되어야 할 것이다"라고 논급하고 있다. 그리하여 "이러한 점에

---

4) 劉承源, 1987, 『朝鮮初期身分制硏究』, 乙酉文化社, 8쪽.

서 신분의 분류-검출 기준은 어디까지나 혈통에 따라 세습되는 법제적 차등-권리·의무상의 차등에 국한될 수밖에 없다"고 결론짓고 있는 것이다.[5]

　유승원의 신분에 대한 개념과 그 분류-검출의 기준이 이와 같았으므로 신분을 나타내는 용어의 하나인 貴族에 대한 개념과 분류-검출의 기준도 역시 동일한 원리 위에서 이루어지고 있다. 그리하여 그는 귀족이란 '법제적 특권의 향유와 그러한 지위의 세습'이라는 요건을 갖춘 존재로 파악하고 있는 것이다. 여기에서 그는 "후천적으로 성취한 지위에 따른 특권은" 물론 "귀족의 지표가 될 수 없다"는 점도 함께 지적하고 있다.[6] 이러한 씨의 이해는 주로 서구 중세의 귀족을 모델로 한 것인데, 그렇기 때문에 『봉건사회』의 저자 마르크 블로크가 귀족이라고 불리기 위해서 지니고 있어야 할 특징으로 든 바, "첫째는 귀족이 갖추고 있다고 자처하는 우월성을 실제로 확인해주고 구체화시켜주는 고유의 법적 신분을 지녀야 한다는 점이고, 그 둘째는 이 법적 신분이 혈통에 의해 영속화되어야 한다는 점이었다"고 말한 것을 인용하여[7] 자신의 立論을 강조하고 있기도 하다.

　그러나 이같은 그의 입론에 異見의 여지가 없는 것은 아니다. 池承鍾의 身分에 관한 견해가 그 하나로, 여러가지 비판 가운데에 우선 주목되는 것은 유승원이 신분의 속성을 법제적 측면에서만 구한게 문제라는 대목이다. 신분은 법제적 신분의 측면과 함께 사회적 신분의 가능성도 있는데 유승원은 이 후자를 염두에 두고 있지 않다고 지적하고 있는 것이다. 그리하여 지승종은 "제도에는 합리

---

5) 위의 저서, 12·13쪽.

6) 유승원, 1997, 「고려사회를 귀족사회로 보아야 할 것인가」『역사비평』 36호, 167·168쪽.

7) 위의 논문, 167쪽. 원문은 韓貞淑譯, 1986,『봉건사회』Ⅱ, 한길사, 11쪽.

적 창안과 인위적 조정에 의한 법제 외에도 民習 혹은 慣習에 의
한 자생적 제도도 있다. 자생적 제도는 법제에 의해 뒷받침되는 경
향이 있으나 그렇지 않은 경우에도 제도로서 기능할 수 있다. 이러
한 구분은 신분에도 유사하게 적용될 수 있다”고 하면서, 유승원은
결국 “법제적 측면에 대한 강조를 통하여 개념의 예리함은 얻었으
나 다른 한편 개념의 범주를 지나치게 좁게 설정함으로써 융통성
과 탄력성을 잃고 있다”고 비판하고 있다.[8)]

그는 이어서, “위와 유사한 문제가 세습성에 대한 그의 견해에서
도 나타난다. 저자는 귀속—성취의 이분법에서 한 걸음 더 나아가
세습—비세습의 이분법을 채용하고 있다. 저자가 의미하는 세습성
은 永代的(즉 子子孫孫)인 것에 국한되며, 귀속적이지만 성취적인
것에서 파생된 것, 限代的인 것 등은 배제되고 있다. 신분이 세습성
에 기초하고 있음에는 의문의 여지가 있을 수 없으나 그 성격을 이
와 같이 좁게 한정지우는 것은 문제가 있다”고도 언급하고 있다.[9)]

요컨대 유승원의 신분에 대한 개념 설정이 너무 엄격하게 되었
다는 비판으로서, 거기에는 法制만이 아니라 慣習 등에 의해 뒷받
침되는 내용도 포함되어야 하며, 또 세습성도 永代的인 것에 국한
시키지 말고 限代的인 것과 함께 귀속적이지만 성취적인 것에서
파생된 것도 인정해야 한다는 견해로 파악된다. 신분 개념의 범주
를 좀더 탄력적으로 설정하는게 옳다는 주장인데, 비교적 납득할
수 있는 견해가 아닌가 한다. 이점은 최근에 洪承基가 신분 문제를
다루면서, “전근대사회에 있어서의 신분도 계급이나 계층과 마찬
가지로 사회구성원을 집단으로 구분하는 단위였다. 구분의 기준은

---

8) 池承鍾, 1988, 「身分槪念定立을 위한 試論」『한국 고·중세 사회의 구
　　조와 변동』, 文學과知性社, 64·65쪽.
9) 위의 논문, 65쪽.

신분상의 지위의 차이였다. 그리고 서로 다른 신분상의 지위는 각기 혈통에 따라서 세습되는 사회적 권리(특권)와 의무(제약)에 의하여 규정되었다. 여기서의 사회적 권리나 의무는 법률이나 관습으로서 또는 불문률로서 정하여졌다"고 한 설명도[10) 참고가 된다.

그런데 이상의 논의는 곧바로 貴族의 개념 문제에도 해당된다고 할 수 있다. 따라서 법제상의 세습특권만을 징표로 삼아 규정하고자 한 유승원의 개념 설정에는 오히려 어느 정도의 융통성을 두는게 좀더 합리적이리라는 생각을 해 보게 되는 것이다. 金龍善이 "고려시대에 귀족에 대한 규정이 法制的으로 마련된 것은 아니었다. 법제적이지 않다는 점에서 이 시대 귀족에 대한 개념은 오히려 社會的인 것이며, 慣習的인 것이라고 할 수 있을 것이다"라고 한 견해는[11) 그같은 점을 염두에 둔 설명이라고 판단된다.

필자도 꽤 오래전에 귀족의 개념을 어떻게 규정하는 것이 좋을까 하는 문제에 관심을 가져, 일단 "貴族은 良民보다는 상위의 特權身分層이라는 것과 이러한 身分은 特權的 家系에 출생함으로써 획득될 수 있다는 점일 것이다. 말하자면 '血의 相續'에 의해서 特權的 身分을 세습하며, 이러한 特權的 身分에 적합한 政治·經濟·社會 등 제부면의 特權的 地位까지도 향유하는 人間이 貴族의 범주 속에 편입될 수 있다는 것이다"라고[12) 설정한 바 있다. 血統에 따른 特權身分層을 상정하고, 그 신분을 세습하며 거기에 수반되는 정치·경제·사회상의 특권적 지위까지 누리는 사람들을 貴族으로 이해한 셈이다. 그런데 보다시피 여기서 그 특권이나 신분이 법제상의 것이었는가, 아니면 사회적·관습적인 것이었는가의 여부는 준별하

---

10) 洪承基, 1995, 「신분제도」『한국사』15, 국사편찬위원회, 13쪽.

11) 金龍善, 1996, 「高麗門閥의 構成要件과 家系」『韓國史研究』93, 3쪽.

12) 朴龍雲, 1977, 「高麗 家産官僚制說과 貴族制說에 대한 檢討」『史叢』21·
22 합집 ; 1980, 『高麗時代 臺諫制度 研究』, 一志社, 309쪽.

지 않았다. 다만 그것들이 제도에 의해 뒷받침되고 사회적으로 인식되고 있다는 정도의 이해였던 것이다. 따라서 필자의 입장은 불문율이나 慣習法 같은 법제상의 뒷받침도 염두에 두지 않은 것은 아니지만 보다 더 사회적·관습적인 것에 기울고 있었다고 하겠는데, 지금도 그 생각에는 변함이 없다. 여전히 고려에는 사회적 신분으로서의 귀족이 분명히 존재했다고 보여지는 것이다.

필자는 중국뿐 아니라 고려를 포함한 우리나라의 귀족은 官職貴族이었다고 이해하였다. "貴族은 곧 官職保有者이었으며, 그들에게 있어 官職은 政治的 權力의 원천이요 경제적 수입원이며 사회적 威勢의 상징이었다." "따라서 관직의 여하는 곧 그 사람의 身分과도 연결되어 있었다"고 보았기 때문이었다. 아울러 관직의 이같은 중요성에 비추어 귀족의 범위나 세대상의 연결 문제를 官品中心으로 고찰해서 좋을 것이라는 시사를 얻게 되고, 그리하여 고려사회의 경우 여러가지 특권이 부여된 官品 5品에 貴族線을 설정할 것과 그러한 지위를 3代 이상 거듭하면 門地를 세워 貴族家門으로 행세할 수 있게도 되었을 것이라는 의견을 제안하였다.[13]

이같은 견해에 대해 金龍善은 먼저 "貴族이라는 身分으로서의 개념과, 官吏라는 階層으로서의 개념이 서로 혼합되어 사용되고 있다"는 점을 지적하기도 하고, 또 고려 때에는 官品보다 官職이 더욱 중요한 의미를 가지고 있었으므로 그 기준으로서 官品을 상정하는 것은 타당치 않다고 비판하고 있다.[14] 하지만 이중 후자의 경우는 어떤 오해에서 비롯된 것 같다. 필자 자신도 '官職貴族' 또는 '貴族은 곧 官職保有者'라고 표현했듯이 官職에 중점을 둔 견

---

13) 위의 논문, 310~314쪽.
14) 金龍善, 1992, 「高麗 貴族社會 成立論」『韓國社會發展史論』, 一潮閣, 84·85쪽.

해였으며, 다만 그것의 높낮이가 官品으로 표시되었으므로 官品 5
品을 설정했던 것으로, '官品 5品'은 곧 '官品 5品 이상의 官職者'
를 염두에 둔 설명이었기 때문이다.[15] 뿐더러 사실 官職과 官品은
불가분의 관계에 있는 것이다.[16] 이점에 대해 洪承基가 "귀족의
신분을 구분하는 기준으로서 단순히 관직과 관품 가운데 어느 것
이 더 중요한가를 따지는 것은 별로 큰 의미가 없어 보인다. 관품
은 관직을 규정하여 주는 일정한 체계이지만, 관직을 규정하지 않
는 관품은 의미가 없는 것이다"라고 한 지적은 매우 타당성있는
설명이라 생각된다. 史料上에 의하더라도, 예컨대 李奎報가 同年
중에 宰相位에 오른 이가 많음을 자랑한데 이어서 "그 나머지 사
람은 혹 3品 4品에 오르고, 혹 制誥·臺諫·郎官을 지내는 이가
무릇 11人이니, 비록 㕘官에는 이르지 못했다 하더라도 혹 7品·8
品·9品에 이른 6人까지 계산에 넣고나면 그 散官에서 마친 나머
지 사람은 몇이나 되겠는가"라고 한 데서 보듯이[17] 관직자를 단순
히 官品만 가지고 일컬을 경우도 흔하다는 사실 역시 이 부분을 이
해하는데 좀 도움이 되지 않을까 싶다.

이에 비하여 "貴族이라는 身分으로서의 개념과, 官吏라는 階層
으로서의 개념이 서로 혼합되어 사용되고 있다"는 비판은 매우 타
당하다고 생각된다. 그러나 일면 보면 이 문제도 동양 내지 한국의
경우 대체적으로 귀족들은 官職者로 존재하였고, 또 그것의 높낮
이가 당해인의 정치적·경제적·사회적 지위를 규정하는 가장 중
요한 기준이 되었으며, 그리하여 신분과도 연결되어 있었다는 점

---

15) 그러나 독자로 하여금 그와 같이 오해하기 쉽도록 서술한 것은 역시 필
   자의 잘못이라고 할 수 있다.
16) 朴龍雲, 1981, 「高麗時代의 文散階」『震檀學報』52 ; 『高麗時代 官
   階·官職 硏究』, 고려대출판부, 107쪽.
17) 『東國李相國集』卷25, 「同年宰相書名記」.

을 감안할 때 그런대로 납득할 수 없는 것은 아니다. 그렇기 때문에 비판자인 金龍善 자신도 어떤 집안이 貴族家門으로 불리기 위해서는 宰樞職의 역임자를 배출하는게 중요했다는 논지를 펴고 있기도 한 것이다.[18] 이렇게 氏는 宰樞職과 같은 고위직만을 염두에 두고 있었으므로[19] 필자가 제시한 "5品이라는 기준선은 귀족의 평가기준으로는 너무 낮다"고 하면서 아마 그렇게 5品 이상, 3世代論을 고려사회에 적용시키면 "3세대에 걸쳐 관리를 배출한 고려의 가문치고 귀족이 되지 않는 가문은 거의 없을 정도이다"라고 주장하는[20] 한편 5品에 어떤 限品制가 적용되는 것은 아니기 때문에 그 기준에 그렇게 큰 의미를 부여할 수 있을까에 대해서도 의문을 표시하였다.[21]

이 가운데에서 3世代論의 문제는 뒷 대목에서 다시 논의하기로 하고, 우선 귀족을 宰樞職의 역임자로 한정하자는 주장에 대해서인데, 필자로서는 여전히 그에 찬동할 수가 없다. 宰樞는 '宰五樞七'이라 하여 전체가 12職으로 그 정원은 17명에 불과하였다. 거기에다가 이들은 闕位인 때가 많았고 兼任의 경우도 있어 실제 재임자는 10명 남짓한게 현실이었다. 필자의 생각처럼 여기에 尙書都省의 僕射를 포함시키고 또 宰樞職의 致仕者까지 감안하더라도 그 숫자는 20명 내외에 지나지 않았다. 이런 극히 제한된 범위를 대상으로 貴族身分 云云하는 것은 아무래도 무리인 듯싶은 것이다. 文班의 경우 그 아래의 3品부터 5品까지는 정원이 160餘員으

---

18) 金龍善, 1996,「高麗門閥의 構成要件과 家系」『韓國史硏究』93, 14·15쪽.
19) 이점은 金龍善의 1992,「高麗 貴族社會 成立論」에 대한 討論『韓國社會發展史論』, 一潮閣, 325쪽에서 閔賢九가 제안한 바 있다.
20) 金龍善, 註 8) 논문, 14쪽.
21) 金龍善, 註 9) 논문, 84·85쪽 및 위의 논문, 3쪽.

로 숫자가 대폭 늘어나지만 이들에게도 광범하게 겸임제가 시행되었으므로 실제의 在任者는 이보다 훨씬 적었지마는, 그에 비해 6品 이하는 대략 290餘員으로 사실 관인들이 5品 이상직으로 승진한다는게 그렇게 수월한 것은 아니었다. 武班의 경우는 한층 더 심하여 3品부터 5品까지의 정원이 150餘員인데 비해 6品부터 9品까지의 정원은 1,600餘員이나 되었다.[22] 이런 상황을 염두에 둘 때 고려시기에 관원을 낸 거의 모든 가문에서 3세대에 걸쳐 5品 이상 관인을 배출하였다고는 생각되지 않는 것이다. 현재 사료상에 전해지는 가문은 대체적으로 상당한 가세를 이어온 집안들이기 때문에 그렇게 짐작될런지 모르겠으나 그 숫자가 전체에 비하면 그렇게 많았다고 보여지지는 않는다.

다음으로 5品에 限品制가 설정되어 있었는가 하는 것인데, 그렇지는 않았다. 고려 때의 限品制는 지역에 따른 차별과 함께 仕路의 다름에 따라서 武班은 3品에서 限品되었고 南班은 7品에서 限品되는 것이 가장 큰 내용을 이루고 있었던 것이다.[23] 그리고 개별적인 요건에 의한 것으로, 京市案에 付籍된 婊女의 失行前 所産은 6品職에 限品한다든가, 僧人 子孫은 西·南班의 7品에 限品한다는[24] 등의 몇몇 규정이 더 찾아지기는 하나 5品이 어떤 일률적인 限品의 획선이 된 것은 아니었다. 하지만 이런 가운데서도 5品 이상관이 6品 이하관과 뚜렷하게 구분되어 여러가지 특권을 부여받고 있는 것은 또한 주목할만한 사안이다. 이미 알려진대로 제도상

---

22) 金龍善의 1992, 「高麗 貴族社會 成立論」에 대한 朴龍雲의 討論『韓國社會發展史論』, 一潮閣, 321쪽 및 朴龍雲, 1993, 「중앙의 정치조직」『한국사』 13, 국사편찬위원회, 112쪽 이하의 도표 참조.

23) 朱雄英, 1994, 「高麗朝의 限職體系와 社會構造」『國史館論叢』 55. 洪承基, 1995, 「사회구조」『한국사』 15.

24)『高麗史』卷75, 選擧志 3 凡限職 毅宗 6年 2月·3月.

으로 文散階에 있어 6品 이하가 郎을 칭한데 비해 5品 이상은 大夫가 되었고, 또 6品 이하는 四考加資케 하면서도 5品 이상은 반드시 王旨를 취득한 후 제수토록 규정하고 있거니와,25) 蔭職이나 功蔭田柴의 수여, 太學에의 입학도 5品 以上官에게만 허여하는 등 이들에게는 여러 종류의 혜택이 베풀어졌던 것이다.

그렇다면 이렇게 5품 이상에 집중되었던 특별한 의미를 지니는 조처들은 어떻게 이해하여야 할까. 위에서 잠시 언급한 바 고려 때의 限職·限品에서 커다란 의미를 지니는 획선의 하나는 南班을 비롯하여 신분상의 痕咎者들에게 적용되던 7品이었다. 그리고 이것은 官制上에서도 뚜렷이 구분되어 7品 이하는 叅外가 되었던데 비해 6品 이상은 叅上(叅內·叅)이 되었다. 말하자면 6品 이상관이 되어야 朝會에 참석할 수 있어 자기의 의사를 중요 국정에 반영이 가능했던 반면에 7品 이하는 그렇지 못했던 것이다. 그런데 고려에서는 6品 이상관이라 하여 모두가 叅上官이 되었던 게 아니었다. 그들 중에도 상당한 수의 관원은 거기에서 제외되어 叅外에 머물렀던 것이다.26) 그러므로 극소수의 예외가 있긴 했지만 叅上官의 주류는 5品官 이상이었다는 설명이 가능해진다. 常叅官制 같은 것은 바로 이와 관련을 가지는 게 아닐까 짐작이 되는데,27) 그러나 常叅은 叅上과 동일한 것이라는 해석도 있어서28) 좀 조심스러운

---

25) 朴龍雲, 1981,「高麗時代의 文散階」『震檀學報』52 ; 1997,『高麗時代 官階·官職 研究』, 고려대출판부, 109·110쪽.

26) 朴龍雲, 위의 논문 87~89쪽.
   李鎭漢, 1997,「高麗時代 叅上·叅外職의 區分과 祿俸」『韓國史研究』99·100, 171~190쪽.

27) 李基白, 1974,「高麗 貴族社會의 形成」『한국사』4, 194쪽 ; 1990,『高麗貴族社會의 形成』,一潮閣, 70쪽.
   朴龍雲, 위의 논문, 108·109쪽.

28) 金塘澤, 1989,「高麗時代의 叅職」『省谷論叢』20, 776·777쪽.

면은 있다. 하지만 어떻든 일부의 6品官을 포함하여 중요 국정의
주 담당자는 5品 이상관이었던 셈이라 할 수 있으며, 그렇기 때문
에 당해 지위에 승진하는데 어려운 조건이 붙었고, 일단 승진한 다
음에는 여러가지 특권이 주어지지 않았나 짐작되는 것이다. 이렇
게 5品 이상관이 된다는 것은 특별한 의미를 지니는 것이며, 그러
므로 거기에 한 기준을 두어 구분하는 것은 여전히 가능하다는 생
각을 버리지 못하는 것이다.

  관직의 품계에 기준을 두어 귀족의 범위를 생각하여 보는 경우
이렇게 5品 이상, 또는 이보다 훨씬 범위를 좁혀서 宰樞級으로 해
야 한다는 견해를 소개하였지마는, 연구자 가운데는 이와 반대로
오히려 보다 넓게 잡자는 의견도 있다. 일찍이 '文武兩班'을 貴族
으로 본 安廓과[29] '官吏群' 내지 '兩班'을 '貴族群'으로 이해한 白
南雲으로부터[30] 근자의 邊太燮[31]·李基白도[32] 이와 유사하게 넓
게 잡으려는 견해를 피력한 일이 있지마는, 특히 洪承基는 그 범위
를 구체적으로 설정하고 있어 주목된다. 즉, 그는 귀족을 개념짓는
기준을 얼마만큼 엄격하게 규정하는냐에 따라 범위는 달라질 수
있는 것인데, 자기로서는 대대로 관직자가 될 수 있다는 사실을 중
시하여 문반·무반뿐 아니라 南班도 귀족으로 보아야 한다고 생
각한다는 주장을 펴고있는 것이다.[33]

  일정한 논리와 기준에 따라 제안된 이같은 그의 견해에는 수긍
되는 점이 많다. 그러나 한편으로 南班이나 下級官僚로 이어온 집

---

29) 安廓, 1923,『朝鮮文明史』, 滙東書舘, 162쪽.
30) 白南雲, 1937,『朝鮮封建社會經濟史』上, 改造社, 274~278쪽.
31) 邊太燮, 1961,「高麗朝의 文班과 武班」『史學硏究』11 ; 1971,『高麗政
    治制度史硏究』, 一潮閣, 276쪽 및 304~317쪽.
32) 李基白, 1974,「高麗 貴族社會의 形成」『한국사』4, 국사편찬위원회,
    190~198쪽 ; 1990,『高麗貴族社會의 形成』, 一潮閣, 66~72쪽.
33) 洪承基, 1995,「신분제도」『한국사』15, 국사편찬위원회, 28~32쪽.

안이 당시 사회에서 '門閥' 또는 '海東甲族'·'名家'·'大家'·'大族' 등으로 지칭되었으며, 또 그들 스스로도 그와 같은 의식을 가지고 있었느냐 하면, 이점에서는 부정적이다. 뿐 아니라 이들에게 부여된 특권도 '귀족적 특권'이라 간주하기에는 미흡하다는 생각이 많이 든다. 이런 관점에서 남반을 포함한 관인층 전체를 귀족으로 보는 데는 주저되는 바가 없지 않다. 이들을 하나의 신분 범주로 파악하는 데는 적극 찬동하나 최고의 신분층이라 할 귀족의 범위는 역시 그들 가운데에서 일정한 선 이상의 부류로 좀 좁히는 것이 옳지 않을까 한다.

이상에서 귀족의 개념에 대하여 검토하였는데, 귀족사회란 그와 같은 "귀족이 지배하는 사회 혹은 귀족층이 핵심을 이루고 있는 사회"로 정의되고 있다.34) 필자도 나름으로 "귀족층이 대부분의 국가 요직을 점유하고 정책의 결정이나 가치의 배분을 貴族制的으로 운영하여 갈 때 그 사회는 곧 貴族制社會라고 할 수 있는 것이다"라고 규정한 일이 있거니와,35) 양자 모두에게 별다른 문제점이 있는 것 같지는 않다.

그런데 유승원은 이 귀족사회를 논함에 있어 '전형적 귀족사회'의 존재와 '실제적 귀족사회'의 존재로 구분하여 설명하고 있다. 이중 전자는 그의 지론대로 법제적 세습특권을 지닌 자들만을 귀족으로 보고 그들이 지배한 사회를 말하는데, 물론 爵位貴族이 중심이 된 서구 중세의 봉건사회를 두고 내린 것이다. 하지만 유승원은 이같은 '전형적 귀족사회'가 서구 지역에만 있었던게 아니라 실은 중국의 殷·周나 우리나라의 新羅도 그에 해당하는 사회로써

---

34) 유승원, 1997, 「고려사회를 귀족사회로 보아야 할 것인가」『역사비평』 36호, 169쪽.
35) 朴龍雲, 1977, 「高麗 家産官僚制說과 貴族制說에 대한 檢討」『史叢』21·22 합집 ; 1980, 『高麗時代 臺諫制度 研究』, 一志社, 314쪽.

그같은 존재는 시대적·지역적 차이와는 무관하게 성립되어 있었다고 주장한다.36)

이에 비해 '실제적 귀족사회'는 법제적인 것은 아니지만 사실상 대대로 특권적 지위를 누리는 집단의 존재를 귀족으로 이해하고 그들에 의해 지배된 사회를 두고 이른 것이다. 그런데 유승원은 이 '실제적 귀족사회'의 존재도 서구 중세의 성주들이 가지고 있던 "영주권이 중세의 어느 시기보다 강성하여 귀족의 지위에 대한 법제화가 이루어진 봉건 2기보다 사실상 그 지위가 더 확고했던" 이른바 '봉건 1기'의 사회만으로 한정하고 있다. 따라서 그는 설명의 편의를 위해 '실제적 귀족사회'를 이야기하고는 있지만 그가 상정하는 사회에서 귀족들이 누리는 세습특권은 다만 법제화가 되지 않았을뿐 그와 같거나 또는 그 이상으로 확고한 것이었다고 파악함으로써 내용적으로는 '전형적 귀족사회'만을 귀족사회로 이해하는 입장을 취하고 있는 것이다. 그러므로 그는 많은 학자들이 인정하는 중국의 魏晉南北朝社會나 우리나라의 高麗社會는 귀족사회가 아니었다고 말하고 있다.37)

유승원이 '실제적 귀족사회'의 범주를 설정하는데 반대하는 것은 그러할 경우 귀족·귀족제의 개념이나 지표가 대폭 확장되어 사고의 혼란을 야기할 위험이 있고, 또 그 귀족·귀족제가 역사적 용어로서의 유용성을 잃게 된다는데 두고 있는데,38) 일리있는 주장이라고 판단된다. 하지만 그가 말하는 기준은 앞서 귀족의 개념을 설명하는 자리에서 지적했듯이 역시 지나치게 엄격하다는 생각이 많이 든다. 각 시기·각 지역의 복잡다기한 사회를 설명하는데

---

36) 유승원, 1997, 「고려사회를 귀족사회로 보아야 할 것인가」『역사비평』
   36호, 170쪽 및 192쪽.
37) 유승원, 위의 논문, 190~194쪽 및 206쪽.
38) 유승원, 위의 논문, 206~209쪽.

있어 탄력성이 전혀 없는 어느 하나의 유일한 기준만을 내세우는 것은 여전히 무리가 적지 않다고 이해되는 것이다. 귀족·귀족사회의 개념이나 지표를 그의 우려처럼 너무 확대 해석해서도 안되겠지만, 만약 당해 사회에 家門·門閥이 형성되어 비록 법제상은 아니라 하더라도 대대로 세습특권을 누리는 귀족이 존재하고 이들이 국가 운영의 중심세력이 되고 있다면 그 사회를 귀족사회라고 불러도 무방하지 않을까 하는 생각이다. 따라서 문제의 핵심은 사실에 있다고 본다.

이런 측면에서 필자로서는 '전형적 귀족사회'니 또는 '실제적 귀족사회'니 하는 표현도 부적절하다고 생각한다. 어느 사회에 나타나는 사실들이 귀족적이면 그 사회는 곧 귀족사회인 것이지, 거기에 '전형적'이니 또는 '실제적'이니 하는 수식어를 붙여 구분하는게 옳은 것인지는 의문이 없지 않은 것이다. 혹 당해 사회가 귀족적 성격이 강하다던가 또 좀 덜하다던가 하는 구분은 얼마든지 가능할 것이다. 그렇다면 후자의 경우 차라리 중국사에서 이미 쓰고 있듯이 '후기귀족사회' 또는 고려사회를 지칭하여 현재 쓰고있는 '門閥貴族社會' 정도가 어떨까 한다. '전형적 귀족사회'니 '실제적 귀족사회'니 하는 표현은 서구의 중세사회를 '전형적 봉건사회'라 한데 대해 동양 내지 우리 사회를 '변형적 봉건사회'·'동양적 봉건사회' 등으로 지칭하며 논쟁을 하였던게 연상되어 쓸쓸한 맛을 느끼게 한다.

다음으로 '전형적 귀족사회론'은 위에서 지적했듯이 서구의 중세사회를 모델로 한 것인데, 그 기준을 중국과 우리 사회에 그대로 적용시킨게 어떤가 하는 문제이다. 물론 비교사학의 입장에서 각기 다른 사회를 함께 검토의 대상으로 삼는 것은 바람직한 일이기도 하나 地方分權化된 사회에서 爵位貴族들이 법제상의 세습특권을 향유하던 그런 체제와는 본질적으로 차이가 나는 중국, 특히 우리나라를 동일한 잣대로 재는 것은 합리적이라고 생각되지 않는 만큼 그에 따른 고려가 있어야 하겠다는 이야기다.

중국의 殷나라(B.C. 16세기~B.C. 11세기)와 西周(B.C. 11세기~B.C. 771), 그중 특히 西周의 封建社會體制下에서 왕실로부터 分封을 받은 諸侯와, 그리고 다시 그들로부터 分封받은 卿·大夫들이 세습적으로 그 지위를 이어가면서 특권을 누렸으므로 이들은 서구 중세의 귀족 또는 귀족사회와 직결시켜 볼 수 있을 것 같다. 그렇기 때문에 유승원도 당시를 동양에 존재했던 '전형적 귀족사회'라고 말하고 있지마는,[39] 그러나 서구 중세의 이른바 '봉건 1기'의 시작을 대략 11세기라고 했을 때 양자간에는 시기상 2천년이나 차이가 나는데 그점을 도외시한 두 사회의 '역사적 비교'가 과연 어떨까 하는 문제가 있고, 아울러 周와는 정치·경제·사회 구조 등이 전혀 다르면서도 또다른 귀족사회로 인식되고 있는 魏晉南北朝, 나아가서 隋·唐과 비교할 때는 필시 잣대의 문제가 크리라 짐작된다.[40]

유승원은 같은 자리에서 骨品體制下의 新羅 貴族과 그 사회도 자기가 일컫는 '전형적 귀족'·'전형적 귀족사회'에 해당한다고 말하고 있다. 하지만 필자로서는 이 부분에 대해서도 찬동하기가 어렵다. 骨品制下의 眞骨이니 6頭品이니 하는 骨品들은 그것 자체가 세습되는 特權身分이었고, 그리하여 그 각각에 해당하는 정치적·사회적 특권도 누렸다. 이런 점에서 그들은 일반적인 귀족의 특성에 보다 가까운 존재였고, 신라는 이들이 중심이 된 사회였으므로

---

39) 유승원, 위의 논문, 192쪽.

40) 이점에 대해서는 朱甫暾, 1992, 「三國時代의 貴族과 貴族制－新羅를 中心으로－」『韓國社會發展史論』, 一潮閣에 대한 宋俊浩·朴漢濟의 토론 요지, 310~317쪽 참조.

역시 '전형적 귀족사회'에 가까운 것이었다고 할 수 있을 것 같다. 그러나 신라는 서구의 나라들과는 달리 중앙집권체제의 사회였다. 그렇기 때문에 眞骨·6頭品 등은 특권신분층이면서도 17官等내의 일정한 官等을 부여받고 그에 따른 직위를 차지함으로써 자기의 역할을 다할 수가 있었다. 그런데 이때 眞骨은 5관등 이상까지도 승진이 가능하였고, 6頭品은 6관등까지 승진할 수 있었지만, 그렇다고 眞骨 또는 6두품이라 하여 그런 고위 관등까지의 승진이 법적으로 보장되어 있는 것은 아니었다. 그들은 다같이 17관등부터 출발하여 승진하다가 하위 관등에서 머물고 마는 경우도 얼마던지 있을 수 있었고, 그에 따른 하급 직위도 감수하지 않으면 안되었던 것이다.41) 지방분권하의 서구 중세 작위귀족들이 그것만으로 제특권을 보장받던 그런 구조와는 매우 다른 것이었다고 하겠다. 이는 물론 정치적·사회적 체제가 다른데 기인하는 것으로써 신라의 骨品貴族과 그 사회를 재는 잣대도 서구의 그것과는 좀 달리 하지 않을 수 없는 것이다.

그 新羅가 붕괴되고 새로이 高麗가 건국되었다. 이에 따라 骨品制도 역사상에서 소멸하고 말았지만, 고려사회에서 骨品과 그것이 규율하던 官等·官職을 대신하여 가장 핵심적 기능을 담당한 것은 官職이었다. 그리하여 고려에서는 이 관직을 지닌 官人을 대대로 배출하는 官人身分層이 형성되었거니와, 그중에서도 고위직 官人을 대를 거듭하여 배출하면서 그에 수반된 특권을 누리는 家門·門閥의 구성원을 귀족으로 이해하고, 이들이 국가 운영의 중심이 되었으므로 그 사회를 귀족사회로 보아도 무방하다는 주장이 나오게 된 것이다.

---

41) 李基東, 1980, 「新羅 骨品制 研究의 現況과 그 課題」 『新羅 骨品制社會와 花郎徒』, 韓國研究院, 48~52쪽.

그런데 유승원은 高麗를 귀족사회로 파악하는 논자들을 '전형적 귀족사회론자'와 '실제적 귀족사회론자'로 2분하고, 전자로는 안확·백남운, 후자로는 변태섭·이기백·박용운을 들었다.[42] 하지만 이 가운데 전자의 한 사람인 백남운의 견해는 지금까지의 연구 결과 사실과는 맞지 않는 '法律的인 封建領主權' 등을 바탕으로 한 것인만큼[43] 논외로 하는게 좋을 것 같고, 안확 역시 '文武兩班'을 귀족으로 보는가 하면 귀족정치의 담당자로 佛敎勢力(僧侶)과 武臣·嬖臣 등을 들고 있어서[44] 그가 과연 유승원이 제시하는 기준에 맞는 '전형적 귀족사회론자'였는지는 의문이다. 따라서 고려사회의 성격을 논한 연구자들은 거의 모두가 유승원의 표현을 빈다면 '실제적 귀족사회론자'였던 셈이라 할 수 있으며, 필자 역시 현재도 고려는 귀족사회였다는 입장에 서고 싶다. 고려사회의 여러가지 사실들을 볼 때 성격이 그러하다고 생각되기 때문이다.

그렇다면 그 논거들은 어떤 것인가. 그것들은 蔭叙制 등과 같이 이미 오래전부터 논의되어 오던 사안들이지만 유승원의 비판을 염두에 두면서 다시 한번 되새겨보기로 한다.

Ⅲ. 蔭叙制와 科擧制의 기능 문제

종래 고려사회의 성격을 논함에 있어 가장 큰 주제가 되었던 것의 하나는 官吏의 등용방식인 蔭叙制와 科擧制였다. 그중 음서제

---

42) 유승원 주 36) 논문, 170쪽.
43) 白南雲, 1937, 『朝鮮封建社會經濟史』 上, 改造社, 274~277쪽.
44) 安廓, 1923, 『朝鮮文明史』, 滙東書舘, 131~139쪽 및 162쪽.

란 父祖의 蔭功에 의하여 그 子孫을 벼슬에 叙用하던 제도로써, 이는 貴族制를 뒷받침하여 주는 제도적 장치였다는 점에서였고, 科擧制는 詩·賦나 유교 경전 등을 과목으로 하여 시험을 치르어 거기에 합격한 사람만을 등용하는 능력 본위의 제도였으므로 反貴族制的 성격을 지녔다는 취지에서 였지마는, 반면에 이들의 기능을 전적으로 그같은 방향에서 파악하는 것은 잘못이라는 의견도 제시되어 많은 논쟁이 있었던 것이다.

그러면 이 가운데에서 먼저 음서제에 대한 논점부터 다시 검토하기로 하겠는데, 지금까지의 연구 결과에 의하면 이 음서에는 5품 이상 고급관료의 자손을 대상으로 한 一般蔭叙와 功臣子孫에 대한 음서 및 祖宗苗裔에 대한 음서 등 세 종류가 있었던 것으로 밝혀졌다. 그중 功臣子孫에 대한 음서는 글자 그대로 三韓功臣·三韓後功臣·配享功臣·戰沒功臣 등 각종 공신의 자손들에게 入仕의 특전을 주었던 것을 말하며, 祖宗苗裔에 대한 음서 역시 왕실의 후손들에게 官爵의 특혜를 베풀던 것인데, 親族의 遠近에 큰 제약을 받지 않았고, 또 1명의 托蔭者가 여러 명의 자손에게 蔭職을 줄 수 있는 특징을 지녔다. 이에 비하면 一般蔭叙는 前二者와 유사하게 君王의 즉위나 王太子의 册封, 太廟에의 祭享 및 旱災·變亂 등에 베풀어지는 特賜蔭叙와 함께 定期的·恒例的으로 주어지는 定規蔭叙가 있었지마는, 그 대상은 直子·收養子·內外孫·女壻·甥·姪·弟에 한정되었고, 음서의 기회도 '1人 1子'에 한하였다고 이해되어 왔으나 이 뒷부분에 대해서는 근자에 '1人 多子'가 가능하였다는 견해도 제시되어 좀 불분명한 점이 있다. 이 제도가 처음 실시되는 것은 대략 成宗朝(982~997)로 추정되는데, 주어지는 初蔭職은 주로 品官과 吏屬의 同正職이었지만 實務의 胥吏와 權務職, 심지어는 品官 實職도 꽤 많이 눈에 띄고, 다시 고려후기

가 되어서는 대부분이 權務職과 武班의 正職으로 바뀌며, 그때의
被蔭者들 나이는 평균 14, 5세 가량이었다.[45]

　이와 같은 음서제의 시행으로 고려 때의 고위 관료들은 아무런
제약없이 그들의 자손을 벼슬시킬 수 있었다. 더구나 被蔭者들이
라 하여 朝鮮朝에서처럼 승진에 어떤 제약을 받았던 것은 아니기
때문에 그들 대부분은 다시 고위직으로 올라가, 현재 찾아지는 사
례들에 의하면 전체 숫자의 50~60%가 宰相職으로까지 승진하고
있으며, 그 나머지 사람들도 거의 모두가 5품 이상직으로 진출하고
있다. 이것은 被蔭者들이 다시 그들 자손에게 음직을 줄 수 있었음
을 뜻하는 것으로써, 이처럼 음서제는 '官職의 傳授'를 가능케한
제도였으며, 그를 통한 家門·門閥의 계승·발전의 양상도 구체
적으로 나타나고 있다. 이런 사실에 유의하여 그동안 고려를 귀족
사회로 보는 논자들은 음서제가 귀족제를 뒷받침해주는 하나의 중
요한 제도적 장치로 이해하여 왔던 것이다.[46]

---

45) 이상의 논점에 대해서는 아래의 논문 참조.
　　金毅圭, 1971, 「高麗朝蔭職小考」 『柳洪烈華甲紀念論叢』.
　　許興植, 1979, 「高麗의 科擧와 門蔭과의 比較」 『韓國史研究』 27 ;
　　1982, 『高麗科擧制度史研究』, 一潮閣.
　　朴龍雲, 1982, 「高麗時代 蔭叙制의 實際와 그 機能」(上·下) 『韓國史
　　研究』 36·37 ; 1990, 『高麗時代 蔭叙制와 科擧制 研究』, 一志社.
　　金龍善, 1982, 「高麗時代 蔭叙制度에 대한 再檢討」 『震檀學報』 53·54
　　합집 ; 1991, 『高麗蔭叙制度研究』, 一潮閣.
　　盧明鎬, 1983, 「高麗時의 承蔭血族과 貴族層의 蔭叙機會」 『金哲埈華
　　甲紀念史學論叢』, 知識産業社.
　　朴龍雲, 1986, 「高麗時代의 蔭叙制에 관한 몇가지 問題」 『高麗史의 諸
　　問題』 ; 1990, 『高麗時代 蔭叙制와 科擧制 研究』, 一志社.
46) 金毅圭, 1971, 「高麗朝蔭職小考」 『柳洪烈華甲紀念論叢』, 121~128쪽.
　　金毅圭, 「高麗官人社會의 性格에 對한 試考」 『歷史學報』 58, 64~68
　　쪽.
　　朴龍雲, 1982, 「高麗時代 蔭叙制의 實際와 그 機能」(下) 『韓國史研究』

그러나 고려를 귀족사회로 보지 않는 논자들은 이 음서제의 기능을 물론 달리 평가한다. 그 한 사람인 朴菖熙는 음서제가 初職을 주는데 불과한 제도였다는 점을 강조하고 있다. 그것은 단순히 初職의 수여에 그치는 제도였기 때문에 그 뒤의 승진은 전적으로 당해인의 능력에 의해야 했으며, 따라서 본인이 有能·有功하지 않으면 고위직에 오를 수 없었다 한다. 그러므로 "음서제는 高官家門의 累代的 官爵承繼制 같은 것은 아니며, 官職 계승제도 아니다. 또한 官職取得이 代代로 이루어졌다 해서 그것은 一般貴族制下에서의 襲官制를 뜻하지 않는다. 즉, 同業種에의 (結果的) 累代의 從事와, 制度上으로 뒷받침된 少數特定家門에 의한 累代的政柄占有 =高官職의 世襲的占有와는 전혀 그 性格을 달리하는" 것이라고 설명하고 있는 것이다.[47]

유승원도 같은 맥락에서 비판하고 있다. 즉, 그는 "유음자손이 누리는 문음의 특전은 당자의 능력이나 노력과는 관계없이 부·조의 훈공에 의해 선천적으로 부여된 특전이기 때문에 귀속적 요소를 지닌 것이다. 그러나, 이러한 귀속적 요소와 세습제·귀족제와는 엄격히 구분되어야 한다"고 언급하고 있는 것이다. 이어서 그는 "원리적으로 세습제란 永代的인 데 반하여 문음은 限代的인 것이며, 세습제는 부조와 상등한 지위가 보장되는 것인데 반해 문음은 단지 입사상의 혜택을 부여할 뿐 그뒤의 지위에 대한 아무런 보장이 없었다. … 또한 세습제는 특정 가문이나 혈통을 기준으로 한 것인 데 반해 문음은 어디까지나 부조의 구체적인 공적에 기초한

---

37 ; 1990,『高麗時代 蔭叙制와 科擧制 研究』, 一志社, 73~83쪽.
　　金龍善,「蔭叙制度와 科擧制度의 比較」『高麗蔭叙制度研究』, 一潮閣, 148쪽.
47) 朴菖熙, 1977,「高麗時代「貴族制社會」說에 대한 再檢討」『白山學報』 23, 114~118쪽.

것이라는 점이다. … 결국 유음자손이란 일종의 귀속적 지위이기는 하나 성취적 지위에서 파생된 것이며 그 귀속성은 한정된 기간 동안에만 유지되는 것으로 전제되어 있으므로 하나의 독립된 신분 집단으로 간주할 수 없다"고도 말하고 있다.[48]

위 두 논자의 주장은 이론상 대체적으로 타당하다고 생각된다. 하지만 이미 개념 문제를 다루면서 지적했듯이 그 기준이 너무 엄격하여 탄력적이지 못하다는 점은 여전한 것 같다. 限代的인 것을 부인한다던가, 성취적 지위에서 파생된 것을 인정하지 않은 것 등이 그러한 부분들이다.

그런데 더 큰 문제는 역시 앞에서 언급한 바 이같은 엄격한 기준이 서구 중세의 지방분권화된 사회와 그곳의 爵位貴族들을 모델로 하여 도출된 것이라는데 있지 않나 한다. 비록 아직 古代社會였던 중국의 周에 서구 중세의 작위귀족과 성격이 유사한 존재가 있었다고 하나 이들을 예외로 하면 본질적으로 정치와 사회의 구조를 달리하는 동양 내지 한국 사회에 저들로부터 도출된 기준을 그대로 적용하는 것은 여전히 무리라 생각되는 것이다. 朴菖熙가 음서제는 初職을 주는데 그치는 제도였다고 비판한 것이나, 유승원이 "세습제는 부조와 상등한 지위가 보장되는 것인데 반해 문음은 단지 입사상의 혜택을 부여할 뿐 그 뒤의 지위에 대한 아무런 보장이 없다"는 비판만 해도 그렇다. 작위귀족이 중심이었던 지방분권체제의 서구 중세사회라면 모르되 왕권 중심의 중앙집권체제사회였던 중국 내지 한국 사회에 도시 초직 뿐 아니라 종국의 고위직까지를 보장하는 제도가 있었으며, 또 있을 수 있을까. 그렇지는 않았다. 異質的인 사회였기 때문이다.

---

48) 유승원, 1997, 「고려사회를 귀족사회로 보아야 할 것인가」『역사비평』 36호, 181·182쪽.

유승원은 자손의 지위가 父祖와 동등하게 보장받은 예로 신라의 骨品貴族을 들었다. 서구 중세의 작위귀족들 경우 아버지가 백작이면 아들도 백작이 되는 것과 같이 신라도 眞骨의 자손은 태어날 때부터 眞骨이 되고, 6頭品 등도 역시 마찬가지였다는 것인데, 옳은 이야기이다. 그리고 이들은 그 骨品에 따라 승진할 수 있는 官等의 한계선도 설정되어 있어 이 방면에서도 특권을 누렸다. 이런 점에서 骨品貴族들은 서구 중세의 爵位貴族과 비교적 근접해 있는 존재였다고 할 수 있다. 하지만 앞서도 설명한 일이 있듯이 서구 중세의 작위귀족들은 그 작위만을 가지고 모든 특권을 누릴 수 있었던 데 비해 신라의 골품귀족들은 최하의 제17관등에서 시작하여 고위 관등으로 승진하고 그에 해당하는 직위를 받아야 비로소 제역할을 다할 수 있었는데, 그 고위 관등·직위로의 승진이 법제상으로나 제도적으로 보장되어 있는게 아니어서 이점에서는 차이가 컸다. 역시 체제상의 상이에서 비롯되는 차이인 것이다. 물론 제1관등부터 제5관등까지는 眞骨만의 차지였고, 제6관등부터 제9관등까지는 眞骨과 6頭品, 그리고 제10관등과 제11관등까지는 眞骨과 6頭品·5頭品, 제12관등 이하는 眞骨 이하 4頭品 등 모두에게 개방되어 있었으므로 고위 관등으로 올라갈수록 眞骨과 6頭品이 많았을 것이다. 그러나 이것은 결과적으로 그렇게 된 것이지 법적인 보장에 의한 것은 아니었다. 그러므로 眞骨이나 6頭品도 하위 관등에서 머물고마는 경우가 얼마든지 있을 수 있었던 것이다. 이같은 측면은 魏晉南北朝 때의 九品中正制에서도 유사하였다. 높은 鄕品을 얻으면 그에 상당하는 起家官에 취임하여 결국 고위 관직으로까지 승진할 수 있게 됨으로써 "上品에 寒門 없고, 下品에 勢族 없다"고 일컬어질 정도였지만[49] 그것이 법적인 보장에 의

---

49) 宮崎市定, 1956, 『九品官人法の硏究』, 同朋舍, 11～13쪽 및 168·169쪽.

해 그와 같은 현상이 있게 된 것은 아니었다. 그같이 운영된 것 뿐인 것이다.

한 단계 더 전진한 고려사회에 있어서의 음서제는 저들 제도와 곧바로 비교될 수 있는 것은 아니었지만 운영 원리는 유사한 점이 많았다. 兩班・官人層이 지배의 중심세력이었던 고려사회에서 당해인의 자손들은 그 신분을 이어갔고, 貴族家門에서 태어나면 역시 그러한 신분출신으로서, 그 신분 자체에 부여된 것은 아니지만 같은 신분에 있는 父祖의 蔭德에 힘입어 벼슬을 할 수 있었다. 이때 그들이 받는 初蔭職은 父祖의 직위에 따라 高下의 차이가 있었거니와, 어떻든 이들은 그와 같이 벼슬을 시작하여 대체적으로 고위직까지 승진하였던 것이다. 그 승진과정에 당사자의 능력 등이 많이 작용하였으리라는 것은 충분히 인정할 수 있다. 그러나 음서 출신자의 대부분이 고위직까지 진출할 수 있었던 데는 그와 더불어 사회의 기본 성격에 기인하는 바가 컸다고 생각된다. 그러한 현상은 한갖 결과론에 지나지 않는 것이라 비판할 수도 있겠지만, 그것은 예정된 결과였다고 할 것이다. 이처럼 동양 내지 한국은 서구와 체제를 달리하고 있는만큼 제도에도 차이가 나고 있지만 그 실제적인 운영에서는 유사한 현상을 나타내고 있다는 사실을 염두에 둘 때 음서제 같은 것이 初職을 주는데 그치고 그 뒤의 지위에 대한 보장이 없다는 점을 유난히 강조하여 그것이 귀족제를 뒷받침하는 제도가 아니었다고 일방적으로 부인하는 것은 옳지 않다고 판단된다. 원리적으로 볼 때 미흡하다거나 한계성이 있는 제도였다는 표현이 적절할 듯한데, 그 역시 체제의 상이와 관련이 깊다는 점에서 변명의 여지가 없는 것은 아니라고 본다.

永代的이나 限代的이나 하는 점과 특정 가문이나 혈통을 기준으로 한 것인가 아니면 父祖의 구체적인 공적에 기초한 것인가 하는 문제도 유사한 논리가 가능하다. 음서제에 있어 '高祖父蔭'이니 '7大祖蔭'이니 하는 功臣子孫에 대한 음서와 '內玄孫의 孫, 外玄孫의 子' 또는 '挾11女의 후손' 등에게까지 혜택을 베푼 祖宗苗裔에 대한 음서는 그 음덕이 미치는 범위가 매우 넓었지마는, 5품 이상 관에게 베푼 一般蔭叙는 사실 본인(托蔭者)으로부터 子·孫까지 3代로 한정되어 제한적이었다. 필자 나름으로는 3代에 걸치는 특권신분층이면 귀족으로 간주해도 좋겠다는 의견을 낸 일이 있거니와, 한편 생각하면 비록 일반음서가 이렇게 3代로 제한되어 있었다 하더라도 실은 음직을 받은 被蔭者가 다시 그 子·孫에게 음직을 줄 수 있으므로 그 이상의 代數에 걸쳐 이어가는데 별다른 장애가 없었다. 혹 父祖에 무슨 문제가 생기더라도 장인·養父·外祖·叔父·外叔·兄 등의 음덕을 입을 수 있었으므로 그점도 우려할 게 못되었다. 그리하여 실제로 고려사회에서는 대대로 고위 관직을 차지한 家門이 다수 나오게 되었거니와, 그때 음직은 공적을 쌓은 관료 개인에 대해 주어지는 것이지만 내용상은 당해 家門·血統에 수여되는 것이나 마찬가지였다고 해도 무방할 듯하다. 이런 취지에서 음서제는 여전히 고려의 귀족제를 뒷받침해 주던 하나의 제도적 장치로 이해해도 좋겠다는 생각이 많이 드는 것이다. 이 이론은 역시 서구 귀족제의 원리에 꼭 들어맞는 것은 아닌데, 체제의 이질성을 감안한다면 그런대로 납득할 수 있지 않나 한다.

　음서제를 귀족제와 관련시켜 이해하지 않으려는 유승원은 이 제도의 실시 동기도 기존 특권층의 요구에 의해서가 아니라 그것은 "능력과 충성을 바칠 수 있는 인물을 자신의 관료로 끌어들이기 위한 유인책으로 국왕측에서 능동적으로 시행했을 가능성이 크다고" 보고 있다.[50] 하지만 이러한 견해는 역시 이 제도가 처음 실시

---

50) 유승원, 1997,「고려사회를 귀족사회로 보아야 할 것인가」『역사비평』

되는 成宗朝의 정치적·사회적 분위기를 주의깊게 살피지 않은
결과인 것 같다. 다 아는 대로 고려 건국 초기는 호족연합정권적
성격을 띠고 있다고 할 만큼 왕권이 미약하였고, 그러다가 光宗의
왕권 강화를 위한 혁신정치를 거쳐 成宗朝에 이르러 비로소 국가
의 기틀이 잡히거니와, 그것은 왕권과 귀족관료들이 권력의 조화
를 이루는 가운데 원만하게 정사를 펴나가는 귀족정치의 형태를
지향했던 것이라 파악되고 있는 것이다. 이때 가장 큰 역할을 담당
한 사람은 崔承老 등의 儒臣勢力으로서, 그들은 유교정치이념에
입각한 중앙집권적 귀족정치를 건의하였고, 국왕인 성종이 그것을
받아들여 곧바로 시책에 반영하였었다.[51] 그리하여 당시에 정비되
는 지배체제는 귀족적 성격을 농후하게 띠고 있었다.[52] 이를 전후
해 崔承老가 時務策 제19조에서 太祖代 功臣의 자손들에게 家門
을 이어갈 수 있도록 官爵을 수여하고 入仕者들에게는 階職을 올
려주어야 할 것이라고 건의하고 있는 데서 잘 드러나듯이 귀족관
료들이 특권을 보장받기 위한 요구가 있었는가 하면[53] 국왕이 그
에 응하여 5品 이상관에게 실제로 여러가지 특혜를 베풀고 있어
서[54] 주목을 끌거니와, 蔭叙制도 그같은 분위기에서 설치되지 않
았을까 짐작된다. 成宗 때는 舊新羅貴族系와 豪族으로 中央貴族

36호, 214·215쪽.

51) 李基白, 1969·1970,「新羅統一期 및 高麗初期의 儒教的 政治理念」
『大東文化研究』6·7 합집 ; 1978,「高麗時代의 國家佛教와 儒教』, 韓
國研究院, 168〜175쪽.

52) 李基白, 1975,「貴族的 政治機構의 成立」『한국사』5, 국사편찬위원회 ;
1990,『高麗貴族社會의 形成』, 一潮閣.

53) 朴龍雲, 1982,「高麗時代 蔭叙制의 實際와 그 機能」(上)『韓國史研究』
36 ; 1990,『高麗時代 蔭叙制와 科擧制 研究』, 一志社, 4·5쪽.

54) 李基白, 1974,「高麗 貴族社會의 形成」『한국사』4, 국사편찬위원회 ;
1990,『高麗貴族社會의 形成』, 一潮閣, 69·70쪽.

化의 길을 걸은 사람[55] 및 開國功臣系를 중심으로 하는 지배층이 대략 제자리를 잡지마는, 이들은 이미 骨品制와 같은 特權을 포기할 수밖에 없는 실정에서 다른 형태의 신분 보장책을 요구했으리라 생각되며, 왕권측에서 이를 수용함으로써 마련된 것이 바로 음서제였다고 이해하는게 훨씬 순리적이라 보여지는 것이다.

이는 그뒤 음서제의 운영에서도 그대로 나타난다. 앞서 음서의 범위가 功臣子孫에 대한 음서나 祖宗苗裔에 대한 음서에서는 더 말할 나위가 없고, 一般蔭叙의 경우도 子·收養子·內外孫·女壻·甥·姪·弟까지 미쳤다고 하였거니와, 이것은 바꾸어 이야기하면 被蔭者가 父·養父·祖·外祖·장인·叔·外叔·兄의 음덕을 입을 수 있었음을 말한다. 거기에다가 1명의 관료(托蔭者)가 1명의 子孫에게만 음직을 줄 수 있었다는 '1人 1子'가 아니라 1명이 여러 子孫에게 줄 수 있었다는 '1人 多子'說을 수용할 경우 음서의 기회는 훨씬 많아진다. 이것은 조건을 갖춘 사람이 원하기만 하면 어떻게 해서든지 혜택을 주고자하는 방향에서 제도가 운영되었음을 의미한다.

나아가서 음직은 비교적 어린 나이에 주어지고 있었다. 앞서 그 평균 연령이 14, 5세였다고 했지마는, 10세 미만이 다수일 뿐더러 최소 5세에 받은 예도 찾아진다. 이것 역시 음서제가 귀족관료들에게 매우 유리하게 운영되었음을 말해주는 것이다. 유승원은 고려에서 시행된 음서제와 동일한 제도였던 중국의 任子制가 역시 귀족제적 요소를 지닌 제도였음에도 불구하고 魏晉南北朝時代의 한 나라인 陳의 경우 反貴族制的으로 기능하는 일면도 있었다는 宮崎市定의 설명을 인용하여 우리나라의 음서제가 지닐 수도 있을지 모르는 그같은 가능성을 강조하고 있지만,[56] 고려의 그것은 역사

---

55) 李基白, 위의 논문, 34~49쪽.

적 배경이나 운영이 저들과 전혀 달랐으므로 그러한 비판을 받아들이기는 어렵다. 고려의 음서제는 서구의 작위귀족과 그 사회를 규정하던 원리에 비추어 일정한 제약성이 있음에도 불구하고 우리나라의 貴族社會를 뒷받침해준 제도적 장치로 기능했다는 이해는 여전히 온당하다고 생각된다.

그러면 다음으로 科擧制의 기능에 대하여 살펴보기로 하자. 科擧는 다들 알고 있고, 또 위에서 잠시 언급도 했듯이 詩·賦나 유교 경전에 대한 능력 등을 시험하여 官吏를 선발하던 고시제도로, 고려에서는 광종 9년(958)에 채택한후 줄곧 시행되었다. 거기에는 시험을 보는 과목에 따라 製述科와 明經科·雜科의 세 종류가 있었지마는, 그중에서 가장 중요한 것은 製述科였다. 그러므로 여기서는 이 科業을 중심으로 하여 설명을 이어가기로 하겠는데, 지금 우리들이 다루고 있는 주제와 관련하여서는 이 제도가 反貴族制的으로 기능하였다는게 큰 줄기였다. 그 대표적인 논자는 역시 朴菖熙로, 그는 科擧가 국왕이 충성스러우면서도 유능한 인재를 되도록 넓은 계층에서 選取하고자 하여 시행한 제도로써 그 "價値體系 속에 萬民을 함유시키는 정치적 효과를" 노렸으며, 그리하여 "科擧制가 下層身分의 官僚에의 上昇移動을 가능케 하는 결정적 기능을" 했다고 말하는가 하면,[57] 좀더 구체적으로 "試驗의 當落은 그가 鄕吏의 子弟이든 京官의 子弟이든 그 個人的 學力이 결정적 尺度가 되었었다. 여기에는 家門이나 그 出自가 문제되지 않았다. 宗族·血統的 背景과 個人의 學力과는 嚴別된 것이다. 그것도 그럴 것이 科試란 바로 有能한 臣僚를 選取하자는 自己目的이 있기

---

56) 유승원, 1997, 「고려사회를 귀족사회로 보아야 할 것인가」 『역사비평』 36호, 186·187쪽.

57) 朴菖熙, 1973, 「高麗時代 「官僚制」에 대한 고찰」 『歷史學報』 58, 40쪽 및 54쪽.

때문이다. 이 過程에서는 貴族的要素가 介入될 餘地가 없다. 즉, 科擧制는 貴族制 파괴의 屬性을 띠고있는 것이다"라고[58] 언급하고 있는 것이다.

그러나 이같은 주장과 견해를 달리하는 李基白은 우선 科擧가 일정한 신분층 이상에게만 개방되어 있었다고 비판한다. 즉, 明經科·雜科는 좀 달랐지만 製述科는 良民 이하층에게 응시자격을 주지 않았음을 강조하고 있는 것이다. 과거제가 지니는 사회적 기능의 한계를 지적한 것이거니와,[59] 그러한 제술과의 응시자격 문제에 대해서는 다른 연구자들도 찬동하고 있다.[60]

李基白은 이어서 成宗代에 한정된 사안이긴 하지만 과거 급제자가 '모두 중앙관리나 지방향리의 가문임'을 확인하고, "그러므로 과거제를 기준으로 하고 말할 때에는, 成宗代의 관직은 중앙관리와 지방향리의 가문에 의해서 독점되어 있었다고 말할 수 있다. 이것은 과거제가 결코 신분을 초월하여 실력만을 기준으로 하고 관리를 등용하는 제도라고 할 수가 없다는 것을 말해 준다"고 언급하고 있다. 그는 이 이외에도 수석 급제자의 절반이나 되는 숫자가 오직 급제했다는 기록밖에 남기고 있지 않다는 점 등을 소개하면서 결국 "科擧試驗은 사회적·정치적·경제적·문화적으로 유리한 지위에 있는 자들이 그들의 특권을 배타적으로 공유하는 하나의 방법이었다고 볼 수 있을 것"이라 결론짓고 있다.[61]

---

58) 朴菖熙, 1977,「高麗時代「貴族制社會」說에 대한 再檢討」『白山學報』 23, 109·110쪽.
59) 李基白, 1974,「高麗 貴族社會의 形成」『한국사』4, 국사편찬위원회 ; 1990,『高麗貴族社會의 形成』, 一潮閣, 57·58쪽.
60) 許興植, 1981,「高麗 科擧의 應試資格」『高麗科擧制度史研究』, 一潮閣, 84·85쪽.
   朴龍雲, 1990,「高麗時代의 科擧－製述科의 應試資格」『高麗時代 蔭叙制와 科擧制 研究』, 一志社, 239〜243쪽.

이같은 비판에 대해 朴菖熙는, 고려는 신분제사회인만큼 응시자가 일정한 신분 이상이어야 한다는 것은 당연한 이야기로써, 자신도 그점을 전제로 해 논지를 편 것이라 언급하여 응시자격 문제에 대해서는 쉽게 동의하고 있으며, 또 特權家門 출신자가 과거제의 운영과 관련하여서도 여러 모로 유리하였을 것이라는 점에 대해서 역시 수긍하고 있다. 하지만 그러면서도 그는 후자와 같은 측면은 고려 때 뿐 아니라 現代社會에서도 일상적으로 체험하고 있는 터로써, 그것은 고려사회 나름에서의 신분적 차이에 따른 일정한 작용이었을 뿐, "科試에서는 응시할 수 있는 층이 광범위하였으며, 그 當落의 결정에 있어서는 個人의 學力 이외의 어떤 다른 요소가 制度上으로나 實際에 있어서 철저히 배제되고 있었다"고 하면서 여전히 "科擧制는 그 本質上 反貴族制的인 것이다"라고 주장하고 있다.[62]

유승원도 이같은 주장에 적극 동조하는 입장이다. 그 역시 비록 赴擧權의 향유가 '특권신분층'에 한정되어 있다 하더라도 "과거란 기성 가문이 가진 전통적 권위나 가문들 사이의 고착된 서열을 전혀 무시해 버리고 똑같은 조건에서 경쟁하게 하여 귀족의 서열을 끊임없이 바꿈으로써 기존의 귀족제적 질서를 파괴하는, 반귀족적 성격을 발휘하게 된다"고 언급하고 있는 것이다. 그러면서 그는 李基白이 "科擧制나 蔭叙制나 혹은 그 밖의 다른 등용방법이나가 모두 신분제에 토대를 둔 귀족 중심의 고려사회에 적합하도록 마련된 제도"라고[63] 말하는 것은 옳지 않다고 비판하면서, "과거제가

---

61) 李基白, 1974,「高麗 貴族社會의 形成」『한국사』 4, 국사편찬위원회 ;
    『高麗貴族社會의 形成』, 一潮閣, 60·61쪽.
62) 朴菖熙, 1977,「高麗時代「貴族制社會」說에 대한 再檢討」『白山學報』
    23, 109~113쪽.
63) 李基白, 1990,「高麗 貴族社會의 形成」『한국사』 4, 국사편찬위원회 ;

원리적으로 반귀족제인 이상, 설사 향리층 이상의 사람 중에서도 주로 문벌자제들에 의해 이용되고 말았다 하더라도, 과거가 가진 본연의 기능이 충분히 발휘되지 못하였다는 정도 이상으로는 표현할 수 없다"고도 말하고 있다.[64]

　이러한 토론 과정을 통하여 우리는 科擧制가 원리상으로는 能力本位의 고시제도로써 反貴族制的 성격을 띠고 있었다는 사실을 재삼 확인하게 된다. 그리고 이같은 제도를 수용한 고려사회의 성격도 다시 한번 되돌아 볼 필요성이 있다는 점 역시 새삼 느끼게 된다. 필자처럼 고려를 귀족사회로 이해한다 하더라도 그 사회에서 자신의 성격에 反하는 科擧制도 수용하지 않으면 안 되었다는 데서 그의 역사적 위상을 다시 짚어보아야 하겠기 때문이다.

　그러나 이점을 확실히 하기 위해서는 한편으로 과거가 원리상 능력본위요 反貴族制的 성격을 지녔다 하더라도 실제의 운영에 있어 그 원리가 얼마나 철저하게 관철되었던가 하는 면도 점검해야 한다. 비판자들의 주장처럼 과연 과거가 순수하게 個人의 學力에만 기준을 두고 선발하던 제도였는가. 그리고 그 제도의 운영과정에서 특권층에게 주어지던 유리한 점들이 "現代社會에서도 일상적으로 체험하고 있는" 정도의 것이며, 또 "과거가 가진 본연의 기능이 충분히 발휘되지 못하였다는 정도"의 것에 불과했던가 하는 사안들이 검토되어야 한다는 것인데, 이 부분에 대해서는 필자로서는 부정적이다.

　현재 고려 때의 과거제에 관한 연구는 비교적 많이 진척되어 있는 편인데, 그것을 보면 얼마나 자신의 원리에 맞게 운영되었는가

　　『高麗貴族社會의 形成』, 一潮閣, 72쪽.
64) 유승원, 1997, 「고려사회를 귀족사회로 보아야 할 것인가」『역사비평』
　　36호, 188·189쪽.

가 의문시되는 측면이 다수 찾아진다. 우선 그 하나가 앞서 지적한 바 製述科의 응시자격이 일정한 선 이상의 향리나 서리 및 官人層의 자손으로 제한되어 있었다는 점이다. 이것은 국가 구성원의 대부분을 거기서 배제하고 있었음을 의미하는 것으로, 赴擧 자체가 특권신분층에 한정되어 있었다는 것을 말한다. 아울러 과거에 응시하려면 교육을 받아야 하는데 그 기관인 國子學에는 3품 이상, 太學에는 5品 이상, 四門學에는 7품 이상의 자손에 한하여 입학할 수 있도록 함으로써 그 숫자를 더욱 좁힐 수 있는 여지를 만들어 놓고 있는가 하면, 반대로 國子監生들에게는 在學중에 성적고시인 考藝試에서 좋은 성적을 얻을 경우와,65) 음서 등을 통해 이미 벼슬길에 오른 在官者들에게는 예비고시를 거치지 않고 직접 本考試인 東堂試(禮部試)에 응시하게 하여66) 급제에 유리하도록 조처해 놓고도 있다.

이렇게 고려 때의 과거는 응시자격이나 그 과정에서부터 특권신분층에게 혜택이 돌아가도록 배려되고 있었지마는, 科試 그 자체에서도 마찬가지였다. 擧子가 시험을 치르기 이전에 行卷과 家狀을 貢院에 제출하게 되어있는 제도가 그것이었다. 이중 行卷이란 과거에 앞서 당해자가 自作의 詩文을 과거 담당관에게 제출하여 當落을 결정할 때에 참고 사항으로 삼게하던 것으로, 이는 급제를 위한 사전운동과 같은 것이었다.67) 아울러 家狀은 본인의 신분과

---

65) 許興植, 1974, 「高麗 科擧制度의 成立과 發展」『韓國史研究』 10 ; 1981,『高麗科擧制度史研究』, 一潮閣, 34쪽.
    朴龍雲, 1988, 「高麗時代 科擧의 考試와 體系에 대한 檢討」『韓國史研究』61·62 ; 1990,『高麗時代 蔭叙制와 科擧制 研究』, 一志社, 167쪽 및 193쪽.
66) 許興植, 위의 논문, 74·75쪽 및 79·80쪽.
    朴龍雲, 위의 논문, 195∼197쪽.
67) 荒木敏一, 1969,『宋代科擧制度研究』, 同朋舍, 3쪽 및 8쪽.

家勢를 알아보도록 하기 위해 당해인의 姓名과 本貫·4祖와 그들이 역임했던 官職·응시자격·年齡 등을 기록해 제출한 문서이지만, 이 역시도 시험에 적지않은 영향을 미쳤다고 짐작되는 것이다. 구체적으로 仁宗朝의 首相이던 金富軾의 아들 金敦中은 次席으로 급제하였는데도 왕이 그의 아버지를 위로하고자 首席으로 올려주고 있으며, 좀 시기가 뒤지는 사실이기는 하나 李穀과 許伯이 과거를 관장하면서 私情에 이끌려 대부분 '世家의 不學子弟'들을 선발, 憲司의 탄핵을 받은 일이 있고, 또 代言 尹就는 成均試를 관장하여 가려뽑은 인원이 모두 '勢家의 乳臭之童'이었으므로 당시 사람들이 '粉紅牓'이라고 기롱했다는 이야기는[68] 이점을 이해하는데 좋은 참고가 된다.

거기에다가 擧子들이 절차를 밟아 과거에 급제했다 하여 그로써 곧바로 발령을 받은 것은 아니었다. 일정한 기간 동안 대기해야 비로소 관직에 보임받았던 것이다. 그런데 그 대기 기간이 어떤 사람은 몇개월에 지나지 않았으나 혹자는 1년 또는 5년 가량이나 되었으며 고려후기에는 심지어 아예 보임받지 못하는 경우도 있었다. 이렇게 사람에 따라 대기 기간이 일정치 않아 長短에 차이가 있었는데, 그와 같이 된 가장 큰 원인은 당해자의 家門·門閥 정도였던 것으로 생각된다.[69]

이점은 급제자가 初職을 받을 때도 그대로 나타난다. 초직 수여에 대한 일정한 규정 역시 없어서 어떤 사람은 매우 유리한 京職을

河元洙, 1995,『唐代의 進士科와 士人에 관한 研究』, 서울大 博士學位論文, 172~177쪽.

68) 이 부분에 대해서는 朴龍雲, 1977,「高麗 家産官僚制說과 貴族制說에 대한 檢討」『史叢』21·22 합집 ; 1980,『高麗時代 臺諫制度 研究』, 一志社, 315쪽 참조.

69) 朴龍雲, 1990,「高麗時代의 科擧—製述科의 運營」『高麗時代 蔭叙制와 科擧制 研究』, 一志社, 285~287쪽.

받았던데 비해 많은 人員은 불리한 外職을 받았으며, 다시 그들 가운데서도 높낮이에 차이가 있었던 것이다. 이때의 利·不利는 及第成績에 의해 영향을 받는 부분도 없지 않았으나 결정적인 요인은 여전히 家門·門閥의 정도였다고 이해되고 있는 것이다.[70] 사실 급제했다는 것은 官僚의 후보자가 되었다는 것일뿐, 이들이 관직에 나가기 위해서는 吏部의 銓注와 臺諫의 심사과정이 뒤따랐지마는, 이런 각 단계에서 중요하게 기능한 것은 實力보다 오히려 家門이었지 않았나 짐작된다.

고려시대 과거제 운영의 실상은 대략 이상과 같은 것이었다. 그것은 원리상으로는 능력본위·실력본위를 표방한 제도였으나 실제에 있어서는 그렇지 못하여 특권신분층의 이익에 합치되도록 운영되는 면이 많았던 것이다. 그 양상은 "과거가 가진 본연의 기능이 충분히 발휘되지 못하는" 수준의 것이라 말할 수 있는게 아니었으며, 현대사회에서 기득권층이 사회적 진출 등에서 좀더 순조로울 수 있는 것과 비교하여 논의될 수 있는 수준은 더더욱 아니었다. 앞서 과거제가 "신분제에 토대를 둔 귀족 중심의 고려사회에 적합하도록 마련된 제도"라고 한 평가는 옳지 않다는 비판이 있다고 소개한 바 있거니와, '적합하도록 마련된 제도'라는 평가가 좀 심한 면이 있다손 치더라도 '어울리는 제도' 정도의 수준은 아니었나 싶다.

그러면 능력본위·실력본위를 원리로 하는 과거가 어찌하여 그와 같이 운영될 수밖에 없었을까. 그것은 더 말할 필요도 없이 과거제 역시 당해 사회의 소산물이기 때문이었을 것이다. 고려는 신라의 骨品體制를 타파하고 건국된 한 걸음 전진된 사회였다. 하지만 새로이 수립된 신분질서 속에서 지배층의 신분과 정치적 권익

---

70) 朴龍雲, 위의 논문, 277~287쪽.

을 보장할 새로운 제도가 요구되어 蔭敍制를 마련하였고, 그러면 서도 변화된 사회의 분위기를 반영하여 능력을 본위로 하는 科擧制도 채택하였으나 여기에도 결국은 지배신분층이 자기네 권익을 보호할 수 있는 여러가지 장치를 설치했던 것이라 생각된다. 과거제 역시 고려의 귀족사회에서 그렇게 '동떨어지지는 않은 제도' 내지 '어울리는 제도'였다고 보여지는 것이다. 그러나 能力本位요 反貴族制的 요소를 지닌 과거제가 채택되었다는 것 자체와, 또 그것의 기능이 일정한 제약 속에서도 상당히 발휘되었다는 점 역시 염두에 두어야만할 사안인 것도 틀림없다고 하겠다.

Ⅳ. 門閥·家門의 지속성 문제

종래 고려가 귀족사회였음을 입증하는 하나의 근거로 貴族官僚들이 代를 이어가며 고위 관직을 역임하는 현상을 들어왔다. 이것은 더 말할 나위도 없이 어느 家門·門閥의 번성도와 지속성을 밝혀 당해 사회의 성격을 가늠해보려는 시도였거니와, 그같은 방법에 대해서는 논자들간에 異見이 없는 것 같다.

그런데 문제는 그 기준이다. 이 부분에 있어 필자는 앞서도 설명했듯이 3세대론을 제안했었다. 사회적으로 하나의 門閥 또는 家門으로 인정받기 위해서는 3세대는 경과해야 된다고 생각했기 때문인데, 실제에 있어서도 고려사회에서는 이 3代가 어느 집안의 정도를 알아보는데 여러모로 척도가 되고 있다.71) 때문에 金龍善도 부분적으로 필자의 견해에 동조하고 있다. 즉, "고려지배층들의 일상

생활에 영향을 미치는 친족의 범위는 법규상으로 3세대 친족이라고 할 수 있으며, 실제 대부분의 가문도 3세대 조상 정도를 밝히는 것만으로도 충분히 귀족 가문임을 자랑할 수 있었다고 생각된다”고[72] 언급하고 있는 것이다.

그러면서도 한편 그는 잇대어서, “그러나 때로는 2세대를 거치는 동안에도 문벌은 충분히 형성될 수 있었다. 따라서 귀족의 신분이 결정되고 문벌로서 평가받기 위해 중요한 것은 세대수가 아니라, 조상 중에 얼마나 출세한 인물이 있는가에 달려있다고 말할 수 있다”고도[73] 주장하여, 동시에 다른 견해를 밝히고도 있다. 하지만 그의 주장 가운데에서 세대수가 문제가 되지 않고 단지 얼마나 출세한 인물이 있는가에 달려있다는 견해에는 필자로서는 찬동할 수가 없다. 여기서 출세한 인물이란 그의 견해에 따르면 宰樞級을 말하는데, 그같은 지위에 오르고도 귀족가문을 이루지 못한 예가 다수 찾아지기 때문이다. 그 하나로 이미 거론된 바 있는 拓俊京을 들 수 있을 것이다. 그는 胥吏에서 起身하여 戰功을 세우고 당대의 權臣인 李資謙과 혼인을 맺기도 하면서 門下侍郎(正2品)·判兵部事로 亞相의 지위에까지 오르지만 李·拓의 난에 가담했다가 자신 대에서 몰락하고 만다.[74] 우리는 그의 집안을 아무도 貴族家門이라 인정해주지 않고 있는 것이다. 더구나 세대의 문제는 귀족과 같은 신분을 재는 지표인 ‘歷史의 堆積’ 내지는 世襲의 원리에 해당하는 것이므로 이 부분을 도외시해서는 안된다고 생각한다.

---

71) 朴龍雲, 1977, 「高麗 家産官僚制說과 貴族制說에 대한 檢討」『史叢』21·22 합집 ; 1980, 『高麗時代 臺諫制度 研究』, 一志社, 312~314쪽.
   金龍善, 1996, 「高麗門閥의 構成要件과 家系」『韓國史研究』93, 10~12쪽.
72) 金龍善, 위의 논문, 13쪽.
73) 金龍善, 위와 같음.
74) 『高麗史』卷127, 列傳 拓俊京傳.

金龍善도 표현은 그렇게 하였지만 이 부분을 누구보다 잘 이해하고 있어서 3세대론도 언급한 바 있다고 했거니와, 그러면서도 그는 위에서 언급한 것처럼 2세대의 경과만으로 門閥이 형성될 수 있었다는 의견을 동시에 내놓고 있다. 그가 이같은 주장을 편 것은 실례가 찾아지기 때문이었는데, 그 사례로 李齊賢·李達尊 집안인 慶州李氏와 鄭穆·鄭沆의 東萊鄭氏, 그리고 柳邦憲의 全州柳氏를 들었다.[75]

그중 李達尊의 경우 本人의 묘지명에 '奕世門閥' 출신이라 지칭되었는데, 그것은 檢校政丞(從1品)을 지낸 祖父 李瑱과 都僉議政丞(從1品)을 지낸 부친 李齊賢을 두고 이른 것이라 해석하여 그의 집안을 2대 동안에 문벌을 이룬 한 예로 보았다. 하지만 그도 언급하고 있듯이 李齊賢 묘지명에는 고려의 三韓功臣이었다는 金書 이하 여러 代에 걸치는 계보를 밝히는 가운데에 得堅(正7品 尙衣直長同正)→翮(從2品 贈左僕射 또는 從2品 門下評理)→瑱→齊賢을 열거하고 있다. 이 가운데에서 得堅의 지위는 보잘게 없었으나 翮의 경우 李齊賢 묘지명에는 贈左僕射라 했으나 다른 曾孫의 한 사람인 達衷의 行狀에는 門下評理로 되어 있어 좀 미심한 면이 있으나 상당한 지위에 올랐으리라는 짐작을 할 수 있다.[76] 거기에다가 達尊 자신도 正4品인 典理摠郞을 역임하였거니와, 이런 여러 사실을 감안할 때 단순히 그의 집안을 2대 동안에 문벌을 형성한 가문으로 보아야 할지는 의문의 여지가 없지 않다.

다음 柳邦憲은 光宗 때 벼슬을 시작하여 顯宗 때에 門下侍郞平章事(正2品)의 지위에까지 올랐던 인물이거니와, 이어서 아들 岡鐸

---

75) 金龍善, 1996,「高麗門閥의 構成要件과 家系」『韓國史硏究』93, 12·13쪽.

76) 金龍善編著,『高麗墓誌銘集成』517쪽, 李達尊墓誌銘·同, 587·588쪽 李齊賢墓誌銘·『霽亭集』卷4, 附錄 李達衷行狀.

은 正6品인 尙舍奉御에 그쳤으나 僧統이 된 손자 柳昶雲 대에 이르러 그의 가문을 '世爲大族'이라 칭하고 있다. 이런 데서 역시 3세대론의 문제점이 찾아진다는 이야기이지마는, 그러나 柳邦憲의 묘지명에 의하면 그의 증조인 其休는 벼슬을 하여 角干에 이르렀고, 祖父인 法攀은 後百濟에 벼슬을 하여 右將軍을 지냈으며, 부친인 潤謙은 지방의 작은 벼슬을 한 것으로 되어 있다.[77] 이처럼 全州柳氏 출신들은 후삼국의 혼란을 전후한 시기에 활동했던 사람들로 起伏은 있었으나 柳邦憲의 선조 가운데는 상당한 지위에 오른 인물들도 있었음을 알 수 있는데, '世爲大族'이라는 기술은 아마 이런 사실까지를 감안한 표현으로 짐작된다. 하지만 고려조에 들어와서의 가세만을 따진다면 '世爲大族'이라는 표현이 옳지 않다는 것은 명확한 듯싶고, 따라서 그 가문을 예로 들어 3세대론을 비판하는게 적절하다고는 역시 생각되지 않는다.

東萊鄭氏를 중앙 관인의 집안으로 起家시키는 鄭穆(1040, 靖宗 7년~1105, 肅宗 10년)은 東萊郡의 戶長이던 文道의 아들이었다. 이렇게 鄭穆은 향리의 자로써 청운의 뜻을 품고 上京하여 고난 끝에 과거에 급제하고 벼슬을 하여 從3品인 攝大府卿까지 승진하였던 것이다. 그런데 그의 네 아들중 맏인 濟를 제외한 셋이 모두 급제하여 집안은 안정된 기반을 잡게 되었다. 즉 이들은 그후 벼슬을 하여 둘째인 漸은 刑部郎中(正5品), 셋째인 澤은 給事中(從4品), 넷째인 沆은 知樞密院事(從2品)의 지위에 올랐던 것이다. 그중 특히 넷째는 보다시피 宰相까지 역임하였고, 그러는 동안에 다시 아들 叙를 음서로 벼슬을 시키거니와, 그는 中丞(從4品), 侍郎(正4品)까지 승진하며 外戚으로 門閥家의 일원이었던 定安任氏 任元敱의 딸을 아내로 맞았다.[78] 이로써 東萊鄭氏는 역시 門閥의 하나로 등

---

77) 『高麗墓誌銘集成』 16쪽, 柳邦憲墓誌銘・同 50쪽, 柳昶雲墓誌銘.

장하는데, 다만 金龍善은 鄭叙가 그런 혜택을 누릴 수 있도록 조건을 갖춘 鄭穆→鄭沆의 2대를 거치면서 벌써 이 집안은 門閥이 이루어졌다고 보아 2세대만으로도 귀족가문이 형성될 수 있었음을 주장하고 있는 것이다.

여기에서 세대를 계산할 때 定安任氏와 혼인하는데 주 역할을 했을 아버지 鄭沆代까지 따질 것인가, 아니면 당사자인 아들 鄭叙代까지 따질 것인가 하는 문제와, 鄭沆의 위치를 살피는데 있어 아버지 鄭穆과 같이 종적인 위치에 있는 경우와 함께 가문의 格을 높이는데 필시 한 큰 몫을 했을 두 형 鄭漸·鄭澤 등 횡적인 위치에 있는 경우는 어떻게 평가해주어야 할 것인가 하는 미묘한 문제가 대두된다. 더구나 고려에서와 같이 신분·귀족이 법적 내지 명목상의 규정에서가 아니라 사회인식상의 측면이 많았음을 감안할 때 그것은 한층 복잡해진다. 필자가 제안한 3세대론은 祖-父-己의 3대를 염두에 둔 것이었거니와, 이것이 기본이긴 하되 그것이 사회인식과 관련되어 있으므로 해서 어느 한 시점을 딱 잘라 이야기하기는 어렵다는 점을 새삼 느끼게 된다.

어떻든 金龍善은 貴族의 존재와 귀족사회의 실재를 인정하는 전제 위에서 門閥이 '때로는' 2세대를 거치는 동안에도 형성될 수 있었다고 이해하고 있는 것인데 비해, 유승원은 그 반대로 고려사회에서는 그것의 유지기간이 너무 짧아 귀족과 귀족사회의 존재를 인정하기 어렵다는 논지를 펴고 있다. 그러면서 그는 그 기준을 "직계로 따져 2품 이상의 재상을 얼마나 배출하였나"로 잡는다는 점도 언급하고 있다. 그러할 때 고려전기의 최대 문벌인 慶源李氏

---

78) 『高麗墓誌銘集成』, 34~37쪽, 鄭穆墓誌銘·同 61~63쪽, 鄭沆墓誌銘. 이 가문에 대해서는 朴龍雲, 1993, 「高麗時代의 東萊鄭氏家門 分析」 『泰東古典硏究』 10 (本書 所收) 참조.

는 3대, 海州崔氏 5대, 定安任氏 5대, 坡平尹氏 3대, 慶州金氏 4대, 鐵原崔氏 5대로 나타나며, 여타 가문들도 대부분 2~3대 정도에 그치고 있다는 것이다.[79]

하지만 이와 같은 유승원의 이해에 필자는 역시 동의하기가 어렵다. 그런 이유중 하나는 앞서 재상의 정원이 극히 제한되어 있었으므로 그들 숫자만 가지고 어느 가문을 살핀다는 것은 타당치 않다고 설명하였거니와, 여기서도 같은 이야기가 되겠다. 그런 제약성 때문에 재상급의 배출, 그것도 중간에 1대도 거르지 않고 이어간 가문만을 염두에 두고 세대의 수를 따진다는 것은 여전히 지나치게 엄격한 기준으로서 그 유지기간이 길지 않다는 것은 사실 당연하면서도 자연스런 결과라 할 수 있는 것이다. 한데 그런 속에서도 어떤 가문은 재상으로 3~5대를 이어갔다 하는데, 그렇다면 그런 가문들은 門閥로서만이 아니라 사회적으로 귀족가문이라 인식될 수 있는 요건을 갖추었다고 보아 좋다고 생각한다.

그러나 필자로서는 세대의 수를 계산하는데 있어 당해인이 지닌 관직의 품계 기준은 이미 충분하게 설명한대로 5품이 적절하다고 본다. 이 부분과 관련하여서도 유승원은, "중간에 1대쯤 거르고 다시 재상을 배출하는 경우나 아예 음서의 혜택을 받는 5품 이상의 관인 배출을 기준으로 하면 그 대수는 더 늘어날 수 있다. 그러나 실제로는 크게 늘지 않을 것으로 보인다"고 말하고 있다.[80] 하지만 실제는 그가 말하는 바와 같지가 않았다.

이 문제는 곧 이어 살필 사례에서 더 검토하겠지마는, 이 품계의 문제와 함께 더 생각해보아야 할 것은 직계만을 따지자는 주장이

---

79) 유승원, 1997, 「고려사회를 귀족사회로 보아야 할 것인가」『역사비평』
　　36호, 197쪽.
80) 유승원, 위와 같음.

다. 현재 고려 때의 친족조직이 명확하게 밝혀져 있는 것은 아니지만 相避制나 禁婚의 범위, 그리고 4祖戶口式에서의 世系推尋 등을 살필 때 4寸~6寸이 그 범위에 포함되었던 것은 어느 정도 분명하다. 거기에 고려사회의 특성을 반영하여 각 구성원의 外祖와 妻父 및 女壻·外孫도 가문의 구성·발전과 깊이 얽혀 있었다는 것은 잘 알려진 사실이다. 그러므로 특히 가문의 번성도 등을 살필 때 최소한 이런 요소들도 고려해야 하리라 생각되는 것이다.

그러면 이제부터 그런 점들을 염두에 두고 구체적인 사례들을 따져 보기로 하는데, 유승원은 고려 때 가문들의 유서가 깊지 않았다는 한 사례로 海州崔氏를 들었다. 海州崔氏는 현재 밝혀진 바에 의하면 開國功臣의 후예이면서도 州吏에 머물렀던 崔溫으로부터 비롯하거니와, 그의 아들 冲이 穆宗 8년(1005)에 장원 급제한후 首相의 지위에까지 올랐고, 다시 그의 한 아들 惟善이 급제후 首相이 된데 이어 다른 아들 惟吉은 蔭叙후 正2品인 僕射까지 승진함으로써 가문의 기반을 굳히게 된다. 그런데 이렇게 2대에 걸쳐 득세하자 惟吉의 아들 思諏가 '名家의 子'로 지칭되고 있으며, 4대째가 되니 '門閥之盛이 一時 無比'로 일컬어질 정도였다는 데서 그같은 면을 찾아볼 수 있다는 것이다.[81]

하지만 실상은 그러하였다. 즉, 崔思諏를 기준으로 할 때 모두에게 공통된 것이긴 하지만 開國功臣의 자손이라는 후광이 있는데다가 祖인 冲과 叔인 惟善이 首相, 그리고 惟吉의 아들, 즉 4村兄 思齊는 이미 벼슬을 하여 뒤에 平章事(正2品)까지 승진하며 思齊의 여동생은 당대 최대의 門閥家인 慶源李氏 출신으로 역시 平章事를 지내는 李預의 妻가 되어 있었다. 그리고 아버지 惟吉도 正2品인 僕射를 지냈고, 또 친형 思諒 역시 급제후 나중에는 叅知政

---

81) 유승원, 위의 논문, 198쪽.

事(從2品)까지 오르는 인물이며 思諏도 음서에 의해 벼슬을 하면서 다시 科擧에 급제한 상태였다. 이러한 위치의 그가 '名家의 子'로 인식되고 있는 것은 객관적으로 보아도 별 문제가 있는 것 같지 않다.

최사추는 그후 승진을 거듭, 門下侍中(從1品)의 지위에 올라 首相이 된다. 그리고 그의 두 아들 源・溁은 모두 음서로 관도에 나가 첫째는 正2品인 尙書右僕射, 둘째는 역시 正2品인 門下侍郎平章事까지 지내며, 4명의 사위중 한 사람은 禮部侍郎(正4品)에 그쳤으나 李資謙・文公美는 首相, 柳仁著는 叅知政事(從2品)까지 오르는데, 後三者의 가문인 慶源李氏・南平文氏・貞州柳氏는 모두 門閥家로 손꼽히는 집안들이었다.82) 이처럼 崔思諏家는 실제로 '門閥之盛이 一時 無比'의 상태를 이루고 있었다. 그런데다가 그 기간도 4대에 걸치고 있으므로 1세대를 30년으로 잡을 경우 단순한 산술 계산으로 120년 전통의 가문이라는 이야기가 되는데, 이 정도의 역사를 지닌 집안을 유서가 깊지 않다고 보기는 어렵지 않나 한다. 그와 다른 갈래인 崔冲－惟善－思齊－瀊－洪胤－淳－瑞－仲濡 계열은 淳이 正4品, 仲濡가 正3品의 지위에 머물렀을뿐 나머지는 모두 首相 또는 宰相을 지내면서 8代, 즉 240년이나 이어져가고 있거니와, 이 역시 유승원이 고려의 문벌은 유지기간이 짧다고 한 주장과는 다른 사실을 보여주는 한 증거이다.

그러면 鐵原崔氏의 경우는 어떤가. 이 가문 역시 開國功臣인 崔俊邕을 시조로 하는데, 그러나 손자인 爰立까지만 해도 벼슬은 正6品인 尙舍奉御에 그치고 있다. 그러다가 다시 그의 아들인 奭이 首相, 손자인 惟淸이 亞相의 지위에 오른데 이어서 여러 후손들이

---

82) 海州崔氏 집안에 대해서는 朴龍雲, 1977,「高麗時代의 海州崔氏와 坡平尹氏 家門 分析」『白山學報』23 (本書 所收) 참조.

고위직을 역임하여 가문이 떨치게 되는 것이다. 이제 그들중 宰相級으로 이어진 갈래만 하더라도 ①崔奭(正2品 平章事·判吏部事, 首相)－惟淸(正2品 平章事·判兵部事, 亞相)－詵(正2品 平章事·判吏部事, 首相)－宗峻(從1品 門下侍中, 首相)－瑛(正2品 僉議贊成事)과 ②崔奭－惟淸－詵－宗梓(正2品 僕射)－昷(正2品 平章事)－文本(正3品 密直副使) 등 5대와 6대로 이어진 두 계열이 찾아진다. 그리고 다시 ②계열에서 文本의 동생 文立이 正3品인 三司使를 역임하고 그 아들은 從2品인 知密直司事에 오른다. 그렇다면 이 ③계열은 1명의 3品職과 7명의 재상으로 이어져간 갈래라 할 수 있는 것이다. 아울러 비슷한 갈래로 ④崔奭－惟淸－讜(正2品 平章事)－臣胤(正3品 尙書)－澄(正3品 樞密副使)－冲紹(正2品 贊成事)－廣(從3品 宗簿令)－孟孫(正3品 密直提學)의 계열도 보이며, 또 ⑤崔奭－惟淸－讓(正8品 雜織署令)－貞紹－雍(正3品 副知密直司事)－元直(從6品 糾正)－瑩(從1品 門下侍中, 首相)－潭(從3品 大護軍)과 같이 사세가 여의치 않아 중간에 微官을 역임하다가 다시 고위직으로 진출한 갈래도 눈에 띤다.[83] 하지만 어떻든 여기서도 가문이 크게 번성하고 유지기간도 상당히 길었다는 다른 한 사례를 볼 수 있는 것이다.

　그러면 宰相級으로 3대만 이어졌다는 坡平尹氏의 경우는 어떨까. 이 집안도 형편에 따라 중간에 微官末職으로 머물 수밖에 없는 세대도 있었으나 기준의 품계를 5品 이상으로 낮추면 가문은 그런대로 상당한 기간 동안 유지되어 간 것을 알 수 있다. 이 집안 역시 개국공신의 가문이었는데, 顯職을 차지했던 인물부터 열거하면 ①尹執衡(從4品 檢校少府少監)－瓘(從1品 門下侍中, 首相)－彦仁(正

---

83) 鐵原崔氏 집안에 대해서는 朴龍雲, 1978,「高麗時代의 定安任氏·鐵原崔氏·孔巖許氏 家門 分析」『韓國史論叢』3 (本書 所收) 참조.

7品 閣門祗候)—德瞻(從6品 殿中內給事)—威(從4品 國子司業)—克敏(從2品 政堂文學)—敦(正5品 典理正郎)의 계열을 위시하여, ②尹執衡—瓘—彦頤(從2品 政堂文學)—鱗瞻(正2品 平章事·判兵部事, 亞相)—宗諝(正3品 判禮賓省事)·宗誠(從3品 國子祭酒)·宗諤(正4品 刑部侍郎) 계열과, ③尹執衡—瓘—彦頤—淳信(正4品 兵部侍郎)—商季(4品 이상, 西京副留守)—復元(正9品 太常府錄事)—純(從6品 監察御史)—珛(正2品 贊成事)—繼宗(正2品 贊成事)—仁貴(正3品 典理判書) 계열 등이 있었던 것이다. 이 가운데서도 특히 마지막 계열은 尹繼宗뿐 아니라 그의 형제 여럿과 각각의 자손들이 크게 입신하여 大門閥을 이루기도 했었다.[84]

고려사회에서 이렇게 宰相 내지는 5품 이상의 고위 관직을 대를 거듭하며 상당한 기간에 걸쳐 이어간 가문은 위에 든 집안 이외에도 다수가 더 있었다. 그 실상에 대해서는 이미 여러 논자들에 의해 밝혀진 바 있기 때문에 이 자리에서는 더 이상 언급하지 않으려 하지만,[85] 그들 가문의 번성도와 지속성은 대단한 것이었다. 유승원은 기준이 되는 품계를 2품 이상의 재상으로 설정하여 가문의

---

84) 坡平尹氏 집안에 대해서는 朴龍雲, 1977, 「高麗時代의 海州崔氏와 坡平尹氏 家門 分析」 『白山學報』 23 (本書 所收) 참조.

85) 이미 소개한 것 이외에 家門·家系를 주제로 한 논고로는 다음의 글들이 있다.
邊太燮, 1961, 「高麗朝의 文班과 武班」 『史學研究』 11 ; 1971, 『高麗政治制度史研究』, 一潮閣.
李樹健, 1976, 「高麗時代 '土姓'研究(上)」 『亞細亞學報』 12.
李樹健, 1978, 「高麗前期 '土姓'研究」 『大丘史學』 14.
朴龍雲, 1978, 「高麗前期 文班과 武班의 身分 問題」 『韓國史研究』 21·22 (本書 所收).
李萬烈, 1980, 「高麗 慶源李氏 家門의 展開過程」 『韓國學報』 21.
朴龍雲, 1982, 「高麗時代 水州崔氏家門 分析」 『史叢』 26(本書 所收).
金蓮玉, 1982, 「高麗時代 慶州金氏의 家系」 『淑大史論』 11·12 합집.

유지기간이 길지 않았다는 결론을 내렸지만, 그것은 전적으로 지나치게 올려잡은 그 기준에 연유하는 잘못으로서, 사실은 그렇지가 않았다. 더구나 그는 이들 가문이 누리는 세습특권이 법제화되어 있지 않았다는 자신의 종래 지론에 따라 그들을 門閥이라고 할 수 있을 지언정 귀족가문이라고 볼 수 없다는 주장도 펴고 있으나 여전히 동의가 가지는 않는다. 고려의 지배신분층들은 그들의 특권적 지위를 적절히 이용하여 수대에 걸쳐 고위 관직을 차지함으로써 門閥을 이루고 있었거니와, 그들은 곧 귀족적 존재요 그 집안을 귀족가문이라고 해서 별다른 문제가 있는 것은 아니었다고 생각된다.

필자는 이러한 가문·문벌의 형성에 필요한 최소한의 기간을 3세대로 잡은 바 있다. 그런데 논자에 따라서는 그것이 2세대만 경과하여도 가능했다는 견해를 피력하고 있다. 사실 고려사회에서의 귀족가문·문벌은 사회인식상의 문제였기 때문에 2대라 하더라도 그들이 首相이나 亞相과 같은 최고의 직위를 역임했거나 또는 叔伯父나 친형제 내지 4寸兄弟와 그 姉妹의 夫 등에 뛰어난 인물들이 여럿 배출되는 등의 특별한 경우에는 그 가문이 사회적으로 남달리 인식되기도 했던 것 같다. 나아가서 그들의 선조 가운데에 공신 등이 있었다면 더욱 그러하였을 것이다. 하지만 이런 사례는 그리 흔하지 않았던 것 같고, 일반적으로는 역시 3세대 정도의 역사는 쌓여야 했던 것으로 이해되며, 이는 실제와도 부합되는 이야기라고 판단된다.

V. 家門意識의 문제

家門意識 내지는 門閥意識도 어느 사회가 귀족사회였는가 아니면 어떤 다른 성격의 사회였는가를 재는 중요한 지표의 하나가 된다는 데는 異見이 없는 듯하다. 그리하여 유승원도 이 문제를 주제로 삼아 논의를 전개하고 있지마는, 고려사회의 경우 가문의식이 매우 약하여 신인이나 신흥가문에 대한 사회적 억압이나 배척은 두드러지게 나타나지 않고 있으며, 名門들이 이들 가문과 혼인도 거리낌없이 행하고 있다고 하면서, 이런 측면에서 역시 고려는 귀족사회로 보기가 어렵다는 결론을 내리고 있다.[86]

그렇다면 이와 같은 그의 견해가 과연 타당한 것일까. 필자로서는 여전히 그에 동의할 수가 없다. 사실이 그렇지 않다고 생각되기 때문이다.

유승원은 고려 때에 가문의식이 강하지 않았다는 한 증거로 앞 대목에서도 다룬 바 당대 최대의 문벌가인 海州崔氏의 후손 중 한 사람이던 崔思諏가 "門地로써 남에게 교만하지 아니하였으므로" 명성을 얻었다는 그에 관한 傳記의[87] 기록을 들었다. 그리고 역시 문벌인 定安任氏家의 일원이던 任濡가 "勢位로써 남에게 교만하지 않았다"고 한 것과,[88] 鐵原崔氏家의 일원이던 崔詵이 "門地로써 自負하지 않았다"고 한 것[89] 역시 비슷한 사례로써, 이처럼 "문

---

86) 유승원, 1997, 「고려사회를 귀족사회로 보아야 할 것인가」『역사비평』
    36호, 200~206쪽.
87)『高麗史』卷96, 列傳 崔思諏傳.
88)『高麗史』卷95, 列傳 任懿 附 濡傳.
89)『高麗史』卷99, 列傳 崔惟淸 附 詵傳.

지를 내세우지 않는 행동이 미덕이 될 수 있었던 것은 그만큼 문벌
의식이 강하지 않은 증거가 될 수 있다”고 말하고 있는 것이다.

　하지만 필자가 생각하기에 이 사례들이 당시의 사회가 문벌의식
이 강하지 않았다는 것을 보여주는 증거라고 판단되지는 않는다.
위에서는 ‘不以門地驕人’·‘不以家世勢位驕人’·‘不以門地自負’
라는 文句만 들었지만 그 앞뒤의 문장을 함께 보면, 崔思諏는 “勤
謹 公廉하였고 門地로써 남에게 교만하지 않았다”고 하였으며, 任
濡의 경우도 “성품이 恬淡하고 慈和하여 家世와 勢位로써 남에게
교만하지 않아 비록 臧獲·賤隷일지라도 詢罵하는 일이 없었다”
고 기록하고 있고, 崔詵 역시 “文學으로써 세상에 알려졌고, 恬淡
하고 말수가 적었으며, 門地로써 自負하지 않아 어진이에게 禮를
갖추고 士에게 (몸을) 낮추었다”고 적고 있다. 이처럼 그것들은 列
傳에서 각 개개인의 사람 됨됨이가 그만큼 훌륭했다는 것을 칭찬
하기 위한 수식에 지나지 않는다고 이해되기 때문이다. 고려는 다
아는 대로 謙讓을 최고의 德目으로 꼽은 儒敎理念에 의하여 지도
된 사회였다. 그런 사회에서 이들은 남에게 교만하거나 자부하기
쉬울 정도로 좋은 門地·家門 출신이었음에도 불구하고 유교의
덕목을 잘 지켜 그러하지 않았다는 것을 특별히 적어놓고 있는 것
이다. 이것은 뒤집어 생각해 보면 당시 가문·문지가 좋은 사람들
대부분이 오히려 그것을 크게 내세우는 사회가 아니었을까 하는
짐작을 해보게 한다. 崔思諏·任濡·崔詵 등과 같이 門地가 좋은
출신이면서도 인격을 갖춘 사람들이 그것으로써 남에게 교만하지
않거나 自負하지 않은 것을 가지고 당시 사회가 문벌의식이 강하
지 않았다고 하는 주장은 아무래도 무리가 많은 것 같다.

　기록 가운데는 慶源李氏家의 李奕蕤처럼 “閥閱에서 生長하였으
나 富貴하다고 해서 남에게 교만하지 않았으므로 사람들이 많이들

중하게 여겼기 때문에 鄭仲夫의 亂에서 (죽음을) 면할 수 있었다”
고 한 것이 보이며,[90] 또 水州崔氏家의 崔繼芳과 같이 ‘三韓의 大
族’에서 태어났으면서도 “사람들을 대함에 溫恭하면서 또 예의가
있었다”고한 기사가 찾아지지마는,[91] 이들 역시 유사한 내용을 전
하는 사례들로 생각된다. 그런가 하면 崔詵과 동일한 鐵原崔氏家
의 후손인 崔昷처럼 “그 閥閱에 의지하여 (河千旦 · 李淳牧) 대하
기를 심히 가볍게 하였다”는[92] 사례는 그 반대의 경우를 보여주는
기사라 할 것이다.

金龍善은 당시의 사회적 평가가 비교적 솔직하면서도 생생하게
묘사되었다고 판단되는 고려 때의 墓誌銘을 분석하여 貴族家門들
이 자기 집안을 각각 門閥 · 閥閱 · 大家 · 名家 · 相門 · 高門 · 世
族 · 大族 · 甲族 · 右族 · 望族 · 貴族 · 貴姓 · 著姓 · 望姓 등이
라 일컬었음을 밝히고 있다.[93] 이것들은 더 말하지 않아도 강력한
家門意識 · 門閥意識의 발로라는 것을 누구나 쉽게 알 수 있을 것
이다. 그런데 이러한 가문의식은 개인의 발언 가운데서도 잘 드러
나고 있어서, 예컨대 海州崔氏家의 崔瀹이 “우리 집은 대대로 聖
朝의 은혜를 입었으므로 忠 · 淸을 계승하여 家門을 떨어뜨리려
하지 않았다”고한 데서[94] 자기 가문에 대한 그의 강한 자부심을

---

90) 『高麗史』 卷95, 列傳 李子淵 附 奕蕤傳.

91) 金龍善編著, 『高麗墓誌銘集成』 40~42쪽, 崔繼芳墓誌銘. 그의 집안에
　　대해서는 朴龍雲, 1982, 「高麗時代 水州崔氏家門 分析」 『史叢』 26 (本
　　書 所收) 참조.

92) 『高麗史』 卷99, 列傳 崔惟淸 附 昷傳.

93) 金龍善, 1996, 「高麗門閥의 構成要件과 家系」 『韓國史研究』 93, 4~9
　　쪽.

94) 이는 일찍이 필자가 1977, 「高麗時代의 海州崔氏와 坡平尹氏 家門 分
　　析」 『白山學報』 23, 128쪽(本書 所收)에서 지적한 바 있는데, 유승원도
　　이 부분은 인정하고 있다.

엿볼 수 있으며, 또 彦陽金氏家의 金倫 등은 고려후기의 정치적
문란을 틈타 보잘 것 없는 신분 출신의 康允忠이 政房의 提調가
되어 銓選을 함부로 한 것을 논핵하여 "그는 監傳之奴 출신이라
어찌 流品의 淸濁을 알겠습니까"라고 말하고 있지마는,[95] 여기서
도 하찮은 신분에 대한 멸시와 동시에 당시 閥閱的 위치에 있던
자신의 가문에 대한 自矜을 살필 수 있는 것이다. 이런 여러 사례
로 미루어 볼 때 유승원의 주장과 달리 고려는 결코 가문의식·문
벌의식이 약한 사회였다고 보기는 어렵고, 오히려 그 반대이지 않
았나 한다.

유승원은 또 고려 때 가문의식이 미약했다는 한 증거로 앞에서
잠시 언급했듯이 "비명문 출신자가 특별한 공로 없이도 당대에 재
상, 심지어는 수상까지 오르는 예가 적지 않았다는 사실과" 함께
그런 "신인이나 신흥가문에 대한 사회적 억압이나 배척이 두드러
지게 나타나지도 않았다"는 점을 지적하고, 그 실례로 崔冲(海州崔
氏)·尹瓘(坡平尹氏)·任懿(定安任氏)·崔奭(鐵原崔氏)·李子淵
(慶源李氏)·崔弘嗣(忠州崔氏)·崔士威(水州崔氏)·金富軾 兄弟
(慶州金氏) 등을 들었다.[96]

그렇다면 이들의 가문적 배경은 어떠하였고, 또 경력상의 특성
이 어떠하길래 그같은 사례로 들어졌을까. 먼저 崔冲부터 보면 앞
서 잠시 설명한 일이 있듯이 그는 開國功臣의 후예였다. 하지만 父
親은 州吏에 머물고 있었는데, 이제 그가 科擧에서 壯元及第한 것
을 계기로 立身하기 시작한 이래 두루 요직을 거쳐 당대에 首相의
지위에까지 오름으로써 집안을 크게 일으키는 기반을 마련하였던

---

95)『高麗史』卷124, 列傳 康允忠傳·『高麗史節要』卷25, 忠穆王 4年 春
    正月. 이 부분에 대해서는 朴龍雲, 1997,「고려시대의 淸要職에 대한
    고찰」『高麗時代 官階·官職 研究』, 고려대 출판부, 232·233쪽 참조.
96) 유승원, 註 86)과 같음.

것이다. 그는 '累代의 儒宗'으로 '海東孔子'라는 칭송을 들었고, 성품과 지조가 堅貞하였다고 한 것으로 미루어 능력과 人品·言動 등에 있어서 출중한 인물이었던 것 같다.

다음 尹瓘 역시 開國功臣의 후손이었다. 그의 先代들은 이후 대단한 벼슬을 지낸 것은 아니었지만 어느 정도의 가세를 이어간 것으로 짐작되는데, 부친인 尹執衡에 이르러 從4品인 檢校少府少監에 올랐다. 그를 이어 윤관이 登第한 후 入仕하여 여러 요직을 거치던 가운데 肅宗·睿宗代에 국가의 가장 큰 숙원이던 女眞族을 토벌하고 9城을 쌓는데 성공하여 그 공로로 門下侍中·判吏部事로 首相을 역임하는 것이다.[97]

任懿는 定安縣 豪族의 후예였다. 그의 先代가 언제 중앙관료화의 길을 걸었는지는 잘 알 수 없으나 부친인 任顥는 正6品인 工部員外郎을 지냈다. 그를 이어서 임의가 登第한후 벼슬을 하던중 李資義의 모반으로 인한 대정변 때 右承宣(正3品)의 요직에 있으면서 純正·謹嚴한 태도를 堅持한 이후 순탄한 출세의 길을 걸었다. 그후 尹瓘이 두번째의 對女眞戰에서 패배하고 물러나자 잠시동안 平章事(正2品)·權判尙書吏部事로 首相의 직임을 맡기도 하거니와, 그의 입신이 학문적 소양과 청렴·근신한 성품 등에 기인한 바가 크다는 사실이 주목된다.

崔奭은 太祖代의 功臣으로 三重大匡(1品)을 지낸 俊邕의 曾孫이었다. 그러나 祖와 父는 正6品인 奉御職에 머무는데, 이제 崔奭이 壯元及第 후 여러 요직을 거쳐 首相에 오름으로써 집안이 다시 떨치게 되는 것이다. 그 역시 학문적 능력과 인품면에서 뛰어난 인물의 한사람이었다.[98]

---

97) 이상의 崔冲·尹瓘에 대해서는 朴龍雲, 註 94) 논문 참조.
98) 이상의 任懿·崔奭에 대해서는 朴龍雲, 1978, 「高麗時代의 定安任氏·

다음은 李子淵에 대해서인데, 그의 전기에는 "先代가 新羅의 大官이었다"고 전하나 확인할 길이 없고, 고려조에 들어와 드러나기 시작한 사람은 祖父가 되는 李許謙이었다. 즉, 그는 딸이 顯宗에게 3女를 納妃하고 권세를 누렸던 金殷傅의 夫人이었던 관계로, 王妃의 外祖가 되어 관직은 알려져 있지 않으나 邵城伯에 봉함을 받고 있는 것이다. 이어지는 그의 아들 翰에 대해 李子淵傳에는 尙書右僕射(正2品), 李頲墓誌銘에는 尙書左僕射(正2品)·太子太保라 보이나 이는 贈職으로 생각된다. 다른 후손의 한 사람인 慧德王師碑에 太子太傅·尙書左僕射를 贈職받았다고 전하고 있기 때문이다. 그런데 李子淵墓誌銘에는 그가 또 中樞院使·吏部侍郎으로 司空(正1品)을 贈職받았다고 보여 주목된다. 여기서의 中樞副使(正3品)·吏部侍郎(正4品)은 實職으로 짐작되기 때문인데, 논자에 따라서는 이 직위까지도 증직으로 보는 듯하나 표현 방식으로 미루어 그렇지 않았을 가능성이 높다고 생각된다. 어떻든 李翰은 상당한 직위에 올랐던 듯싶은 것이다. 이 李翰이 곧 子淵의 부친이거니와, 그를 이어서 子淵은 壯元及第 후 벼슬을 거듭하여 平章事(正2品)를 역임하는데, 그에 앞서서 신라 왕실의 후손인 金因渭의 딸을 아내로 맞은바 있었다. 子淵은 이후 세 딸을 文宗妃로 들이면서 더욱 직위가 올라 首相을 지내며, 그 자손들도 대거 고관대작에 올라 慶源李氏(仁州李氏)가 고려 최대의 門閥貴族家가 된다 함은 익히 알려져 있는 바와 같다.99)

鐵原崔氏·孔巖許氏 家門 分析」『韓國史論叢』3 (本書 所收) 참조.
99) 『高麗史』卷95, 列傳 李子淵傳·『高麗墓誌銘集成』20쪽, 李子淵墓誌銘·
　　同 27쪽, 李頲墓誌銘·『朝鮮金石總覽』296쪽, 金山寺慧德王師塔碑
　　이 家門에 대해서는 藤田亮策, 1933·1934,「李子淵と其の家系」『靑丘
　　學叢』13·15 ; 1963,『朝鮮史論考』및 李萬烈, 1980,「高麗 慶源李氏
　　家門의 展開過程」『韓國學報』21·李樹健, 1984,「高麗前期 支配勢力

崔弘嗣는 그의 先代에 三韓功臣이 있었던 것으로 알려졌다. 하지만 그의 祖인 光에게는 衛尉注簿(從7品)가, 그리고 父인 皐에게는 神虎衛將軍(正4品)이 追封된 것을 보면 이들은 微官에 재임했거나 祖의 경우 그에도 미치지 못했던게 아닌가 짐작된다. 그럼에도 최홍사는 及第 후 顯達에의 길을 걸어 首相의 지위에까지 오르거니와, 그의 전기에 "文行으로 알려졌고" "청렴하며 절개가 있었고 욕심이 적었다"고 한 것으로 보아 학문과 언동에 있어서 역시 남달랐고 그것이 입신에 큰 바탕이 되지 않았나 싶다.[100]

崔士威 역시 太祖代 功臣의 후예였는데, 그럼에도 曾祖가 되는 徐遷은 아직 水州의 戶長에 머물고 있었다. 그러다가 다음 代인 韓用이 上京 從仕하여 檢校工部侍郎(正4品)에 올랐거니와, 그의 부친인 融藝도 이어서 太尉(正1品) 또는 僕射(正2品)를 지냈다하나 이는 贈職이었으므로 그 역시 顯職에는 오르지 못했던 것 같다. 이와 같은 처지에서 士威가 큰 인물이 됨으로써 집안이 떨치게 되는데, 특히 그는 王位를 넘보는 金致陽一派의 음모를 막고 顯宗이 寶位에 오르는데 일익을 담당했던 것으로 전해지고 있는 데서 알 수 있듯이 충성심과 인품면 등에서 뛰어났었다.[101]

金富軾 형제는 신라 왕실의 한 갈래를 이루는 집안의 후손으로, 증조인 魏英은 신라가 망하여 王都가 慶州로 바뀔 때 그 州長을 맡았었다. 그의 집안은 신라의 大貴族이면서도 경순왕을 따라 고려로 옮겨오지 않고 그곳에 그대로 머물렀던 것이다. 한데 김부식

의 姓貫分析」『韓國中世社會史研究』, 一潮閣, 153쪽 참조.

100) 『高麗史』 卷97, 列傳 崔弘嗣傳. 그의 집안에 대해서는 李樹健의 위에 든 논문, 185쪽 및 朴龍雲, 1978, 「高麗前期 文班과 武班의 身分 問題」 『韓國史研究』 21·22, 52쪽 (本書 所收) 참조.

101) 이 집안에 대해서는 朴龍雲, 1982, 「高麗時代 水州崔氏家門 分析」 『史叢』 26 (本書 所收) 참조.

의 조부가 되는 다음 代가 행방이 묘연하여 잘 알 수가 없는데, 그러나 부친이 되는 覲은 이미 고려조에 벼슬하여 禮部侍郎(正4品), 諫議大夫(正4品)의 요직을 역임하고 있다. 이제 그의 뒤를 이어 富弼·富佾·富軾·富儀 4형제가 모두 급제하고 그들중 맏을 제외한 세 사람이 宰相의 지위에 오르며, 특히 부식은 首相까지 지내 慶州金氏는 크게 떨치는 가문이 되는 것이다.102)

지금까지 매우 간략하게 살피긴 했지만 그로써도 李子淵과 金富軾을 '비명문' 출신이라고 말할 수는 없을 것 같다. 전자의 경우 고려 왕실 및 신라 왕실의 후예와 혼인으로 얽혀있는 데다가 先代에 伯爵을 받았는가 하면 부친도 3~4품의 직위에 올랐고, 후자 역시 고려에서도 가장 전통있는 집안으로 대우를 받던 신라 왕실의 후예이면서 부친이 4品의 벼슬까지 올랐던 사실을 염두에 둘 때 그렇게 이해할 수밖에 없는 것이다. 이 두 사람은 명문이라고 불러도 손색이 없는 그런 출신들로써, 자신들의 역량도 뛰어나 최고의 지위에 올랐던 인물들이라 할 것이다.

그리고 나머지 6명도 아무런 가문적 배경이나 특별한 공도 없이 당대에 재상 또는 수상에 오른 예라고 보기는 어렵지 않을까 한다. 우선 이들 가운데 任懿를 제외한 5명이 모두 공신의 후예라는 사실에서 그같은 일면을 엿볼 수 있다. 한 기록에 의하면 太祖代의 공신으로 1등공신은 4명, 2등공신은 7명, 3등공신은 2,000명이었다 하며,103) 또 다른 기록에는 그 전체 숫자가 3,200명으로 나타나 있기도 하지마는,104) 이렇게 공신이 됨으로써 국가와 특별한 관계를 맺게되고, 그리하여 이들 공신과 그 후손들이 고려의 지배신분층

---

102)『高麗史』卷97, 列傳 金富佾傳·同 卷98, 列傳 金富軾傳.
103)『高麗史』卷1, 世家 太祖 元年 8月.
104)『高麗史』卷7, 世家 文宗 8年 12月.

을 이루는 중요한 인적 자원의 하나가 되었음을 감안할 때 이 요소를 결코 홀시할 수 없는 것이다. 공신의 배출이 어떤 가문의 格을 높이는데 중요 요인으로 작용했다는 최근의 연구가 있거니와,[105] 저들의 입신에도 이같은 공신의 자손이라는 후광에 뒷받침받은 바가 적지 않았으리라 짐작되는 것이다.

이런 여건을 바탕으로 崔冲은 좀 예외지만 나머지 사람들은 최소한 父親代 이전부터 비록 中·下位級이긴 해도 중앙에서 벼슬을 하고 있었다. 말하자면 당사자들은 兩班官僚의 자손이었던 것이다. 崔冲·尹瓘 등의 입신은 이렇게 공신의 자손이라는 후광과 兩班家의 자손이라는 여건이 전제가 되어 비로소 가능했다고 하겠다.

그런데 저들의 입신에는 이것 이외에 또다른 요건을 필요로 하였다. 본인의 능력이 그것이었다. 崔士威는 좀 불분명하지만 저들이 모두 과거 급제자였다는 데서 그들의 학문적 능력을 짐작할 수 있다. 거기에다가 남다른 충성심을 가지고 국가의 중대사를 잘 처리한 경우가 많았고 행정적 능력이나 인품면에서도 뛰어났었다. 이런 실력이 저들을 큰 인물로 성장시켰던 것이다.

이와 같이 崔冲 등의 입신은 가문적 배경과 본인들의 능력이 함께 갖추어진 데서 이룩된 것이었다. 이 가운데에서 전자가 전제가 되는 것이므로 보다 중요한 요소라고 생각되지만 후자의 요소 역시 필수불가결한 것이었다는 데서 '후기귀족사회'의 면모도 찾아지는게 아닌가 한다. 사실 爵位貴族制와 같이 애초부터 신분과 지위가 보장되는 사회와는 다른 우리나라의 정치·사회구조에서 가문적 배경과 더불어 본인의 능력 또한 중요한 의미를 가지는 것이다. 그러므로 이 후자만을 특별히 강조하면서 사회의 성격마저 달

---

105) 金龍善, 1996, 「高麗門閥의 構成要件과 家系」『韓國史研究』93, 15~
18쪽.

리보려는 것은 얼마간의 문제가 없다고 할 수 없다는 생각이다. 어떻든 崔冲 등은 가문적 배경과 능력을 아울러 갖추어 자신의 집안을 門閥貴族으로 성장시키거나 그 밑바탕을 마련한 인물들이었다고 이해된다.

그들 가운데에서 아직 貴族家門으로서의 기반을 잡지 못한 경우 자신들의 진출에 많은 어려움을 겪었을 것이 예상된다. 유승원은 이점도 그렇게 두드러지게 나타나지 않는다고 말하고 있다 하였거니와, 사실은 좀 달랐던 것 같다. 예컨대 崔冲이 末年에 아들들을 경계하여 "士가 勢力으로 진출하면 有終의 美를 거두는 일이 드물고 文行으로 나아가야 경사가 있는 것이다. 나는 다행히 文行으로 顯達해 淸儉·謹愼을 마음에 다져 세상을 잘 마칠 수가 있었다"고 말하고 있고,106) 또 任懿도 "사람됨이 廉正 謹愼하며" "貴榮하게 되었다 하여 그로써 남에게 교만하지 아니하였다"고 한 것에서107) 그런 면을 볼 수 있지 않나 한다. 이들은 재물을 탐하지 않았을 뿐 아니라 근신하며 또 고위직에 오른 뒤에도 남에게 교만하지 않았다는 데서 몸가짐에 얼마나 조심했던가를 알 수 있다. 왜 그랬을까. 그것들은 물론 당해인의 사람 됨됨이가 훌륭하여 그러했다는 설명도 가능하겠지만 주변의 견제와 질시가 많아 그같은 몸가짐을 가지고 지내지 않으면 안되었다는 측면도 있지 않았을까.

이런 모습을 가장 잘 보여주는 사례가 앞 대목에서 소개한 일이 있는 東萊鄭氏家의 鄭穆 경우이다. 그는 鄕吏의 아들로 고난 끝에 과거에 급제한 후 벼슬길에 올랐거니와, 이때부터 그는 동료들과 화합하기에 노력하는 등 언동을 극히 조심하였고 그러했기 때문에 族姓者 가운데에 시기하는 사람이 있었으나 어찌하지 못하였다 한

---

106) 『補閑集』 卷上, 崔文憲公冲.
107) 『高麗墓誌銘集成』 45쪽, 任懿墓誌銘.

다. 그후 그는 관직생활을 계속하여 攝大府卿(從3品)까지 이르지마는 그간에도 "從事에 謹愼·自規하였고 그 云爲도 操守하여 마침내 敗戾됨이 없었다"고 보이는가 하면, 아들들을 훈계하기를 "벌레가 性命을 온전히 하는 것은 毒이 없기 때문이며, 나무가 天年을 얻는 것은 材木이 될만한 것이 아니기 때문"이라 했다는 문구도 찾아진다.108) 신인인 鄭穆이 가문을 이루어가는 과정에서 얼마나 많은 억압과 시련을 겪었는지를 충분히 짐작케 하고있는 것이다. 하지만 그는 보다시피 분수를 지키고 처신을 잘하여 어려움을 무난히 극복하며 자손들도 계속 입신하여 명문으로 발돋움하는데 성공한다. 앞에서 다룬 崔冲 등도 물론 이런 예에 속하는 경우이다.

하지만 이렇게 근신하며 몸가짐을 잘하여 성공하는 예가 있었는가 하면 그 반대의 경우도 찾아진다. 그 한 사람이 湍州韓氏家의 韓安仁이 아닐까 싶다. 그는 鄕貢 출신으로 戶部侍郎(正4品)의 지위에 오른 圭의 아들로, 睿宗의 王權强化策에 적극 참여하면서 宰相의 지위에 올랐다. 그리하여 "왕과 친밀해져 권세를 부렸고, 은총이 점점 더함에 兄弟와 親戚이 그 연줄로 要路를 나누어 차지함에, 士大夫로 勢利를 따르는 자들이 붙지 않는 자가 없었다"는 형세였다 하거니와, 그는 이같은 자기 세력을 근거로 당시 최대 門閥인 慶源李氏家의 일원이던 李資謙과 대결을 시도하였다. 그러나 결국 패하여 그의 집안은 일시 몰락하고 마는 것이다.109) 물론 이번 사안은 단순한 신흥가문과 기성 문벌귀족가와의 대결이라기 보

---

108) 『高麗墓誌銘集成』 34~36쪽. 이 집안에 대해서는 朴龍雲, 1993, 「高麗時代의 東萊鄭氏 家門 分析」 『泰東古典研究』 10 (本書 所收) 참조.
109) 『高麗史』 卷97, 韓安仁傳. 이에 대해서는 金潤坤, 1973, 「高麗 貴族社會의 諸矛盾」 『한국사』 7, 국사편찬위원회, 40~50쪽 및 盧明鎬, 1987, 「李資謙一派와 韓安仁一派의 族黨 勢力」 『韓國史論』 17 참조. 뒤에 李資謙도 몰락하면서 형인 韓安中系는 상당한 고위직을 이어간다.

다 한 차원 높은 권력투쟁의 성격이 강한 것이기는 하였지만, 그런 일면은 충분히 엿볼 수 있는게 아닌가 한다.

유승원은 신흥가문이 사회적으로 억압되거나 배척받지 않았다는 한 예로 지금 설명한 慶源李氏의 李資謙과 胥吏 출신으로 재상의 지위에 올랐던 拓俊京과의 결합을 들었다. 그러나 이것은 李가 온갖 수단과 방법을 다 동원하여 寶位를 탈취하려던 인물이라는 사실과 관련시켜 생각해볼 필요가 있을 것 같다. 그는 가문의 전통이나 위신을 염두에 두기보다는 오직 권력과 부귀를 좇는데만 열중했던 좀 특별한 사람이었던 것이다. 그러므로 拓俊京과의 결합도 그같은 자기의 목적을 위해 손잡은 예외적인 사례로 보는게 옳지 않을까 한다.

요컨대 고려시대에는 능력이 매우 중시되는 일면도 있었지만 그것은 가문적 배경을 전제로 한 것이었으며, 따라서 그 가문적 기반이 약한 경우에는 고위직으로의 진출에 상당한 어려움을 겪어야 하지 않으면 안되었다. 이는 더 말할 나위도 없이 家門意識·門閥意識에 말미암은 것으로서, 고려사회에서 그것이 매우 미약했다는 주장에는 여전히 의문이 없지 않은 것이다.

家門意識이 사회적으로 잘 드러나는 한 분야는 通婚關係에서였다. 그런데 유승원은 이 부문에서도 고려 때의 명문들이 신인이나 신흥가문과 거리낌없이 통혼하고 있다고 주장하면서 가문의식에 역시 부정적 입장을 취하고 있다.[110] 그러면서 그 대표적 예로 "家世가 單寒했다"는 文公仁을 海州崔氏家의 崔思諏가 사위로 맞은 사실과, 또 慶源李氏家의 李顗가 公仁의 동생 公元을 역시 사위로 맞은 사실을 들었다. 그러나 필자가 보기에 이 예들이 적절하다고는 생각되지 않는다. 公仁 형제의 南平文氏를 신흥가문이라고 이

---

110) 유승원, 註 86)과 같음.

해하기는 어렵기 때문이다. 실제로 文公仁의 先代는 일찍부터 고려의 중앙에서 벼슬을 하였다. 하지만 曾祖 이전까지의 직위가 알려져 있지 않는 것으로 미루어 그때까지는 하급의 양반관료로 머문 것 같은데, 祖父代에 이르러서는 從3品인 神虎衛大將軍까지 역임하고 있어 이미 武將家로서 상당한 위치에 올라 있었던 것을 알 수 있다. 그런데 아버지인 文翼은 文班으로 改班하면서도 크게 성공하여 諫官의 首長인 正3品 散騎常侍의 지위에 오름으로써 가문의 지위를 한층 올려놓았던 것이다. 그런데다가 당사자인 公仁의 인물이 출중했던 모양이다. 그는 "雅麗하고 柔曼하였으므로 崔思諏가 딸로서 처를 삼게 했다"고 한 것으로 짐작할 수 있다. 그후 과연 그는 科擧에 급제한 뒤에 여러 요직을 거쳐 首相까지 역임하였다. 이런 배경 속에서 蔭叙로 벼슬을 시작한 후 科擧까지 급제한 동생 公元이 李顗의 사위가 된 것은111) 아무런 문제가 될게 없었으리라 짐작된다. 公元도 그후 首相까지 역임하거니와, 동생중 한 사람인 公裕 역시 재상의 지위에 올라 南平文氏는 閥族으로 떨치게 된다.112)

 그런데 文公仁의 傳記에는 그가 입신하기 이전의 집안을 "家世가 單寒했다"고 기술하고 있다. 하지만 그것은 宰相家나 閥族이 되지 못했다는 정도의 의미이지 실제가 글자 그대로 '單寒'하거나 '寒微'했음을 뜻하는 것은 아니다. 『高麗史』 등에는 이렇게 오해하기 쉽게 표현된 경우가 적지않게 나오므로 조심할 필요가 있는

---

111) 유승원은 文公元이 李顗의 사위라 했으나, 실은 그런게 아니라 李顗의 사위였다.

112) 『高麗史』 卷125, 列傳 文公仁傳 · 『高麗墓誌銘集成』 157쪽, 文公元 墓誌銘 · 同 172쪽 文公裕墓誌銘. 이 집안에 대해서는 朴龍雲, 1978, 「高麗前期 文班과 武班의 身分 問題」『韓國史研究』 21·22, 36~45 쪽 (本書 所收) 참조.

데, 만약에 그런 기술만 가지고 어느 집안을 아주 보잘 것 없는 가문으로 치부해버린다면 상당한 위험성을 떠안게 될 가능성이 많은 것이다. 文公仁도 그런 예의 하나라고 생각한다.

유승원은 명문과 신흥가문간의 통혼 사례로 이밖에 尹瓘이 慶源李氏家에서 아내를 맞은 사실과, 任懿가 윤관의 딸과 樹州李氏 李瑋 및 慶源 李軾의 딸을 며느리로 맞은 것, 그리고 鄭沆이 아들 叙를 任元厚의 딸과 혼인시킨 사실 등을 들었다. 이중 尹瓘과 鄭沆·鄭叙의 경우는 이미 앞에서 설명한 일이 있으므로 더 언급할 필요가 없을 것 같고, 任懿의 경우도 그에 이어 아들 元淑·元厚·元濬이 모두 큰 인물로서 가세가 더욱 뻗어나가는 가운데 科擧에 급제후 首相에까지 오르는 바로 둘째 元厚가 三娶하기까지의 사례들이다. 말하자면 兩班官僚家의 존재에서 집안을 한 차원 높여 名家로서의 위치를 잡아가는 과정에 있었던 혼인들로, 그들 가문을 전통이 오랜 집안이라고 할 수는 없지만 그렇다고 무작정 '신흥가문'이라 하기에도 무언가 좀 적절치 않다는 느낌을 받는 그런 경우들인 것이다. 좀더 신중한 고려가 필요하지 않을까 싶다.

고려사회에서 通婚을 할 때에 가문을 크게 고려하였음을 보여주는 사례는 여럿 찾을 수 있다. 忠宣王이 即位年(1308)에 下敎를 통해 왕실과 혼인할 수 있는 累代의 '宰相之宗'으로 15家門을 지정하고 있는 것은 그 대표적 예가 될 것이다.113) 그리고 武臣亂(1170) 후 정권을 잡은 무인들이 민심의 안정 겸 상대적으로 열세에 있던 자기네의 가문을 보완하기 위한 한 방식으로 名門 文臣家와 혼인을 추진하여 李義方의 동생 李隣(全州李氏 ; 朝鮮 太祖의 6代祖)이 南平文氏인 文克謙의 딸과 通婚하고,114) 王權을 능가하는 權力

---

113)『高麗史』卷33, 世家 忠宣王 即位年 11月. 이에 대해서는 閔賢九,
    1974,「高麗後期 權門世族의 成立」『湖南文化研究』6 참조.

을 잡았던 崔忠獻 一家가 전통있는 定安任氏나 慶州金氏와 혼인 관계를 맺고 있는 것에서[115] 역시 그런 모습을 찾을 수 있다.

그런가 하면 이런 예도 찾아진다. 즉, 무신정권 말기에 쿠데타를 통해 권력을 장악한 金俊·林衍 가운데 한 사람인 林衍이 미천한 신분 출신이었음에도[116] 불구하고 당대의 閥族이던 孔巖許氏 許珙의 딸을 자기의 아들 惟茂와 혼인시키려 기도했다가 실패하자 핍박을 가했으나 여전히 완강한 거절을 당하였다. 그러자 林衍은 이를 당시 국왕인 元宗에게 고하였고, 이에 왕이 許珙을 불러 "衍은 姦凶한 인물이라 원망을 사서는 안된다. 卿은 깊이 생각하라"고 권하였으나, 許珙은 "臣이 차라리 禍를 당할지언정 감히 딸을 賊臣의 집안에 출가시킬 수는 없습니다"고 답변하였고, 왕도 그것을 의롭게 여겨 "卿은 善處하라"고 말할 수밖에 없었다. 그리하여 물러나온 許珙은 즉시 딸을 名家의 하나인 彦陽金氏 집안에 출가시킴으로써 林衍의 깊은 원한을 샀다. 그런데 곧이어 林衍이 金俊을 살해하고 최고의 권좌에 앉게되면서 許珙은 죽음에 직면하게 되었으나 다행히 살아남을 수 있었다는 것이다.[117] 왕의 권유도 받아들이지 않고, 목숨을 걸면서까지, 비록 권력자이기는 하나 보잘 것 없는 신분 출신의 通婚을 거부한 사례이다. 혼인관계를 통해서 볼 때도 결코 가문의식이 미약했다고는 생각되지 않는 것이다.

지금까지 고려 때의 門閥들 스스로가 상당히 강한 가문의식을 지니고 있었고, 그리하여 신흥가문들이 새로이 진출하는 데는 많은 어려움이 뒤따랐으며, 그런 가문의식이 通婚關係에서도 찾아진

---

114) 『高麗史』 卷99, 列傳 文克謙傳·『牧隱文藁』 卷15, 李子春神道碑.
115) 閔賢九, 1974, 「高麗後期 權門世族의 成立」 『湖南文化研究』 6.
116) 『高麗史』 卷130, 列傳 林衍傳. 그에 대해서는 申虎澈, 1997, 「林衍의 出身과 그 社會的 地位」 『林衍·林衍政權 研究』, 忠北大 出版部 참조.
117) 『高麗史』 卷105, 列傳 許珙傳.

다는 사실에 대해 언급하였다. 따라서 이같은 여러 방면에서의 가문의식을 부정하면서 고려를 귀족사회로 간주하기 어렵다는 견해는 역시 옳지 않다고 판단되는 것이다. 고려를 귀족사회로 보아 온 종래 우리들의 이해는 여전히 타당했다고 생각된다.

Ⅵ. 結 語

이상에서 종래 고려를 귀족사회로 이해하여 온 견해에 대한 비판을 재비판하는 입장에서 몇가지 사안을 검토하였다. 이제 그 내용을 간추리면 다음과 같이 정리될 수 있을 것 같다.

첫째로, 귀족사회 부정론자는 귀족의 개념을 "법제적 특권의 향유와 그러한 지위의 세습"이라는 요건을 갖춘 존재로 한정하고 있다. 그러나 이것은 탄력성을 잃은, 지나치게 엄격한 규정으로서, 사실 귀족과 같은 신분은 법제적 측면의 신분과 함께 사회적 신분의 가능성도 있는 것이며, 또 세습의 원리도 永代的인 것에 국한시키지 말고 귀속적이지만 성취적인 것에서 파생된 것, 限代的인 것 등도 인정하여야 한다. 그러므로 고려사회에서 비록 법제적인 것은 아니었지만 실제로 정치적·경제적·사회적 특권을 대를 이어가며 누리던 지배신분층은 貴族이라 할 수 있으며, 이들이 국가 운영의 핵심을 이루고 있었으므로 고려를 곧 귀족사회라고 이해해도 별 문제가 없다.

그런데 고려에서의 貴族은 官職貴族 내지 官僚貴族으로, 官職의 보유 여부는 신분과도 깊이 연관되어 있었다. 그러므로 여기에서 한 기준을 찾되, 논자에 따라서 2품 이상의 宰樞, 또는 5품 이상의 관직자를 귀족으로 보자는 견해와, 그러지 말고 아예 9품 관제 내의 모든 官貝을 귀족으로 이해하는게 더 좋겠다는 의견 등이 제시되었다. 하지만 그 범위를 宰樞級으로 한정할 경우 그 수가 극히 제한되어 현실적이지 못하며, 또 반대로 전체 관원으로 넓힐 경우 하급관료들이 스스로 자기들을 門閥·甲族·名家·大家·大族 등으로 의식했는가에 의문이 있을 뿐더러 '귀족적 특권'도 누리지 못했다고 생각되어 난점이 따르기 때문에, 그런대로 귀족층이라고 해도 좋은 여건을 갖추어 사회적으로도 인정을 받던 신분층은 역시 5품 이상 官僚群으로 잡는게 타당하지 않을까 하는 견해가 재천명되었다.

둘째로, 귀족사회 부정론자들은 그 동안 긍정론자들이 중요한 논거로 들어 왔던 蔭叙制도 실은 그것을 뒷받침하는 제도가 될 수 없다고 주장한다. 음서란 단순히 初職을 주는데 불과하여 그 뒤의 지위에 대한 보장이 없을 뿐더러, 귀족사회에서 말하는 "세습제란 永代的인 데 반하여 문음은 限代的인 것이며, 또 세습제는 특정 가문이나 혈통을 기준으로 한 것인 데 반해 문음은 어디까지나 부조의 구체적인 공적에 기초하고 있어" 원리적으로 다르다는 것이다.

이러한 비판은 이론상 대체적으로 타당하다고 할 수 있다. 그러나 위의 개념 문제에서 지적했듯이 限代的인 것을 부인한다던가, 성취적인 지위에서 파생된 것을 인정하지 않는 것 등은 그 기준을 너무 엄격하게 설정한 소치로 역시 문제성을 안고 있는 것이다. 뿐만 아니라 그 이론은 서구 중세의 지방분권화된 사회와 그곳의 爵位貴族들을 모델로 하여 도출된 것으로, 정치와 사회의 구조를 달리하는 동양 내지 한국사회에 그대로 적용하는 데는 많은 무리가 따르게 마련이었다. 왕권 중심의 중앙집권체제사회였던 중국 내지 한국 사회에서 서구 중세의 伯爵이 그 아들도 백작이 되어 그에 수반된 모든 권리를 처음부터 끝까지 보장받던 그런 제도는 존재하기가 어려웠기 때문이다. 귀족사회 부정론자 가운데는 서구의 작위제와 동일한 제도로 新羅의 骨品制를 들기도 했으나 양자는 얼마간의 유사성에도 불구하고 그 구조와 기능은 매우 다른 것이었다.

이렇게 두 사회는 체제가 다르므로 거기에 동일한 이론과 기준을 적용하기는 어렵다. 하지만 그런 가운데서도 사회 성격의 유사성으로 인하여 어떤 제도가 지니는 기능이 비슷할 수 있는 일면은 있었다. 지금 우리들이 주제로 삼고 있는 음서제의 경우도 그 하나로, 이 제도는 初職을 주는데 그치는 것이었으나 결과적으로 수혜자들이 다시 고위직으로 승진하여 직위를 이어갈 수 있었다. 초직 이후의 직위가 보장된 것은 아니었으나 그같은 결과가 되도록 운영되었기 때문이다. 그리고 제도상의 혜택 범위도 功臣子孫에 대한 음서와 祖宗苗裔에 대한 음서는 永代的이라 해도 크게 틀리지 않을 정도로 넓었고, 一般蔭叙 역시 子·孫에 한정되었으나 횡적으로 女壻·外孫·收養子·甥·姪·弟까지 가능하도록 함으로써 代를 이어가는데 별다른 문제가 없게 되어 있었으며, 그리하여 실제로 고려사회에서는 대대로 고위 관직을 차지한 家門·門閥이 다수 나오게 되거니와, 따라서 음직은 공적을 쌓은 관료 개인에 대해 수여되는 것이지만 내용상은 당해 家門·血統에 주어지는 것이다. 이런 의미에서 원리상으로 꼭 부합되는 것은 아니었다 하더라도 음서제는 고려의 귀족제를 뒷받침해주던 하나의 제도적 장치였음을 확인하고 있는 것이다.

다음 科擧制는 귀족사회 부정론자들에 의하여 그것이 능력본위·실력본위의 고시제도로써 反貴族制的인 기능을 하였다는 점이 강조되었다. 하지만 그 반대의 입장에 서 있는 논자들은 과거에서 가장 중시되던 製述科의 경우에 良民 이하층에게는 응시자격이 주어지지 않았던 반면 특권층의 교육기관이던 國子監의 학생이나 음서를 통해 이미 관직에 오른 在官者들에게는 특혜가 부여되었고, 또 行卷이나 家狀의 제출 등을 통해 及第에서도 특권층은 유리한 위치에 있었는가 하면, 급제 후의 대기기간이나 初職을 받는데 있어서도 家門·門閥 정도가 많은 영향을 미쳤다고 하여, 이 제도가 원리대로 운영되었을까에 의문을 표시하고 있다. 그리하여 논자에 따라 "科擧試驗은 사회적·정치적·경제적·문화적으로 유리한 지위에 있는 자들이 그들의 특권을 배타적으로 공유하는 하나의 방법이었다고 볼 수 있을 것"이라 해석하기도 하고, 또 귀족사회에서 그렇게 '동떨어지지는 않은 제도'라고 이해하고도 있는 것이다.

그러나 원리상 능력본위요 反貴族制的 요소를 지닌 과거제가 채택되었다는 것 자체가 결코 홀시할 수 없는 사안인 데다가 그의 기능 역시 상당한 정도로 발휘되었다는 점에서 이 제도가 가지는 의미 또한 큰 것이다. 그러면서도 실제 운영에 있어서는 일정한 제약이 뒤따랐다고 하였거니와, 이는 骨品體制를 대신하여 귀족관료들의 권익을 보호할 제도적 장치로 蔭叙制를 마련하는 한편, 한걸음 전진한 사회적 분위기를 반영하여 능력본위의 科擧制도 채택하였으나, 여기에도 지배신분층들이 자기네의 이익을 보호할 조처를 취한 데서 생겨난 당시 사회의 소산물들이었다고 생각되었다.

셋째로, 귀족사회 부정론자는 고려 때의 각 가문들이 번성하지 못했고 지속성도 짧아 귀족사회로 보기 어렵다는 논지를 펴고 있다. 그러면서 그 기준을 "직계로 따져 2品 이상의 재상을" 배출한 숫자로 잡는다고 언급하고, 그러할 때 고려전기의 최대 문벌인 慶源李氏는 3대, 海州崔氏 5대, 定安任氏 5대, 坡平尹氏 3대, 慶州金

氏 4대, 鐵原崔氏 5대가 고작이라는 것이다.

하지만 여기서 우선 문제가 되는 것은 그 기준이다. 고려 때의 친족범위를 염두에 둘 때 직계만을 따진다는 것도 문제지마는, 더욱 곤란한 것은 앞서도 언급한바 그 숫자가 극히 제한되어 있어 현실성이 없는 2품 이상의 재추급만을 대상으로 한다는 주장이다. 그러므로 필자는 음서·功蔭田柴의 혜택과 國子學·太學에의 입학 및 叅上官으로서의 역할을 다할 수 있는 등의 '귀족적 특권'을 누리고 있다고 생각되는 5품 이상관을 기준으로 하자는 제안을 하였거니와, 귀족사회 부정론자는 그렇더라도 代數는 크게 늘지 않을 것이라 말하고 있다. 그러나 실제는 그렇지 않아 8~9대 등으로 많이 늘어난다.

필자는 이 代數에 있어서도 3世代의 역사가 쌓이면 사회적으로 貴族家門이라는 인정을 받을 수 있었을 것이라 제안한 바 있다. 이 기준에서 볼 때 재상으로 3~5대를 이어간 가문뿐 아니라 5품 이상으로 8~9대를 이어간 집안들을 유지 기간이 짧았다고 말할 수는 없다고 생각하며, 사실 번성도에 있어서도 대단한 경우가 많았다.

한편 이 문제에 있어서는 2대만 경과해도 귀족가문으로 행세할 수 있었다는 견해 역시 제시되어 있다. 여기서는 祖-父-己 가운데 자기를 포함한 3대냐 아니면 자기를 제외한 3대냐 하는 계산상의 문제와 방계 등을 어떻게 평가해야 하느냐의 문제가 있지만, 비록 2세대론을 용인한다 하더라도 그것만 가지고 명문으로 평가받은 사례가 그렇게 흔한 것은 아니다. 그러므로 고려사회에서 어느 집안의 정도를 알아보는데 여러모로 척도가 되고 있는 3세대는 여전히 의미가 있다고 생각된다. 어떻든 고려는 가문·문벌의 번성도나 지속성 측면에서 보아도 귀족사회로 이해하여 좋지 않을까 한다.

넷째로, 귀족사회 부정론자는 비록 門閥이라 하더라도 그들 스스로의 家門意識 내지는 門閥意識이 미약하였고, 그렇기 때문에 신인이나 신흥가문의 계속적인 대두에도 불구하고 그들에 대한 사회적 억압이나 배척은 두드러지게 나타나지 않고 있으며, 또 名門들이 이들 신인 또는 신흥가문과 혼인도 거리낌없이 행하고 있다고 하여 역시 고려를 귀족사회로 이해하기 어렵다는 주장을 펴고 있다. 하지만 이같은 주장 또한 사실과는 좀 다른 것이었다. 실제로 門閥들은 자기네 집안을 閥閱·大家·名家·高門·世族·大族·甲族·望族·貴族·貴姓·著姓 등의 갖가지 칭호를 써서 강한 가문의식을 표출하고 있는 것이다. 개인적으로 門地가 좋은 인물들이 自負하지 않았다거나 남에게 교만하지 않았다는 것은 그 사람의 됨됨이가 훌륭하여 겸양의 미덕을 지닌 사실을 칭송하는 것으로써, 그게 당시 사회가 가문의식이 미약했음을 보여주는 증거가 되는 것은 아니라고 해석된다.

이렇게 고려사회는 가문의식이 비교적 강하였기 때문에 신인이나 신흥가문의 대두에 사회적 억압이나 배척이 두드러지게 나타나지 않고 있다는 귀족사회 부정론자의 주장과는 크게 어긋나는 사례에 자주 접할 수 있다. 그리고 혼인의 대상으로 지목된 신인이나 신흥가문도 실은 상당한 가문적 배경을 가지고 兩班官僚 내지 兩班官僚家로 존재하다가 貴族官僚 내지는 貴族家門으로 성장해 가거나 이미 성장한 집안 또는 그 구성원들이 대부분이다. 이런 점에서 고려는 여전히 귀족사회로 이해하는게 온당하다는 결론을 내리고 있는 것이다.

귀족사회 부정론자는 자기 나름의 귀족이나 귀족사회에 대한 개념을 세우고 고려사회를 이해한 바탕 위에서 고려를 귀족사회로 보는데 반대하고, 차라리 門閥社會라고 정의하는게 어떻겠느냐는 제안을 하고 있다. 그러면서 "문벌사회란 귀족사회처럼 특정 혈통이나 가문에 대한 세습특권이 법제화되어 있지는 않았으나, 사회적으로 개인의 능력보다 가문의 배경이 우선시되거나 적어도 그에 못지않게 중시되어 상류층에 대한 우대책이 공공연하게 입안되고 실시될 수 있었던 사회라고 정의할 수 있을 것"이라 말하고 있다. 하지만 이같은 주장도 논자 자신이 "귀족이야말로 문벌의 표본"이라고 한 말과 좀 어긋날 뿐더러, 문벌사회의 개념이 너무 포괄적이어서 그런 유형의 사회란 우리의 前近代 사회라면 대부분이 해당되어 더욱 혼란이 초래될 우려가 많은만큼 역시 찬동하기가 어렵다. 그보다는 오히려 귀족사회이기는 하나 거기에서 한 걸음 전진된 모습도 내포하고 있음을 감안해 '후기귀족사회' 또는 종래처럼 '문벌귀족사회'라고 부르는게 지금으로서는 우리들이 취할 수 있는 좀더 나은 선택이 아닐까 한다.

귀족사회 부정론자는, 고려를 귀족사회로 이해하는 것은 沒歷史的 인식이라고 비판하고 있다. 그들은 역사의 내재적 발전을 도외시하고 있다는 것이다. 하지만 이것 역시 곰곰이 생각해 보아도 지나친 비판인 것 같다. 역사의 연구에서 시대의 발전상을 규명하는 것이 중요한 일이기는 하지만 그것도 사실에 입각한 것이어야 함은 더 말할 필요가 없겠다. 그러므로 종래의 여러 연구자들은 역사사실의 해명에 진력하였고, 그런 기초 위에서 고려사회의 성격을 검토하여 보니 귀족사회라고 이해하는게 옳겠다는 판단이 서서 그같은 결론을 내렸으리라 짐작된다. 그런 과정을 염두에 크게 두지 않은 듯한 비판은 좀더 신중을 기하는게 좋지 않았을까. 역사를 공부하는 사람치고 사회의 내재적 발전상을 도외시할 연구자는 아무도 없으리라 생각되기 때문이다.

이야기가 좀 장황해졌지만, 여기서 고려가 귀족사회였음을 재삼 논하면서도 그럴 때 하나의 중요 논점이 되는 귀족들의 자립기반 문제를 다루지 못하였다. 아울러 여러 차례 지적되어 온 바 徭役이나 형벌상의 특권 문제 등도 취급하지 못하였다. 이런 몇몇 과제의 누락과 함께 논지 가운데도 혹 잘못된 부분이 많지 않을까 염려된다. 이런 점, 독자 여러분의 양해를 구하면서 叱正과 批判도 가해 주시기를 바란다.

(『韓國學報』 93, 94, 1998, 1999)

제2장

고려후기 權門과 世族 및 士大夫·士類의 用例와 그 성격에 대한 재검토

Ⅰ. 序 論

　고려가 건국되고(918년) 成宗代(982~997)에 이르러 나라의 기틀이 잡힌 이후 毅宗 24년(1170)까지의 前期를, 異見이 없지는 않지만 대략 貴族社會로 이해하고들 있다. 그러다가 武臣政變이 일어나(1170년) 文臣 중심의 귀족정권이 무너지고 새로이 武臣政權이 성립하여 꼭 100년간 지속되지만(1170~1270), 그 후반에 蒙古의 침입이 시작되어 오랜 동안 전쟁을 치르고 마침내 강화가 이루어져 고려 조정은 전시의 수도였던 강화에서 다시 開京으로 되돌아왔다(1270년). 그리하여 이 이후는 사실상 몽고족의 元나라에 의해 정치를 비롯한 모든 면이 간섭을 받게 되는데, 그 기간은 恭愍王代

(1352~1374) 초기까지 무려 80여년이나 되었다. 그런 끝에 공민왕이 즉위한 얼마뒤부터 反元改革政治를 단행하면서 元의 간섭에서 벗어나는 데는 대체적으로 성공을 거두지만 정치적 사회경제적 개혁이 실패로 돌아가고, 그후 혼란을 거듭하던 고려는 결국 終焉을 고하게 되는 것이다(1392년).

우리들이 주제로 잡고 있는 權門과 世族 및 士大夫·士類는 보통 고려 후·말기로 시기구분되는 이 마지막 단계의 정치적 사회적 지배세력을 일컫는 말이다. 연구자들에 의해 1960년대 중반과 70년대 중반에 각각 '新興士大夫'와 '權門世族'이라는 용어로 제기된 이들 말은 그후 학계에서 큰 호응을 얻어 지금까지도 흔히 사용하고 있을 정도로 많은 영향을 미치고 있다. 필자 역시 그와 관련하여 한때 약간의 卑見을 첨가한 小論을 발표한 일이 있지마는, 이를 전후하여 연구가 깊어지고 세분화되면서 지금은 贊反이나 새로운 의견을 곁들인 다양한 견해들이 제시되어 있다.1)

워낙 사안이 중요한 데다가 그처럼 다양한 견해들이 제기되어 있는 만큼 현 시점에서 한번 더 정리해 볼 필요가 있는 것 같다. 아울러 각 견해들 가운데는 수긍하기 어렵거나 수정을 요하는 부분도 없지 않은 듯하다. 그러므로 논지뿐 아니라 방법까지도 비록 종래의 그것에서 많이 벗어난 작업은 아니지만 權門·權勢之家 및 權臣·權貴類와, 世族·世家 및 世臣類, 그리고 士大夫·士族·士類(士流)·士林類의 用例를 다시 검토하고 그들 성격을 살핀 후, 權門·世族과 新進士類의 대립이라는 측면에서 고려 후·말기 정치사의 줄거리를 재정립하여 보려고 한다. 많은 叱正을 바란다.

---

1) 이상의 諸見解들에 대해서는 이어지는 제2절에서 하나하나를 소개할 예정으로 있어 이 자리에서는 모두 언급치 않는다.

Ⅱ. 權門·世族과 士大夫·士類에 대한 諸家의 견해

　　먼저 權門과 世族에 관한 논의부터 알아보기로 하자. 살펴보면 고려 후·말기의 정치적 사회경제적 지배세력으로 알려져 있는 權門과 世族에 대하여 '權門世族'이라는 용어를 써서 처음으로 지칭한 학자는 李基白인 듯하다. 그는 자신의 저술인 『國史新論』의 「農莊의 擴大」 부분에서 그 소유주로서 '權門世族'을 언급하고, 또 「恭愍王의 改革」에서도 그 목표의 하나가 "權門世族의 抑壓"에 있었으며, 辛旽이 중심이 된 개혁에서는 "權門世族들이 占奪한 土地와 奴婢를 그 本所有主에게 返還하거나 解放하여 주었다"고 언급하고 있는 것이다.[2] 아울러 "李公遂 등의 權門 出身을 逐出"했다고 하여 '權門'이라는 기술도[3] 눈에 띈다.

　　비록 간략한 언급이긴 하지만 여기서도 벌써 '權門世族'의 존재와 그 성격이 어느 정도 드러난 셈인데, 그러나 이들의 出自와 구성, 정치적 역할과 사회적 성격 등에 걸쳐 깊이 있게 연구한 것은 이로부터 꽤 시일이 지난 뒤 閔賢九에 의해서였다. 즉 그는 우선 「高麗後期 權門世族의 成立」이라는 논고를 통해 그들의 出自와 구성을 다음의 네 갈래로 파악하였다. 첫째는 武臣執權期에 武將으로 득세하여 높은 지위를 차지하고 사회적으로도 크게 떨치는

---

2) 李基白, 1961, 『國史新論』 189～191쪽, 第一出版社. 그러나, 1976년의 改訂版 『韓國史新論』, 一潮閣에서는 '權門世族' 대신에 '權門勢族'이라는 용어를 쓰고 있다.

3) 위의 1961年度版 190쪽.

家門을 이룩한 경우로서, 金就勵로 대표되는 彦陽金氏와 金仲龜를 배출한 安東金氏 및 蔡松年을 배출한 平康蔡氏 등이 그런 사례들이다. 둘째는 前期 이래의 門閥貴族으로 무신정권기 이후에도 그대로 지배적인 위치를 그대로 유지해간 갈래로, 定安任氏·慶州金氏·坡平尹氏·慶源李氏·鐵原崔氏 이외에 여럿을 꼽을 수 있다. 셋째는 무신정권기를 통하여 '能文能吏'의 新官人群으로 성장하여 門閥을 형성해간 경우인데, 驪興閔氏(閔令謨)·橫川趙氏(趙永仁) 등이 그런 갈래들이다.

그리고 넷째는 새로운 麗元關係가 전개되는 속에서 대두하는 신흥세력으로, 여기에는 다시 여러 부류가 있었다. 趙仁規(平壤趙氏)로 대표되는 譯人 출신의 새 세력과, 尹秀(漆原尹氏)처럼 鷹坊을 통해 진출한 세력을 비롯하여, 元에 宦官으로 들어가 권세를 얻은 자들이 고려에 있는 一族에게 관직을 얻게 한 경우 및 元 公主의 怯怜口(私屬人) 출신과 親從行李의 功臣, 元이 관련된 전쟁에서 軍功을 세워 출세한 세력의 가문 등이 새로 등장하게 되었던 것이다. 그런데 이 네번째 갈래는 특히 親元的 경향이 농후했다는 성격 이외에도 정규적인 官人의 진출로를 따라 출세한 경우가 드물고, 科擧를 통해 入仕한 사례도 찾아지지 않는 특징을 보이고 있지마는, 그러나 이들의 권력은 매우 강한 것이었다.

이러한 '權門世族'의 기틀이 잡히는 것은 忠烈王代(1275~1308) 중엽경이었다. 그 얼마 뒤인 忠宣王 復位年(1308)에 왕실과 혼인할 수 있는 '宰相之宗' 15가문의 지정은 바로 그같은 '權門世族'의 성립을 가장 잘 보여주는 것이었다고 한다. 그는 이 '權門世族' 이외에 '權勢之家'·'豪猾之徒'도 같은 내용을 뜻하는 말이었으며, 또 여러 곳에서 '權門世族' 대신에 '權門'이라는 용어로 표기하고 있어서[4] 이 말 역시 동일한 의미로 쓰고 있음도 알 수 있다.

閔賢九는 이어지는 「高麗後期의 權門世族」에서 그들의 성격으로, ① 科擧보다는 蔭敍에 힘입어 官人으로 진출, 높은 관직을 차지하고 그 같은 지위를 세습시켜 나감으로써 門閥을 형성하고 있었으며, 그런 바탕 위에서 왕실 및 다른 權力家門들과 혼인관계로 얽혀 있기도 했던 지배세력으로, 본질적으로 귀족적 성격을 지닌 존재였다. ② 그러나 都評議使司라는 구체적인 정치기구를 통해 권력을 행사하여 관료적 성격도 농후하게 띠고 있었다는 점에서 그 귀족적 성향은 前期에 비해 줄어든 것이었다. ③ '권문세족'은 非文非儒的 성향을 농후하게 지니고 있는 존재였다. ④ 대체적으로 元과 결탁하는데 적극성을 띠고 있었다. ⑤ 大土地支配를 통해 農莊을 경영하던 농장주로서 경제적인 富를 누리고 있었다는 점 등을 들고 있다.[5]

이 1974년 간행의 『한국사』8에는 「高麗後期의 權門世族」에 이어서 「新興士大夫의 擡頭」라는 항목을 더 설정하고 있거니와, 요는 고려 후·말기의 정치과정을 '權門世族'과 '新興士大夫'라는 양대 세력의 推移를 통해 파악하는 방식을 취한 것이라 하겠다. 그런데 이같은 파악 방식은 그후 하나의 형식으로 굳어지다시피하여, 예컨데 邊太燮의 『韓國史通論』은 「權門世族의 執權」·「新興士大夫의 擡頭」 항목을 두고 있고,[6] 朴龍雲의 『高麗時代史(下)』도 「權門世族과 新進士類의 社會」라는 장을 설정하고 있는데[7] '權門世族'에 관한 설명은 위의 논지에서 별로 벗어나는게 아니었다.

---

4) 閔賢九, 1974, 「高麗後期 權門世族의 成立」『湖南文化研究』6, 22~40쪽.

5) 閔賢九, 1974, 「高麗後期의 權門世族」『한국사』8, 국사편찬위원회, 30~45쪽 및 52~59쪽.

6) 邊太燮, 1986, 『韓國史通論』, 三英社.

7) 朴龍雲, 1987, 『高麗時代史(下)』, 一志社.

하지만 고려후기 정치사에 대한 연구가 깊어지면서 곧 이어 이와는 여러 모로 다른 견해들이 제기되었다. 그 하나로 우선 李益柱의 주장을 들 수 있다. 그는 忠烈王代(1275～1308)에 주목한 결과, 당시는 元 干涉期라는 특수한 상황으로 인해 국왕측근세력이 번성하여 側近政治가 이루어진 시기로 파악하였다.8) 그리하여 당시의 정치세력도 "국왕측근세력과 권문세족·신진관료·부원세력"으로 나뉘어져 있었으며, 그중 前者의 부류는 宦官·內僚·鷹坊人·譯官·怯怜口 및 기타의 嬖幸 등으로 구성되어 있었다고 설명하고 있다. 아울러 이들 역시 親幸에 적극성을 띠고 있었고, 또 정치적 경제적으로 私利를 추구하여 銓注의 문란과 土地奪占의 장본인이기도 하였다는 것이지만,9) 어떻든 그것은 閔賢九가 네 번째 갈래로 분류한 '권문세족'과 대략 중첩되는 존재를 지칭한 것으로 보인다. 그러면서도 李益柱 역시 '권문세족'을 따로 설정하고 있어서 그 점에서는 차이를 드러내고 있는 것이다.

한편 金塘澤도 忠烈王代의 경우 '權勢之家'로 표현된 사람들은 충렬왕의 측근세력으로서, 1308년에 지정되는 '宰相之宗'과 동일한 부류로 볼 수 없다는 주장을 펴고 있다. 여기서는 그 '權勢之家'에 속한 부류를 구체적으로 언급하고 있지 않지만 이들을 '權門世族'='權勢之家'='宰相之宗'으로 이해한 종래의 견해와는 달리 따로 떼어내어 국왕측근세력으로 파악하고 있다는 점에서 李益柱의 주장과 일맥상통하는 셈이다. 그러면서도 그는 '宰相之宗'을 '權門世族'이 아니라 '士大夫'家였다는 주장을 펴10) 이점에서는

---

8) 이점에서는 金光哲, 1985, 「高麗 忠烈王代 政治勢力의 動向－忠烈王 初期 政治勢力의 變化를 中心으로－」『昌原大論文集』7－1도 마찬가지이다.

9) 李益柱, 1988, 「高麗 忠烈王代의 政治狀況과 政治勢力의 性格」『韓國史論』18, 서울대 국사학과, 157～160쪽 및 188～201쪽.

前二者와 또 다른 견해를 개진하고 있는데, 그것은 士大夫의 개념을 어떻게 규정할 것이냐의 차이에서 비롯되는 듯싶다.

한데 '權門世族'에 관한 異見은 金光哲에 이르러 한층 더 깊어진다. 그는 자신의 학위논문을 정리한 『高麗後期世族層硏究』에서 '權門'과 '世族'은 매우 다른 뜻을 나타내는 용어로, 그들을 하나로 묶는 '權門世族'이란 용어 자체가 성립하기 어렵다는 주장을 펴고 있는 것이다. 이는 權門類와 世族類의 사례를 일일이 찾아 검토한 뒤에 내린 결론으로서, 우선 權門·權臣은 특정인의 권력정도를 말하는 것으로 집권자이거나 왕권을 압도할 수 있는 권력의 소유자를 지칭하였고, 權勢之家나 勢家·權勢家·權貴 역시 王權下에서 권력을 행사하던 존재들을 뜻하는 용어이었던 데 비해 世族·世家 등은 특정 가문의 사회적 지위를 말해주는 계층의 의미를 지닌 용어였다 한다. 그런데 한국사에 있어서 지배세력의 추이와 사회 성격을 이해하려고 할 때에 당대의 가문을 대상으로 삼아 신분 또는 계층의 분석을 토대로 하는게 한 효과적인 방법으로 이용되어 온 만큼 고려 후·말기의 정치적 지배세력을 파악함에 있어서도 世族層에 중점이 두어져야 하며 용어 또한 그처럼 부르는 것이 옳다고 주장하고 있다.11)

아울러 그는 고려 후·말기에 제반 모순을 야기한 주체는 대체적으로 前者인 權門·權勢之家類이며, 世族層은 그렇지 않은 면이 많았다고 보았다. 그리하여 忠宣王과 忠肅王·忠穆王, 심지어는 恭愍王代의 개혁정치에 世族도 다수가 참여하였다고 분석하고 있다. 따라서 당시의 정치사를 '權門世族'과 '士大夫'의 대립이라

---

10) 金塘澤, 1991, 「忠宣王의 復位敎書에 보이는 '宰相之宗'에 대하여－소위 '權門世族'의 구성분자와 관련하여」『歷史學報』 131, 23～27쪽.

11) 金光哲, 1991, 「權門·世族의 用例」『高麗後期世族層硏究』, 東亞大出版部, 17～47쪽.

는 측면에서 이해해온 종래의 방식은 잘못된 것이라고 비판한
다.12) 실은 世族 역시 士大夫에 포괄될 수 있는 존재로, 科擧及第
者를 많이 배출하고 있다는 언급도 하고 있다.13) 이같은 주장들에
대해서는 李益柱가 비교적 상세하게 재검토한 글을 발표한 일이
있어14) 이 자리에서는 더 이상 언급하지 않으려 하지마는, 우리에
게 여러모로 더 깊이 생각해보아야 할 문제점들을 제시하고 있다
하겠다.

그러면 다음으로 이 '權門世族'의 상대방인 士大夫에 대하여 검
토하여 보기로 하자. 지금 '權門世族의 상대방인 士大夫'라고 했지
만 실제적으로는 '士大夫階級'에 관한 연구가 먼저 이루어지고 그
상대방으로 '權門世族'이 논의되었다는 것은 다 알고 있는 바와 같
거니와, 그 단초를 연 것은 李佑成이었다. 즉 그는 「高麗朝의 '吏'
에 對하여」라는 논고를 통해, ① 士大夫階級은 武臣執權期에 '能
文能吏'의 官僚로 새로이 등장한 관인층으로서, 「讀書曰士 從政爲
大夫」라고15) 한 바와 같이 學者的官僚이며 官僚的學者였다. ②
대략 지방 鄕吏의 신분으로 刀筆을 家業으로 삼아오던 그들의 行
政實務的 전통 위에 문학적 교양까지 구비하여 科擧를 통해 진출
하였다. ③ 고려후기에서 말기로 접어들면서 정치적·사회적 기반
을 확립시키고 나아가 조선의 건국에 주동적 사명을 담당하였다16)
는 점을 들고, 이어서 ④ 그들은 경제적인 면에서 지방의 中小地

---

12) 金光哲,「高麗後期 改革勢力과 世族」『위의 저서』, 168~210쪽.
13) 金光哲,「高麗後期 世族과 科擧」『위의 저서』, 109~130쪽.
14) 李益柱, 1992,「고려후기 사대부와 권문세족에 대한 새로운 이해─『고
    려후기 세족층연구』(김광철, 동아대학교 출판부, 1991)─」『역사와 현
    실』8.
15) 『燕巖集』 卷8, 別集 放璚閣外傳.
16) 李佑成, 1964,「高麗朝의 '吏'에 對하여」『歷史學報』 23, 24·25쪽 ;
    1991,『韓國中世社會硏究』, 一潮閣, 110·111쪽.

主層이었다[17]고 언급하고 있는 것이다.

이와 같이 하여 제기된 士大夫와 '權門世族'은 앞서 설명했듯이 1974년 간행의 『한국사』 8에서 「高麗後期의 權門世族」과 「新興 士大夫의 擡頭」[18]라는 항목을 설정한 이후 고려 후·말기의 정치사를 파악하는 한 방식으로 굳어지다시피 하였다고 했거니와, 그 가운데 전자에서 "新進勢力이 권력구조상 중요한 의미를 가지고 權門勢力과 대립할 수 있게 되는 것은 恭愍王代 이후부터의 일"이라는 지적은[19] 주목된다. 이와 함께 '權門世族'의 경우가 그러했던 것처럼 士大夫의 개념 역시도 그후 여러 모로 검토가 이루어져 조금씩 다른 의견들이 제시되었다. 우선 그 하나로 李成茂의 견해를 들 수 있다. 그는 士大夫란 『朝鮮世宗實錄』에 실려있는 바 "四品 以上 稱爲大夫 五品以下 稱爲士"[20]라고 한 데서 나온 명칭으로, 본래는 官制上의 文武兩班官僚를 지칭하는 뜻으로 쓰인 말이었다고 설명하고 있다.[21] 잇대어서 "士大夫는 특히 朱子學을 지배사상으로 하는 고려말 이후의 文武官僚를 뜻한다. 士大夫라는 用語가 고려말 이후에만 나타나는 까닭도 여기에 있었다"고 한 주장은 약간의 문제가 없지 않지만,[22] 士大夫의 개념에 관한 그의 언급은 큰 의미가 있다고 생각된다.

李成茂는 이 자리에서 士族·士類·士林 등의 용어에 대해서

---

17) 李佑成, 1965, 「高麗의 永業田」 『歷史學報』 28, 21쪽 ; 『위의 저서』 32쪽.

18) 金潤坤, 1974, 「新興士大夫의 擡頭」 『한국사』 8, 국사편찬위원회, 142~174쪽.

19) 閔賢九, 「高麗後期의 權門世族」 『위의 책』, 33쪽.

20) 『朝鮮世宗實錄』 卷52, 世宗 13年 5月 戊辰.

21) 李成茂, 1980, 「兩班의 槪念」 『朝鮮初期 兩班研究』, 一潮閣, 15쪽.

22) 朴龍雲, 1981, 「書評, 李成茂著 『朝鮮初期 兩班研究』」 『亞細亞研究』 24-2 ; 1999, 『고려시대사연구의 성과와 과제』, 신서원, 322~324쪽.

도 설명을 부가하고 있다.[23] 즉 그는 士族이란 '士大夫之族'의 준
말로 "士大夫가 될 수 있는 族屬" 또는는 "兩班身分層을 指稱하는
일반적인 용어" 등으로 설명하고 있는 것이다. 이어서 士類는[24]
"士大夫 또는 士族과 유사한 의미로 쓰이고 있으며" 士林은 "'士
大夫之林'이라는 의미로서 士大夫群을 뜻한다. 즉 士林은 士大夫
自身을 통칭하는 것이므로 士族보다는 범위가 좁다"라고 설명하
고도 있다.

한편 이를 전후하여 李泰鎭은 麗末의 농업기술 발달과 그에 따
른 사회변화에 주목하면서 그 주도세력을 '新興士族' 또는 '新興
士大夫'라고 부르고 있다.[25] '新興士族'의 경우 그 개념을 설명하
고 있지는 않지만 士大夫를 士族이란 말로 대치하고 있는 셈이다.
아울러 朴龍雲도 士大夫는 文武官僚만을 지칭하는 만큼 그 범위
를 좀 더 넓힐 수 있는 용어가 필요하다는 관점에서 '新進士類'라
는 말을 쓸 것을 제안하였다.[26] 그런 가운데 兩者는 士族·士類가
하나의 集團·勢力으로서 중요한 역할을 담당하는 것은 朱子性理
學 도입 이후인 恭愍王代라는 동일한 견해를 내고 있다.

그후 金塘澤은 '士族'이라는 용어에 각별한 주의를 기울였다. 그
리하여 "'士族'은 관리가 되는 데 있어서 아무런 신분적인 제약을
받지 않은 관료계층" 내지는 "관리가족"의 의미로 쓰였다고 규정

---

23) 李成茂, 주 21)의 글, 16·17쪽.
24) 士類에 대해서는 그에 앞서 金泰永이 1976, 「高麗後期 士類層의 現實
    認識」『創作과批評』 44에서 언급하고 있다.
25) 李泰鎭, 1978, 「14·15세기 農業技術의 발달과 新興士族」『東洋學』 9 ;
    1986, 『韓國社會史研究』, 지식산업사, 102~106쪽.
    李泰鎭, 1983, 「高麗末·朝鮮初의 社會變化」『震檀學報』 55 ; 위와 같
    은 저서.
26) 朴龍雲, 1987, 「新進士類의 개념 및 그의 대두」『高麗時代史(下)』, 一
    志社, 539~543쪽.

하고 있다. 이어서 "'士林'은 곧 '士族' 출신의 인물들을 지칭하는 용어였고" 이들 "'士林' 가운데서 특히 관도에 진출해 있던 인물들은 '士大夫'로 표기했던 듯하다"고 파악하였다. 그런데 이런 용어들은 武臣亂 이전에도 사용되고 있다. 그럼에도 史書에 이들이 왜 元 干涉期 이후 빈번하게 등장하는 것일까. 그 이유를 그는 賤系 출신 인물들이 元 干涉期라는 특수 상황에서 忠烈王 등의 옹호를 받아 관료로 활발하게 진출함에 따라 士族 출신 관료들이 자신을 이들과 구별하려 한 데서 비롯하였다고 보고 있다.[27] 이처럼 士族・士林・士大夫에 관한 그의 이해는 위에 열거한 논자들과 매우 흡사한 것인데, 그러면서도 신분적인 측면을 특별히 강조한 부분이 주목된다.

이렇게 정리하여 놓고 보면 忠烈王과 忠宣王 사이의 重祚 과정은 賤系 출신 관료와 士大夫간의 정치적 갈등이 지속된 기간이 되겠는데, 그때의 당해 士大夫들이라 하여 기존의 관료들과 하등 다를 것이 없다. 따라서 종래 당시의 정치적 지배세력을 '權門世族'과 士大夫로 양분하여 이해하여 온 것은 옳지 않다고 그는 비판한다.[28] 동일한 취지에서 金塘澤은 忠宣王 復位年(1308)에 지정되는 '宰相之宗'까지도 士大夫로 파악하고 있다 함은[29] 앞서 설명한 바와 같다. '世族'을 士大夫로 이해한 金光哲 역시 비슷한 견해라 할 수 있는데,[30] 이점에 대해서는 李益柱가 적절하게 지적하고 있듯이 그들 용어가 가지고 있는 개념과 범주의 역사적 의미일 것 같

---

27) 金塘澤, 1989, 「忠烈王의 復位 과정을 통해 본 賤系 출신 관료와 '士族' 출신 관료의 정치적 갈등-'士大夫'의 개념에 대한 검토-」『東亞研究』 17, 212~217쪽.
28) 金塘澤, 위의 논문 230~232쪽.
29) 주 10)과 같음.
30) 金光哲, 1991, 「高麗後期 改革勢力과 世族」『高麗後期世族層研究』, 東亞大出版部, 174~176쪽.

다.[31] 사실 金塘澤이 성리학 수용 이후 士大夫의 정치적 성격에 대해서는 달리 검토할 필요가 있다고 한 언급은 이런 점을 염두에 둔 발언이라고 생각된다.

高惠玲도 사례 하나하나를 들어가면서 士大夫와 士族·士林·士類·士流 등의 개념과 성격에 대해 면밀히 검토하고 있다. 두편의 논고 가운데에서 대폭 보완한 후편이 보다 자세한데, 거기에서 특히 士類를 士流와 같은 것으로 본 것과, 士大夫를 역시 官人으로 이해하면서도 그들이 유교적 교양과 예의, 윤리규범을 갖추어야 했다는 점을 강조한 것은[32] 눈여겨보아야 할 대목이다. 나머지 士族·士林에 관한 견해는 위에 열거한 논자들과 대동소이하지마는, 그의 논지에서 가장 두드러진 부분은 新進士大夫를 성격에 따라 세 시기로 나누어 설명하고 있다는 점이다. 즉, 무신집권하에서 '能文能吏'의 신관료로 등장하여 정치에 참여했던 文士들로부터 忠烈王代 성리학이 도입되기 시작한 13세기 말까지의 제1기 사대부와, 14세기 초 성리학 수용이 본격화되던 충렬왕대 말부터 忠定王代까지의 제2기 사대부, 그리고 科擧 출신의 儒臣들이 주축을 이룬 恭愍王 때로부터 왕조 멸망까지의 제3기 사대부로 분류하여 파악하고 있는 것이다.[33] 그러면서 그는 세 시기의 士大夫가 각기 공통점과 차이점을 나타내고 있는데, 그중 어느 쪽에 더 비중을 두고 보느냐에 따라 세 시기 士大夫의 존재를 별개로 보느냐, 아니면

---

31) 李益柱, 1992, 「고려후기 사대부와 권문세족에 대한 새로운 이해-『고려후기 세족층연구』(김광철, 동아대학교 출판부, 1991)-」『역사와 현실』 8, 321쪽.

32) 高惠玲, 1992, 「高麗後期 士大夫의 概念과 性格」『許善道停年紀念 韓國史學論叢』, 一潮閣.
   高惠玲, 2001, 「士大夫의 개념과 성격」『高麗後期 士大夫와 性理學 受容』, 一潮閣, 26~42쪽.

33) 高惠玲, 위의 논문 45~52쪽.

동류로 보느냐가 결정된다는 언급도 해놓고 있다.

그후 박재우와 이익주 등 몇몇 학자들은 공동연구를 통해 辛旽이 중심이 된 공민왕대의 개혁정치 이후 하나의 뚜렷한 정치세력으로 부상하는 존재들을 '신흥유신'이라 부르는게 좋겠다는 견해를 제시하고 있다. 그러면서 자신들이 말하는 '신흥유신'이란 前者의 경우 "고려후기 사회경제적 변동을 계기로 성장한 중소지주출신의 특정 세력을 지칭하는 개념으로" "중소지주적 입장에 가장 충실한 집단은 여말 사전개혁 과정에서 급진파로 불리는 세력뿐이라는 사실에서 사대부 용어를 온건파까지 적용하기가 어렵다." 그래서 "종전처럼 공민왕 때 정치세력화한 집단을 신흥사대부로 불렀던 것을 일단 포기하고 이를 다른 이름으로 부를 필요성을 느끼게 되었고, 이들을 '신흥유신'이라 부르기로 하였다"고 말하고 있으며,34) 後者 역시 중소지주층의 성장과 그들이 중심이 된 사전개혁에 촛점을 맞추어 '신흥유신'을 이야기하고 있어서35) 이 용어를 쓰게 된 연유를 대략 짐작할 수 있다. 그렇다면 이 명칭은 어떨까. 잠시 헤아려볼 때 호칭의 배경이 된 것은 주로 사회경제적인 측면인데 비해 정작 명칭은 사상에 기운 것이어서 그렇게 썩 잘 어울리지는 않는게 아닐까 하는 느낌이 없지 않고, 또 고려 때의 신료는 대부분이 유신이었으므로 이점에서도 좀더 생각해볼 여지는 있는 듯하다.

고려 후·말기의 정치적 사회적 지배세력에 대한 諸家의 견해는 대체적으로 이상과 같은데, 호칭의 경우 가능한 한 당시에 많이 사용되던 용어로써, 그 시기의 특성을 잘 반영할 수 있는 것이라면

---

34) 박재우, 1995, 「고려말 정치상황과 신흥유신」『역사와 현실』15, 15~17쪽.
35) 이익주, 「공민왕대 개혁의 추이와 신흥유신의 성장」, 위의 책, 23쪽.

좋을 것 같다. 그런 점에서 이미 논자들도 權門類와 世族類 및 士大夫類를 검토한 바 있지마는, 거기에도 수정하거나 보완할 부분이 없지는 않은 것 같다. 그러므로 중복되는 감이 없지 않지만 이 자리에서도 다시 한번 用例들을 차례차례 살펴보고 그 성격 역시 재검토하는 과정을 가지고자 한다.

Ⅲ. 權門·權勢之家 및 權臣·權貴類의 用例와 그 성격

1. 高麗前期와 武臣政權期

순서대로 먼저 權門類에 대해 살피기로 하자. 이 權門類는 더 말할 필요도 없이 애초의 '權門世族'에서 앞부분을 떼어낸 것인데, 이같은 방침을 세운 것은 기본적으로 여러 논자들처럼 '權門'과 '世族'을 분리하여 파악하는게 옳겠다는 판단에서이다.

사실 이미 지적되었다시피 기록 가운데에서 '權門世族'이라는 용어는 찾아지지 않으며, 양자가 분리된 상태로 나온다. 그중 權門은 글자 그대로 간략하게 말하면 '權勢가 있는 집안' 내지 '權勢를 부리는 집안'의 뜻이다. 뒤에 소개하겠지마는 史書에서 간혹 눈에 띄는 '權豪之門'과 '權貴之門'도 이와 유사한 의미를 지닌 말이었을 것으로 생각된다.

그런데 史書에는 또 '權勢之家'라는 말도 자주 등장하고 있다. 이 역시 '權勢가 있는 집안' 내지 '權勢를 부리는 집안'을 뜻했으리라는 것은 쉽게 짐작이 가는 일인데, '勢家' 등도 이와 유사한 용어로 사용되었던 것 같다. 그렇다면 權門類와 權勢之家類는 매우 흡사한 뜻을 가지고 쓰인 말이었다는 이야기인데, 논자 가운데에는 전자가 후자보다 더 벼슬이 높고 강한 권세를 지닌 존재를 뜻했다고 하여[36] 구분하기도 한다. 그리고 용례를 보면 실제로 그러한 면이 나타나기도 하지마는, 그러나 크게 보았을 때 유사한 범주의 존재들을 지칭했다는 것도 틀림없는 사실인 듯하다.

얼핏 보더라도 이들 權門과 權勢之家는 두 가지 뜻이 내포된 말임을 알 수 있다. 그 하나는 '權勢・權力'이 있다는 것이고, 다른 하나는 그러한 '집안・가문'이라는 뜻이다. 물론 경우에 따라서 권세가 있는 집안 출신의 인원을 의미하고 있는 사례가 없지 않으나 본질적으로는 권세와 집안에 의미를 둔 말이었다고 이해되는 것이다. 그렇기 때문에 그러한 출신의 개인을 지칭할 때는 역시 후술하겠지만 權臣・權貴・權豪 등의 용어가 사용되었다.

權門・權勢之家가 이처럼 '권세가 있는 집안' 내지 '권세를 부리는 집안'을 뜻하는 평범한 말이었으므로 언제든지 쓰일 수 있었다. 그러므로 이들 用例는 고려전기부터 눈에 띄고 있다. 그러면 실례를 찾아보면서 그 의미와 성격을 좀더 구체적으로 검토하기로 하자.

우선 고려전기 權門의 사례로는 다음의 두 기사를 들 수 있다.

가-① (獻宗 元年[1095]) 冬10月 己巳에 制하여 말하기를, "짐이 先考의 遺業을 이어서 외람되이 왕위에 올랐으나 나이가 어리고 몸도 또한 병들고 여위었으므로, 나라의 大權을 제대로 행사하지 못하고 士民의 바람도 이루지 못하니, 음모와 異議가 번갈아 權門

---

36) 金光哲, 1991, 「'權門' '世族'의 用例」 『高麗後期世族層硏究』, 東亞大出版部, 33쪽.

에서 일어나고 역적과 亂臣이 여러 번 궐내를 범하였는바, 이것
은 모두 박덕한 소치라 항상 임금의 일을 보기가 어려움을 생각
하였다" 云云(『高麗史』 卷10, 世家).37)

② 崔陟卿은 完山의 吏로 登第하여 毅宗初에 京山府判官에 보임되
었는데 성품이 깨끗하여 吏·民이 敬畏하고 사랑하였다. 임기가
차서 서울로 돌아왔는데 발길이 權門에 이르지 않은게 10여년이
었다. 判吏部事 崔允儀가 그 淸直함을 듣고 耽羅令에 제수하려
하였다(『高麗史』 卷99, 列傳 崔陟卿傳).

①은 이른바 李資義의 난을 진압한 뒤 실권을 장악한 鷄林公(뒤
의 肅宗)에게 왕위를 넘겨주는 制書인데, 여기서 음모와 異議를 일
으킨 權門은 바로 반란의 장본인인 이자의 집안을 일컫는다. 다 알
고 있듯이 李資義는 고려전기의 최대 문벌귀족이던 慶源李氏家
출신으로, 권세를 업고 왕권에까지 간여했다 하여 비난의 대상이
되고 있는 것이다. ②의 權門은 정치기강이 크게 문란해졌던 毅宗
朝의 어느 집안을 일컫고 있는데, 그 역시 권세를 가지고 人事에
깊숙히 관여한 존재로 그려지고 있다. 이처럼 權門은 권세·권력
을 장악하고 그것을 부당하게 행사하는 부정적인 존재를 지칭할
때 주로 쓰이고 있거니와, 거기에는 閥族도 포괄되고 있음이 주목
된다.

다음 權勢之家와 勢家의 사례도 일찍부터 보이고 있다. 그 기사
를 소개하면 다음과 같다.

가-③ (太祖 17년[934]) 夏5月 乙巳에 禮山鎭에 행차하여 詔해 말하기
를, "지난날에 신라의 정치가 쇠하여 群盜가 다투어 일어나 …
남자는 모두 싸움에 종사하고 부녀자도 오히려 役을 져 노고를
견디지 못하고 혹은 산림에 도망해 숨는가 하면 혹은 官府에 호
소하는 자가 얼마나 되는지 알 수 없다. 王의 친족과 權勢之家가

---

37) 동일한 기사가 『高麗史節要』 卷6, 獻宗 元年 冬10月條에도 실려 있다.

　　포악한 짓을 함부로 하고 약자를 능멸하여 우리 編氓을 괴롭히
　　는 일이 없음을 어찌 알 수 있겠는가. 내 한몸으로 어찌 집집마
　　다 이르러 살피겠는가" 云云(『高麗史』 卷2, 世家).[38]

　④ 崔褒偁은 毅宗初에 御史雜端이 되었고 … 얼마 뒤에 知樞密院
　　事·判三司事로 옮겼다. 성격이 몹시 사나우며 貪墨하여 이미
　　樞要職을 맡으매 세력이 中外를 기울게 하였는데, 자기에게 붙
　　지 않는 자는 반드시 중상하였고, 아들과 사위는 勢家와 연결하
　　여 꺼리는 바가 없었다(『高麗史』 卷125, 列傳 姦臣傳 崔褒偁).

　여기서는 權勢之家가 王의 친족(王親)과 나란히 열거되고 있어
서 눈길이 가거니와, 그들 역시 백성을 괴롭히는 존재로 묘사되고
있다.

　고려전기의 사료에서 權貴之門의 용례도 찾아진다. 다음의 기사
가 그것이다.

　가-⑤ 仁宗이 깊이 알아주는 바가 되었다. … 公(金誠)은 사람됨이 조
　　심스럽고 삼가하여 처음의 署令으로부터 致仕할 때까지 23년간
　　벼슬을 지내면서 일을 처리함에 조그마한 잘못도 없었으며, 또
　　權貴之門에 발을 들여놓지 않아 세상의 웃음을 사는 일이 없었
　　으니 이 어찌 현명하게 끝까지 자신을 보전하는 道가 아니었겠
　　는가(『高麗墓誌銘集成』 99쪽, 金誠墓誌銘).

　權貴의 집안은 발걸음을 하지 않아야 좋을 존재로 기술되어 있
다. 이와 같이 權門·權勢之家·勢家·權貴之門 등은 권세를 가
지고 있는 집안들로, 그것을 행사하여 사회에 나쁜 영향을 미치는
존재들을 지칭했음을 확인할 수 있는 것이다. 권세·권력의 부당
한 행사는 어느 사회에서나 비난의 대상이 되게 마련이지마는, 유
교정치이념에 지도된 고려사회에서는 더더욱 그것이 용인될 수 없

---

38) 동일한 기사가 『高麗史節要』 卷1, 太祖 17年 夏5月條에도 실려 있다.

었겠는데, 실제로는 고려전기에도 그런 몇몇 존재가 찾아져 기록으로 남게 되었다고 할 것이다.

그와 같은 위치에 있는 개인은 權臣・權貴・權豪 등으로 불렸던 것 같다. 그러면 먼저 權臣의 예부터 보기로 하자.

나-① (仁宗 17年[1139]) 2月에 큰 사면령을 내리고 制하여 말하기를, "짐이 先君의 유명을 받들어 여러 대의 큰 기업(왕위)을 이어받았으나 덕은 박하고 책임은 무거워서 능히 제어하지 못한 탓으로 權臣으로 하여금 발호하게 해 궁궐이 불탔으므로 짐은 심히 부끄럽다" 云云(『高麗史節要』卷10).

② 당시 모든 조정의 卿士들이 외척에게 붙었으나 公(崔思全)은 홀로 그렇지 않아 충성으로 임금을 받들어 변함이 없었다. 이때 적의 무리들이 더욱 성하고 權臣이 발호하여 장차 不測한 흉계를 행하려 하자, 왕이 알아차리고 몸을 보전하고 해를 멀리하고자 장차 外家에 讓位하려 하였다(『高麗墓誌銘集成』 70쪽, 崔思全 墓誌銘).

③ 外家가 권력을 휘둘러 나라의 형세가 위태로웠는데 오직 公(王佇)은 변함없이 사직을 보위하자 權臣이 거짓 명령을 꾸며 江南으로 유배했으나 己酉(仁宗 7년)에 왕께서 명하여 中使를 보내 王京으로 맞아오게 하였다(위의 책, 187쪽, 王佇墓誌銘).

④ 貞元 元年(毅宗 7)에 인물을 등용하기 위한 여러 사람들의 평판이 위촉하는 바 되어 마침내 政堂文學・判尙書禮部事에 발탁되었다. 당시 公(崔諴)을 좋아하지 않는 權臣이 있어 몰래 省閣을 꾀어 瑕疵를 지적해 여러 차례 글이 올라가게 되자 왕은 이에 有司에게 명하여 그 일을 조사케 하였는데 수년이 되지 않아 그 일이 분명하게 가려졌다(위의 책, 184쪽, 崔諴墓誌銘).

위의 ① ② ③은 모두 어린 外孫인 仁宗을 옹립하고 한때 擅權했던 李資謙과 관련된 내용을 전하는 기사들이다.[39] 따라서 이곳

---

39) 金光哲은 주 36)의 글 19쪽에 이자겸을 權臣으로 지칭한 尹彦頤墓誌銘(『高麗墓誌銘集成』 112쪽)과 文公裕墓誌銘(옆의 책, 173쪽)의 내용을

의 權臣은 더 말할 나위도 없이 李資謙을 지칭한다. 그는 역시 고려전기의 최대 門閥貴族이었던 慶源李氏家의 인물로 일시 왕위를 넘볼 정도의 권력자였다. ④는 毅宗 7년에 崔誠이 宰臣인 政堂文學・判尙書禮部事에 발탁되자 그를 좋아하지 않는 權臣이 모함하려 했다는 이야기인데, 毅宗 6・7년 당시에 文公元이 首相, 庾弼은 亞相, 崔子英은 叅知政事(從2品)를 맡고 있었으므로 그 權臣은 이들 중 누구일 듯싶으나 분명치는 않다. 어떻든 고려전기에도 이처럼 권세・권력을 쥐고 그것을 부당하게 행사한 인물을 가리켜 權臣이라 칭했음을 확인할 수 있는 것이다.

이 權臣에 대해서는 麗末에 크게 활동하는 李穀에게서 비교적 자세한 설명을 들을 수 있다. 그것은 다음과 같다.

> 나―⑤ 옛 글에 이르기를, "신하 노릇하기가 쉽지 않다" 하였으니 조심하지 않을 수 있겠는가. … 대범하게 신하의 종류를 말한다면 重臣과 權臣이 있고, 忠臣・直臣・姦臣・邪臣이라는 것이 있다. 그 重臣이라는 것을 나는 안다. 가령 임금은 어리고 나라가 위태로울 때에 衆志가 정해지지 않고 사변이 창졸간에 생겨서 사태가 불안하고 의아스럽게 되었을 경우, 뚜렷하고 확고하게 하나의 원칙을 가지고 大義를 주장하며, 자신의 死生이나 禍福은 조금도 생각하지 않는다. 사람들은 그로 인하여 안정되고 사태는 수습된다. … 權臣인즉은 정세를 이용하여 그의 사사로움을 이루며 임금을 끼고 남의 환심을 사고는 몰래 그 칼자루를 거꾸로 돌려잡아 협박하며 압제한다. 사람들이 비록 원망하고 분개하나 감히 말을 못한다. 이것도 일시적인 불안을 진정시킬 수는 있다. 그러나 重臣과 비교하면 형태는 비슷하나 정신은 같지 아니하며 그 利害의 관계도 하늘과 땅처럼 다르다. 그러므로 先儒들이 일찍이 그것을 논했던 것이다(『稼亭集』 卷7, 說 臣說送李府令歸國).

權臣은 重臣과 상반되는 존재로, 정세를 이용하여 자기 개인의

소개해놓고 있다.

세력을 키우고 이익을 도모하며 국왕을 평계삼아 권력을 쥐고 그
것을 부당하게 행사하는 신하를 말한다고 설명하고 있다. 그리고
이것은 先儒들에 의해 이야기되어 온 바로써 權臣이란 용어는 오
래 전부터 사용되어 왔음을 알 수 있는데, 우리는 고려전기 사회에
서 李資謙이나 毅宗代의 어느 權力者를 통해 직접 그같은 사례에
접할 수 있었던 것이라 하겠다.

그런데『高麗史』등에서 자주 대하는 權貴도 權臣과 유사한 말
이었던 것 같다. 이는 앞서 權臣으로 지칭되었던 李資謙이 權貴로
도 불리고 있는 데서 그러한 짐작을 해볼 수 있다. 아래의 기사가
그같은 점을 보여주는 것들이다.

나-⑥ (仁宗 即位年[1122] 12月) 李資謙이 자못 의심하여 그 죄를 얽어
　　서 아뢰어 (韓)安仁을 昇州 甘勿島로 유배보냈다가 물에 넣어 죽
　　이고, 또 公美·韓柱·李永·克永도 외방으로 유배하였다. …
　　왕이 즉위함에 미처 전에 侍學했던 은혜로 가까이 있으면서 세
　　력을 잡아 형제와 친척들이 요직을 나누어 차지하니 士大夫로
　　따라붙지 않는 사람이 없었다. 갑자기 기세를 타고 權貴와 대적
　　을 꾀하다가 패한 것이다(『高麗史節要』卷8).[40]

　　⑦ 李資謙이 韓安仁을 죽일 때 (李)永도 安仁의 妹壻였으므로 연좌
　　되어 珍島에 유배되었다. … 永은 타고난 성품이 곧아서 權貴가
　　흔들지 못하였다(『高麗史』卷97, 列傳 李永傳).

　　⑧ 丙午年(仁宗 4)에 궐내에서 변란이 있자 公(許載)은 지성으로 사
　　직을 보위했으나 다만 홀로 곧고 기술이 없어서 자기 몸을 낮추
　　지 않았으므로 당시 세력을 잡은 사람의 꺼리는 바가 되었다. …
　　公은 천부적으로 惡을 미워하기를 원수처럼 하여 權貴라 해서
　　피하지 않았으므로 꺼리는 자가 많았다(『高麗墓誌銘集成』80·
　　81쪽, 許載墓誌銘).

⑥은 李資謙과 권력다툼을 벌였던 韓安仁이 패하여 죽음을 당

---

40) 동일한 내용의 기사가『高麗史』卷97, 列傳 韓安仁傳에도 실려 있다.

했다는 기사인데 그 상대방인 李資謙을 權貴라 쓰고 있다. ⑦은 ⑥에서도 언급되고 있는 李永에 관한 것으로, 그를 유배시킨 李資謙을 역시 權貴라 표현하고 있다. ⑧은 이른바 李資謙의 난이 일어났을 때 의젓하게 대처했던 許載가 그의 견제를 받았다는 이야기인데, 여기서도 李資謙을 權貴라 기술하고 있다. 그리고 이보다 조금 앞서는 睿宗朝에, "일을 논함에 강직하여 權貴에게 꺼리낌을 받아 全州通判"으로 밀려났다는 鄭沆傳의[41] 權貴 역시 李資謙을 지칭한 듯 짐작된다.

그 실체는 분명치 않지만 이밖에 다시 仁宗朝에는 權貴를 좇지 않았다 하여 칭송을 받은 崔時允과[42] 銀瓶을 뇌물로 받은 權貴의 이야기[43] 등 그에 관한 몇 기사가 더 눈에 띠고 있다. 아울러 다음 대인 毅宗朝에도 "權貴를 잘 섬겨 급작스럽게 衛의 將軍으로 옮아 앉은" 奇卓誠과[44] 반대로 "言事했다가 權貴를 거슬러 좌천된" 尹鱗瞻[45] 및 妙淸의 그릇됨을 알면서도 그가 權貴와 가까와서 감히 말을 내지 못했다는 이야기[46] 등 權貴에 관한 기사는 얼마간 더 찾아진다. 이들도 權臣과 마찬가지로 권력을 가지고 그것을 부당하게 행사하는 그런 존재들이었던 것이다.

權臣·權貴와 유사한 용어로 또 權豪가 있다. 이는 成宗朝에 崔承老가 時務策을 올리는 가운데 景宗에 대한 政績評에서 "정치의 요체에 익숙지 못해 權豪에게 專任했으므로 해가 종친에게 미쳤다"는 말속에 나오지마는,[47] 앞서 소개한 '權豪之門'의 예와 함께

---

41)『高麗史』卷97, 列傳 鄭沆傳.
42)『高麗墓誌銘集成』85쪽, 崔時允墓誌銘.
43)『高麗史節要』卷9, 仁宗 9年 8月.
44)『高麗史』卷100, 列傳 奇卓誠傳.
45)『高麗史』卷96, 列傳 尹瓘 附 尹鱗瞻傳.
46)『高麗墓誌銘集成』132쪽, 林光墓誌銘.
47)『高麗史』卷93, 列傳 崔承老傳.

고려하여 볼 때 權豪 역시 權貴와 거의 같은 의미를 지닌 용어로
생각된다.

요컨대 權門·權勢之家·勢家·權豪之門 등은 권세·권력을 쥐
고 그것을 부당하게 행사하던 집안을 일컫는 말이었다. 그리고 그
같은 집안 출신들의 개개인은 權臣·權貴·權豪 등으로 불렸다.
고려전기의 귀족사회에도 그러한 집안·인물이 얼마간 존재하였
고, 그리하여 史書에서 그들 용어가 간간이 찾아지고 있는 것이다.

武臣政權期는 그 시대상을 반영하여 權門·權臣類가 한층 많아
졌으리라는 예상을 할 수 있는데, 이는 실제로 그대로 나타나고 있
다. 그러면 먼저 權門의 用例부터 보기로 하자.

> 다—① (明宗 7年[1177] 3月) 李義方이 아울러 (王)珪를 해하려고 그 처
> 를 가두고 수색하니 鄭仲夫의 집에 숨어서 면할 수 있었다. 그때
> 仲夫의 딸이 과부로 있었는데 珪를 보고 기뻐하여 私通하니 珪
> 가 마침내 이전 처를 버렸다. … 純富 등이 珪가 權臣의 사위이
> 므로 위협해서 머물게 해 인질로 삼고 用純 등을 죽이기를 청하
> 고자 해서 인하여 이르기를, "公의 父子는 衣冠之族인데 지금
> 이전 처를 배반하고 權門과의 혼인에 의탁해 구차스럽게 살기를
> 도모했으니 名義가 이미 떨어졌다. 무슨 얼굴로 士大夫와 함께
> 조정에 서려고 하는가" 하니 珪가 위축되고 부끄러워 대답이 없
> 었다(『高麗史節要』 卷12).[48]

여기서 權臣은 鄭仲夫를, 權門은 그의 집안을 말한다. 혹자는 이
權臣과 權門이 동일하게 정중부를 지칭했다고 풀이하고 있으나[49]
서술자가 굳이 양자를 구분하여 쓴 의도를 생각해주는게 어떨까
한다. 즉, 權臣은 정중부 개인을 말하지만 權門은 정중부를 포함하
여 당시에 막강한 권력을 휘둘렀던 그의 아들 鄭筠과 사위 宋有仁

---

48) 동일한 내용의 기사가 『高麗史』 卷101, 列傳 王珪傳에도 실려 있다.
49) 金光哲, 주 36)의 글 21쪽.

을 함께 일컬었다는 식의 해석이다.

이어서 權門의 사례를 몇 개 더 소개하면 다음과 같다.

> 다-② (明宗 11年[1181] 春正月) 당시 政事가 權門으로부터 나왔으므로 奔競하고 뇌물을 쓰는 등 염치가 없었다. 武臣 가운데 氣勢가 있는 자는 각각 1인씩 천거하여 벼슬을 차지하게 하는데 만약 얻지 못하면 執政家에 가서 갖은 말로 다투고 따졌다(『高麗史節要』卷12).[50]
>
> ③ (金)敞은 權門에 붙어 오랜 동안 인사권을 맡았으므로 하루에 아홉 번 옮아앉을 수도 있었다(『高麗史』卷102, 列傳 金敞傳).
>
> ④ (元宗 9年[1268] 12月) 丁酉에 金俊을 죽이고 그 族屬을 멸하였다. 俊은 戊午年의 기근을 당하여 權門을 소탕하고 축적된 (倉穀을) 열어 많은 사람을 살렸었다(『高麗史節要』卷18).

논자는 이들 가운데 ②의 權門은 慶大升을 지칭하며, ③ ④의 그것은 각각 崔瑀·崔竩를 말한다고 설명하고 있는데,[51] 올바른 해석이다. 다만 좀더 정확히 표현하면 이들을 배출한 집안이라는 뜻이 되겠지마는, 이밖에도 역시 崔竩 집안을 지칭한 바 "戊午 4月에 義士들이 뜻을 모아 權門을 소탕하고 復政하였다"는 기사와[52] 洪奎가 혼인을 맺었다는 權門 즉 林衍의 집안에 대한 기록[53] 및 武人執政家를 지칭했음이 확실시되는 바 奇允肅이 아부하여 붙은 權門과[54] 禁衛者들이 다투어 붙은 權門[55] 등 관련 자료는 더 보이고 있다. 하지만 權門은 한결같이 武人執政家를 지칭하고 또 權臣

---

50) 유사한 기사가 『高麗史』卷75, 選擧志 銓注 選法 明宗 11年 正月條에 실려 있다.

51) 金光哲, 주 36)의 글 21쪽.

52) 『高麗墓誌銘集成』399쪽, 元傅墓誌銘.

53) 위의 책, 434쪽, 洪奎墓誌銘.

54) 『高麗史節要』卷17, 高宗 44年 夏4月.

55) 『高麗史』卷104, 列傳 金方慶傳.

의 경우도 그러하다 하여 위의 논자는 그들 용어가 武人執政者만
을 일컫는 말이라 이해하기도 하였다.56)

　대체적으로 그러했다고 할 수 있는데, 하지만 반드시 그런 것만
은 아니었다. 다음의 기사가 그와 같은 점을 알려주는 기록들이다.

　　다-⑤ (明宗 8年[1178] 春正月) 察訪使를 여러 道에 나누어 보내 백성
　　　　들의 疾苦를 묻고 官吏를 黜陟케 하였다. … 雲中道察訪 崔孝著
　　　　는 考覈한 것이 정밀치 못하여 免職되었고, 全羅道의 宋君秀도
　　　　陞黜을 私私로이 하였으나 權門의 子였으므로 물의를 일으키는
　　　　사람이 없었다(『高麗史節要』卷12).

　　　⑥ (明宗 9年[1179] 3月) 少卿 鄭國儉이 水精峯의 도적을 잡아 옥에
　　　　가두었다. 수정봉은 길이 호젓하고 험하여 惡小 5·6인이 항상
　　　　그 가운데 모여, 부인으로 姿色이 있는 사람을 보면 반드시 겁탈
　　　　하고 衣物을 뺏기까지 하였다. … 維城 등이 힘껏 싸워 3인을 체
　　　　포해 신문하니 곧 大將軍 李富의 생질과 權門의 子姪이었다(『高
　　　　麗史』卷12).

　　⑤는 察訪使로 나가 일을 옳게 처리하지 못하여 최효저는 면직
되었으나 宋君秀는 權門의 아들이어서 무사했다고 전하고 있다.
그 장본인인 송군수는 바로 정중부의 사위였던 宋有仁의 아들로
서,57) 그 權門은 분명히 宋有仁家를 일컫고 있는 것이다. ⑥에는
악독한 일을 저질렀다가 체포된 惡小 3인 가운데 하나는 대장군
이부의 생질이고 나머지 두 사람은 權門의 子姪이었다는데 당시
執權者인 慶大升에게는 알려진 子姪이 없으므로58) 그 權門을 慶大
升家로 보기는 어려울 것 같다. 그들 惡小는 ②사료에 나오는 氣勢
있는 武臣과 같은 인물들의 子姪로 이해하는 것이 옳지 않을까.

---

56) 金光哲, 주 36)의 글 21·22쪽.
57) 『高麗史』卷128, 列傳 宋有仁傳.
58) 『高麗史』卷100, 列傳 慶大升傳.

權勢之家와 勢家 등도 몇 기사가 눈에 들어오고 있다. 그들을 열거하면 다음과 같다.

다-⑦ (崔忠獻과 忠粹가 封事를 올려 말하기를), "… 勢家의 奴隸들이 다투어 田租를 징수하므로 백성들이 모두 수근거리며 슬퍼하오니 오직 폐하께서는 어질고 유능한 이를 가려 外職에 補하여 勢家들이 民産을 파탄시키지 못하게 하소서"(『高麗史』 卷129, 列傳 崔忠獻傳).

⑧ (元宗) 2년(1261) 正月에 御史臺에서 權勢之家들이 남의 田土를 빼앗는 것을 엄하게 법으로 다스릴 것을 청하니 制하여 可하다 하였다(『高麗史』 卷84, 刑法志 職制).

⑨ 元宗 10년(1269) 2月에 金俊을 베고는 勢家의 자제들로 하여금 弓矢를 가지고 들어와 殿內를 호위케 하였다(『高麗史』 卷82, 兵志 宿衛).

이곳의 權勢之家나 勢家는 武人執政 자신을 말하는 것은 아닌 것 같고[59] 좀더 넓은 범위의 권력있는 사람들을 의미하는 듯싶다. 이들은 역시 대부분 武將家들일 것으로 짐작이 가는데, 여전히 부정을 저질러 문제가 되고 있음을 전하고 있는 것이다.

무신정권기에는 이처럼 武人執政을 비롯한 武將勢力들이 權門 내지 權勢之家를 이루고 부당하게 권력을 행사한 사례가 다수였음을 확인할 수 있다. 그런데 이들도 개인을 지칭할 때는 고려전기에서와 마찬가지로 權臣·權貴 등으로 불렸으며, 간혹 權要라는 호칭도 눈에 띈다. 그중 權臣의 사례부터 찾아보면 위에서 잠시 언급했듯이 대부분은 武人執政을 그같이 일컫고 있다. 예컨대 "毅王 末年에 武人 鄭仲夫가 반란을 일으켜 朝臣들을 죽이고 廢立을 멋대로 함에 이로부터 權臣이 잇달았다"라던가[60] "毅宗·明宗 이후

---

59) 金光哲, 주 36)의 글 27쪽.

에 權臣이 國命을 잡음에 병권이 아래로 옮겨졌다"고 한 것과[61] "高宗의 治世에 나라 안에서는 權臣이 계속 나와 國命을 멋대로 잡았다"고 한 것[62] 등은 여러 명의 武人執政을 지칭한 기사들이다. 아울러 개인을 직접 지칭하거나 당해자와 관련된 기사에서 權臣을 호칭한 사례도 다수여서, 위의 다―①은 鄭仲夫를 가리켜 그같이 부른 경우이고, 이어서 李義旼과[63] 崔忠獻[64]·崔瑀(崔怡)[65]·崔沆[66]·崔竩[67]·金俊[68]·林衍[69] 등을 權臣이라 칭한 기록 역시 자주 대할 수 있는 것이다.

---

60) 『稼亭集』 卷12, 行狀 奇子敖行狀.
61) 『高麗史』 卷81, 列傳 兵志 序.
62) 『高麗史節要』 卷17, 高宗 46年 6月 壬寅.
63) 『東國李相國集』 卷21, 說序 垸擊貪臣說 · 『高麗墓誌銘集成』 330쪽, 崔忠獻墓誌銘.
64) 李基白編, 「元宗三年 尙書都官貼」 『韓國上代古文書資料集成』 84·85 쪽.
65) 『高麗史』 卷104, 列傳 金方慶傳 · 同 卷106, 列傳 金坵傳 · 同 卷110, 列傳 金台鉉 附 金光載傳 · 同 李齊賢傳 · 同 卷75, 選擧志 銓注 選法 恭愍王 5年 6月 · 同 卷81, 兵志 兵制 元宗 11年 5月 · 『高麗史節要』 卷18, 元宗 11年 5月 · 同 卷25, 忠穆王 即位年 5月 · 『拙藁千百』 卷1, 記 軍簿司重新廳事記 · 『高麗墓誌銘集成』 564쪽, 金光載墓誌銘.
66) 『止浦集』 卷3, 年譜.
67) 『高麗史』 卷24, 世家 高宗 45年 12月 · 同 高宗 46年 3月 · 『高麗史節要』 卷18, 元宗 元年 春正月 · 同 元宗 5年 12月 · 『稼亭集』 卷1, 雜著 節婦曹氏傳 · 『牧隱文藁』 卷6, 記序 南陽府望海樓記 · 『高麗墓誌銘集成』 403쪽, 許珙墓誌銘.
68) 『高麗史』 卷28, 世家 忠烈王 4年 閏11月 · 同 卷79, 食貨志 科斂 元宗 7年 7月 · 『高麗史節要』 卷18, 元宗 10年 6月 · 同 卷20, 忠烈王 5년 春正月 · 『高麗墓誌銘集成』 463쪽, 金須 妻 高氏墓誌銘.
69) 『高麗史』 卷27, 世家 元宗 14年 12月 · 同 元宗 15年 9月 史臣贊 · 同 卷32, 忠烈王 34年 末尾 · 『高麗史節要』 卷18, 元宗 11年 12月 · 同 卷23, 忠烈王 34年 秋七月 史臣曰 · 『高麗墓誌銘集成』 420쪽, 金晅墓誌銘 · 同 434쪽, 洪奎墓誌銘.

그런데 崔怡·崔沆은 權貴로도 불린 사례가 찾아져 주목된다. 다음의 기사가 그것들이다.

> 라―① (高宗 37년[1250] 秋7月) 당시 守令들이 다투어 거둬들여서 權貴에게 아첨하므로 (庾)碩이 移牒하여 금지시키니, 碩을 꺼리는 자가 牒을 가져다가 (崔)怡에게 보이자 怡가 말하기를, "碩이 나에게 선물을 바치지 않으면 족한 것이지 왜 괴롭게 道 내를 금지시키는가" 하였다. 무릇 부임하는 곳마다 淸白하게 법을 지키고 權貴에게 아부하지 않았으므로 여러 차례 조그만 잘못으로 貶斥당하였으나 절조를 지켜 조금도 굴하지 않았다(『高麗史節要』卷16).70)
>
> ② (高宗 38년[1251]) 閏10月에 平章事 李子晟이 卒하였다. 子晟은 성품이 剛烈하고 勇力이 있었으며 활쏘기와 말타기를 잘하였다. 東京을 평정한 뒤로 將士들이 날마다 그 문에 모여들자 權貴에게 꺼리끼는 바가 될까하여 병을 핑계로 門을 닫자 사람들이 "기미를 안다" 하였다(『高麗史節要』卷17).

庾碩이 權貴에게 뇌물을 바치는 守令을 금지시키자 崔怡가 "그자가 나에게 바치지 않으면 그만이지 왜 다른 사람들까지 금하는가"라고 했다는 것이니 그 權貴는 바로 崔怡를 말했음이 틀림없다고 생각된다. 또 權貴에 의해 여러 번 貶斥당했다고 했는데 그때 人事權을 쥐고있던 사람은 崔怡였으므로 그 權貴 역시 崔怡를 말한 것으로 이해된다. 한편 勇力이 있을 뿐 아니라 戰功을 세워 將士들의 신망을 얻은 李子晟은 權貴에게 의심을 받아 신변에 위협이 있을까바 杜門했다는데, 당시 그런 권력을 쥐고 있던 사람은 武人執政인 崔沆뿐이었으므로 그 權貴 또한 崔沆을 뜻한 것 같다.

權貴를 칭한 사례는 이들 이외에도 여럿이 더 눈에 띤다. 그것들을 아래에 소개하면 다음과 같다.

---

70) 같은 기사가 『高麗史』卷121, 列傳 庾碩傳에도 실려 있다.

라-③ 이해 가을에 主上(明宗)이 즉위하였는데, 즉위초에 橫刀가 돌출
하여 權貴를 베어죽이고 亂兵들도 꺼림이 없어서 무고한 士大夫
에게도 해가 미쳤다(『高麗墓誌銘集成』 261쪽 申甫純墓誌銘).

④ (明宗 初年에) 다만 청렴함과 公的인 것을 지켰으며, 權貴를 섬
기지 않았다(위의 책 248쪽, 吳△實墓誌銘).

⑤ (明宗 7년[1177] 5月) 內侍郎將 兼兵部員外郎인 莊甫는 성격이
剛正하여 權貴에게 아부하지 않았다(『高麗史節要』 卷12).[71]

⑥ (明宗 11년[1181] 9月) 官吏로 贓罪에 연좌되어 관직이 떨어진
자가 990여인이었는데 모두 문서에 기록하였다. 이에 다같이 銀
50여근을 내서 鄭仲夫에게 뇌물로 주어 그 문서에서 지워줄 것
을 구하였으나 仲夫는 하지 못하고 敗沒하였다. 이로부터 더 많
은 뇌물을 權貴에게 주고 지워주기를 청하였으나 오히려 이루지
못하였다(『高麗史節要』 卷12).

⑦ (神宗 即位年[1197] 11月) (杜景升이) 吏部의 銓注를 관장하자 비
록 內寵·權貴라도 감히 어쩌지 못하였다(『高麗史節要』 卷13).

⑧ (神宗 3년[1200] 夏4月) 얼마 뒤에 (鄭)方義가 邑內에서 銀瓶을
많이 거두어 서울에 있는 權貴에게 뇌물로 주고 그 죄를 면하려
하였다(『高麗史節要』 卷14).

⑨ (金)弁은 … 高宗朝에 正言과 御史를 지냈다. 충청도를 안찰하면
서는 날마다 취하도록 마시고 일을 보지 않았으며, 또 횡포하게
거두어 權貴에게 뇌물을 주었으므로 사람들이 모두 이를 갈았다
(『高麗史』 卷96, 列傳 金仁存傳).

⑩ (鄭)晏은 이미 물러났음에도 화가 미칠까 염려하여 (崔)怡의 外
孫을 길러 아들로 삼아 아첨하였으며, 또 權貴에게도 아첨하며
섬겼다(『高麗史』 卷100, 列傳 鄭世裕 附 鄭晏傳).

이곳의 權貴들도 많은 경우 武人執政을 지칭한 것 같다. 그러나
꼭 꼬집어 이야기하기 어려운 사례들도 보이는데, 내용으로 미루
어 그들 역시 당시에 권세를 지녔던 武將들을 가리켰다는 생각은

---

71) 동일한 기사가 『高麗史』 卷128, 列傳 鄭仲夫 附 李光挺傳에도 실려 있
다.

많이 든다.

 다음 權要를 칭한 것은

 라-⑪ 明宗 18년(1188) 3月에 制를 내리기를, "무릇 州縣에는 각 京外
　　　兩班·軍人의 家田·永業田이 있는데 이에 姦黠한 吏民이 權
　　　要에 의탁하고자 해 망녕되이 閑地라 칭하고 그 집 앞으로 등기
　　　하여 둔다" 云云(『高麗史』卷78, 食貨志 田制 田柴科).

 　　⑫ (明宗 18년 5월) 平亮은 平章事 金永寬의 家奴인데 見州에 살면
　　　서 농사에 힘써 부유하게 되자 權要에게 뇌물을 주고 免賤해 良
　　　人이 되어 散員同正을 획득했다(『高麗史』卷20, 世家).

는 사례 등이 눈에 들어오는데, 그들이 뜻하는 바는 權貴와 별다른
차이가 없지 않았나 짐작된다.

　지금까지 고려전기로부터 무신정권기에 걸쳐 權門·權勢之
家·勢家·權豪之門과 權臣·權貴·權豪·權要 등의 用例에 대
해 살펴보았다. 그리하여 前者는 대체적으로 權勢·權力을 가지
고 있거나 그것을 부당하게 행사하는 집안을 가리키며, 後者는 그
같은 집안의 출신 내지는 권세·권력을 부당하게 행사한 장본인을
지칭하는 평범한 용어였다는 결론을 내렸다. 혹자는 양자를 모두
개개인에 중점을 두어 설명하기도 하고, 또 權門·權臣은 權勢之
家·權貴에 비해 좀더 강력한 권세를 지닌 존재로 이해하고 있는
데, 그런 면이 없지는 않은 것 같다. 그러나 權門·權勢之家類와
權臣·權貴類는 일단 구분할 필요가 있으며, 반대로 權門과 權勢
之家, 그리고 權臣과 權貴가 동일한 의미를 지닌 용어로 쓰이기도
하여 그들을 엄격하게 구분할 필요가 있을까는 의문이다.

　어떻든 이들은 권력면에서 부정적인 위치에 있는 집안과 사람을
나타내는 용어였으며, 그런 존재는 물론 고려전기에도 있었다. 그
리하여 당시의 최대 門閥貴族이던 慶源李氏家의 李資義 집안을

權門, 李資謙을 權臣이라 칭하는 등 몇몇 사례가 찾아졌다. 하지만 당시는 門閥貴族社會였고, 그러기에 정치적 사회적 지배세력도 그에 해당하는 세력이 중심을 이루고 있었다고 할 수 있으며, 따라서 權門·權臣類로 칭해질 수 있는 존재는 소수였다. 단, 그렇다고 하더라도 權門 역시 門閥貴族의 일원으로 편입될 수 있는 존재였다는 점만은 염두에 둘 필요가 있겠다.

무신정권기에 들어서면 상황은 이와 많이 달라진다. 武人執政을 비롯한 武將勢力이 유력한 정치세력으로 새롭게 대거 등장하기 때문이다. 그러므로 權門이나 權臣·權貴의 사례도 크게 늘어나고 있다. 하지만 당시 정치세력의 상층부를 이루었던 이들은 개별적으로는 短命으로 끝나는 경우가 많았고 家勢를 이어가 世族化한 축들도 우리들은 '權門層' 또는 '權臣勢力' 등으로 부르기보다는 오히려 '武臣勢力' 또는 '武將勢力'으로 흔히들 표현하는게 지금의 대세인 듯하다.

2. 元 干涉期와 恭愍王代 이후

元 간섭기에 들어서면서 고려사회는 이전과 또 다른 양상을 띠게 된다. 저들의 간섭으로 인해 정치는 말할 것 없고 경제 사회 등 모든 면이 왜곡되는 가운데 커다란 혼란이 야기되기 때문이다. 특히 정치적 상황은 忠烈王과 忠宣王 사이 및 忠肅王과 忠惠王 사이의 重祚와 藩王의 도전 등에서 단적으로 드러나듯이 왕위조차 안정되지 못한 형편이어서 그 혼란과 어려움이란 이루 다 말할 수 없을 정도였다.

이같은 상황하에서 국왕은 자신을 희생적으로 보위해줄 세력이

절실하게 필요하였다. 이에 응하여 국왕 주변에는 親從行李의 功臣이나, 譯人 출신과 鷹坊을 통해 진출한 사람, 怯怜口(私屬人)와 內僚, 심지어는 奴婢 출신 정치인 등이 중심이 된 國王側近勢力이 형성되었다. 그리하여 정치권력의 상당 부분이 이들에게 장악되었거니와, 그에 따라 忠烈王代 이후는 側近政治가 커다란 특징을 이루게되는 것이다.[72]

지금 우리들이 주제로 삼고 있는 權門·權勢之家와 權貴·權豪는 元 간섭기의 경우 주로 이들 國王側近勢力을 지칭했던게 아닌가 싶다. 이 시기에 있어 權門과 權豪之門은 각각 다음의 한 사례씩만이 전해진다.

마―① 忠肅王 5년(1318) 5월에 敎를 내리기를, … 여러 道에 忽赤·司僕·巡軍 및 權門이 파견한 사람들로 人民을 影占하고 土田을 據執한 자는 칼을 씌워 조리돌리고 먼 섬으로 유배하라(『高麗史』 卷84, 刑法志 職制).

② (忠穆王 卽位年[1344] 5월에 金海君 李齊賢이 都堂에 上書하여 이르기를) "… 京畿의 土田으로 祖業田·口分田을 제외한 나머지는 모두 折給하여 祿科田으로 삼아 시행하여 온지가 거의 50년인데, 근자에 權豪之門이 거의 모두 奪占하여 중간에 여러번 개혁할 것을 논의하였으나 문득 危言으로 왕을 기만하여 마침내 실시하지 못하니 이는 大臣들이 고집하지 못한 소치입니다. 과연 능히 개혁한다면 기뻐할 사람은 심히 많고 기뻐하지 않을 사람은 權豪 수십명 뿐일 것입니다. 무엇을 꺼려 실시하지 못하십니까(『高麗史節要』 卷25)[73]

---

72) 金光哲, 1985, 「高麗 忠烈王代 政治勢力의 動向―忠烈王初期 政治勢力의 變化를 中心으로―」『昌原大論文集』 7―1, 161쪽.
   李益柱, 1988, 「高麗 忠烈王代의 政治狀況과 政治勢力의 性格」『韓國史論』 18.
   洪承基, 1983, 「元의 干涉期에 있어서의 奴婢出身 인물들의 政治的 進出」『韓國史學』 4 ; 1983, 『高麗貴族社會와 奴婢』, 一潮閣, 398~404쪽.

①은 元 간섭기의 정치적 경제적 난맥상을 타개해보려는 여러 차례의 개혁 가운데에서 忠肅王 5년의 사실을 전하는 기사중 하나인데 불법적으로 백성과 토지를 점유하고 있는 忽赤 등의 권력기관과 함께 權門에서 파견한 사람들을 죄주도록 조처하고 있다. 權門이 이전과 마찬가지로 부정 부패의 한 주체로서 지목되고 있거니와, 租稅 문제와 관련하여서는 그들이 權勢之家로 표기되고 있다. 아래의 기사가 그것이다.

> 마-③ 忠肅王 5년 5월에 敎를 내리기를, … 巡訪使가 정한 바의 田稅는 매해 州郡에서 액수에 의거해 收租하는 것인데, 權勢之家들이 거부하고 납부치 않아 향리와 백성이 빌려서 액수를 채우느라고 하나 끝이 없는지라 失業 流亡하니 그 납세치 않는 자는 權貴를 가리지 말고 규찰하여 아뢰라(『高麗史』 卷78, 食貨志 田制 租稅).

개혁의 대상으로 權門과 權勢之家가 지적되고 그들 출신인 權貴에 대해서도 언급하고 있거니와,[74] 이들은 대체적으로 忠宣王의 측근세력이었다는 연구가 있어[75] 주목되는 것이다. 설득력있는 주장이라고 판단되기 때문이다. 忠肅王 即位年의 八關會 때에 소란을 피운 僕從을 거느렸던 權貴들도[76] 대략 이와 유사한 존재로 생각되며, 또한 忠肅王 12년의 개혁시에 거론되고 있는 바 "田庄을 廣置하고 人民을 招匿하고서 賦役을 내지 않은 權勢之家"와[77] 山林과 川澤을 사사로이 점유하여 民害를 끼친 權勢之家,[78] 그리고

---

73) 같은 내용의 기사가 『高麗史』 卷110, 列傳 李齊賢傳에도 실려 있다.
74) 마-①에 이어지는 항목에도 權貴가 언급되어 있다.
75) 姜順吉, 1985, 「忠肅王代의 察理辨違都監에 대하여」 『湖南文化硏究』 15, 40·41쪽.
    金光哲, 주 36)의 글, 23쪽.
76) 『高麗史節要』 卷23, 忠肅王 即位年 11月.
77) 『高麗史』 卷79, 食貨志 戶口 忠肅王 12年 10月 下敎.

뇌물을 받고 관직을 준 사람이 거의 백여명이나 되었다는 權貴[79]
등은 또 다른 국왕의 측근세력이었던 것으로 이해되고 있기도 하
다.[80]

　다음 ②는 忠穆王代의 개혁정치에 관한 기사의 하나로서, 그 중
요한 과제이던 祿科田制를 문란케하는 權豪之門과 그 당해자인
權豪들이 논의되고 있다. 그런데 이 문제는 당시에 그만큼 중시되
었던 관계로 여러 기사에서 더 언급되고 있는데 거기에서는 權豪
之門 대신에 權勢之家로 표기하고 있어 주목된다. 즉,

　　마－④ (忠穆王 元年 5月) 整理都監에서 狀啓하기를, 宦官의 族屬과 權
　　　　勢之家가 田地 중 기름진 곳에 다투어 農庄을 설치하고 奸吏들
　　　　이 그를 핑계로 用事하여 남의 토지를 奪占하고 牛馬를 劫取합
　　　　니다. 云云(『高麗史』 卷85, 刑法志 禁令).

　　　　⑤ 忠穆王 元年 8月에 都評議使司에서 말하기를, “…이에 畿縣의
　　　　兩班祖業田을 제외한 半丁을 혁파하고 祿科田을 설치해 科等에
　　　　따라 折給했는데, 근래에 諸功臣과 權勢之家들이 賜牌를 冒受
　　　　하고는 本田이라 자칭하면서 山川으로 標를 삼고 다투어 먼저
　　　　據執하여 古制에 어긋남이 있습니다” 云云(『高麗史』 卷78, 食貨
　　　　志 田制 祿科田).

하고 있으며, 또 당시 整治官의 한 사람으로 활동했던 田祿生은
그 究治의 대상을,

　　마－⑥ (忠穆王 3年) 3月에 先生은 都監官으로 權豪를 究治하여 元 皇
　　　　后의 族弟인 奇三萬을 杖殺함에 行省理問所가 선생과 佐郎인
　　　　徐浩 등을 옥에 가두었다(『樗隱逸稿』 卷6 歷官略).[81]

---

78)『高麗史』 卷85, 刑法志 禁令 忠肅王 12年 2月 敎.
79)『高麗史』 卷109, 列傳 申君平傳.
80) 金光哲, 1990,「高麗 忠肅王 12年의 改革案과 그 性格」『考古歷史學
　　志』5·6 합집, 206쪽.

　⑦ 忠定王 2년 庚寅年 9月에 先生은 征東鄕試에 붙었으나 일찍이 權豪를 究治했었으므로 저지하여 制科에 나가지 못하였다(위와 같음).

라고 했듯이 權豪라 적고 있다. 그리고 다음의 기사는 그 權豪를 다시 權貴라고 표기하고 있는 자료들이다.

　마－⑧ (忠穆王 卽位年 12月) 京畿의 祿科田으로 權貴들이 奪占한 것은 모두 그 주인에게 돌려주도록 하였다(『高麗史節要』 卷25).

　⑨ 舊制에 官吏들의 祿이 박하므로 京畿의 土田 약간씩을 나누어주어 祿科라 하였는데 權貴들이 거의 다 奪占하였다(『高麗史』 卷110, 列傳 王煦傳).

이처럼 權豪之門·權勢之家와 그에 속한 權豪·權貴들이 많은 부정을 저질렀고, 때문에 忠穆王代의 개혁정치 과정에서 究治의 대상이 되고 있지만, 그들 중에는 왕족도 있고 또 世族으로 분류될 수 있는 존재도 없지 않으나 대체적으로는 이른바 非正統的 官僚로 신분에 瑕疵가 있는 경우가 많았다. 그리하여 이들은 元과 긴밀한 관계를 맺는 한편으로 국왕 및 元 公主의 嬖幸 등이 되어 권세를 부리던 존재였다 함은 역시 구체적으로 검토된 바 있는 것이다.[82]

지금 權門 또는 權豪之門과 관련하여 忠肅王代와 忠穆王代의 상황을 살폈지만 다 알고있는대로 그에 앞서 忠烈王代에도 忠宣王에 의해 두 차례의 개혁정치가 이루어졌다. 그리하여 이들 관계의 기사에도 각종 비리의 주체로 豪勢之家·勢要之家·權勢之家 등이 많이 등장하는데, 이들에 대해서도 이미 여러 논자들이 자료

---

81) 동일한 기사가 『樊隱逸稿』 卷6의 그의 家狀에도 실려 있다.

82) 閔賢九, 1977, 「整治都監의 設置經緯」 『國民大 論文集』 11, 82쪽 및 91쪽.

　　閔賢九, 1980, 「整治都監의 性格」 『東方學志』 23·24 합집, 102～109쪽.

를 들어가며 천착한 깊은 연구가 있었다. 한데 그들에게서 한가지 공통된 견해를 찾을 수 있다. 그것은 權勢之家類가 한결같이 忠烈王의 側近勢力이었다는 이해이다.[83] 특이한 麗元關係 속에서 국왕과 긴밀하게 얽히면서 한 세력을 형성한 鷹坊과 譯人 출신 및 宦官과 內僚·怯怜口·親從行李의 功臣 기타 嬖幸 등이 그들이었다는 것인데, 구체적인 분석을 곁들인 이들 연구는 그대로 수긍해도 좋지 않을까 생각된다.

한데 앞서 설명했듯이 權勢之家의 成員은 흔히 權貴로 불렸다고 하였다. 그렇다면 국왕 측근의 宦官·內僚·怯怜口 등은 權貴이기도 했다는 이야기인데, 다음의 기사는 그점을 보여주는 자료가 될 듯싶다. 즉,

> 마-⑩ (忠烈王 14년[1288] 3月) 慶尙道 勸農使의 細麻布 헌납을 금지시켰다. 이에 앞서 蔡謨가 권농사가 되어서 많은 細麻布를 거두어 왕에게 바치고 또 左右의 權貴에게 뇌물로 보냈다. … 백성들이 심히 괴로와하므로 왕이 듣고 이 명을 내린 것이다(『高麗史節要』 卷21).[84]

라고 하여 細麻布를 뇌물로 받은 국왕 左右의 權貴들이 언급되고 있지마는, 분명치는 않으나 이들이 곧 內僚輩 등은 아닐까 짐작되

---

83) 李起男, 1971, 「忠宣王의 改革과 詞林院의 設置」『歷史學報』52, 58~64쪽.
金光哲, 1985, 「高麗 忠烈王代 政治勢力의 動向－忠烈王初期 政治勢力의 變化를 中心으로－」『昌原大論文集』7-1, 152~155쪽.
金光哲, 주 36)의 글, 30~32쪽.
金塘澤, 1991, 「忠宣王의 復位敎書에 보이는 '宰相之宗'에 대하여－소위 '權門世族'의 구성분자와 관련하여－」『歷史學報』131, 23~26쪽.
李益柱, 1988, 「高麗 忠烈王代의 政治狀況과 政治勢力의 性格」『韓國史論』18, 158~160쪽 및 188~203쪽.
84) 이 내용이『高麗史』卷123, 列傳 權宜傳에도 실려 있다.

는 것이다. 이 뇌물 사건의 발단이 된 앞선 시기란 바로 忠烈王 7
년으로서 이때 蔡謨가 국왕을 "호종하는 權貴에게 선물을 보냈다"
고 전하고 있다.[85]

다음의 기사는 權貴의 면모를 직접 살필 수 있어 눈길이 간다.
즉,

> 마-⑪ (忠烈王 13년[1287] 11月) 知僉議府事로 致仕한 朱悅이 卒하였
> 다. … 성격이 剛直 嚴重하여 세속을 따라 행동하지 않았으며 진
> 실로 적격인 사람이 아니면 비록 벼슬이 높고 權貴라도 禮貌하
> 지 않았고, 또 惡人을 원수같이 미워하여 반드시 소리를 높여 꾸
> 짖었다. 尹秀와 李貞이 왕에게 호소하여 말하기를, "悅이 저희들
> 을 경멸하고 욕이 아비의 이름에까지 미쳤으니 주상께서 힐책하
> 여 주소서"(『高麗史節要』 卷21).[86]

라고 하여 朱悅은 성격이 강직해 비록 權貴라도 적격자가 아니면
예우하지 않았는데, 그 대상이 尹秀와 李貞이었던 것으로 미루어
이 兩者는 곧 權貴였다고 할 수 있을 것 같다. 그런데 이들 權貴인
尹秀와 李貞은 각각 무뢰배의 자식과 賤隷 출신으로서 鷹坊을 통
해 고위직에까지 오른[87] 忠烈王의 嬖幸들이었다. 그렇기 때문에
이들은 예우를 받지 못했고, 그 수모를 국왕의 힘을 빌어 갚으려
했음을 전하고 있는 것이다.

아래의 기사 역시 權貴의 존재가 구체적으로 드러나 있다. 그 내
용을 소개하면 다음과 같다.

> 마-⑫ (忠烈王 5년[1279] 2月) 知申事 宋玢에게 명하여 傳旨해 이르기
> 를, "功臣이 하사받은 田土로 京畿 8縣에 있는 것은 祿科田으로

---

85) 『高麗史節要』 卷20, 忠烈王 7年 6月.
86) 같은 내용의 기사가 『高麗史』 卷106, 列傳 朱悅傳에도 실려 있다.
87) 『高麗史』 卷124, 列傳 嬖幸傳 尹秀·李貞.

충당하지 말라” 하였다. 당시 畿縣의 田土는 權貴들이 모두 賜
牌를 얻어 점유하고 있었으므로 都兵馬使에서 말하기를, “賜牌
와 관계없이 職田으로 量給하소서” 하여 왕이 허락했는데, 또 受
賜者들의 청을 들어 이 명이 있게된 것이다. 玢의 賜田이 (그중)
가장 많았다(『高麗史節要』 卷20).[88]

權貴들의 賜田이 京畿 8縣에 광범하게 퍼져 있었는데 그중 宋玢
의 田土가 가장 많았다 하니 그는 權貴였음에 틀림이 없겠다. 그런
데 宋玢은 바로 마지막 武人執政인 林惟茂를 제거한 宋松禮의 아
들로[89] 이후 그의 집안은 크게 번성하여, 말하자면 世族層에 속한
인물이었다.[90] 權貴 중에는 이런 부류도 더러 포함되어 있었음을
짐작케하는 대목이다.

忠烈王代에는 위에 소개한 것들 이외에도 각종 비리·불법과
관련된 權貴의 기사가 꽤 많이 찾아진다.[91] 하지만 그들 대부분은
尹秀·李貞類와 같은 존재들로 추측되고 있는데,[92] 필자 역시 그
에 동감이다.

이제 이야기를 여기까지 이끌어놓고 보면 元 간섭기의 權門·
權豪之門·權勢之家와 그 출신들인 權貴·權豪의 실체도 어느
정도 드러났다고 할 수 있다. 이들 용어는 벌써 논의되었듯이 본질

---

88) 같은 내용이 『高麗史』 卷78, 食貨志 田制 祿科田 忠烈王 5年 2月條와
   同書 卷125, 列傳 宋玢傳에도 실려 있다.
89) 『高麗史』 卷125, 列傳 宋玢傳.
90) 金光哲, 1991, 「高麗後期 世族의 家系와 그 특징」『高麗後期世族層硏
   究』, 東亞大出版部, 77·78쪽.
91) 『高麗史節要』 卷19, 忠烈王 3年 夏4月·同書 卷20, 忠烈王 4年 秋7月·
   同 6年 3月·同 9年 2月(『高麗史』 卷85, 刑法志 禁令 忠烈王 9年 正月)·
   同 11年 春正月·同書 卷 21 忠烈王 14年 冬10月(『高麗史』 卷123, 列
   傳 林貞杞傳)·同 14年 11月(『高麗史』 卷106, 列傳 洪奎傳)·『高麗墓
   誌銘集成』 525쪽, 羅益禧墓誌銘 등.
92) 金光哲, 주 36)의 글, 29·30쪽.

적으로 어느 집안 또는 人員의 권력 정도를 나타내던 말인 만큼 이와 의미가 다른 '世族'과는 구분하여 파악할 필요가 있다는 점이 우선 지적될 수 있을 것 같다. 더구나 그들 존재는 권력의 속성상 代를 거듭하며 이어가는 경우가 적었으므로 더욱 그러한데, 하지만 權門·權勢之家와 權貴·權豪에는 世族層도 얼마든지 포괄될 수 있었고, 또 실제로 포함되어 있기도 했으므로 이점은 감안해 주어야 한다. 그런데다가 이들은 특수한 麗元關係 속에서 국왕의 側近勢力을 형성하고 당시의 역사 전개에서 큰 몫을 담당했던 만큼 하나의 정치세력으로 설정할 필요가 있다.

아울러 저들은 권력층으로서 元 간섭기에 자행되던 각종의 정치적 경제적 비리·불법은 주로 이들과 깊숙히 관련되어 있었다. 그리고 애초에 '權門世族'의 성격으로 언급되어온 바 非正統的 官僚로 非文非儒的 성향을 지니고 있었고, 親元的 성격이 강했으며, 신분적으로 하자가 있는 출신들이 많았다는 점 등도 역시 이들과 주로 관련된 사항이 아니었나 생각된다.

그렇다면 다음 시기인 恭愍王代 이후는 어떠했을까. 이 기간은 元의 간섭이 거의 제거된 때인 만큼 분위기가 많이 달라져 있었다. 그리하여 정치세력으로서는 世族層과 士大夫·士類가 더욱 주목을 받고 있는 것이다. 하지만 성격이 前代와 좀 달라지긴 했어도 權門·權勢之家와 權貴들은 여전히 그 한 모퉁이를 차지하고 있었다. 따라서 用例도 다수가 눈에 들어오는데, 權門과 權臣類는 대부분이 고려전기의 李資謙과 대략 비견될 수 있는 辛旽과 李仁任, 그리고 李仁任의 黨與로서 한때 커다란 權力을 쥐었던 池奫·林堅味·廉興邦과 관련되어 나오고 있으며, 權勢之家와 權貴는 이들 權門·權臣의 주변이나 국왕에게 밀착하여 권세를 누렸던 얼마간의 존재들로 생각되는 것이다.

구체적으로 재물을 받고 일정한 직위를 얻도록 하여 준 權門
과[93] 諸司의 官員들이 投謁했다는 權門은[94] 恭愍王代의 辛旽을
두고 비판한 기사가 아닌가 짐작된다. 그리고 다음의 기사에 보이
는 權貴와 權豪는,

바-① 恭愍王이 즉위함에 (鄭)云敬은 佐郞 徐浩와 함께 법을 지켜 權貴
   에게 휘어잡힘이 되지 않았다(『高麗史』卷121, 列傳 鄭云敬傳).

   ② 戊戌年(恭愍王 7)에 정사를 말했다가 權貴에게 거슬려 일시 諫
   官들이 모두 좌천되었는데 公(李穡)은 尙州로 나가게 되었다(『牧
   隱文集』첫머리 行狀).

   ③ 무술에 吏部로 옮겼다. 이때 政房을 혁파하고 銓選을 吏・兵部
   에 귀속토록 했는데 公(安宗源)이 그 업무를 맡으면서 權貴에게
   아부하지 않아 同列이 탄복하였다(『東文選』卷120・『陽村先生
   文集』卷38, 文簡公安公墓碑銘).

   ④ (恭愍王 15년 5월) 田民推整都監을 설치하고 辛旽이 判事가 되
   었다. 이에 權豪들이 많이들 奪占한 바의 田民을 本主에게 돌려
   주니 中外가 기뻐하였다(『高麗史節要』卷28).

라고 한 바와 같이 실제 인물은 잘 알 수 없으나 대략 공민왕의 주
변에 있으면서 권세를 부렸던 존재들로 생각된다.

   禑王代에 접어들면 그를 옹립한 李仁任이 오랜 동안 권좌에 있
으면서 그의 黨與이던 池奫・林堅味・廉興邦 등과 함께 擅權했
던 만큼, 위에서 지적했듯이 權門・權臣類의 用例는 우선 이들과
관련되어 보이고 있다. 그 가운데서도 특히 權臣은 李仁任을 직접
지칭하거나[95] 그의 행위를 기술하는 대목에서[96] 나오는게 대부분

---

93) 『高麗史』卷125, 列傳 金鉉傳.
94) 『高麗史』卷84, 刑法志 職制 恭愍王 20年 7月 羅州牧使李進修上疏.
95) 『高麗史節要』卷32, 禑王 11年 5月・同書 卷34, 恭讓王 元年 11月 己卯・
   同 元年 12月・『高麗史』卷120, 列傳 尹紹宗 附 會宗・同 卷117, 鄭

이지마는, 그 외에 池奫과[97) 林堅味[98) 등을 지칭한 기사도 한 두
개씩 눈에 띈다.

아래의 기사에서는 權門과 權臣 및 權奸이 동시에 언급되고 있
어 주목된다.

> 바-⑤ (辛昌 卽位年[1388] 8월) 이 달에 臺諫과 6曹로 하여금 守令을 감
> 당할만한 사람을 천거토록 하고, 또 다시 士人으로 縣令과 監務
> 를 삼았다. 禑王 때로부터 權奸들이 정권을 잡고 다투어 私人을
> 등용하여 喜怒에 따라 黜陟했으므로 혹 1년에 서너번 바뀌기도
> 하였다. 여러 州縣의 安集使도 대개 문자를 알지 못하는 자가 많
> 았으며, 남의 田民을 빼앗아 權門에 바치고 權臣의 말·소·
> 매·개를 기르기까지하여 아첨해 승진하기를 구해 貪殘한 화가
> 胥吏들보다 심하였는데 이에 이르러 비로소 士流를 敍用하였다
> (『高麗史』 卷75, 選擧志 銓注 選用守令).

여기서는 지방관으로부터 奪取한 田民을 받아먹은 權門과 말·
소 등을 기르게 한 權臣이 구분하여 기술되어 눈길을 끄는데, 하지
만 아마 그 실체는 위에서 언급한 바와 유사한 범주의 사람과 집안
들을 일컬은 게 아닐까 짐작된다. 그리고 중국에 사절로 가는 편을
통해 재산을 불린 權門과[99) 密直提學 李崇仁과 政堂文學 鄭夢周
가 燕飮했다는 權門,[100) 臣僚들이 드나든 權門,[101) 評理 尹虎가 奔

　　夢周傳·『圃隱文集』 卷4, 年譜와 行狀.
96) 『高麗史節要』 卷30, 禑王 2年 秋7月·同書 卷33, 禑王 14年 8月·
　　『高麗史』 卷75, 選擧志 銓注 選法 辛禑 2年 9月·同書 卷119, 列傳
　　鄭道傳傳·『東文選』 卷120, 有明朝鮮國桓王定陵神道碑銘.
97) 『高麗史』 卷117, 列傳 鄭夢周傳·『圃隱文集』 卷4, 年譜와 行狀.
98) 『高麗史』 卷137, 列傳 50 昌王 卽位年 7月·同書 卷109, 列傳 安軸
　　附 安宗源傳.
99) 『高麗史』 卷136, 列傳·『高麗史節要』 卷32, 禑王 12年 6月.
100) 『高麗史』 卷115, 列傳 李崇仁傳.
101) 『高麗史』 卷84, 刑法志 職制 辛禑 14年(昌王 卽位年) 8月 憲司上疏·

競한 權門,102) 심지어 僧徒들이 뇌물을 주었다는 權勢之門103) 등도 동일한 부류이거나 유사한 위치에 있던 권력층이었을 것이다. 아울러 위에 든바 외국으로 가는 사절 편을 통해 재산을 불린 權門에 이어서 역시 무역을 하면서 백성들에게 많은 폐해를 끼친 존재를 權勢之家라고 적고 있어서104) 주목이 되지마는, 이처럼 비리의 장본인으로 지적되고 있는 權勢之家도 몇몇 더 드러나 있는데105) 그들 가운데는 연소했던 禑王의 側近으로서 그를 등에 업고 권세를 부린 존재들 또한 더러 있었으리라 추측된다.

위에 든 바―⑤에 보이는 權奸이란 말은 權臣과 그렇게 차이가 나는 용어는 아닌 것 같다. 다만 좀더 나쁜 의미를 부각시키려는 뜻에서 그같이 쓴 듯싶거니와, 禑王 때의 정치적 문란 때문인지 그들 용어는 몇개가 더 찾아진다.106)

이와 함께 그전부터 흔히 있어왔던 權貴의 존재 역시 자주 눈에 띠고 있다. 아래의 사례가 그런 것들이다.

바―⑥ 禑王 2년(1376) 春正月에 全羅道都按撫使 河乙沚가 倭船 1艘를 나포하였으므로 옷과 술을 하사하였다. 乙沚는 才行이 없고 또 貪汚하다는 평이 있었는데 權貴에게 뇌물을 주고 外方의 중임을 맡았으므로 士林들이 비루하게 여겼다(『高麗史節要』 卷30).107)

『高麗史節要』 卷33, 禑王 14年(昌王 即位年) 8月 大司憲趙浚陳時務·『高麗史』 卷118, 列傳 趙浚傳.

102) 『高麗史』 卷137, 列傳 昌王 即位年 8月.

103) 『高麗史節要』 卷33, 禑王 14年(昌王 即位年) 12月 典法判書趙仁沃等上疏.

104) 『高麗史』 卷85, 刑法志 禁令 辛禑 14年(昌王 即位年) 8月 憲司上疏.

105) 『高麗史』 卷136, 列傳 禑王 13年 10月·同書 卷118, 列傳 趙浚傳·『高麗史節要』 卷33, 禑王 14年(昌王 即位年) 8월 大司憲趙浚陳時務.

106) 『高麗史』 卷85, 刑法志 禁令 辛禑 14年 6月敎·同書 卷75, 選擧志 銓注 選法 辛昌 即位年 8月.

107) 동일한 기사가 『高麗史』 卷114, 列傳 河乙沚傳에도 실려 있다.

⑦ (禑王 2年 秋7月) 憲府에서 典校副令 申仁甫가 3品職을 冒稱하고 또 죽은 郎將 朴東朝의 처를 간음했음을 탄핵하여 법대로 죄줄 것을 청하였으나, 仁甫는 평소 權貴에게 아부하였고, 또 東朝의 처는 곧 宰相 金元命의 딸로 玄陵의 외척이었으므로 그 일을 덮어두었다(『高麗史節要』 卷30).[108]

⑧ (禑王 10年[1384] 12月) 判昌德府事 魚伯評이 죽었으므로 良安이라 贈諡하였다. 伯評은 醫術로써 權貴에게 아첨해 兩府에 올랐으므로 縉紳들이 부끄러운 일이라 하였다(『高麗史』 卷135, 列傳).

⑨ 許錦은 … 辛禑時에 左常侍를 배수받고 한참만에 典理判書로 옮겼으나 얼마 되지 않아 免職되었다. 성품이 조용하고 書史보기를 즐겼으며, 불교를 좋아하지 않고 또 權貴에게 아부하지 않았다(『高麗史』 卷105, 列傳 許珙 附 許錦傳).

여기에 보이는 權貴들도 실제 인물은 드러나 있지 않다. 그러나 아마 李仁任 등의 權臣이거나 그 주변의 권력층 및 禑王의 側近勢力이었으리라는 생각은 많이 든다.

이상에서 高麗期의 史書에 기술된 權門·權勢之家·權豪之門·權勢之門과 權臣·權貴·權豪·權要·權奸 등에 대해 알아보았다. 그리하여 이들은 권세 내지 권력이 있는 집안과 사람들, 또는 권세·권력을 부리는 집안과 사람들을 지칭하던 평범한 용어로서, 그 자체에 부정적 뜻이 내포된 말이었음을 확인하였다. 그런데 이같은 존재는 어느 시기에나 있을 수 있는 것이며, 따라서 고려전기부터도 보이고 있으나 그 수는 극히 제한되어 있었다. 그러다가 武臣政權期에 들어서면 다수가 나타나는데, 그들은 주로 武人執政을 비롯하여 권세를 장악했던 武將勢力과 그 집안을 지칭하였다.

그후 元 간섭기에는 특히 權勢之家·權門과 權貴를 중심으로

---

108) 같은 내용의 기사가 『高麗史』 卷125, 列傳 金元命傳에도 실려 있다.

이들 용어가 보다 광범하게 쓰이고 있다. 한데 그들 존재는 이전과 좀 달리 왕위조차 안정되지 못했던 元 간섭기라는 특이한 상황 속에서 국왕에게 밀착하여 성장한 國王側近勢力이 중심으로서, 구체적으로는 譯人이나 鷹坊 출신과 宦官·內僚·親從行李의 功臣 및 嬖幸 등이었다. 그러므로 이들은 非正統的 官僚들이었다고 할 수 있는데, 非文非儒的 성향을 지녔고, 신분적으로 하자가 있는 경우가 많았으며, 또 親元的 성격도 강하게 지니고 있었다. 하지만 이들의 권력은 매우 큰 것이었으며, 그 권력을 바탕으로 각종 비리·불법을 저질러 종종 究治의 대상이 되기도 하였다. 恭愍王代 중반기 이후 고려가 元의 간섭으로부터 벗어나게 되면서 이들 구성원과 성격은 많이 바뀌지만 權門·權勢之家와 權臣·權貴의 존재는 여전하여 政治勢力의 한 모퉁이를 차지하고 있었다.

　원래 權門·權勢之家類와 權臣·權貴類는 권세·권력의 정도에 따른 용어이므로 世族·世臣과는 물론 기준이 다른 것이며, 그러므로 그 범주도 다를 수밖에 없었다. 하지만 그렇다고 하여 世族·世臣이 權門·權勢之家나 權臣·權貴가 될 수 없었던 것은 아니었다. 그리하여 실제로도 世族·世臣의 일부가 權門·權勢之家와 權臣·權貴가 되어 부당하게 권력을 행사하는 예가 종종 있었던 것이다. 현실적으로 이런 측면이 있긴 하지만, 양자는 매우 이질적인 존재였던 만큼 따로 분리하여 파악하는 것이 좋을 듯싶은데, 그럴 경우 특히 元 간섭기 이후의 國王側近勢力을 중심으로 한 政治勢力을 權門·權勢之家 내지 權臣·權貴로 이해하는 게 어떨까 한다. 이것은 애초에 '權門世族'이라 하여 元 간섭기 이후의 정치적·사회적 지배세력을 뭉뚱구려 파악해오던 여러 갈래 중에서 범주와 성격이 다른 부분을 떼어내 따로 한 세력을 설정하자는 견해인 셈이다. 혹 元 간섭기 이후의 국왕측근세력을 이처럼 하

나의 政治勢力으로 파악하는 것은 좀 지나친 게 아니냐는 비판이
있을 듯도 싶으나 여러 논자들이 인정하고 있듯이 당시에는 정치
지배세력으로서의 그들의 위치가 크고도 중요한 한 부분이었던 만
큼 필자도 별다른 무리가 없다고 본다.

Ⅳ. 世族·世家 및 世臣類의 用例와 그 성격

1. 高麗前期와 武臣政權期

지금부터는 世族에 대해 살피기로 하겠는데, 이것과 유사한 의
미를 지닌 말로 世家가 보이며, 그들 출신을 가리키는 용어로 世臣
이 쓰이고 있음도 찾아진다. 그러면 이들 말이 지니고 있는 뜻은
어떤 것일까. 먼저 이점에 대해서 알아보는 것이 순서일 듯싶은데,
이때 눈길을 끄는 또 다른 말이 家世라는 단어이다. 이 家世는 '代
代로 내려오는 집안의 형세'라는 뜻으로 이해가 되거니와, 그렇기
때문에 列傳이나 一代記 등에서 어떤 인물의 집안 형세를 나타낼
때 이 말이 흔히 쓰이고 있다. 그리하여 당해인의 집안 형세·형편
이 그다지 뚜렷하지 못했을 때 "家世가 單微하였다"거나[109] 또는
"家世가 微했다"[110]·"家世가 平微하였다"[111]·"家世가 單寒하

---

109)『高麗史節要』卷4, 靖宗 6年 8月·『高麗史』卷108, 列傳 孫守卿傳·
　　同書 卷124, 列傳 李貞 附 金文庇傳.
110)『高麗史』卷97, 列傳 康拯傳·同書 卷100, 列傳 李英搢傳.
111)『高麗史節要』卷8, 睿宗 15年 秋7月.

였다"112)·"家世가 單平하였다"113)·"家世가 寒素하였다"114) 등
으로 표현하고 있다.

이에 비해 집안의 형세가 뛰어났을 때는 그와 반대로 표현하였
다. 任濡의 경우 "家世 勢位를 가지고 남에게 교만하지 않았다"고
적고 있으며115) 崔昷은 "家世를 믿고 驕傲하였다"는게116) 그런 사
례들이다. 그리고 "公(柳光植)의 家世는 山東의 顯族이었다"고117)
한 것과, 洪濯은 "家世가 東韓의 제일인 사람"이라118) 한 것도 같
은 사례들이라 할 수 있다. 이들 가운데에서 洪濯은 그리 잘 알려
져 있지 않으나 任濡는 武臣政權期에 平章事(正2品)까지 역임한
인물로, 그를 전후하여 一族 중 여러 사람이 고위직에 오른 門閥貴
族家 定安任氏의 일원이며, 崔昷 역시 平章事까지 오른 인물로,
그의 집안인 鐵原崔氏는 고려전·후기를 통하여 定安任氏를 능가
하는 閥族이었다.119) 崔昷·任濡 양자는 이같은 家世를 지녔기 때
문에 혹은 남에게 교만하였고, 또 그러함에도 불구하고 사람 됨됨
이에 따라 그렇지 않기도 하였던 것이다. 아울러 柳光植도 그와 함
께 前後代에 여러 사람이 고위직을 지낸 全州柳氏 출신으로서, 기
사 자체에 그의 家世는 '山東의 顯族'이라 적고 있으며, 洪濯의 家
世는 '東韓의 第一'이라고 기술하고도 있다. 여기에서 우리는 그
家世를 가늠하는 기준이 주로 벼슬의 정도에 있음도 짐작할 수 있

---

112)『高麗史節要』卷10, 仁宗 15年 12月 ·『高麗史』卷125, 列傳 文公仁
　　傳.
113)『高麗史』卷97, 列傳 崔弘嗣傳
114)『高麗史節要』卷8, 睿宗 11年 5月.
115)『高麗史』卷95, 列傳 任懿 附 任濡傳.
116)『高麗史』卷99, 列傳 崔惟淸 附 崔昷傳.
117)『高麗墓誌銘集成』337쪽, 柳光植墓誌銘.
118)『東文選』卷14, 七言律詩 送洪義軒濯賀天壽節朝元.
119) 朴龍雲, 1978,「高麗時代의 定安任氏·鐵原崔氏·孔巖許氏 家門 分
　　析」『韓國史論叢』3 (本書 所收).

을 것 같다. 즉, 고위 관직에 오른 인물이 여러 代에 걸쳐서 나왔을
때 家世가 '東韓의 第一'이니 하는 식으로 표현되고, 그렇지 못했
을 때 '家世가 單微했다'는 식으로 기술했다고 이해되는 것이다.

우리들이 지금 주제로 잡고 있는 世家 또는 世族은 이들 가운데
에서 家世가 뛰어난 집안과 그 출신들을 한마디로 일컬을 때 사용
된 용어였던 것 같다. 물론 世家·世族이라 했을 경우의 '世'字도
'世爲大族'이라는[120] 표현이나 家世라는 말의 '世'字처럼 단순히
'代代로' 또는 '여러 代'의 의미로 쓰인 글자이지만 거기에 더하여
代代로의 인물, 여러 代에 걸쳐 그 출신들이 상당한 고위직에 오른
뛰어난 집안·族屬의 뜻도 함께 지닌 용어로 사용되었다고 이해
되는 것이다. 이 점은 일찍이 史馬遷이『史記』를 편찬하면서 諸
侯·名族의 역사편을 '世家'라고 명명한 것에서 짐작이 되는 일이
다. 다 알고 있듯이『高麗史』에서는 국왕의 역사를 世家로 분류하
고 있기도 하다. 이처럼 世家는 대대로 祿을 받는, 곧 (고위) 벼슬
을 지낸 집안을 뜻한데 대하여 世族은 그같은 族屬 내지 宗族을
의미했으므로 양자간에 차이가 없다고 할 수는 없겠으나 당해 집
안은 그 집안 출신의 族屬들로 구성되었던 만큼 의미하는 바는 거
의 동일했다고 이해해도 좋을 듯싶은 생각이 많이 든다.

世家와 世族은 대략 이와 같은 뜻을 가지고 오래 전부터 사용되
어 왔으므로 고려전기 역시 예외가 아니었다. 그리하여 구체적으
로는 成宗 元年(982)에 崔承老가 時務策을 올리는 그 한 대목에서
"光宗 末年에 廷臣이 誅黜되어 世家의 子孫들이 家門을 이어갈
수 없었으니 바라건대 여러 차례의 恩宥를 좇아서 그 功臣들의 等
第에 따라 자손들을 錄用하소서"한 데서[121] 벌써 찾아볼 수 있다.

---

120)『牧隱文藁』卷6, 記序 南陽府望海樓記.
121)『高麗史節要』卷2, 成宗 元年 6月 ·『高麗史』卷93, 列傳 崔承老傳.

이곳의 '世家 子孫들'이란 開國 이래로 代를 이어 공로를 세워 고위직에 올랐던 집안의 자손들을 가르키는 것임은 더 말할 나위가 없다. 그리고 仁宗 初에 宋나라 사신의 한 사람으로 고려에 왔던 徐兢이『高麗圖經』을 지으면서 "富軾의 世家를 거기에 실었다"고[122) 한 것은『史記』에 설정한 그 世家의 用例와 같은 것이다. 그 世家에 오른 金富軾은 당대 名門의 하나인 慶州金氏 출신으로 中書舍人(從4品)·寶文閣待制에 있으면서 宋나라 使臣의 接伴使 일을 맡았었다.[123)

다음 世族은 崔思諏의 墓誌銘에[124) 그 用例가 나오고 있다. 崔思諏는 文宗朝에 首相을 지낸 崔冲에 이어서 재상에 오른 崔惟吉의 자손으로 그 자신 역시 肅宗朝에 首相을 지냈으며 아들 崔源·崔溱 모두 재상까지 오른 고려전기 이래의 최고 門閥貴族인 海州崔氏家의 일원이었다.[125) 바로 그의 墓誌銘에, "아들 딸이 관작에 봉해져 빛나니, 三韓의 世族이로다, 누가 그에 버금가랴"고 보이는 것이다.

고려전기에 있어 世族·世家의 用例는 이처럼 많지가 않다. 그런데 이들은 代를 이어서 고위 관원을 배출한 名門·巨族을 일컫는 용어였다고 했는데, 사실 그런 뜻을 지닌 용어는 여러 종류가 더 있었다. 大家·名家와 貴族·大族·名族·望族·甲族 등이 그런 것들이었다.[126) 이렇게 다양한 용어가 사용되었으므로 世

---

122)『高麗史節要』卷11, 毅宗 5年 春2月.
123)『高麗史』卷98, 列傳 金富軾傳.
124)『高麗墓誌銘集成』40쪽, 崔思諏墓誌銘.
125) 朴龍雲, 1977,「高麗時代 海州崔氏와 坡平尹氏 家門 分析」『白山學報』23 (本書 所收).
126) 金光哲, 1991,「世族類의 用例」『高麗後期世族層研究』, 東亞大出版部, 34~36쪽.
　　　金龍善, 1996,「高麗門閥의 構成要件과 家系」『韓國史研究』93, 5~

族·世家의 用例가 많지 않은 것은 어떻게 보면 당연한 결과라고
하겠거니와, 이들은 우리들이 보통 고려전기의 정치적 사회적 지
배세력으로 들고 있는 貴族 및 그 家門들과 통하는 말들이다.[127)
결국은 世族·世家도 대체적으로 貴族家門과 그 구성원들을 일컬
었다는 이야기인데, 그렇다면 그들 성격도 어느 정도 드러난 셈이
되겠다.

　　武臣政權期에도 世家·世族의 用例는 몇개가 보인다. 그 중 먼
저 世家의 사례부터 들면,

　　사－① 卿(崔正華)은 일찍이 世家의 (후손으로) 조정에 발탁되었다. 云云
　　　　　(『東國李相國集』 卷33, 敎書·批答·詔書 崔正華讓樞密副使
　　　　　不允敎書).

　　　　② 그대(庾敬玄)는 科擧로 인연하여 淸華한 버슬에 드날렸는데, 관
　　　　　작이 일찍이 현달한 것을 世家이어서라고 말할 수 있을 듯 하지
　　　　　만, 문장이 일찍 성취되었음은 이 어찌 門地와 관계된 것이겠는
　　　　　가. 云云(『東國李相國集』 卷33, 敎書·批答·詔書 庾敬玄讓監
　　　　　試試員 不允批答).

한 기사와 같은데, ①의 崔正華 가문은 잘 파악이 되지 않고 있으
나 世家의 자손이므로해서 조정에 발탁되었다는 것으로 미루어 상
당한 家世를 이어온 집안으로 생각된다. 실제로 그는 樞密副使(正
3品)와 同知樞密院事(從2品)·戶部尙書(正3品)를 거쳐 樞密院使
(從2品)까지 오른 후 致仕하였다.[128) ②의 庾敬玄도 世家의 후손이

　　8쪽.
127) 朴龍雲, 1977, 「高麗 家産官僚制說과 貴族制說에 대한 검토」『史叢』
　　　21·22 합집 ; 1981, 『高麗時代 臺諫制度 硏究』, 一志社.
　　　朴龍雲, 1998·1999, 「高麗는 貴族社會임을 다시 논함(上)(下)」『韓國
　　　學報』 93·94 (本書 所收).
128) 『高麗史』 卷22, 世家 高宗 14年 12月·15年 12月條.

어서 관작이 현달했다는 대목이 눈길을 끄는데, 祖父인 庾弼은 毅宗朝에 首相까지 지냈으며, 아버지 庾資諒과 함께 그 역시 뒤에 宰相의 지위에까지 오르는 茂松庾氏家의 일원이었다.[129]

世族은 孫抃과 관련된 아래의 기사에서 찾아진다.

사―③ (孫)抃은 妻의 派系가 國庶와 연관되어 있어 臺省·政曹·學士·知制誥를 拜授받을 수 없었다. 처가 일찍이 抃에게 말하기를 "公은 제가 賤系이므로 인하여 儒林 淸要를 踐履하지 못하니 감히 청컨대 저를 버리고 다시 世族과 혼인하소서" 하였다(『高麗史節要』卷17, 高宗 38年 夏5月).[130]

孫抃은 樹州 출신으로 樞密院使(從2品)를 거쳐 守司空(正1品)·左僕射(正2品)까지 역임하는 인물로,[131] 그의 집안 정도도 대략 짐작이 된다. 한데 妻家에 문제가 있어 벼슬길에 지장을 받자 부인이 자기를 버리고 世族과 재혼할 것을 청하는 기사이거니와, 이 곳의 世族 역시 代代로 관직을 이어온 名門을 지칭했다고 보아 별다른 문제가 없을 것 같다. 武臣政權下이기는 하지만 世家·世族은 여전히 名門·巨族을 일컫는 용어로 사용되어 왔음을 확인할 수 있는 것이다.

2. 元 干涉期와 恭愍王代 이후

元 干涉期 이후에도 앞서 든 바와 같은 大家·名家니 또는 貴

---

129) 朴龍雲, 1987,「高麗時代의 茂松庾氏家門 分析」『李丙燾九旬紀念 韓國史學論叢』, 知識産業社 (本書 所收).
130) 동일한 기사가『高麗史』卷102, 列傳 孫抃傳에도 실려 있다.
131)『高麗史』卷102, 列傳 孫抃傳.

族·望族·名族·大族·甲族 等類가 많이 보이고 있지마는,[132] 世家·世族 역시 고려전기나 무신정권기에 비하여 상대적으로 많은 용례가 찾아진다. 그 중 먼저 世家의 사례를 몇개 들면 다음과 같다.

아-① (崔雲은) 大德 癸卯(忠烈王 29, 1303)에 世家의 子로써 王璸을 따라 闕廷에 숙위하여 都魯花라 불렸다(『高麗墓誌銘集成』 453쪽, 崔雲墓誌銘).

② 崔文度의 字는 義民인데 世家의 子로써 元朝에 숙위하였다(『高麗史』 卷108, 列傳 崔誠之 附 崔文度傳).

③ 忠宣이 忠肅에게 일러 말하기를, "元忠은 世家의 舊臣으로 충성을 다하여 輔翊하였고, 또 外戚으로 연결되어 있으니 다른 신료에 비할 바가 아니다" 하였다(『高麗史』 卷107, 列傳 元傅 附 元忠傳).

④ (閔思平은) 딸 하나를 두었는데 世家의 子인 弘福都監判官 金昂에게 출가하였다. … 孫女는 넷인데 長女는 世家의 子인 監門衛 衆軍事 金士安에게 출가하였다(『高麗墓誌銘集成』 562쪽, 閔思平墓誌銘).

①의 崔雲은 崔奭(平章事·判吏部事, 首相)-崔惟淸(平章事, 正2品)-崔詵(平章事·判吏部事, 首相)-崔宗梓(僕射, 正2品)-崔昷(平章事, 正2品)-崔文立(三司使, 正3品)으로 이어지는 鐵原崔氏의 자손으로 그는 뒤에 樞密職까지 오른다.[133] 그리고 ②의 崔文度 역시 崔甫淳(平章事·判吏部事, 首相)-崔允偁(奉御, 正6品)-崔佋(戶部侍郎, 正4品)-崔毗一(贊成事, 正2品)-崔誠之(贊成事, 正2品)로 이어지는 完山崔氏의 자손으로 그 역시 뒤에 宰相의 지위에 오르며,[134] ③의 元忠은 元傅(中贊, 首相)-元瓘(贊成事, 正2品)으로 이

---

132) 金龍善, 주 126) 논문 8쪽.
133) 朴龍雲, 주 119) 논문.

어지는 原州元氏의 자손으로 그 또한 뒤에 宰相의 직위에 취임한
다.135) 아울러 ④의 閔思平도 고려후기의 門閥家인 驪興閔氏의 자
손이지마는,136) 그의 사위가 된 金昂과 손녀사위가 된 金士安은
金孝印(兵部尙書, 正3品)―金方慶(中贊·判典理司事, 首相)으로
부터 각각 金瑄(副知密直司事, 正3品)―金承澤(贊成事, 正2品)과,
金恂(判三司事, 宰臣 겸직)―金永煦(政丞)―金葳(密直副使, 正3品)
으로 이어지는 安東金氏 자손으로 양자 모두 고위직에 오른다.137)
이들 世家로 표현된 네 집안은 이미 잘 알려져 있듯이 고려후기의
대표적인 門閥家門들로서 이 용어가 여전히 여러 代에 걸쳐 고위
관원을 배출한 名門들을 일컫고 있음을 새삼 확인시켜 준다.

　　世家를 언급한 기사는 얼마 더 찾아진다. 아래의 사례가 그것들
이다.

　　아―⑤ 忠宣王이 즉위해 敎하여 이르기를 "사람을 씀에 오로지 世家의
　　　　　 子弟들만 등용할 수 없은즉 그 茂才·碩德·孝廉·方正의 士
　　　　　 로 巖谷에 退居해 있는 사람들을 所在官은 薦達하라" 하였다
　　　　　 (『高麗史』卷75, 選擧志 銓注 薦擧之制).

　　　　⑥ (李)穀과 (許)伯은 사사로움에 이끌려 (科試에서) 世家의 不學 子
　　　　　 弟들을 많이 뽑았다가 憲司의 탄핵을 받았다(『高麗史』卷109,
　　　　　 列傳 李穀傳).

　　　　⑦ (閔頔의) 세 딸은 모두 世家의 子와 혼인하였다(『高麗墓誌銘集
　　　　　 成』493쪽, 閔頔墓誌銘).

　　여기에는 世家의 존재가 구체적으로 지적되어 있지 않다. 하지

---

134) 金光哲, 1991,「高麗後期 世族의 家系와 그 특징」『高麗後期世族層
　　　研究』, 東亞大出版部, 76·77쪽.
135) 위의 논문, 80쪽.
136) 위의 논문, <표 6>.
137) 위의 논문, 74~76쪽.

만 이들 기사에서도 그들이 代代로 고위직을 지낸 名門들이라는
점은 짐작하기 어렵지 않다.

　이 시기에 있어 世族의 用例는 바로 ⑦의 閔頔 집안을 ‘東國의
世族’이라 한 데서 볼 수 있다.[138] 이 閔頔은 위의 사례 ④에서 언
급한 閔思平의 아버지이기도 한 사람으로서 이들 집안인 驪興閔
氏는 門閥家라고 이미 소개한 바 있지마는, 明宗朝에 首相을 지낸
閔令謨 이래 閔公珪(平章事·判兵部事, 亞相)－閔仁鈞(大司成, 正
3品)－閔湜(侍郞,　正4品)－閔宗儒(贊成事,　正2品)－閔頔(密直使,
從2品)－閔思平(贊成事, 正2品)으로 이어지는 名門이었던 것이다.

　아울러 政丞(從1品)을 지내는 金台鉉에 이어서 光軾·光轍·光
載 등의 형제가 모두 높은 직위에 올라 크게 떨치는 光山金氏
도[139] 世族이라 일컬어지고 있다. 즉 형제자매 가운데에 朴允文에
게 출가한 맨 밑이 “婦道를 修行하여 世族之貴에도 불구하고 조금
도 驕傲하는 빛이 없었다”는 것이다.[140] 우리들은 이들 사례를 통
해 世族의 의미도 다시 확인할 수 있다고 하겠다.

　시기가 좀더 내려가 恭愍王代 이후가 되면 世家·世族의 用例
는 한층 더 많이 드러나 있다. 그러면 먼저 世家의 기사부터 보기
로 하자.

　자－① 辛禑 때 諸將과 함께 여러번 倭寇를 막아 공로가 있었다. (黃)裳
　　　은 아버지의 忌日에 元氏에게 장가들었는데, 元氏 역시 世家의
　　　딸로써 남편이 죽은지 期年도 되지 않아 중매 없이 裳과 혼인하
　　　였으므로 憲司가 탄핵해 遠州로 杖流하기를 청했으나 禑가 허락
　　　지 않고 元氏만 유배하였다(『高麗史』卷114, 列傳 黃裳傳).

　　② (禑王 14년[1388] 春正月) 林堅味가 (廉)興邦은 世家의 大族이라

───────────

138) 『拙藁千百』卷2, 行狀 故密直宰相閔公行狀.
139) 金光哲, 주 134)의 글 82·83쪽과 表 19.
140) 『高麗墓誌銘集成』580쪽, 朴允文 妻 金氏墓誌銘.

하여 혼인하기를 청하였다(『高麗史節要』卷33).141)

①의 元氏가 누구인지는 분명치가 않다. 그러나 좋은 가문인 世家의 딸로서 인륜에 어긋나는 행위를 했다 하여 벌을 받고 있다. ②의 世家 大族으로 지칭된 廉興邦은 고려전기에도 상당한 家勢를 이어간 瑞原廉氏 후손으로 후・말기에는 더욱 번성하여 小府丞(從6品)을 지낸 廉純彦에 이어서 廉承益(僉議中贊, 首相)－廉世忠(大護軍, 從3品)－廉悌臣(門下侍中, 首相)－廉國寶・廉廷秀 두 형제와 함께 그 자신도 고위직에 올랐다.142) 당시 權貴의 한 사람이던 林堅味가 그같은 가문의 배경을 지닌 廉興邦에게 청혼하고 있는 것이다. 우리는 여기서도 世家가 이전과 마찬가지의 의미로 쓰이고 있음을 본다.

이점은 世族의 경우도 유사했을 것이다. 한데 이 당시의 用例는 주로 私田, 곧 農莊의 혁파를 반대하는 세력과 관련하여 나오고 있음이 주목된다. 그들을 열거하면 다음과 같다.

자－③ 太祖(李成桂)가 (趙)浚・鄭道傳과 함께 私田을 혁파할 것을 논의하였다. 浚이 同列과 더불어 辛昌에게 상소하여 極論한 것이 食貨志에 실려 있는데, 舊家世族이 상호 교대로 훼방하였으나 의지가 더욱 견고하였다(『高麗史』卷118, 列傳 趙浚傳).

④ (辛禑 14년[昌王 卽位年]) 9월에 右常侍 許應 등이 상소하여 아뢰기를, "臣 등이 근래에 司憲府・版圖・典法과 함께 번갈아 글을 올려 先王 均田의 제도를 회복할 것을 청하자 전하께서 윤허하시니 사방에서 들은 자로 기뻐하지 않는 이가 없었는데 오직 巨家世族의 兼幷者들만이 불편하게 여겨서 많은 말을 시끄럽게 하여 여러 듣는 사람을 혼란시키고 있습니다" 云云(『高麗史』卷78, 食貨志 田制 祿科田).143)

---

141) 동일한 기사가 『高麗史』卷126, 列傳 林堅味傳에도 실려 있다.
142) 이에 대해서는 金光哲, 주 134)의 글 86~88쪽 참조.

⑤ 당시 왕이 太祖(李成桂)의 功이 높고 衆心을 얻는 것을 꺼리고
또 舊家世族들이 私田의 혁파를 원망하여 다방면으로 무고하고
헐뜯자 … 가만히 제거하기를 도모하였다(『高麗史』卷119, 列傳
鄭道傳傳).

⑥ (恭讓王 3년[1371] 7월) 都堂에서 啓하여 巨家世族들이 金銀을
써서 寫經하는 것을 금하도록 청하였다(『高麗史』卷85, 刑法志
禁令).

이곳의 '舊家 世族' 또는 '巨家 世族'은 역시 오랜 기간 동안 여
러 代에 걸쳐서 높은 직위를 이어온 집안과 그 구성원들을 의미한
다고 이해되거니와, ③ ④ ⑤는 이들이 麗末의 최대 현안 가운데
하나였던 私田의 혁파를 방해하거나 원망해 온 사실을 전하고 있
다. 그들은 代代로 전해오는 경제력과 함께 높은 지위를 이용하여
많은 토지를 겸병하고 있었으므로 그로 인해 야기된 改革派의 私
田·農莊에 대한 혁파 기도를 저지하려 했다고 생각된다. ⑥은 金
字나 銀字로 寫經하는 데서 오는 폐단을 금하자는 것인데, 이같은
불교의 폐단에 巨家의 世族들이 또한 깊이 관련되어 있었다는 사
실을 알려주고 있어서 눈길을 끈다.

표현은 조금 다르지만 그 의미는 거의 같다고 짐작되는 '世臣大
族' 내지 '世臣巨室'의 기사도 보인다. 아래의 사례가 그런 것들이다.

자-⑦ (恭愍王 14년[1365] 12月) 辛旽은 곧 遍照이다. 왕이 在位한지가
오래되면서 재상들이 많이들 자기 뜻에 맞지 않으므로 일찍이
생각하기를, 世臣大族은 親黨이 나무뿌리처럼 얽혀서 서로 (허
물을) 덮어주고, 草野 新進은 감정을 감추고 행실을 꾸며서 名望
을 얻어 貴顯하게 되면 스스로 門地가 單寒함을 부끄럽게 여겨
大族과 連姻해 처음의 뜻을 다 버리며, 儒生은 나약하여 강직한

---

143) 동일한 내용의 기사가 『高麗史節要』卷33, 禑王 14年(昌王 即位年) 9
月條에도 실려 있다.

이가 없어서 … 이 세 종류의 사람은 모두 쓸 수가 없다고 하였
다(『高麗史節要』卷28)[144].

⑧ 辛昌 元年 8月에 大司憲 趙浚 등이 상소하여 이르기를, “그윽히
생각하옵건대 私田은 私門에만 이롭고 국가에는 이익이 없습니
다. … 다행히 하늘이 국가를 돕는데 힘입어 聖神이 일어나 曠世
의 積弊를 제거하게 되었으니 그 復舊나 改革의 이해는 분명히
볼 수 있는데도 世臣 巨室은 오히려 弊風을 답습하여 本朝의 成
法은 하루 아침에 갑자기 개혁할 수 없다고 합니다”云云(『高麗
史』卷78, 食貨志 田制 祿科田).

⑨ (辛昌 元年) 12월 恭讓王이 즉위함에 대사헌 趙浚 등이 또 상소
하여 田制를 논해 이르기를, “上天이 禍亂을 뉘우쳐서 群兇이
이미 멸망되고 辛氏가 이미 제거되었으니 마땅히 私田을 개혁하
여 백성들에게 富壽의 域을 열어주는 것은 지금이 그 기회이온
데 世臣 巨室이 社稷의 大計를 생각지 않고 오히려 弊風을 답습
하여 서로 流言을 퍼뜨려 인심을 선동해 私田을 복구하려고 합
니다” 云云(위와 같음).[145]

⑦은 공민왕이 재차 개혁정치를 시도하면서 辛旽을 등용하는
기사 속에 나오는 이야기인데, 世臣 大族은 草野 新進 및 儒生과
상대되는 존재로 논의되고 있다. 그리고 ⑧ ⑨의 世臣 巨室은 역
시 私田의 개혁을 반대하는 세력으로 기술되고 있지마는, 이곳의
世臣은 더 말할 필요도 없이 여러 代에 걸쳐 상당한 지위를 이어
온 집안의 출신을 뜻하며, 大族·巨室은 그들 집안의 정도를 일컫
는 말이겠다. 이들이 개혁을 지향하는 왕이나 士類들의 입장에서
볼 때 모두 부정적인 존재로 파악되고 있어서 주목된다.

요컨대 世家·世族 및 世臣類는 여러 代에 걸쳐서 고위 관인을
배출한 집안 및 그 구성원들을 일컫는 말로 동양사회에서는 일찍

---

144) 이와 유사한 기사가 『高麗史』卷132, 列傳 辛旽傳에도 실려 있다.
145) 동일한 내용의 기사가 『高麗史節要』卷34, 恭讓王 元年 12月條에도
　　실려 있다.

부터 사용되어 왔었다. 그리하여 많지는 않지만 고려전기 사회에서도 世家·世族 등을 지칭한 기사에 접할 수가 있다. 귀족적 성격이 농후했던 고려전기사회에서 정치적 사회적 지배세력은 흔히들 名家·大家 또는 貴族·望族·名族·大族·甲族 등으로 불리고 있지마는, 世家·世族도 그와 유사한 의미로 쓰이고 있는 것이다.

이들 용어는 그 후 사회가 一變하는 무신정권기에 좀더 많이 보이고 있다. 그리고 사회가 재삼 격변하는 元 간섭기 이후도 마찬가지이다. 그리하여 연구자들은 무신정권기의 상황은 좀 다르다 하더라도 이 시기의 정치적 사회적 중추세력을 '世族層'이라고 부르자는 것이지만, 이들 역시 어느 정도의 지위를 이어갔느냐 하는게 중요했던 만큼 권력의 뒷받침을 받아야 했다. 그러나 그 용어는 특정 가문의 사회적 지위를 말해주는 계층의 의미가 농후한 것이었다는 점에서 권세·권력에 중점이 두어진 權門·權勢之家 및 權貴類와 구분되어야 하며,146) 그 주장에 필자 역시 동의한다 함은 앞서 언급하여 둔 바와 같다.

어떻든 고려 후·말기의 世族層은 거듭 말하지만 여러 代에 걸쳐 고위 관원을 배출한 존재였거니와, 그를 위해 科擧와 함께 蔭叙를 많이 이용하였다. 그리하여 고위 관직에 올랐을 뿐더러 그같은 지위를 代를 이어가며 계승하여 門閥을 형성하고, 나아가서는 왕실 또는 같은 閥族과 중첩되는 혼인을 맺어 혈연의 범위를 한정시켜 가면서 가문의 중요성을 내세우기도 하였다. 그러므로 이들 世族은 본질적으로 귀족적 존재였다고 할 수 있다.147) 말하자면 그들은 고려 후기사회를 이끌어간 새 귀족이었던 셈이라 하겠다.

---

146) 金光哲, 1991, 「'權門' '世族'의 用例」『高麗後期世族層研究』, 東亞大
    出版部, 43~45쪽.
147) 閔賢九, 1974, 「高麗後期의 權門世族」『한국사』 8, 34쪽 및 58쪽.

이처럼 후기의 世族層도 크게 보아 귀족의 범주로 파악이 가능하지만, 그러나 그 성격에 있어서는 前期의 門閥貴族들과 상당한 차이가 있었다. 물론 새 귀족으로서의 世族層에는 전기 이래의 문벌귀족들로서 변천을 거듭하는 후기사회에서도 자신을 변환 적응시켜 가 여전히 지배적 지위를 누린 집안들이 다수 있었다. 하지만 거기에는 무신들의 집권 이후 武將으로 득세하여 가문을 크게 일으킨 부류와, '能文能吏'의 新官僚群으로 등장하여 보수화한 집안 및 對元關係 속에서 權門으로 부상했다가 世族化의 길을 걸은 일부의 집안 등 여러 갈래가 추가되었다.148) 우선 구성 성분에서도 많은 변화가 있었음을 알 수 있다. 그런가 하면 官僚的 성격이 보다 농후해지기도 하고, 또 당시의 시대상을 반영하여 대소의 차이는 있었지만 대체적으로 親元的 성향을 띠었고, 大土地를 겸병한 농장주로서 비판의 대상이 되기도 하였다.149) 이미 검토된 바 있듯이150) 고려 후기사회는 이러한 성격의 世族層들이 정치적 사회적 지배세력의 중심이 되어 이끌어 갔다는 점에서 이들에 대해 더욱 관심을 베풀 필요가 있는 것이다.

---

148) 權門 모두를 世族에 포함시켜 파악했다는 점에서 얼마간의 견해차가 있기는 하지만 그 갈래에 대해서는 閔賢九, 1974, 「高麗後期 權門世族의 成立」『湖南文化研究』6이 크게 참고된다.
149) 역시 '權門世族'을 한데 묶어 파악한 견해이긴 하지만, 이 점을 이해하는 데는 閔賢九, 주 147)의 글 40~43쪽 및 52~59쪽이 많이 참고가 된다.
150) 金光哲, 1991, 「高麗後期 世族의 家系와 그 특징」『高麗後期世族層研究』, 東亞大出版部.

V. 士族 및 士大夫類의 用例와 그 성격

大夫니 士니 또는 士族이니 士大夫니 하는 용어들 역시 중국의 古代社會에서부터 지배계층을 일컫는 말로 사용되어 온 것들이다. 그것이 우리나라에도 들어와 널리 쓰이게 된 것이지만, 중국에서 그들 용어가 우리가 쓰고있는 뜻과 유사한 의미를 지니는 말이 된 것은 전국시대(403～221 B.C.)였다 한다.[151] 그리하여 우리나라에 서도 이미 고구려의 溫達傳에 士大夫가 보이며[152] 고려시대에 들 어와서는 더욱 자주 대하게 되는 것이다.

이제 그들 용례를 검토해 감에 있어 우선 주목해야할 말은 士이 다. 士는 지배계층과 그렇지 않은 계층을 구분하는 界線에 위치함 과 동시에 士族·士類(士流)·士林 및 士와 大夫의 합칭어인 士大 夫까지도 포괄하는 용어로 흔히 쓰이고 있기 때문이다. 전통적으 로 民을 구분하여 '士農工商'이라고[153] 한게 그 대표적인 한 예이 다. 여기서의 '士'는 士以上層 모두를 의미하고 있는 것이다. 그리 고 고려 때를 다룬 기록에서도,

차－① (文宗) 27년(1073) 正月에 有司가 아뢰기를, "슈典을 상고하건대

---

151) 李成九, 1989, 「春秋戰國時代의 國家와 社會」 『講座 中國史 Ⅰ』, 지 식산업사, 100쪽 및 113쪽.
　　梁鍾國, 1996, 「讀書人層의 成長과 '士大夫'의 槪念變化」 『宋代士大 夫社會研究』, 三知院, 51쪽.
152) 『三國史記』 卷45, 列傳 溫達傳.
153) 『漢書』 卷24上, 食貨志 卷4上. "士農工商四民有業 學以居位曰士 闢 土殖穀曰農 作巧成器曰工 通財鬻穀曰商"

工匠과 商人은 기술을 가지고 上을 섬기며 그 業에만 전념하고
士와 같이 벼슬에 오를 수는 없다고 하였습니다" 云云 (『高麗
史』卷75, 選擧志 3 銓注 限職).[154]

한 것 역시 마찬가지 의미로 해석된다. 이처럼 士以上層은 상위신
분층으로서 그렇지 못한 庶人層과는 구별되는 존재였다. 우리들은
역사 기록 속에서 가끔 '士庶'라는 대목을 볼 수 있거니와,[155] 이는
士以上層과 庶人層을 구분하면서도 함께 지칭한 경우라 할 것이
다.[156]

　하지만 士가 그의 상위층인 大夫까지를 포괄하는 의미에서가 아
니라 단순히 士層만을 지칭하는 경우도 없지 않았다. 士는 다시 上
士·中士·下士 등의 구분이 있었지마는, 史書에서 '下士'라고 한
서술은[157] 그런 경우로 이해해야 할 것 같다. 아울러 '大夫·士'를
굳이 구분하여 기술한 경우[158] 역시 그와 같이 보아야 할 것이다.
그것들은 士層 가운데에서도 下士와, 그리고 大夫와는 구별되는

----

154) 동일한 기사가 『高麗史節要』 卷5, 文宗 27年 春正月條에도 실려 있다.

155) 『高麗史節要』 卷2, 成宗 8年 春2月·『高麗史』 卷3, 世家 成宗 9年
　　秋9月·『高麗史節要』 卷20, 忠烈王 5年 2月·『高麗史』 卷91, 列傳 宗
　　室傳 熙宗 慶源公祚·同書 卷64, 禮志 凶禮 國恤 忠烈王 23年 5月·
　　同書 卷85, 刑法志 禁令 恭讓王 3年 3月 등.

156) 士庶에 대해서는 洪承基, 1994, 「高麗時代의 良人－士庶制·良賤制
　　의 시행과 관련하여－」 『第二回 學術研究論文集』, 養英會 ; 2001,
　　『高麗社會史研究』, 一潮閣, 77~82쪽 및 金蘭玉, 1997, 「고려시대 士
　　庶의 用例와 신분적 의미」 『史叢』 46 ; 2000, 『高麗時代 賤事·賤役
　　良人 研究』, 신서원, 60~69쪽 참조.

157) 『高麗史節要』 卷14, 熙宗 5年 5月·『高麗史』 卷99, 列傳 崔惟淸 附
　　崔詵傳·『高麗史』 卷110, 列傳 王煦傳 등.

158) 『高麗史節要』 卷26, 恭愍王 元年 8月·『高麗史』 卷38, 世家 恭愍王
　　元年 8月·『高麗史』 卷78, 食貨志 田制 經理 恭愍王 11年·『高麗
　　史』 卷63, 禮志 吉禮大祀 大夫士庶人祭禮·『淡庵逸集』 卷3, 尹氏墳
　　墓記.

士層만을 지칭한 것이 분명하기 때문이다.

그러나 士를 일컬은 用例들을 검토해 보면 대부분은 士以上層을 뜻하는 포괄적인 용어로 쓰이고 있다. 그렇다면 그것은 어떤 의미를 지닌 말이며 또 그 기준은 무엇이었을까. 이 점에 대해 처음 논급한 것이 "讀書曰士 從政爲大夫"라는 一句節에[159] 입각하여 大夫와 士를 합해 그들은 學者的 官僚이며 官僚的 學者이기도 하였다는 해석이다.[160] 이와 함께 위에 든 "學以居位曰士"라고 한 것과, 또 "仕於朝者 謂之士 耕於野者 爲之農"과[161] "古稱士農 士者仕也 凡仕於朝 隸於公者 皆士也 學先生之道 將以出仕者 士也"라고 한[162] 구절들을 염두에 둘 때 士는 先賢의 道를 배워 이미 벼슬에 오른 朝官 및 장차 그렇게 되고자 준비하는 讀書人 모두를 일컫는 말이었음을 알 수 있다. 아울러 士가 벼슬과 불가분의 관계에 있었다는 점도 충분히 이해가 된다.

그렇다면 士는 다시 이미 벼슬길에 오른 층과 그렇지 못한 층으로 나뉘어질 수 있었겠다. 그리고 이는 실제 기록상으로도 그러하여 예컨대, 학교에서 '養士'하는데 비용이 많이 소요된다던지,[163] 또는 "方正之士로 巖谷에 退居해 있는 자를 所在官은 薦達하라"던지[164] 한 경우의 '士'는 후자에 해당하는 층이겠다. 반면에 "崔

---

159)『燕巖集』卷8, 別集 放璚閣外傳.

160) 李佑成, 1964,「高麗朝의 '吏'에 對하여」『歷史學報』23 ; 1991,『韓國中世社會研究』, 一潮閣, 111쪽.

161)『與猶堂全書』第1集 卷第18, 爲尹惠冠(鍾文)贈言.

162)『與猶堂全書』第1集 卷第9, 詩文集 策問 應旨論農政疏. 이에 관하여는 李章熙, 1985,「朝鮮時代 선비研究－선비의 槪念設定－」『千寬宇還曆紀念 韓國史學論叢』, 正音文化社, 418~420쪽 ; 1989,『朝鮮時代 선비 研究』, 博英社 참조.

163)『高麗史』卷74, 選擧志 學校 肅宗 7年 閏6月·同 睿宗 14年 7月·同 仁宗 8年 7月.

164)『高麗史』卷75, 選擧志 銓注 薦擧之制 忠宣王卽位敎.

怡가 일찍이 朝士들을 品第하는데 能文能吏를 第一로 삼았다”고[165] 한 것과, “朝士들이 權貴에게 아첨한다”고 한 것,[166] “朝士들은 우대하지 않을 수 없으므로 畿田 10만결로 折給한다”고 한 것,[167] “祿을 重하게 하는 것은 勸士하기 위함”이라고 한 것[168] 등의 경우에 보이는 ‘士’는 전자에 해당하는 층이라 하겠다. 학교에 다니며 科擧 준비를 하는 士와 산골짝에 퇴거해 있는 士가 관원이었을 리가 없는데 대해, 朝士는 말할 것 없고 祿俸을 받는 士는 현직 관원임이 분명하기 때문이다.

士라고만 해도 이렇게 이미 仕官한 층과 그렇지 못한 층을 아울러 일컬었음을 확인할 수 있는데, 역시 史書에서 자주 대할 수 있는 ‘士族’도 그러한 용어였던 것 같다. 다만 그것은 ‘士’에 ‘族’이 첨가되어 있는만큼 士 자신들과 함께 그들 집안과 구성원을 포괄하는, 좀더 폭넓은 의미를 지닌 말이었다고 생각된다. 이점은 기왕의 연구자들도 같은 의견이어서 앞서 소개한 바 士族은 “士大夫之族의 준말”로 “士大夫가 될 수 있는 族屬”이라 하던가[169] 또는 “관리가 되는데 있어서 아무런 신분적인 제약을 받지 않는 관료계층” 내지 “관리가족”이라고[170] 정의하고 있다. 단지 여기에 한마디 부언한다면 士族은 혈연적으로 賤系 등과 연결되어 있지 않아야 했다는 지적은[171] 경청할만한 대목이라 사료된다.

---

165)『高麗史節要』卷18, 元宗 元年 秋7月.
166)『高麗史節要』卷20, 忠烈王 9年 2月.
167)『高麗史』卷78, 食貨志 田制 祿科田 辛昌 元年 12月.
168)『高麗史』卷80, 食貨志 祿俸 諸衙門工匠別賜 恭愍王 元年 2月·同 5年 6月.
169) 李成茂, 1980,「兩班의 槪念」『朝鮮初期 兩班研究』, 一潮閣, 16쪽.
170) 金塘澤, 1989,「忠烈王의 復位과정을 통해 본 賤系 출신 관료와 ‘士族’ 출신 관료의 정치적 갈등─‘士大夫’의 개념에 대한 검토─」『東亞研究』17, 213쪽.
171) 洪承基, 주 156) 논문 89쪽.

士의 집안과 구성원을 士族이라 한데 비해 士 자신은 '士人'이라고도 표현했던 것 같다. "崔氏는 靈巖郡의 士人 仁祐의 딸이다"라던가[172] "士人 禹延에게 출가하여 딸을 낳았고 그 딸이 (鄭)云敬에게 시집갔다"고 한 것,[173] 그리고 "딸 하나를 두었는데 士人 池燮에게 시집갔다"고 한 예[174] 등에서 그런 점을 잘 엿볼 수 있다. 士人의 집안과 구성원이 곧 士族이기도 했던 것이라 하겠다. 무신정권기의 文人 李奎報가 "士人의 딸이 밥을 빌러 왔기에 이미 주고 나서 詩를 짓기를, 네 비록 士族으로 태어났으나, 밥을 비니 이미 비천하게 되었네"라고 한 것도[175] 그같은 사실을 보여주는 기사의 일종이다.

士族을 직접 언급한 사례 중 비교적 이른 시기의 것으로는 위에 든 李奎報의 詩 이외에 奴婢의 유래를 설명하면서 "士族之家에서 世傳하며 부린 자를 私奴婢라 하고 官衙 州郡에서 부린 자를 公奴婢라 한다"고 한 대목과,[176] 明宗朝에 주로 활동하는 玄德秀와 관련하여 "巫가 士族家를 出入하며 몰래 부녀를 亂行하였다"고 한 것,[177] 그리고 熙宗이나 康宗代 즈음한 시기에 鄭可臣이 혼인하는 이야기와 관련해 "大府少卿 安弘祐가 허락하여 약속이 이미 정해졌으나 뒤에 후회해 말하기를 "내가 비록 가난한 士族이지만 어찌 鄕貢의 子를 받아들일 수 있겠는가""라고 했다는 기사[178] 등에서 찾아진다. 이들 가운데 나중의 기사는 士族의 신분적 위상을 가늠

金蘭玉, 주 156) 논문 80쪽.
172) 『高麗史』 卷121, 列傳 烈女 鄭滿妻崔氏.
173) 『高麗史』 卷119, 列傳 鄭道傳傳.
174) 『高麗墓誌銘集成』 515쪽, 崔瀣墓誌銘.
175) 『東國李相國後集』 卷8, 古律詩 士人女乞食旣以與之因作詩.
176) 『高麗史』 卷85, 刑法志 奴婢.
177) 『高麗史』 卷99, 列傳 玄德秀傳.
178) 『高麗史』 卷105, 列傳 鄭可臣傳.

해 볼 수 있는 자료여서 자주 논의되는 대목이기도 한데, 이처럼 그들은 무신정권기에 들어와서야 눈에 띠기 시작하고 있다. 하지만 奴婢와 관련된 기록이나 士에 대한 많은 언급 등을 참작컨대 士族의 존재는 물론 그 이전부터 있어 왔다고 할 수 있다.

논리적으로 보면 이러한데, 그러나 용례를 가지고 말한다면 士族이 자주 등장하는 것은 元 간섭기 이후부터이다. 그 가운데에서 다음의 두 기사는,

> 차―② (忠宣王 元年[1309] 秋7月) 典符丞 金瑞廷을 섬으로 杖流하였다. 처음에 內府令 姜融이 瑞廷에게 무엇을 구했다가 얻지 못하자 노하여 구타하니, 瑞廷이 꾸짖어 말하기를, "너는 본시 奴隸인데 감히 士族을 욕보이느냐"고 하였다. 融의 본래 성명은 康莊으로 晋州 官奴의 후손이었으므로 그렇게 말한 것인데 融이 악감을 품고 참소한 것이었다(『高麗史節要』 卷23).179)
>
> ③ (忠惠王 元年[1331] 8月) 일찍이 어떤 승려가 왕에게 아뢰어 말하기를, "官寺의 奴로서 혹 高官大職에 제수된 이도 있는데 士族과 더불어 나란히 할 수 없습니다" 하니, 왕이 노하여 이르기를, "내가 사랑하는 朴連을 두고 말함이냐" 하였다(『高麗史』 卷36, 世家).

고 한 데서 보듯이 士族의 범주와 관련이 깊은 자료로서 이미 여러 논자들이 주목한 바 있다.180) 士族 관계의 기사는 이 밖에도 여럿이 더 눈에 들어온다. 아래에 그것들을 열거하면 다음과 같다.

> 차―④ (忠烈王 7년[1281] 3月) 당시에 우리 翼祖(李成桂의 祖父)도 조정

---

179) 같은 내용의 기사가 『高麗史』 卷106, 列傳 金晅 附 金開物傳에도 실려 있다.

180) 金塘澤, 주 170) 논문 212·213쪽.
　　洪承基, 주 156) 논문 ; 저서 88·89쪽.
　　金蘭玉, 주 156) 논문 ; 저서 74～79쪽.

의 명으로 東北面으로부터 와서 왕을 뵈었는데, 두번 세번에 이를
수록 더욱 공손하고 경건하였다. 왕이 이르기를, "卿은 본래 士族
이니 어찌 근본을 잊었겠는가. 지금 경의 행동거지를 보니 마음이
있는 바를 족히 알만하다" 하였다(『高麗史』 卷29, 世家).181)

⑤ 侍衛護軍 河氏는 이름이 元瑞로 本邑의 士族이다. 젊은 나이에
궁중에서 給事로 있으면서 조심스럽다는 칭찬이 있었다. … 때
는 大德 甲辰年(忠烈王 30)이다(『益齋亂藁』 卷6, 書記 重修乾洞
禪寺記).

⑥ 첫째는 王璭의 배필로 益興君夫人이 되었고, 둘째는 士族에게
시집가 散員인 許齡의 妻가 되었다(『高麗墓誌銘集成』 488쪽, 朴
遠 妻 洪氏墓誌銘).

⑦ 至正 5년(忠穆王 1) 5月 … 臣(李仁復)이 삼가 살펴보건대 方氏
는 대대로 慶尙道 吳城縣의 士族으로서 그 증조 佑賢은 贈職이
河南使였다(『益齋亂藁』 卷7, 碑銘 光祿大夫平章政事上洛府院
君方公祠堂碑).

⑧ (忠穆王 3년[1347] 秋7月) (奇)三萬의 동생 善財가 (徐)浩를 꾸짖
어 말하기를, "나의 형이 몇 번 너의 妻를 간음했길래 원한을 품
고 打殺했느냐" 하니, 浩가 말하기를 "나의 妻는 士族인데 어찌
醜聲이 있었겠느냐. 만약 婢妾이라면 반드시 더러운 행실이 있
었을 것이다" 했으니 대개 善財의 어미가 賤人인 까닭에 그렇게
말한 것이었다(『高麗史節要』 卷25).182)

대체적으로 士族은 士의 族屬 또는 그 집안과 구성원으로서 그
에 합당한 지위 내지는 언동이 어떠하였는가를 전하여 주고 있다.
유사한 기사는 恭愍王代 이후에도 자주 보이지마는, 그 몇 개를 소
개하면 다음과 같다.

차―⑨ 至正 26년(恭愍王 15, 1366) 이 해에 부인 禹氏가 卒하여 附墓하
였는데 榮州 士族인 散員 淵의 딸이었다(『東文選』 卷117, 鄭云

---

181) 동일한 기사가 『高麗史節要』 卷20, 忠烈王 7年 3月條에도 실려 있다.
182) 같은 내용의 기사가 『高麗史』 卷131, 列傳 奇轍傳에도 실려 있다.

敬 行狀).

⑩ 草屋子는 鷄林의 士族으로 어려서 고아가 됐으나 힘써 공부하여 19세 때 進士科에 합격하고, 학문이 더욱 진척되어 辛亥年(恭愍王 20)에 … 會試에서 高第로 뽑혔다(『陶隱文集』 卷5, 草屋子傳).

⑪ 나의 門生 金時用이 와서 말하기를, "息庵은 鷄林의 士族으로 12세 때 神印宗에 投身하였습니다" 云云(위의 책 卷4, 記序 送息庵遊方序).

⑫ 烈婦의 姓은 裵氏요 이름은 某로서 京山人인데 아버지는 前進士 中善이다. 이미 비녀꽂을 나이에 士族인 李東郊에게 출가하여 집안 일을 잘 돌보았다. 庚申年(禑王 6) 秋7月에 倭賊이 京山을 핍박함에 … 云云(위의 책 卷5, 裵烈婦傳).

⑬ (禑王 11년[1385] 春正月) 宦者 金實이 도망하였다. 처음에 實이 妻를 버리고 다시 士族女에게 장가들려 하자 禑가 이르기를, "여자를 나에게 보인 연후에 혼인해야 한다" 하였다(『高麗史節要』 卷32).

⑭ (辛禑 14년 7月 昌) 이것이 私田의 폐단입니다. 부강한 자가 失利함에 원망과 비방을 그치게 하기 어렵고, 士族은 業을 잃음에 생계를 잇기가 어렵습니다(『高麗史』 卷78, 食貨志 田制 祿科田 諫官李行等 又上疏).

⑮ (恭讓王 元年[1388] 12月) "京畿인즉 居京侍衛者들의 土田으로 지급하여 士族을 우대하는 것은 곧 文王이 仕者에게 대대로 祿을 먹게한 아름다운 뜻입니다" 云云(『高麗史節要』 卷34, 憲府上疏 論田制).[183]

　　士族에 대해서는 이 정도로 정리해놓고, 그러면 이어서 士大夫에 관해 살펴보기로 하자. 다 알고 있듯이 士大夫는 원래 각기 다른 계층을 나타내던 大夫와 士가 결합하여 하나의 복합명사가 된 것이지만, 史書에서는 오히려 이 용어가 가장 널리 사용되었다. 중

---

183) 같은 내용의 기사가 『高麗史』 卷78, 食貨志 田制 祿科田 辛昌 元年 (恭讓王 元年) 12月條에도 실려 있다.

국의 경우 종래와는 좀 다른 의미를 지닌 용어로서의 士大夫가 성립하는 것은 역시 戰國時代부터였다 하거니와, 그것은 정치적 지배계급으로서의 관료집단을 지칭하는 역사적 술어로서 이후 줄곧 쓰였다. 그러다가 宋代에 접어들어 讀書人層이 성장하고 그 역할도 증대됨에 따라 士大夫는 이들까지도 포괄하는 것으로 개념이 확대되는 과정을[184) 밟았다 한다.

그런데 검토해보면 우리나라의 경우도 이와 비슷하지 않았나 싶다. 앞서 우리나라에서도 이미 고구려의 역사를 기술하면서 士大夫란 용어를 쓴 사례가 보인다고 하였거니와, 하지만 이것이 본격적으로 사용되기 시작하는 것은 고려에 들어와서부터의 일이다. 그리고 그 의미도 당시에는 官僚層을 지칭하는 말이었다고 생각된다. 이는 『朝鮮世宗實錄』에 "4品 이상을 大夫, 5品 이하를 士라고 칭했다"고 한 것과[185) 고려 때의 官階인 文散階制에 의해서 다시 확인되듯이[186) 士大夫는 단순히 법제상의 文武官僚 전체를 지칭하는 용어였던 것이다. 이 점은 거기에 武班까지를 포함시켜야 하느냐의 여부에 따라 다소의 견해차가 있긴 하지만 논자들도 대체적으로 수긍하여 李成茂는 "士大夫란 文班官僚만을 지칭하는 명칭이었다고 할 수 있다. 그러나 士大夫는 文班뿐만 아니라 武班까지를 포괄하는 官制上의 文·武兩班의 뜻으로 쓰이기도 하였다"고[187) 한데 대해 필자 역시 동의한바 있으며,[188) 金塘澤도 士大夫는 "士族 출신 인물들로서 관도에 진출한 자"라고[189) 정의하고 있

---

184) 梁鍾國, 주 151) 논문 50~95쪽.

185) 『朝鮮世宗實錄』 卷52, 世宗 13年 5月 戊辰.

186) 朴龍雲, 1981, 「高麗時代의 文散階」『震檀學報』52 ; 1997, 『高麗時代 官階·官職 硏究』, 고려대출판부, 109~111쪽.

187) 李成茂, 주 169)의 글 15쪽.

188) 朴龍雲, 1981, 「李成茂著 『朝鮮初期 兩班硏究』 書評」『亞細亞硏究』 66 ; 1999, 『고려시대사연구의 성과와 과제』, 신서원, 322쪽.

고, 金光哲 또한 이 용어는 '官人을 지칭했던 것'이라[190] 보고 있다. 고려 때는 이렇게 사용되던 士大夫가, 그러나 조선조에 들어와 在野의 讀書人層까지 포괄하는 의미로 개념이 확대되었던 것이다.[191]

요컨대 고려시대의 士大夫는 관료층을 지칭하는 용어였음을 확인한 셈인데, 이는 사례상으로도 분명하게 드러난다. 그러면 먼저 고려전기 때의 用例부터 살피기로 하자.

> 카-① 睿宗이 潛邸에 있을 때에 (韓)安仁은 李永·李汝霖 등과 함께 侍學하였다. 즉위함에 미쳐(1105년) 舊恩으로써 가까이서 用事하여 恩寵이 두터웠으므로 형제 친척이 모두 이로 인해 要路에 分據하니 士大夫로 권세와 이익을 좇는 자들은 아부하지 않음이 없었다(『高麗史』卷97, 列傳 韓安仁傳).[192]

여기서 국왕의 신임이 두터워 권세를 쥐고 있는 韓安仁에게 붙좇은 사대부들은 당시 벼슬을 하고 있던 사람들이었음에 틀림이 없는 것 같다. 한데 이처럼 직접 士大夫를 일컬은 기사가 開國한지 200년

---

189) 金塘澤, 주 170) 논문 216쪽.

190) 金光哲, 1991,「高麗後期 改革勢力과 世族」『高麗後期世族層研究』, 東亞大出版部, 169～175쪽.

191) 李佑成, 1979,「李朝 士大夫의 基本性格」『民族文化 研究의 方向』; 1982,『韓國의 歷史像』, 創作과批評社, 214～217쪽. 李佑成은 이 글에서 "고려말에 이미 사대부란 말 그것이 신분규범으로 통용되고 있었는지는 알 수 없지만" 이라고 하면서도, 다시 "양반이 사대부의 한국적 표현에 불과한 것이므로 위에서 양반과 사대부를 동의어로 처리하여 고려말로부터 신분 규범으로 의미되고 있었다고 한 것을 부언해 둔다"고도 하여 士大夫가 在野의 독서인층까지 포괄하는 의미로 쓰인 시기에 대해서는 명확치 못한 면이 있다. 그러나 조선조에 들어와 그처럼 사용되었다는 점에는 아무런 문제가 없다고 생각된다.

192) 유사한 내용의 기사가『高麗史節要』卷8, 睿宗 17年(仁宗 即位年) 12月條에도 실려 있다.

이 다된 이때에 이르러서야 비로소 보이고 있어서[193] 얼마간의 의
아심이 드는데, 앞서 설명했듯이 士라고만 했어도 그것이 士大夫까
지를 포괄하는 의미로 쓰인 경우가 많았다는 점을 염두에 두면 그
런대로 이해가 된다. 그렇지만 어떻든 관료층을 뜻하는 용어로서의
士大夫라는 말을 직접 써가며 논급한 기사는 이렇게 睿宗朝 이후
자주 눈에 띠는데 그것들을 아울러 소개하면 다음과 같다.

카-② 王(睿宗)이 잔을 잡고 近臣 監에게 명하여 勸해 말하기를, "君臣
간의 교제를 오직 지성으로 할 것이니 각각 주량을 다하여 사양
치 말고 마시라"고 하자 左右가 再拜하며 맛있음을 고하고 …
모두 취하도록 심히 마시고 밤이 늦어 파하였다. 이에 縉紳 士大
夫가 다들 흔현하여 기뻐하는 빛이 있었다(『高麗史』卷96, 列傳
金仁存傳).

③ 睿廟께서 학문을 좋아하여 궐내에 淸讌閣·寶文閣을 설치하고
여러 번 學士大夫를 불러 講論하였다(『高麗墓誌銘集成』84쪽,
崔時允墓誌銘).

④ 仁宗이 卽位함에 (李)資謙이 國命을 專制하자 (崔)奇遇가 말하기
를, "폐하께서 새로이 寶位에 올랐으므로 마땅히 善政을 펴 민심
을 위로해야 할 것이온데, 간사하고 아첨하는 자를 가까이하고
學士大夫는 멀리하니 이것은 臣이 바라는 바가 아닙니다" 云云
(『高麗史』卷98, 列傳 崔奇遇傳).

⑤ (仁宗朝의)樞府 金富儀는 … 성품이 독서를 좋아하여 別室을 열
고 항상 士大夫들과 문장을 토론했으므로 비록 妻妾들이라 해도
그 얼굴을 자주 볼 수 없었다(『破閑集』卷中, 樞府金富儀).

⑥ 庚午歲(毅宗 4, 1150)에 貢擧를 관장하였는데, 門生이 모두 當世

---

193) 高惠玲은 2001,「士大夫의 개념과 성격」,『高麗後期 士大夫와 性理學
受容』, 一潮閣, 40쪽에서『高麗史』에 나타나는 최초의 士大夫 기록
으로 宣宗 9년(1092) 9月條의 기사(『高麗史』卷64, 禮志 凶禮 國恤·
『高麗史節要』卷6)를 들고 있는데, 하지만 이곳의 士大夫는 有司가
古典에 나오는 禮制를 논하면서 언급한 것으로, 그것이 곧 고려 당시
의 士大夫를 지칭한 말은 아니라고 이해된다.

의 賢豪들이었으므로 士大夫들이 그로써 공의 鑑識을 칭송하였
다(『高麗墓誌銘集成』 157쪽, 文公元墓誌銘).

⑦ 忠淸道州選軍使를 제수받아 큰 뜻에 합당하도록 士卒을 정선하
였다. 選軍을 마치고 복명하자 左承宣 李元膺이 왕명을 전하며
獎諭하니 士大夫들이 듣고 歎美하지 않는 이가 없었다. … 이
해는 지금의 임금이 즉위한지 8년째가 되는 貞元 2년 甲戌(毅宗
8)이었다(上同書 191쪽, 林景軾墓誌銘).

⑧ 明年(毅宗 12)에 御史中丞을 제수받았다. … 慨然이 匡救의 뜻
을 가져 절의를 다하고 奉公하여 일찍부터 밤늦게까지 나태함이
없었는데 수개월여에 홀연히 병에 걸려 京城에 있는 佛舍에서
卒하니 향년 57세였다. 公卿 士大夫와 親戚 朋友들로 애도하지
않는 이가 없었다(上同書 179쪽, 林景和墓誌銘).

⑨ (毅宗 16년) 6月에 왕께서 諫官들이 崔光鈞의 告身에 署經하지
않자 諫議 李知深 … 을 불러 서경토록 독촉하자 郞舍가 두려워
하며 "예 예" 하고 물러났다. 당시 宮人 無比가 왕에게 총애를
받고 있었는데 光鈞은 그의 사위로써 內嬖로 인연하여 갑자기
式目錄事를 제수받으니 士大夫로 이를 갈지 않는 사람이 없었다
(『高麗史節要』 卷11).

국왕이 임석한 연회에 참석한 士大夫나 궐내의 강론회에 불려들
어간 '學士大夫'들이 관료임은 더 말할 필요가 없을 것 같다. 그리
고 이외의 用例들에 보이는 士大夫 역시도 그같은 존재들로 해석
된다.

이어서 武臣政權期의 사례들을 살필 순서인데, 그들의 의미 또
한 前期와 다를 바가 없는 것 같다. 앞서 權貴·權臣을 논할 때에
든바 明宗 卽位時의 난리 중에 權貴와 함께 해를 당했다는 士大夫
와(라-③), 明宗 7년 당시 王珪와 관련하여 "무슨 얼굴로 士大夫
와 함께 조정에 서려고 하는가"라고 한(다-①) 경우의 사대부들
역시 관료를 지칭한 것임에 틀림이 없기 때문이다. 아래에 이들과
유사한 기사 몇개만을 더 소개하면 다음과 같다.

카-⑩ (文克謙은) 明宗이 즉위함에 미쳐 喉舌職에 발탁되자 국가의 安危와 백성들의 이해 및 士大夫들의 어질고 못난 점을 모두 임금에게 아뢰었다(『破閑集』卷中, 智者見於未形).

⑪ 이 詩는 대개 庚癸之際(武臣亂)에 士大夫들이 거짓으로 따르지 않는 이가 없었으나 … 云云(『動安居士集』行錄 卷第1, 水多寺留題).

⑫ (柳公權은) 丙辰年(明宗 26, 1196) 7월 19일에 자기 집에서 죽었는데 향년 65세였다. … 무릇 士大夫들로 애통해하지 않는 이가 없었으며 왕도 역시 듣고는 슬퍼하였다(『高麗墓誌銘集成』 282쪽, 柳公權墓誌銘).

⑬ 神宗 戊午(元年, 1198)에 崔靖安公은 비로소 관직에서 물러나 雙明齋를 靈昌里에 열었고, 癸亥(神宗 6, 1203)에는 士大夫들로 나이 들어 물러난 이들을 모아 날마다 詩酒와 琴碁로 같이 즐겼다(『拙藁千百』卷1, 海東後耆老會序).

⑭ (高宗 7년[1220]) 9月에 平章事 趙冲이 卒하였다. … 재상이 되어서는 獨樂園을 동쪽 언덕에 열고 늘 公事를 마친 다음에는 반드시 學士大夫들과 소요하며 琴酒로써 스스로 즐겼다(『高麗史節要』卷15).194)

⑮ 元宗 4년(1263)에 知御史臺事·左承宣인 兪千遇가 오랫동안 政權을 잡자 士大夫들이 모두 붙좇았다(『高麗史』卷104, 列傳 金方慶傳).

⑯ (洪子藩은) 元宗 때에 右副承宣을 제수받고는 아뢰어 말하기를, "… 청컨대 庶政을 친히 보아 여망을 위로하소서" 하였다. 당시 臺省과 士大夫들은 모두 입을 다물고 스스로를 보전하였으나 子藩이 홀로 바른 말을 하니 時議가 칭송하였다(『高麗史』卷105, 列傳 洪子藩傳).

士大夫가 하나같이 官僚·官人을 지칭하는 용어로 쓰이고 있음을 재삼 확인할 수 있다. 그런데 士大夫의 이러한 用例는 그 뒤의 元 干涉期는 말할 것 없고 麗末까지도 변함이 없었다. 아울러 그

---

194) 같은 내용의 기사가 『高麗史』 卷103, 列傳 趙冲傳에도 실려 있다.

사례도 크게 늘어나 한 연구자는 이 시기의 것으로 45개를 뽑아 도표로 제시해 놓고 있다.195) 한데 이 도표에는 고려전기와 무신정권기의 사례도 부가되어 있거니와, 그 숫자는 전자가 3, 후자가 2개이다. 이들에 비하여 元 간섭기 이후의 사례가 그만큼 많았다는 뜻이겠다. 단, 이 도표는『高麗史』에 보이는 사례만을 추출한 것으로서, 사실 士大夫의 用例는 金石文이나 文集類에도 다수가 나오는만큼 일정한 한계가 있다. 金石文 등을 대략적이나마 함께 검토한 결과 고려전기와 무신정권기에도 위에 제시했듯이 각각 9사례씩으로 3~4배에 이르렀다. 元 간섭기 이후의 사례가 꼭 이 비례대로 늘어나는 것은 아니지만 그 숫자 역시 훨씬 많아지리라는 것은 충분히 짐작할 수 있을 것이다. 따라서 그들을 이 자리에 일일이 제시할 수는 없으며, 또 그럴 필요도 없다고 생각된다. 다만 여기서는 그 뜻을 재확인한다는 취지에서 대표적인 것 몇개씩을 소개하는 것으로 그치도록 한다.

먼저 元 간섭기의 사례들을 제시하면 다음과 같다.

카-⑰ (忠宣王 元年[1309] 3月) 丁未에 傳旨하여 이르기를, "… 지난번에 각 衙門을 합병하여 줄일 때 士大夫중 까닭없이 失職한 이가 많았다" 云云(『高麗史』 卷33, 世家·『高麗史節要』 卷23).

　　⑱ 忠宣王이 비록 禪位하였으나 國政에 반드시 관여하였으므로 士大夫의 升黜은 다수가 忠宣으로부터 나왔다(『高麗墓誌銘集成』 595쪽, 崔宰墓誌銘).

　　⑲ (忠肅王 後4年[1335] 夏4月 己巳) (梁載는) 환관과 결탁하여 政柄을 농락하니 청탁하는 사람이 문에 가득하고 뇌물이 공공연히 행하여져 士大夫가 다수 그 門을 통해 배출되었다(『高麗史節要』 卷25).196)

---

195) 高惠玲, 주 193)의 글 35~38쪽.
196) 유사한 기사가『高麗史』卷108, 列傳 蔡洪哲傳에도 실려 있다.

이어서 恭愍王代 이후의 사례들을 소개하면 다음과 같다.

카-⑳ 至正 辛丑(恭愍王 10, 1361) 겨울에 沙賊이 京城을 위협함에 玄
陵께서 결단하여 南幸할제 士大夫들이 많이들 벼슬을 버리고 도
망하였다(『高麗墓誌銘集成』606쪽, 尹侅墓誌銘).

㉑ 恭愍王 때 … 辛旽이 擅權함에 士大夫들이 다투어 붙좇았다
(『高麗史』卷109, 列傳 安軸 附 安宗源傳).[197]

㉒ (禑王 14년[1388] 2月) 太祖(李成桂)가 말하기를, "林·廉이 執政
한지 오래되어 무릇 士大夫들은 모두 그들이 들어 쓴 사람들입
니다" 云云(『高麗史節要』卷33 ·『高麗史』卷113, 列傳 崔瑩傳).

요컨대 고려시대 전기간을 통하여 士大夫는 관료층을 지칭하는
용어였다는 종래의 결론을 거듭 확인한 셈인데, 그 관료층에는 더
말할 필요도 없이 지위가 높은 사람도 있고 낮은 사람도 있었겠다.
그 가운데에서도 특히 고위직을 역임한 인물 내지 계층을 기록에
따라서는 '宰相之宗' 또는 '世族' 등으로 표기하고도 있다. 士大夫
를 단순한 관료층으로 파악할 경우 거기에는 宰相之宗도, 그리고
世族도 포함될 수 있다는 이야기다. 아울러 그들 구성분자도 물론
동일한 부류였겠다. 이런 관계로 해서 처음에 '權門世族'으로 파악
해 왔던 바 忠宣王 卽位年(1308)에 宰相之宗으로 지정되는 부류를
실은 그런게 아니라 士大夫였다는 주장이 나오고,[198] 또 고려 후·
말기의 世族層도 士大夫에 다름 아니라는 견해가[199] 나오게 되었

---

197) 유사한 기사가 『東文選』卷120 ·『陽村先生文集』卷38, 安宗源墓碑
銘에도 실려 있다.
198) 金塘澤, 1991, 「忠宣王의 復位教書에 보이는 '宰相之宗'에 대하여-
소위 '權門世族'의 구성분자와 관련하여-」『歷史學報』131, 26·27
쪽.
199) 金光哲, 1991, 「高麗後期 改革勢力과 世族」『高麗後期世族層研究』,
東亞大出版部, 174·175쪽.

던 것이며, 거기에 어떤 하자가 있다고는 할 수 없다.

　고려 때의 士大夫에 대한 일반적인 개념이나 구성분자의 측면에서 보면 이러한데, 하지만 이들을 어떤 때는 宰相之宗·世族, 또 어떤 때는 士大夫라고 구분하여 표기한 것에 아무런 이유가 없었을 것 같지는 않다. 그 이유의 하나로 우선 그때 그때의 상황에 각각의 용어들이 가장 적합한 뜻을 나타내는 말이었으므로 사용되었다고 할 수 있을 듯싶다. 그러나 이보다 더욱 큰 이유는 각각이 지니는 성격의 차이가 아닐까 한다. 구성분자나 관료층이라는 점에서는 동일했다 하더라도 宰相之宗과 世族, 그리고 士大夫는 각각 성격상 다른 면이 많은 술어들이었음에 틀림이 없기 때문이다. 나아가서 士大夫 자체의 변질이라는 면 또한 깊이 고려해야 할 부분이라는 생각도 든다. 연구자들이 고려 후·말기의 정치적 사회적 지배세력의 하나로 설정하고 있는 士大夫는 이러한 여러 측면을 염두에 둔 용어로 쓰고 있는게 아닌가 한다.

　지금까지 고려 때의 士는 士層 자체와 士以上層 모두를 가리키는 말로 아울러 쓰이고 있다는 것과 士族 또한 士에 속하는 族屬 내지는 그 집안이나 구성원 등 넓은 범위를 가리키는 뜻을 지닌 용어였으며, 士大夫는 그 士族 가운데에서 벼슬길에 오른 관료집단을 지칭하는 술어였다는 점을 다시 확인하였다. 그런데 후·말기에 들어와 이같은 士大夫의 내용에 변질이 초래되기 시작한 듯싶거니와, 연구자들은 그럼에도 대체적으로 그들을 가리키는 용어로 여전히 士大夫를 쓰고 있으나, 필자로서는 좀 달리하는 게 어떨까 하는 생각을 가지고 있다. 士類(士流) 또는 士林이 보다 적절한 용어가 아닐까 하는 것이다. 그러면 지금부터 이들에 대해 검토하여 보기로 하자.

Ⅵ. 士類(士流)·士林類의 用例와 그 성격

1. 高麗前期와 武臣政權期

士에서 연유하는 또 다른 용어로 士類와 士流 및 士林이라는 말도 기록에서 자주 대할 수 있다. 이들 士類(士流)와 士林은 단순히 글자만 가지고 본다면 '士들' 또는 '士의 무리' 정도로 풀이할 수 있을 듯싶은데, 그런 점에서 위에서 살펴본 士族·士大夫와 유사한 의미를 지닌 말이라고 할 수 있으나 담고 있는 내용을 세밀하게 따지면 약간씩의 차이는 나타내고 있다.

이 용어들 역시 이전부터 논자들의 관심을 끌어 나름으로 정의를 내리고 있다. 그 하나로 조선초의 사례를 제시하면서, "士類는 士大夫, 또는 士族과 類似한 의미로 쓰이고 있음을 알 수 있다. 또한 士林은 '士大夫之林'이라는 의미로서 士大夫群을 뜻한다"는 견해를[200] 들 수 있다.

그리고 登科한 "士流는 과거에 급제한 선비, 즉 학자 관료로서 이해할 수 있다. 그러므로 사류는 科擧를 거쳤든지 아니든지 상관없이 순수한 독서인층을 가리키는 말로", 거기에는 "등과하여 아직 관리로 임명되지 않은 독서인도 포함됨은 물론이다. 이때 士流는 士類와 語意上 어떤 차이를 갖는 것인지 분명히 할 수는 없으나, 오히려 史料에 유일하게 남아 있는 士類는 士流와 같은 것으로 보는 것이 자연스러울 듯하다". 아울러 "士林은 개인적으로는 문과 출신, 또는 그에 상응하는 관리들의 집단이라고 할 수 있다"는 견

---

200) 李成茂, 1980, 「兩班의 槪念」『朝鮮初期 兩班研究』, 一潮閣, 17쪽.

해도[201] 나와 있다.

이들과 함께 특히 士林이라는 말에 유의하여, "士林은 곧 士族 출신의 인물들을 지칭하는 용어였다"던지 또는 "관도에 진출하는 데 있어서 신분적인 제약을 받지 않는, 기존 관료계층을 士族이라고 했고, 士族 출신의 인물들을 士林이라고 불렀으며, 士林 가운데 특히 관도에 오른 인물들을 士大夫로 지칭했던 것이다"라는 견해도[202] 또 다른 하나이다.

이로써 보아도 논자들간에 약간씩의 차이점이 있음을 알 수 있는데, 요컨대 士族은 族的인 측면에 무게를 둔 용어로서 士의 집안 내지 士人・士女를 포함하는 전체 구성원을 뜻했으므로 그 포괄범위가 가장 넓었다고 할 수 있을 것 같다. 이에 비해 士大夫는 그들 중 관도에 오른 사람들을 지칭했던 만큼 그 범위가 가장 좁았다고 하겠다. 아마 士類(士流)와 士林은 이 양자 사이의 범위를 지칭하던 개념으로, 때로는 士 가운데에서 이미 관도에 오른 인물들만을 지칭하는 경우도 있었지만—이때는 士大夫와 동일한 의미였겠다—, 대체적으로는 아직까지 관도에 오르지 못한 讀書人層까지를 아울러 일컫는 말이었던 것으로 정리할 수 있지 않나 한다.

그러면 이러한 知見을 가지고 지금부터 직접 用例들을 보기로 하자. 먼저 고려전기의 士類를 칭한 사례를 摘記하면 다음과 같다.

타-① (睿宗) 2년(1107)에 制하여 이르기를, "학교를 설치하고 賢人을 양성하는 것은 3代 이래로 다스림을 이루는 근본이었다. 有司의 논의가 정해지지 않았다 하는데, 마땅히 신속하게 시행토록 하

---

201) 高惠玲, 2001, 「士大夫의 개념과 성격」『高麗後期 士大夫와 性理學 受容』, 一潮閣, 29쪽 및 35쪽.

202) 金塘澤, 1989, 「忠烈王의 復位 과정을 통해 본 賤系 출신 관료와 '士族' 출신 관료의 정치적 갈등—'士大夫'의 개념에 대한 검토—」『東亞研究』17, 215쪽 및 217쪽.

라" 하였다. 睿宗이 바야흐로 文・學에 뜻을 두고 있어 이 制를 내린 것인데, 士類는 흔현해하지 않는 이가 없었으나 大臣은 한 사람도 奉承하지 않았으므로 時議가 애석해 하였다(『高麗史』 卷 74, 選擧志 學校).

이것은 학교 교육을 장려하는 국왕의 制가 있자 士類들이 모두 기뻐하였다는 내용이거니와, 그 士類의 대칭으로 大臣이 언급되고 있는만큼 거기에 朝官이 포함되어 있었다는 것은 확실시되는 한편으로, 학교 교육과 관계된 制임을 감안할 때 아직 벼슬에 오르지 않은 부류까지도 함께 일컬은 게 아닐까 하는 이해도 가능할 것 같다. 이 사례는 그처럼 포괄 범위가 좀 불분명한데, 그러나 고려전기에 士類를 칭한 유일한 기사라는 점에서 주목을 끄는 用例가 되고 있다.

앞서 士流는 士類와 대략 같은 용어로 이해된다고 하였지마는, 고려전기의 그들 사례는 아래와 같다.

타-② (韓惟忠은) 甲子年(仁宗 22, 1144)에 春闈를 관장해 士流를 精選하였다(『高麗墓誌銘集成』 89쪽, 韓惟忠墓誌銘).

③ 弓旌을 마련하여 士를 초청함은 국가의 떳떳한 규례이옵고, 名實을 상고하여 사람을 뽑는 것은 한 시대의 重務이오니, 만약 … 行儉의 兼資之貴와 상등하지 않으면 어찌 文柄을 쥐고 士流를 銓衡하겠습니까(『東文選』 卷42, 表箋 金富軾 辭知貢擧表).

④ 삼가 생각하건대 樞密相公께서는 經綸을 맡았고 宰相의 재주라 … 천하에서 그 풍채를 사모해 바라보고 士流들이 그 品題를 정중히 여김에, 한번 꾸짖자 白日이 빛이 없는 듯 합니다(『東文選』 卷45, 啓 金富軾 謝魏樞密稱譽啓).

④의 경우는 역시 좀 불분명하지만 ② ③에 보이는 士流는 科擧에 응시한 사람들을 일컬었으므로 아직 벼슬길에 오르지 않은

부류였음에 틀림이 없다고 생각된다. 이처럼 고려전기의 士類 내지 士流는 이미 벼슬에 오른 부류와 함께 아직 그렇지 못한 讀書人까지를 지칭하는 용어였음이 사례에 의해 확인이 되는 것이다.

그렇다면 士林의 경우는 어떠했을까. 아래에 그 用例들을 열거하면 다음과 같다.

타-⑤ 睿宗 8년-실제로는 7년(1112)-壬辰年에 公(崔惟清)은 나이 20세로 進士第에 합격했으나 생각하기를, 儒者는 마땅히 옛 것을 익히고 官에 들어가야지 배우지 않으면 담장을 쳐다보는 것과 같다고 하여 문을 닫고 독서하며 仕官하지 않았다. 당시의 學正인 宋工이 연달아 천거하면서 좋은 벼슬에 나가도록 하였으나 公은 學業이 성취되지 않았다 하여 불응하니 士林들이 칭송하였다(『高麗墓誌銘集成』 222쪽, 崔惟清墓誌銘).

⑥ "삼가 생각하건대 恩門 大諫學士는 王國의 元龜요 士林의 宗匠입니다"(睿宗 17年 權適이 入宋하는 船上에서, 『東文選』 卷45, 啓 入宋船次上朴學士啓).

⑦ 仁宗朝 甲辰年(仁宗 2, 1124) 봄에 급제하여 元興鎭判官에 初補되어 유능하다는 명성이 있었다. 임기가 차서 서울로 돌아왔으나 지조를 굳건히 지켜 세속에 개의치 않았으므로 10년간 임용되지 않았다. … 그때 公(吳仁正)의 恩門 金富軾이 조정을 쥐고 있었는데, 士林의 무리들이 公의 의지와 절조를 相國 金公에게 말하였다(『高麗墓誌銘集成』 147쪽, 吳仁正墓誌銘).

⑧ 드디어 그 뜻대로 용단을 내려 이에 公(李勝章)을 率性齋에서 공부하게 하였는데, 대개 先夫의 옛 業을 좇게 한 것이었다. 公은 학업이 쌓이고 사물을 분별하는 재주가 날로 새로와져 우뚝하게 두각을 나타내니 士林들이 모두 李氏가 아들을 잘 두었다고 하였다. 戊子年(毅宗 22) 봄에 試大司成 金敦中 門下에서 第2人 進士로 뽑혔다(위의 책 274쪽, 李勝章墓誌銘).

이곳의 ⑦사례에 보이는 士林은 朝官을 일컬었을 가능성이 많은 것 같다. 그리고 ⑥사례는 在朝者와 在野者를 모두 뜻하는 의미로 쓴 게 아닌가 싶다. 반면에 나머지 두 사례는 아직 벼슬에 오르지 않은 부류를 뜻한 듯한 느낌이 많이 든다. 요컨대 士林은 이와 같이 어떤 때는 朝官, 또 어떤 때는 在野의 독서인, 그리고 또 어떤 때는 이 양자를 모두 지칭하는 용어로 쓰였다고 판단되는 것이다.

그러면 시기가 좀더 내려간 무신정권기의 用例는 어떠할까. 먼저 士類(士流)의 사례부터 들면 다음과 같다.

> 타-⑨ 살펴보건대 이 詩는 느낀 바가 있어 지은 것이다. 당시에는 權凶이 權勢를 훔쳐가지고 있어서 士類들도 勢力에 붙어 아첨하며 환심을 사고자 했으므로 風節이 조금도 없었다. 公(陳澕)이 당시 일을 목격하고 스스로 경계한 것이다(『梅湖遺稿』 詩 追和歐梅感興 4首).
>
> ⑩ 至元 6년(元宗 10, 1269) 겨울에 三司使 金公과 典法判書 安公이 春官에서 選士하였는데 春軒 崔公의 아들 禮敬이 그 시험에 합격하였다. … 나는 먼저 나아가 春軒에게 하례하고, 물러나 禮敬에게 일러 말하기를, "무릇 登科하는 것은 벼슬길을 밟아 올라가자는 것이다. … 장차 獻替하는 (자리에서) 우리 임금의 잘못을 바로잡아 그 아름다움을 순성하려는가. 장차 銓選에 참여하여 士流들을 題品해 혹 꾸짖고도 벼슬을 주며, 혹 웃으면서도 주지 않으려 하는가. 云云(『稼亭集』 卷9, 賀崔侍丞登第詩序).

⑨는 高宗 初年에 활동한 陳澕와 관계된 기사로, 여기서의 '權凶'은 崔氏武人執政을 일컬었겠다. 그런데 당시에 士類들까지도 그에 아부하며 붙좇았다는 것인데, 그렇다면 그 士類들은 대체적으로 이미 벼슬길에 오른 사람들로 생각된다. 하지만 널리 알려진 대로 李奎報처럼 及第한 후에도 벼슬을 얻기 위해 崔氏를 붙좇았던 사실이 있음을 감안하면 꼭 그처럼 해석할 일 만도 아닌 듯하다. ⑩의 士流는 初職을 주는 일과 관련된 사항이므로 그들은 아

직 벼슬길에 오르지 못한 부류를 지칭한 것으로 판단된다. 이 시기의 士類(士流) 역시 在朝者와 在野者를 구분함이 없이 사용되고 있음을 알 수 있는 것이다.

　士林에 관한 기사는 무신정권기에 들어서면 이전과 비교가 되지 않을 정도로 다수가 찾아진다. 이제 그것들을 열거하면 다음과 같다.

타－⑪ (李仁老는) 翌年(明宗 6) 가을 달에 賢關에 들어갔고, 연이어 考藝試에서 좋은 성적을 냈으며, 또 庚子年(明宗 10, 1180) 春場에서는 首席으로 급제에 올라 성가가 士林에 진동하였다(『破閑集』 跋).

　　⑫ "兩府의 세 相國이 연명으로 箚子를 올려 天子의 耳目에 천거해, 郡職에 보했다가 장차 擢用할 것을 청하여 응락하는 조서가 이미 내려갔으나 銓曹에 송부되기 전에 홀연히 銀盃羽化와 같이 없어진 것을 朝廷의 士林으로 모르는 이가 없고, 손가락을 튀기며 한탄 의아해하는 사람까지 있었습니다"(『東國李相國集』 卷26, 書 上趙太尉書).203)

　　⑬ (崔汝諧가) 아뢰기를, "吏部에서 臣의 나이를 줄여서 기록하였으나 지금 실은 70인즉 예에 따라 致仕함이 마땅합니다" 하니, 왕(明宗)이 이르기를, "吏部에서 잘못 기록한 것은 하늘이 그렇게 한 것이다. 다시는 말하지 말라" 하고 갑자기 諫議大夫·國子祭酒에 옮겨 監試를 관장케 하니 士林들이 몰래 웃었다(『高麗史』 卷101, 列傳 崔汝諧傳).

　　⑭ 잠시 虞庠에서 賢才의 교육을 받고 … 갑자기 儒者의 영광을 날리게 되니 物議가 모두 같고 士林이 서로 축하했습니다(『西河集』 卷6, 賀新及第崔永濡啓).

　　⑮ 임금께서 넓은 은혜로 갑자기 詔書를 내리시어 掖垣에서 벼슬이 올라 다시 紅藥의 뜰에 놀게 되었습니다. 임명의 사실이 알려지니 士林들이 크게 기뻐합니다(『西河集』 卷6, 賀王舍人啓).

　　⑯ (神宗 6, 1203) 나(李奎報)는 본래 書生으로 弓馬에 익숙하지 못한데 … 그 소위 활쏘기와 말달리기를 요사이는 또한 조금씩 하

---

203) 이 사실이 『東國李相國集』의 年譜 丁巳(明宗 27, 1197)條에도 실려 있어 그 시기를 정확히 알 수 있다.

게 되었으니, 만약 이것이 士林들에게 전파된다면 반드시 한 바탕의 큰 웃음거리를 제공하게 될 것이네(『東國李相國集』卷27, 畜全朴兩友生自京師致問手書).

⑰ (高宗 7, 1220) "성상께서 돌보시어 조정의 반열에 돌아오게 하시어 禮曹의 긴요한 품질을 제수하시고, 諫院의 빛난 벼슬에 발탁하시며, 거듭 知制誥를 제수하여 士林에 빛이 더해지게 해 주실 것을 어찌 생각하였겠습니까"(위의 책 卷31, 謝禮部郎中起居注知制誥表).

⑱ (高宗 15) "지금 다시 宗伯의 主盟이 된다면 누가 적임이라 하오리까. 구차이 자신의 영화를 탐내어 굳이 소임에 나간다면 … 士林의 수다한 비방은 그만두고라도, 聖朝의 어진이를 잃는다는 것은 실로 작은 일이 아니옵니다"(위의 책 卷31, 讓同知貢擧表).

⑲ (高宗 21) 士林으로 말하면, 옛날에는 벼슬에 나가는 길이 매우 어려웠으므로 士가 반드시 학문에 힘써서 科擧에 응시하는 자가 많았다(『東國李相國後集』卷11, 甲午年禮部試策問, 同前策問).

⑳ 세상에서 同年을 말할 때 반드시 우리의 同年을 으뜸으로 친다. 이 해에는 政堂 李知命이 主盟이었고, 承宣 任濡가 副였는데, 세상에서 역시 兩公의 取人이 이와 같음에 탄복하니 이는 실로 士林의 盛事이다. … 己未年(高宗 22) 某月日에 쓴다(위의 책 卷25, 同年宰相書名記).

㉑ 華嚴의 月首座는 하는 일 이외에 文章에도 깊이가 있어 草해놓은 글이 士林에 전하는데, 일찍이 『海東高僧傳』을 撰했었다(『補閑集』卷下, 華嚴月首座).

㉒ "祭酒는 士林의 美職이다"(『東國李相國集』卷33, 李得紹讓中大夫國子祭酒知制誥 不允批答).

㉓ 益培의 字는 自天으로 高宗時에 登第하여 河東監務가 되었다가 翰院에 뽑혀 들어갔다. … 文學으로 세상에 이름났으며 사물에 정통하고 기억력이 좋았다. 그러나 色을 좋아하고 술을 즐기며 절조가 없어서 일찍이 金洪裕의 뇌물을 받고 대신으로 글을 지어 及第시키니 士林들이 비루하게 여겼다(『高麗史』卷102, 列傳 李奎報 附 李益培傳).

㉔ (李穎은) 여러번 옮겨 寶文閣待制가 되었다. … 忠烈이 세자 때

에 들고 御製를 賜하였는데 "隴西風月 亦三千"이라는 구절이 있
어 士林들이 선망하였다. 元宗朝에 右副承旨를 배수받았다(『高
麗史』 卷106, 列傳 李穎傳).

㉕ (柳璥이) 처음으로 掌試함에 座主인 平章事 任景肅이 띠고 있던
烏犀紅鞓을 풀어 주며 말하기를 "公의 門下에 公과 같은 이가
있으면 전하라" 하였다. 尊庇가 掌試함에 미처 전하려 하였으나
이미 林衍의 난리통에 잃어버렸으므로 저자에서 샀는데 바로 그
띠였다. 士林들이 전하여 異事라 하였다(『高麗史』 卷105, 列傳
柳璥傳).

㉖ (元宗 14년) 겨울에 叅知政事로써 知貢擧를 제수받아 鄭賢佐 등
을 뽑으니 士林들이 모두 그의 사람 얻음을 탄복하였다(『止浦
集』 卷3, 附錄).

여기서도 士林은 혹 在朝의 官人을 지칭하기도 하고 또 在野의
독서인층을 지칭하기도 했음이 확인된다. ⑫사례의 경우 '朝廷의
士林'이라 했으니 그것은 틀림없이 관원들을 말한 것이겠다. 그리
고 ⑰사례와 ⑱사례의 士林 역시 관원들을 염두에 둔 표기로 생각
된다. 이에 비해 다른 사례들은 비록 잘 판단이 서지 않는 경우가
없지 않으나 대체적으로 아직 벼슬길에 오르지 않은 士의 무리들
을 일컫지 않았나 짐작되는 것이다.

그런데 이들 사례에서는 다른 측면에서 눈여겨보아야 할 대목이
있다. ⑬사례가 그 하나로 국왕의 눈가림식 人事에 "士林들이 몰
래 웃었다"는 것인데, 매우 소극적이긴 하지만 士林들의 비판의식
이 엿보인다는 점에서 그러하다. 그리고 ⑱사례는 李奎報가 스스
로 겸손의 말로 한 것이긴 하지마는 자신이 科擧의 考試官이 되는
데 있어 "士林의 수다한 비방"이 있을까 꺼려하고도 있다. 士林의
논의를 염두에 두고 있는 것이다.

지금까지 고려전기와 무신정권기에 士類(士流)와 士林이라는 용
어도 꽤 널리 쓰이고 있음을 확인하였다. 그 결과 그것들은 앞서

정리했듯이 이미 벼슬길에 오른 官員과 그렇지 않은 在野의 독서인층까지도 아울러 지칭하는 말이었음을 살필 수 있었다. 한데 用例 중에는 그들이 매우 소극적이요 부분적이기는 하였으나 국가의 정책에 관심을 나타내는 대목도 엿보여서 주목되었다.

2. 元 干涉期와 恭愍王代 이후

士流나 士林의 用例는 元 干涉期 이후에도 다수가 보이고 있다. 이제부터는 그들에 대해 살피기로 하겠는데, 먼저 元 干涉期에 士流를 언급한 기사를 소개하면 아래와 같다.

  파―① 당시(忠肅王 때) 宦竪의 세력이 바야흐로 성하여 억제하기가 매우 힘들었으므로 일은 끝내 바로잡히지 않았다. 그러나 密直이 특별히 먼저 받아들이고 士流를 만나 대접하는 게 옛날의 義俠風이 있는 것에 감동하여 이로부터 늘 찾아갔다(『高麗墓誌銘集成』 510쪽, 崔安道墓誌銘).

이곳의 士流는 아직 벼슬에 오르지 않은 일반적인 '士의 무리'를 지칭하고 있다. 종래의 용법과 별다른 차이가 없다고 하겠다.

士流의 예가 이처럼 적은데 비해 士林의 그것은 여전히 많은 수를 찾을 수 있다. 아래에 이들도 소개하면 다음과 같다.

  파―② 忠烈王 初에 (權㫜을) 불러 典理摠郎에 임명하였다. … 慶尙道를 按察함에 있어 晋州副使 白玄錫이 任地에 가기 전에 먼저 州吏가 보낸 銀幣를 썼고, 官에 이르러서는 御衣對 綾羅絲 값을 무겁게 거두어 私用하였으며, 甫州副使 張悔은 집이 丹山에 있어 州와 가까운지라 州人을 보내 그 田을 갈고 김매게 하였으므로 㫜이 모두 탄핵하였다. 悔은 壯元及第하였고, 玄錫은 일찍이 省

郎이 되었었는데, 같이 汚名을 받았으므로 士林들이 부끄럽게
여겼다(『高麗史』 卷107, 列傳 權㫜傳).

③ 忠烈王이 본래 그 이름(郭預)을 들었었으므로 즉위함에 미쳐 비
로소 擢用하였는데, 여러번 옮겨 版圖正郎·寶文署待制·知制
誥로서 必闍赤이 되어 機務에 참여하니 士林들이 사람을 얻었다
고 稱訟하였다(『高麗史』 卷106, 列傳 郭預傳).

④ 德陵(忠宣王)이 본래 그 이름을 알았었으므로 至大 戊申(忠宣王
即位年, 1308)에 新政을 베풀면서 장차 公(蔡洪哲)을 크게 쓰려
했으나, 公이 들어누워 더욱 고집을 부리자 억지로 일으켜 즉시
司醫副正을 제수하였고, 皇慶 壬子(忠宣王 4)에는 密直副使에
임명하였다. 前祗候를 거쳐 한번 기용된 후 여덟번 옮겨 5년만에
宰相이 되니 士林들이 영광스럽게 여겼다(『高麗墓誌銘集成』
508쪽, 蔡洪哲墓誌銘).204)

⑤ 泰定 乙丑(忠肅王 12, 1325)에 이르러 지금의 임금이 (元의) 수도
에서 돌아와 慨然히 일을 바로잡으려는 뜻을 가지고 君(金開物)
을 通直郎·司憲持平으로 삼아 억지로 일으키니 일을 보기 수
개월에 士林들이 시정하여 깨끗하게 되기를 바라게 되었다(위의
책 461쪽, 金開物墓誌銘).205)

⑥ (忠肅王 때) 曹莘卿은 일찍이 중이 되어 風水를 보며 그 기술을
팔아 살아갔는데, 역시 載로 인연하여 진출해 함께 選擧를 관장
하고 마침내는 代言으로서 提學까지 帶有하자 士林들이 觖望하
였다(『高麗史』 卷124, 列傳 王三錫 附 曹莘卿傳).

⑦ 庚辰(忠惠王 後1, 1340)에 임금이 즉위하자 都僉議評理가 되었
다. … 春試를 관장하여 李公秀 등 12人을 얻었는데 △△가 엄
숙하니 士林들이 칭찬하여 △△라고 하였다(『高麗墓誌銘集成』
539쪽, 金永暾墓誌銘).

　②사례에 보이는 士林은 이미 관도에 오른 사람들을 일컬은 것
으로 해석된다. 그러나 ③~⑦사례의 士林은 이미 관도에 오른 사

---

204) 유사한 내용의 기사가 『高麗史』 卷108, 列傳 蔡洪哲傳에도 실려 있다.
205) 유사한 내용의 기사가 『高麗史』 卷106, 列傳 金㫜 附 金開物傳에도
　　　실려 있다.

람인지 아닌지의 여부를 판단하기가 좀 어려운데, 아마 양자를 모두 지칭한 경우가 아닐까 하는 생각은 많이 든다.

한데 이들 사례에서 보다 관심을 끄는 대목은 士林들이 자기네의 의사를 나타내고 있는 부분이다. ②를 예로 들면, 士林의 일원으로 壯元及第 후에 벼슬길에 오른 張悅과 省郞까지 지낸 白玄錫이 不正을 저질러 汚名을 받자 "士林들이 부끄럽게 여겼다"는 것인데, 이는 士林으로서 그와 같아서는 안된다는 집단적인 의사 표시에 다름 아니라고 이해되는 것이다. ③·④사례는 士林 출신의 인물을 요직에 발탁하거나 고속으로 승진시킨 데 대해 士林들이 "칭송하였다"거나 "영광스럽게 여겼다"는 것으로, 그러한 조처를 권장하라는 의사의 표시이며, 반대로 ⑥사례처럼 부적격자를 부당한 방식으로 인사를 한데 대해 "士林들이 觖望하였다"는 것은 강력한 반대의 의사 표시라 할 수 있을 것 같다. 특히 ⑤사례의 경우 忠肅王이 개혁정치에 뜻을 두어 士林의 일원인 金開物을 監察官으로 발탁하자 士林들이 어지러워진 조정을 바로잡아 깨끗하게 되기를 바랐다는 것에서 그같은 모습을 한층 잘 엿볼 수 있다. 아울러 이런 기사들이 元 干涉期부터 두드러지고 있다는 점 역시 염두에 둘 필요가 있지 않나 한다.

恭愍王代 이후도 이와 비슷한 상황인데, 士流의 예부터 들면 다음과 같다.

파-⑧ (恭愍王 8년[1359] 12월) 이 해에 크게 기근이 들었다. 慶尙道의 賑濟使인 禮部侍郞 全以道가 돌아와 啓하여 이르기를, "監務와 縣令은 직위가 백성들과 가장 가까우므로 진실로 합당한 사람이 아니면 백성들이 飢寒을 면하고자 하여도 할 수 없는 것입니다. 先王께서 그러함을 아시고 監務·縣令은 모두 登科한 士流를 등용했었는데, 지금은 모두 胥徒들이 나가 갖가지로 侵漁하고 있습니다. … 원컨대 지금부터 무릇 監務·縣令은 오로지 登科

한 士流만을 등용하소서” 하니 왕도 그렇게 여겼으나 끝내 채택하지는 못하였다(『高麗史節要』 卷27).[206]

⑨ (辛昌 即位年[1388] 8月) 이 달에 臺諫과 6曹로 하여금 守令을 감당할만한 사람을 천거토록 하고, 또 다시 士人으로 縣令과 監務를 삼았다. 禑王 때부터 權奸들이 정권을 잡고 다투어 私人을 등용하여 … 貪殘한 禍가 胥吏들보다 심하였는데, 이에 이르러 비로소 士流를 叙用하였다(『高麗史』 卷75, 選舉志 銓注 選用守令).[207]

縣令과 監務는 주로 初仕者에게 주어지던 직위인 만큼 이곳의 士流는 아직 벼슬길에 나가지 않은 부류를 지칭했을 가능성이 높을 것 같다. 다만 ‘登科한 士流’의 경우 及第後 어떤 직위를 맡고 있다가 縣令으로 나갈 수도 있어서 일률적으로 말하기 어려운 일면도 있으나, 어떻든 士流는 종래처럼 광범한 독서인층을 일컫는 용어로 계속 쓰이고 있음이 재삼 확인된다 하겠다.

이어서 士林의 용례를 살펴보도록 하자.

파-⑩ (金九容은) 乙未(恭愍王 4, 1355)의 安乙起榜에서 登科하였다. … 일찍부터 학문을 좋아하였으며, 이미 성장함에 士林들과 交遊하였는데 聲價가 中外에 알려졌다(『惕若齋學吟集』 世系行事要略).

⑪ 郎舍는 淸要職으로 士林이 瞻望하는 자리이다(『牧隱詩藁』 卷11 醉後即事).

⑫ (禑王 2년[1376]) 春正月에 全羅道 都安撫使 河乙沚가 倭船 한 척을 포획하였으므로 衣酒를 내렸다. 乙沚는 才行이 없고 또 貪汚하다는 평이 있었는데, 權貴에게 뇌물을 주고 外方의 중임을 맡았으므로 士林이 비루하게 여겼다(『高麗史節要』 卷30).[208]

---

206) 유사한 내용의 기사가 『高麗史』 卷75, 選舉志 銓注 選用守令 恭愍王 8年條와 同書 卷114, 列傳 全以道傳에도 실려 있다.

207) 유사한 내용의 기사가 『高麗史節要』 卷33, 禑王 14년(昌王 即位年) 8月條에도 실려 있다.

⑬ (許錦이 禑王) 14년에 卒하였다. 나이가 50세가 되지 않았으므로
士林들이 애석해 하였다(『高麗史』 卷105, 列傳 許琪 附 許錦傳).

⑭ (禑王 即位年[1388]) 8月에 趙浚이 말하기를, "近日에 제수한 바
守令 중에는 士林들이 알지 못하는 자가 있습니다. 원컨대 지금
부터는 各司의 顯秩을 거치며 名望이 있던 사람이 아니거나 中
外職에 두루 시험하여 聲績이 있는 사람이 아니면 監務·縣令
職에 제수하는 것을 허락지 마십시오" 云云(『高麗史』 卷75, 選
擧志 銓注 選用守令).209)

⑮ (恭讓王 元年[1389] 8月) 趙浚이 탄핵하여 말하기를, "… 동료 郎
官들이 연명으로 상소하여 田制를 극력 논하였으나 (文)益漸은
권세에 아부해 병을 핑계로 참여하지 않은 것을 스스로 잘한 계
책이라 생각하여, 위로는 전하의 사람 알아보는 밝음에 누를 끼
치고, 아래로는 士林의 기대를 저버렸으니 마땅히 그 관작을 삭
탈하고" 云云(『高麗史節要』 卷34).210)

⑯ 申元弼은 門地가 單微하였다. 恭讓이 잠저에 있을 때에 늘상 衣
食을 주었고, 같이 공부해 登第하였다. … 매양 아첨하는 말을
올리고, 또 異端之說로 왕(공양왕)의 마음을 미혹시켰으며, 房闥
을 드나들며 宦寺와 同流가 되어 邪媚를 멋대로 하므로 士林들
이 비루하게 여겼다. 갑자기 禮部摠郎으로 옮겼다(『高麗史』 卷
124, 嬖幸列傳 申元弼傳).

여기서 ⑩사례의 士林은 주로 未仕者들을 말한 것 같다. 그러나
⑪이하의 사례들은 이미 朝官에 오른 사람들을 지칭한 경우가 많
은 듯싶으나, 未仕者까지를 포괄하는 넓은 의미로 썼다고 해석해
도 그런대로 납득이 된다. 士林 역시 종전처럼 既仕者와 未仕者를
아울러 지칭하던 용어였음을 확인할 수 있다고 하겠다.

그런데 이번에도 ⑩·⑪·⑬사례는 좀 다르지만, 나머지 경우

---

208) 동일한 내용의 기사가 『高麗史』 卷114, 列傳 河乙沚傳에도 실려 있다.
209) 유사한 내용의 기사가 『高麗史節要』 卷33, 禑王 14년(昌王 即位年) 8
月條와 『高麗史』 卷118, 列傳 趙浚傳에도 실려 있다.
210) 유사한 내용의 가사가 『高麗史』 卷111, 列傳 文益漸傳에도 실려 있다.

에는 士林들이 政事에 대해 의사를 나타내는 내용으로 되어 있어 주목된다. 즉, ⑫사례처럼 뇌물을 주고 직위를 얻은 경우와, ⑯처럼 就官한 후 言動이 바르지 못한 인물을 "士林들이 비루하게 여겼다" 한다. 아울러 縣令과 監務를 士林들의 인정을 받는 인물로 할 것을 건의하고 있는가 하면(⑭사례), 省郞이 되어서 '士林의 기대'에 어그러진 인물에 대해 관작을 삭탈할 것을(⑮사례) 주청하고도 있는 것이다. 이제는 政事를 펴감에 있어 士林들의 동향에 유의하지 않으면 안되었던 당시의 분위기를 엿볼 수 있다고 하겠다. 요컨대 아직 벼슬길에 오르지 못한 在野의 讀書人層까지를 포괄하는 士類(士流)·士林의 존재가 元 干涉期에 이어 恭愍王代 이후에도 기록에 자주 등장하며, 이들이 政事에 많은 영향을 미치기도 했음을 거듭 확인한 셈이다.

앞 章에서부터 검토하여온 바 士는 벼슬과 불가분의 관계에 있는 지배신분층이라고 하였다. 그리고 이들은 다시 그 가족과 성원을 의미하는 士族과, 그중 이미 벼슬길에 오른 士大夫 및 未仕의 독서인층까지를 포함하는 士類(士流)·士林 등으로 구분되기도 했다고 하였지마는, 그러나 어떻든 이들은 다같은 士層으로서 다른 지배층과 성격을 달리하는 존재들이었다. 그렇다면 이들이 남들과 구별되는 士層으로 존재하며 정치적 사회적으로 행세할 수 있었던 것은 벼슬과의 관계 이외에 또 어떤 배경·조건을 가지고 있기 때문이었을까. 이점에 대해 논자는 그 하나로 "士로서의 교양"과, 또 다른 하나로 "士로서 法度를 지킬 수 있는 생활 보장, 즉 경제적 토대"를 말하고 있는데,211) 정곡을 찌른 지적이라고 생각된다.

여기서 지적한 士로서의 교양이란 더 말할 필요도 없이 유학적

---

211) 李佑成, 1979, 「李朝 士大夫의 基本性格」『民族文化 硏究의 方向』;
　　　1982, 『韓國의 歷史像』, 創作과批評社, 216쪽.

교양을 일컫는다. 그리고 이러한 교양을 쌓은 士는 그에 합당하게 言動을 해야 한다. 우선 仕路에 진출할 때에는 正道를 걸어야 한다. 그러므로 이런 면에서는 科擧가 중시될 수 있다. 아울러 일단 仕宦하여서는 政事를 모가 나지 않고 公正하게 처리하며 節操를 지켜야 한다. 따라서 권세자에게 붙좇거나 부당한 방식으로 벼슬을 하고 승진하려는 것은 士로서 취할 바가 아니다.

이는 私的인 생활에서도 마찬가지였다. 士는 유교적인 윤리 도덕을 존중하고 예의 염치를 지키며 義理 名分에 어긋나는 언동을 삼가고 자신의 몸가짐을 겸손하게 가져야 한다.[212)

경제적 토대는 士가 禮法을 지키며 가문의 체통을 유지해 가는 데 필요한 것이다. 하지만 이 부분에서도 부당한 방법으로 재물을 모아 大地主가 되거나 하는 것은 물론 안된다. 士는 淸廉해야 하며 검소·절약에도 힘써야 한다. 논자는 이런 취지에 맞는 존재로 고려 후·말기의 中小地主層 출신들을 지적하고[213) 있다 함은 앞서 언급한 바와 같다.

이들 내용은 지금까지 예로 들어온 用例에서도 더러 보이고 있다. 이를테면 무신정권기의 王珪처럼 舊妻를 버리고 權臣의 딸과 혼인해 구차스럽게 살기를 도모한 데 대해 "名義가 이미 땅에 떨어졌다. 무슨 얼굴로 士大夫와 함께 조정에 서려고 하는가"라고 비판하고 있는 것이다. 이에 대해 王珪는 "위축되고 부끄러워 대답이 없었다" 한다(다-①). 또 酒色을 좋아하고 節操가 없어 재물을 받고 대신 글을 지어서 及第케한 李益培나(타-㉓) 權貴에게 뇌물을

---

212) 이점에 대해서는 高惠玲, 2001, 「士大夫의 개념과 성격」『高麗後期 士大夫와 性理學 受容』, 一潮閣, 31~45쪽.

213) 李佑成, 1991, 「高麗의 永業田」『歷史學報』28, 1965, 21쪽 ;『韓國中世社會硏究』, 一潮閣, 110·111쪽.
　　李佑成, 주 211) 논문 ; 저서 218·219쪽.

주고 外方의 중임을 맡은 河乙沚에(파－⑫) 대해 "士林들이 비루하게 여겼다"는 등 비슷한 사례는 여럿이 더 찾아진다.

반면에 李成桂의 祖父가 국왕을 알현하면서 두번 세번에 이를수록 더욱 공손하고 경건하게 하자 왕이 "卿은 본래 士族이니 어찌 근본을 잊었겠는가. 지금 경의 행동거지를 보니 마음이 있는 바를 족히 알만하다"고(차－④) 한 것은 士가 가져야 할 몸가짐을 전해주는 사례이다. 그리고 李奎報가 常侍인 閔湜을 뵈었을 때 "각하께서 흔연히 좋은 기색으로 맞아주셨고, 이에 술을 내놓아 취기가 무르익어 아주 즐겁게 있다가 돌아왔습니다만, 그때 조용히 담소하는 동안에 재삼 저를 보시며 士는 마땅히 謙恭과 畏愼의 뜻을 지녀야 한다"고[214] 했다는 것과, 崔誠之가 "忠宣을 따라 元에 갔다. 執政이 忠宣을 畏惡하여 百計로 꾀어 떠나게 하였는데, 誠之가 웃으며 말하기를, "窮하거나 顯達하는 것은 하늘에 있은즉 利만을 생각하는 것은 士가 할 바가 아니다""라고[215] 한 것도 士의 언동이 어떠해야 함을 보여주는 기사들이다.

이렇게 士로서 마땅히 가지고 있으면서 지켜야할 도리·언동·자세를 士風 또는 士習이라고 하였다. 먼저 士風에 대해서는 다음과 같은 기사들이 보인다.

파－⑰ (仁宗) 11년(1133) 正月에 判하기를, 武學齋生으로 赴擧하는 자가 적으므로 策·論에 비록 합격하지 못하더라도 分數에 따라 選取하여 及第가 심히 쉬워지자 諸學生들이 다투어 武學에 속하여 本을 버리고 末을 좇음에 비단 士風이 요행을 바랄 뿐만 아니라 대체적으로 모두 才器가 駑鈍해지고 낮아진다(『高麗史』 卷74, 選擧志 學校).

⑱ 내가(李達衷) 젊었을 때에 大人先生의 門下에서 배우고 모시면

---

214)『東國李相國集』卷26, 書 上閔常侍湜書.
215)『高麗史』卷108, 列傳 崔誠之傳.

서 말씀을 나누었는데 늘상 士風을 논하면서는 반드시 길게 한
숨을 내쉬면서 탄식하기를, "지금 세상이 옛날만 못한 것 같소"
라고 하였다. … 아, 公은 대대로 빛나는 가문과 벼슬을 이어오
면서 事業이 창성하였으나 일찍이 조금도 자랑하는 빛이 없었다.
성품과 자질이 溫雅하고 친인척을 대하는 데에도 온화하여 두터
운 친목을 이루어 비록 마음에 어그러지더라도 말을 꺼내지 않
고 마침내는 부끄러워 따르도록 하였다.
　交游를 잘하여 일찍이 拙齋 崔先生과 특히 가깝게 지내면서
그의 글을 좋아해 힘을 다해 (문집을) 간행했으니 그 신의를 두
터이하고 선한 일을 좋아하는 것이 이와 같았다.
　관직에 있으면서 일을 처리함에 모가 나는 일이 없고, 한결같
이 義理를 따를 뿐이었으며, 詩酒를 스스로 즐긴, 마음이 너그럽
고 넓은 君子이었다. 그러므로 公이 본다면 지금의 士風이 옛날
과 같지 못하다고 할 수밖에 없었을 것이다(『高麗墓誌銘集成』
560～562쪽, 閔思平墓誌銘).

⑲ (禑王 14년[昌王 即位年, 1388] 8月) "近年에 姦凶이 서로 잇달아
執政하여 뇌물의 많고 적음에 따라 그 관직을 높이거나 낮추고,
제 뜻에 따르거나 어기는 것을 보아 그 사람을 죽이거나 살리므
로 士風이 一變하여 아침 저녁으로 분주하게 權門을 드나들어
관직을 비우고 있습니다"云云(『高麗史節要』 卷33).216)

⑳ 恭讓王 2년(1390) 12月에 憲司에서 上言하기를, "守令의 遞任이
잦아서 비록 才能이 있더라도 政令을 펴지 못하여 백성들이 혜
택을 받지 못합니다. … 원컨대 지금부터는 3년이 이미 차고 聲
績이 있는 사람을 京官으로 발탁해 제수하고, 그 임무를 감당치
못하는 자는 貶黜해 士風을 장려하소서" 하였다(『高麗史』 卷75,
選擧志 銓注 選用守令).

　다음 士習에 대해서는 아래의 기사를 통해 엿볼 수 있다.

파－㉑ 상소하여 이르기를, "가만히 보건대 祖宗의 制度에 무릇 犯한 바
　　 가 있는 자는 給田하지 않아 士의 행실을 닦게 하였는데, 異姓이

---

216) 같은 내용의 기사가 『高麗史』 卷84, 刑法志 職制 辛禑 14年 8月 憲司
　　 上疏와 同書 卷118, 列傳 趙浚傳에도 실려 있다.

나라를 훔친 이래로 姦兇이 뜻을 얻어 벼슬을 팔고 감옥을 팔아 祖宗의 法이 모두 훼손되었으며, 士大夫들도 土田과 臧獲을 가지고 스스로 契券을 만들어 姦兇에게 뇌물로 주고 관직을 받아 禮義와 廉恥의 풍속을 敗亂시키고 있습니다. 전하께서 中興하여 私田을 혁파해 民生을 안집시키고, 圭田을 지급해 仕宦者를 우대한즉 뜻이 심히 盛하옵니다. 反正의 初期에 마땅히 節義를 崇獎하고 貪邪를 경계하여 士習을 一新시키시옵소서” 하였다(『高麗史』 卷120, 列傳 尹紹宗傳).

보다시피 士風·士習은 요행을 잡아 벼슬길에 나가려하지 않는 것과, 가문과 벼슬의 높음을 자랑하지 않는 것, 친인척과 화목하게 지내는 것, 交游에 信義를 지키는 것, 관직에 있으면서는 일을 公平하게 처리하고 義理를 따르는 것, 그리고 權門에 드나들거나 뇌물을 주고 직위를 올리려 하지 않는 것, 禮義·廉恥·節義를 지키는 것 등의 내용을 담고 있다. 대체적으로 앞서 설명한 것들과 맥락이 통하는 항목들로, 이렇게 사례에 의해서도 그 면모를 대략 파악할 수 있다고 하겠다.

士族과 士大夫, 士類(士流)·士林은 이러한 士風·士習을 준행하는 부류들로서, 이미 벼슬길에 오른 在朝者와 앞으로의 仕宦을 위해 유학적 교양을 닦아가는 독서인층인 在野者를 일컫는 용어들이었다고도 할 수 있을 것 같다. 그런데 앞서 논자에 따라서는 ‘宰相之宗’도 士大夫요, ‘世族’ 역시 士大夫라고 보는 견해가 있음을 소개하였다. 그렇다면 이들 ‘宰相之宗’·‘世族’과 士大夫·士類·士林들과는 어떻게 관련되어 있으며, 나아가서 權門·權貴들과는 또 어떤 관련이 있었을까.

이점을 이해하는 데에는 朝鮮朝를 대상으로 한 것이긴 하지만 다음과 같은 설명이 크게 참고된다. 즉, “在朝者가 너무 오래 부귀영화를 누리거나, 지나치게 권력을 부리는 처지에 있게 되면 士大

夫에서 逸脱되어 버리는 것입니다"라고 파악하고 있는 것이다 그리하여 '勳舊'와 '士林', '權貴'와 '士類', '閥閱'과 '士'를 대차시키면서 "각종 명의의 공신들이 士大夫들 중에서 나와 논공행상에 의한 특권의 정당한 향유 외에 권력을 이용한 광범한 토지와 衆多한 노비의 占取가 유행되기도 했습니다. 그것이 하나의 기성세력으로 권위를 가지게 될 때 '勳舊'라고 부르고, 왕과 妃嬪들에게 혈연적 사적 관계를 통하여 권세를 부리는 자를 '權貴'라고 불렀습니다. 이들은 원래 士大夫이지만, 출세한 벼슬아치로서 士大夫의 기준에 過한 것입니다". "이조 중기에는 士大夫의 고유 규범이 가장 잘 발휘되어 '훈구'와 '권귀'가 모두 제거되고 士大夫의 公論, 즉 淸議가 정치를 좌우하게 되었습니다. 사대부의 고유 규범을 지탱하면서 청의를 펼 수 있었던 세력은 사대부 중의 在野者의 새로운 진출에 의한 것입니다. '士林' '士類'로 부르게 되는 그 사람들입니다"는 논의를 펴고 있다.217)

　조선조의 士大夫를 중심으로 말할 때는 이와 같이 파악할 수 있다는 것인데, 고려는 그와 정치적 사회적 상황과 여건이 달랐던 만큼 이 내용 그대로를 적용시킬 수는 물론 없겠다. 하지만 貴族과 世族, 權門과 權貴 및 士大夫와 士類·士林의 구분이나 이들의 역할 등을 살펴감에 있어서 좋은 참고로 활용할 필요성은 크다고 생각된다.

---

217) 李佑成, 주 211) 논문 ; 저서 217~220쪽.

Ⅶ. 權門·世族과 新進士類의 대립

고려전기에도 權門·權勢之家 또는 權臣·權貴라 불리는 존재가 있었다. 그러나 당시는 보통 貴族社會로 파악되고 있듯이 고려전기사회의 정치적 사회적 지배세력은 貴族官僚들이었다. 그러니까 權門·權貴는 이들 貴族官僚 가운데에서 몇몇이 일시 권력을 장악하여 그렇게 불리었던 것이라 하겠다.

世族·世家 등의 존재도 보인다. 하지만 여기에 속하는 이들의 신분·가문적 배경·구성분자들은 貴族과 맥락을 같이하는 것이어서 역시 별도로 문제삼을 필요는 없을 것 같다.

그러다가 武臣政權이 들어서면서는 武將들이 급작스럽게 부상하여 일부는 權門·權勢之家를 이루고 權臣·權貴로서 행세하지만 대부분은 곧 몰락한다. 그러나 크게 변모된 사회 분위기 속에서 그 일부는 家世를 이어가 世族의 한 부분으로 편입되며, '能文能吏'의 新官人群으로 성장하여 보수화한 축들 또한 世族을 형성한다. 무신정권기는 이처럼 정치뿐만 아니라 사회적인 측면 등에서도 커다란 변환이 초래된 시기였다.

士大夫나 士族·士類·士林의 존재들도 유사한 상황에 있지 않았나 한다. 문무관료를 의미하는 士大夫와 그 구성원까지를 일컫는 士族·士類·士林 등의 사례는 유교정치이념에 입각하고 있던 고려전기사회에서 물론 보이고 있다. 그러다가 무신정권기에는 한층 자주 등장하거니와, 그리하여 논자 중에는 麗末까지 이어지는바 종래와 성격이 다른 士大夫의 시원을 이 시기까지로 거슬러 올려잡기까지도 한다고 하였다.218) 그러나 이 부분은 곧이어 설명하듯이 얼마간의 무리가 있지 않나 싶다.

이와 같은 무신정권기를 거치고 나서 고려는 元 干涉期로 들어서게 되는데, 이 시기의 權門·權勢之家와 權貴·權豪 및 士大夫와 士族·士類·士林은 이전의 그들과 성격이 크게 다른 존재로서 당시의 국가 경영은 이들에 의해 주도되고 있었다. 그러므로 元干涉期의 정치·경제·사회 등의 제문제를 파악하기 위해서는 이들에 대한 이해가 필수적이거니와, 지금 우리들이 그들을 주제로 잡고 있는 것도 바로 그 때문인 것이다.

그러면 먼저 당시의 權門·權勢之家와 權貴·權豪에 대해서부터 살피는 것이 순서겠는데, 이들은 앞서 용례를 검토하면서 이미 알아본 바 있다. 즉, 그들은 대부분이 왕위조차 안정되지 못한 元나라의 干涉下라는 특수한 상황을 배경으로 하여 형성된 國王側近勢力이었던 것이다. 그리하여 이들은 주로 鷹坊과 譯人 출신 및 宦官과 內僚·怯怜口·親從行李의 功臣 기타 嬖幸들로 구성되어 있었다. 이런 관계로 해서 그들은 신분적으로 하자가 있는 경우가 많았고, 유학적 교양과는 거리가 멀어 科擧 출신은 거의 없었으며 親元的 성향을 띠고 있었다. 그러한 가운데에 이들은 많은 권력을 장악한 하나의 정치세력으로서, 그것을 이용해 각종 비리와 불법을 자행하기도 한 그런 부류들이었다.[219]

다음 世族은 고려전기 이래의 門閥貴族으로 후기 사회의 소용

---

218) 李佑成, 1964, 「高麗朝의 '吏'에 對하여」『歷史學報』23, 24·25쪽 ; 1991,『韓國中世社會硏究』, 一潮閣, 110·111쪽.
219) 閔賢九, 주 5) 논문과 같음.
　　姜順吉, 주 75) 논문과 같음.
　　金光哲, 주 80)·83) 논문과 같음.
　　閔賢九, 주 82) 논문과 같음.
　　金塘澤, 주 83) 논문과 같음.
　　李益柱, 주 83) 논문과 같음.

돌이 속에서도 자기를 변환 적응시켜 가면서 그대로 지위를 유지해간 부류와, 무신정권기에 성장하여 새로 편입된 갈래를 주축으로 하는 세력들이었다. 이들은 고위 관직을 차지하고, 그같은 지위를 음서나 과거 등을 적절히 이용해 대대로 이어가는 한편으로 왕실 내지는 자기들 상호간에 혼인을 맺어 특권적 신분의 범위를 지키려고 노력하기도 하였다.220) 이러한 世族들 가운데 일부는 權門·權貴로 경도되는 성향을 보이기도 했으나 많은 사람들은 정통적 정치세력으로서 국가 운영의 근간을 이루고 있었다.

그런가 하면 정계의 일부에서는 士大夫 내지 士族·士類(士流)·士林이라 일컬어지는 부류들이 이전보다 한층 활발한 활동을 전개하고 있었다. 이들은 주로 下級官僚와 地方 鄕吏의 자제로서 科擧 등을 통해 정계로 진출한 신진의 士人들이 그 중심이었는데, 경제적으로는 中小地主階級에 속하는 사람들이었던 것으로 이해되고 있다.221) 그리고 사상적으로는 忠烈王朝에 전래 수용되는 朱子性理學을 신봉하였다. 따라서 이들은 종래의 士大夫 또는 士類·士林과는 성격이 많이 다른 존재였다고 할 수 있으며, 또 포괄하는 범위도 크게 넓어져 단순한 관료집단만이 아니라 士層 전체를 일컫는 경우가 많아졌다. 이에 이르면 저들 호칭도 '士大夫'보다는 '士類(士流)' 또는 '士林'이라고 하는 게 더 좋을 듯싶다는 생각이 많이 든다. 그리고 그 가운데서도 用例로 보면 士類(士流) 보다는 士林이 좀더 타당하다고 할 수 있을 것 같은데, 다만 그렇게 되면

---

220) 閔賢九, 주 5) 논문과 같음.

金光哲, 1991,「高麗後期 世族의 家系와 그 특징」『高麗後期世族層研究』, 東亞大出版部.

221) 李佑成, 주 15)·16) 논문과 같음.

박재우, 주 34) 논문과 같음.

이익주, 주 35) 논문과 같음.

조선시대의 '士林派'와 혼동되기 쉬운 일면이 없지 않아 일단은 士類(士流)라 불러두기로 한다.

이들 士類의 의사를 士論이라고 하였다. 그 士論에 대해서는 다음의 두 기사가 보인다.

> 하-① (元善之는) 갑자기 大司憲·判典儀寺로 옮겼다. 忠宣王이 吐蕃에 유배되고, 忠肅王이 元에 머물자 國人들이 무리를 나누어 말을 퍼뜨리는 자가 많았으나 善之가 正을 지켜 흔들리지 않으니 士論이 칭찬하였다. 여러번 옮겨 同知密直司事가 되었다(『高麗史』卷107, 列傳 元傳 附 元善之傳).
>
> ② 明年(忠穆王 3, 1347)에 成均試에서 지금의 朴形 등 92人을 뽑으니 당시에 士를 얻었다고 칭찬하였다. 여름에 知申事·知典理로 승진하고, 가을에 奉翊大夫·典理判書를 임명받았는데 館職은 이전과 같았다. 얼마 있다가 明陵이 장차 公(鄭思道)을 크게 쓰고자 하여 公을 密直司의 直提學으로 명하였다. 처음 代言에 임명된 뒤로부터 무릇 22개월만에 兩府에 들어갔는데, 公의 나이 겨우 30세였다. 그러나 士論이 지나치게 이르다고 하지 않았으니, 그가 당시에 얻은 좋은 평판을 알만 하다(『高麗墓誌銘集成』605쪽, 鄭思道墓誌銘).

正道를 지킨 士人에 대해 士論이 칭찬하기도 하고, 평판이 좋을 뿐 아니라 능력까지 갖춘 士人의 고속 승진에 대해서도 士論은 동조하고 있다. 그 구체적인 用例들을 앞 대목의 파-②~⑦로 제시한 바 있지마는, 여기서도 士類들의 士論이 정사에 관해 개진되고 있음을 볼 수 있는 것이다.

元 간섭기에 들어와 士類들의 활동이 활발하게 전개된데 대하여 혹자는 忠烈王代 이후 왕권강화정책이 추진되면서 賤系 출신 인물들이 관도로 많이 진출하는데 따른 士族 출신 관료들의 공동 대처와 관련이 깊다는 의견이 있거니와,222) 일리있는 주장이라고 생각된다. 하지만 필자로서는 여기에서 한 걸음 더 나아가 당시의 국

가에 대한 총체적인 위기의식이 士類들로 하여금 적극적으로 나서
게 하지 않았나 싶다. 원 간섭기에는 忠宣王의 개혁정치니 또는 忠
肅王代의 개혁정치·忠穆王代의 개혁정치라 하여 몇 차례 나라의
질서를 바로잡아 보려는 시도가 있었음은 우리들이 모두 알고 있
는 바와 같다. 이때 핵심적인 과제가 되었던 게 人事의 문란 등 정
치기강 문제와 私田·農莊과 奴婢의 據執 등 사회경제적 문제였지
마는, 그 비리 불법의 장본인은 일부의 世族과 그리고 특히 權門·
權貴들이었다. 士類들은 이들을 대상으로 개혁을 시도한 것이었
다.223)

　하지만 당시 士類들의 세력은 그렇게 큰 것이 못되었다. 위에서
언급했듯이 이때 정치세력의 근간을 이루고 있는 것은 世族과 權
門·權貴들이었던 것이다. 한데 그들 가운데 世族의 일부는 權
門·權貴化되었다고 했지마는, 그러나 많은 부류는 既得權層으로
서 현실에 안주하고 있었다고 생각되며, 또 일부는 士大夫的 氣風
을 그대로 견지하고 있으면서 개혁에 참여 내지는 동조하였다. 그
러니까 당시는 이처럼 士로서의 풍모를 잃지 않고 있으면서 위기
에 직면한 나라를 걱정하는 일부의 世族과 士類들이 개혁세력으로
서 한 축을 이루고, 그 반대편에는 權門·權貴 및 이들과 이해를
같이하던 일부의 世族이 서 있는 형세 속에서 국가가 운영되었다
고 할 수 있을 것 같다. 이렇게 볼 때 世族들도 개혁의 주체라고

---

222) 金塘澤, 1989,「忠烈王의 復位 과정을 통해 본 賤系 출신 관료와 '士
　　　族' 출신 관료의 정치적 갈등－'士大夫'의 개념에 대한 검토－」『東
　　　亞研究』17, 217～219쪽.
223) 이 부분에 대해서는 아래의 논고 참조.
　　　李起男, 주 83) 논문.
　　　姜順吉, 주 75) 논문.
　　　閔賢九, 주 82) 논문.

파악한 시각224) 역시 긍정적인 일면이 있음을 알 수 있다.

그렇지만 世族들은 대체적으로 현실에 안주하고 있었고, 또 개혁에 참여한 그들이라 하더라도 신분계급적 이해관계와 맞물려 일정한 한계를 지니게 마련이었다. 거기에다가 士類 세력은 아직 큰 몫을 담당할 만큼 성장되어 있지 못한 반면에 權門·權貴의 세력은 매우 강고하였다. 그에 더하여 당시는 元의 간섭이라는 外勢下에 있었다. 그러므로 그때 그때의 개혁은 오히려 반대세력의 제거라는 측면이 많았고, 정치적 사회경제적 모순을 근본적으로 타파하여 나라의 면모를 일신시키려는 운동에는 크게 미치지 못하는 것이었다.

그러나 이러한 상황은 恭愍王代의 개혁정치를 거치면서 士類 세력이 급성장하여 많이 달라지게 되었다. 그렇기 때문에 앞서 소개했듯이 士類 내지 士大夫들이 權門 및 世族들과 어깨를 견줄 수 있게 됨으로써 역사적으로 큰 의미를 지니는 존재가 되는 것은 恭愍王代부터의 일이라는데 논자들이 대략 의견을 같이하고 있는 것이다. 이로부터 성장을 거듭하던 士類 세력은 마침내 威化島回軍을 전후하여 신흥 무장세력과 제휴하면서 정치적 주도권을 장악하여 갔다.

당시에는 이같은 士類의 성장에 반비례하여 權門·權貴와 世族의 세력은 위축되었다. 물론 恭愍王 때의 辛旽이나 禑王 때의 李仁任·林堅味·廉興邦 같은 權臣·權貴들이 세력을 펴기도 했으나 前代에 비하여 그들 세력은 많이 위축된 편이었으며, 또 이제는 外勢도 거의 제거되어 있었다. 이러한 분위기 속에서 士類들은 개혁정책을 강력하게 추진시켜 갔거니와, 그 상대방에는 權臣·權貴들도 포함되기는 했으나 그보다 오히려 旣得權을 유지하려는 世族

---

224) 金光哲 주 11)·12) 논문과 같음.

들 전반에게 더 촛점이 맞추어져 있었던 것 같다.

그같은 모습을 가장 잘 보여주는 것이 당시의 최대 현안 가운데 하나였던 私田・農莊의 혁파를 둘러싸고 '舊家世族'・'巨家世族'(자－③・④・⑤)・'世臣巨室'(자－⑧・⑨) 등이 집중적으로 士類들의 비판을 받고있는 기사들이다. 당시의 권세가들은 奪占이나 賜牌・開墾 등 방법상의 합법 여부에 개의치 않고 마구 대토지를 겸병하여 농장을 경영함으로써 백성들은 백성들대로, 또 국가는 국가대로 생계・재정에 큰 어려움을 겪고 있었지마는,[225] 그 겸병자의 대부분이 世族들이었던 만큼 士類들의 비판을 받는 주대상이 되었던 것으로 판단된다.

유사한 양상은 佛敎排斥運動에서도 보인다. 그 선봉장은 士類의 대표격인 鄭道傳이었거니와, 그에 이어서 成均大司成 金子粹와 成均博士 金貂 등이 斥佛疏를 올리고 있으며,[226] 그에 대해 世族側에서 반격을 가하자 이번에는 成均館生員 朴礎 등이 장문에 걸친 격렬한 廢佛疏를 올리고 있는 것이[227] 그런 예의 하나이다. 恭愍王代 이후의 중요 현안이었던 私田 문제는 왕조 말기에 가서 마무리지어지며, 儒佛交替는 좀더 시일이 경과한 뒤에야 이루어지지마는, 그것은 곧 世族과 權門을 한 축으로 하고, 士大夫를 포함

---

225) 宋炳基, 1969,「高麗時代의 農莊－12世紀 以後를 中心으로－」『韓國史研究』3.
　　姜晉哲, 1980,「高麗의 農莊에 대한 一硏究－民田의 奪占에 의하여 형성된 權力型農莊의 實體追求－」『史叢』24 ; 1989,『韓國中世土地所有研究』, 一潮閣.
　　李景植, 1983,「高麗末期의 私田問題」『東方學志』40, 1983.
226) 宋昌漢, 1985,「金貂의 斥佛論에 對하여－恭讓王 3년의 上疏文을 中心으로－」『大丘史學』27.
227) 宋昌漢, 1986,「朴礎의 斥佛論에 대하여－恭讓王 3년의 上疏文을 中心으로－」『大丘史學』29.

한 士類들을 다른 축으로 하여 국가의 경영을 둘러싸고 대립한 정치과정이기도 하였다.

Ⅷ. 맺음말

지금까지 고려 때의 정치적 사회적 지배세력을 일컫는 용어로 사용되어 온 權門・權勢之家 및 權臣・權貴類와 世家・世族・世臣類, 그리고 士大夫・士族・士類・士流・士林 等類에 대하여 살펴보았다. 그리하여 기본적으로 權門・權勢之家는 '權勢가 있는 집안' 내지 '權勢를 부리는 집안'의 뜻으로 權臣・權貴・權豪 등은 그같은 위치에 있는 개인을 지칭하는 말이었으며, 世家・世族은 '여러 代에 걸쳐 그 출신들이 상당한 고위직에 오른 뛰어난 집안・族屬'의 뜻이고 世臣은 역시 그 개인을 지칭하는 말이었음을 확인하였다. 이에 대하여 士族은 '관원이 되는데 신분적 제약을 받지 않는 관료계층 내지 그 집안과 가족'을, 士類(士流)와 士林은 그들 '士族 출신의 인물들'을, 그리고 士大夫는 '그 가운데에서 관도에 오른 사람들'을 지칭하는 용어였으며, 이들을 구분하지 않고 간략하게 표기할 때는 '士'라고만 썼음도 확인할 수 있었다.

用例들을 보면 이들의 거의 모든 존재가 高麗前期부터 찾아지고 있다. 그리고 무신정권기에는 그 숫자가 좀더 많아진다. 하지만 고려전기는 귀족사회라 이해되고 있는 데서 짐작할 수 있듯이 그 정치적 사회적 지배세력을 이들 용어로 표기하는 것은 부적절하다. 그리고 이어지는 무신정권기 역시 士大夫의 등장에 관심을 표명하는 논자가 없지 않으나 사정은 비슷했다고 할 수 있다.

그러나 시일이 좀더 지난 元 干涉期에 들어서면 상황이 크게 바뀌어 이제는 위에 열거한 부류들이 정계를 주도하게 된다. 그중 權門·權貴類는 주로 國王側近勢力이었는데, 특이한 麗元關係 속에서 국왕과 긴밀하게 얽히면서 한 세력을 형성한 鷹坊과 譯人 출신 및 宦官과 內僚·怯怜口·親從行李의 功臣 기타 嬖幸 등이 그 중심을 이루고 있었다. 이들은 이른바 非正統的 官僚들로서 科擧 출신은 거의 없었고, 대신에 신분적으로 瑕疵가 있는 경우가 많았으나, 元과도 긴밀한 연결을 가지면서 커다란 정치권력을 장악하고 있었으며, 그것을 기화로 각종의 정치적 사회경제적 비리와 불법을 자행한 장본인들이기도 하였다.

다음 世族層은 고려전기 이래의 문벌귀족으로 변천을 거듭하는 후기사회에서도 자기를 변환 적응시켜 가면서 여전히 지배적 지위를 누린 집안들과, 무신들의 집권 이후 武將으로 득세하여 가문을 일으킨 부류 및 '能文能吏'의 新官僚群으로 등장하여 보수화한 집안들로 구성되어 있었다. 이들은 科擧와 함께 蔭敍를 이용해 出仕하여 고위 관직에 올랐을 뿐더러 그같은 지위를 代를 이어가며 계승하여 門閥을 형성 유지하고, 나아가서는 왕실 또는 같은 閥族과 중첩되는 혼인을 맺어 혈연의 범위를 한정시켜 가면서 가문의 중요성을 내세우기도 했던 귀족적 존재들이었다. 그러면서도 이들은 당시의 시대상을 반영하여 대소의 차이는 있었지만 대체적으로 親元的 性向을 띠었고, 大土地를 겸병한 농장주이기도 하였는데, 그들 대부분은 旣得權層으로서 현실생활에 안주하고 있었으나, 일부는 權門·權貴化했는가 하면, 다른 일부는 士大夫的 풍모를 그대로 견지하면서 士類들의 개혁작업에 참여하기도 하였다.

士大夫 내지 士類·士林은 주로 下級官僚와 지방 鄕吏의 자제

들로서 위의 두 부류와는 상대되는 입장을 취한 세력이었다. 원래 이들 士層은 士로서의 교양, 즉 유학적 교양을 갖추고 그에 합당한 禮法을 지켜가는 사람들이었는데, 그것을 가리켜 士風 또는 士習이라고 하였다. 그런 점에서 이들은 權門·權貴와는 말할 것도 없고 世族들과도 구별되는 존재였던 것이다.

그런데 元 干涉期에 즈음하여서는 士層이 확산되고, 또 朱子性理學의 수용과 더불어 그들의 성격이 많이 바뀌게 되었다. 이들을 종래의 士層과 구분한다는 의미에서 필자는 士類라 부르는게 더 좋다는 의견을 가지고 있지마는, 경제적으로 그들은 中小地主階級과 연결되어 있는 것으로 알려져 있다.

그리하여 元 간섭기의 정치사는 權門·權貴 및 이들과 이해를 같이했던 世族들에 대하여 士類와 개혁적 성향의 世族들이 사회의 제모순을 혁거하려는 개혁작업을 폄으로써 서로 대립하는 과정이었다고 할 수 있다. 하지만 이같은 상황에서 旣得權層인 대부분의 世族이 현실에 안주하고 있었고, 개혁적 성향의 그들이라 하더라도 신분계급적 이해관계와 맞물려 일정한 한계가 있는 데다가 士類勢力은 아직 그렇게 큰 것이 못되었다. 반면에 權門·權貴의 세력은 매우 강고하였고, 그런데다가 外勢의 간섭까지 겹쳐 개혁운동이 큰 성과를 거두지는 못하였다.

그렇지만 恭愍王代 이후는 사정이 바뀌게 되었다. 그의 개혁정치를 거치면서 士類勢力이 크게 성장하였기 때문이다. 반면에 權門·權貴의 세력은 크게 약화되어 있었고 外勢도 거의 영향을 미치지 못하는 상황에 있었다. 이같은 형세 속에서 이제는 주로 旣得權을 계속 유지하려는 世族에 대해 士類들이 개혁을 요구하고 나섬으로써 대립하는 양상을 띠었다. 그런 가운데 대표적인 쟁점이 되었던 게 私田·農莊의 혁파와 儒佛交替의 문제 등이었지마는,

이 싸움에서 士類들은 끝내 승리를 쟁취하는 것이다.

그 결과는 정치적 사회경제적 모순의 혁거에 그치지 않고 王朝의 交替로 이어지게 되었다. 고려 후·말기의 權門과 世族 및 士大夫·士類 사이의 대립 문제는 이처럼 그 역사적 의미가 매우 크다고 할 수 있다.

(Ⅰ·Ⅱ·Ⅲ은『韓國史學報』14, 2003. 그 뒷 부분은 新稿)

제2부

고려시대 門閥貴族家門의 실례

제1장

고려시대 海州崔氏와 坡平尹氏 家門 분석

I. 序 論

일반적으로 고려국가는 貴族社會로 이해되고 있다. 여기에는 약간의 異說이 없지도 않지만 대부분의 연구자들은 이 학설에 동조하고 있는 것이다. 그러면 고려사회의 성격을 이처럼 貴族制로 규정하고 있는 논거는 무엇인가. 그것은 대체적으로 고려국가가 出生에 의하여 特權的 身分을 세습하는 身分制社會로써, 이들 소수의 특권적 신분층이 정치적 경제적 사회적 제부면의 특권적 지위까지도 향유하면서, 국가를 귀족제적인 테두리 안에서 운영하여 갔다는 데에 두고 있는 것 같다.

일반론적인 면에서, 貴族制社會에서는 出生身分이 제일차적인 중요성을 가지며 개인의 능력이나 資性은 제이차적 문제가 된다. 어느 개인은 그 개인으로서가 아니라 언제나 그의 배경이 되는 宗族親戚과 合體되어 평가되기 때문이다. 이와 관련된 당연한 귀결이겠지만 또 貴族制下에서는 官職의 세습적 경향이 강하게 나타난다. 그리하여 정권은 소수의 가문에 의해 累代的으로 장악되며 그 결과 門閥이 형성되고 家格의 상하가 나타난다. 家格意識은 婚姻關係에 가장 잘 표현되어 貴族들은 동일층 내지는 상층가문과의 결혼을 희망하며 그에 따라 하나의 폐쇄적인 通婚圈을 형성하게 된다. 아울러 저들은 자기네의 물질적 뒷받침을 위한 토지의 私的 領有도 보장을 받고 있는 것이었다.[1]

결국 이와 같은 귀족제의 특성이 고려사회에서 잘 드러나고 있다는 것인데, 蔭敍制나 功蔭田柴法은 그러한 사실을 단적으로 말해주는 제도적 조처로 파악되고 있다.[2] 貴族制와는 동떨어진 성격으로 주장되어 왔던 科擧制조차도 신분제에 토대를 둔 귀족중심의 고려사회에 적합하도록 마련된 제도라는 연구가 나와 있거니와, 그것이 정당한 이해일 것으로 평가되고 있는 이상[3] 여기에도 큰 문제는 없다고 생각된다. 이제 남아 있는 과제는 貴族官僚들의 실상과 그들이 고려사회에서 차지하고 있는 정치적 사회적 위치를 밝히는 작업일 것으로 보인다. 그리고 이 작업은 구체적으로 귀족관료들의 家系와 官職 및 通婚圈 등에 대한 조사를 통하여 어느 정도 달성할 수 있으리라 여겨진다.

---

1) 이 점에 대해서는 朴菖熙, 1973, 「高麗時代 '官僚制'에 대한 考察」『歷史學報』 58·朴龍雲, 1977, 「高麗 家産官僚制說과 貴族制說에 대한 檢討」『史叢』 21·22 — 姜晋哲教授華甲紀念 韓國史學論叢 —, 참조.
2) 金毅圭, 1973, 「高麗官人社會의 性格에 대한 試考」『歷史學報』 58 및 朴龍雲의 위에 든 논문.
3) 이 점에 대해서는 李基白, 1974, 「高麗 中央官僚의 貴族的 性格」『檀大 第4回東洋學學術會議 講演鈔』 및 朴龍雲의 위에 든 논문 참조.

잘 알려져 있듯이, 사실 家門에 대한 연구는 귀족계급의 실체를 파악할 수 있는 한 좋은 접근방법으로써 오래 전부터 이용되어 왔었다. 그리하여 藤田亮策·邊太燮·閔賢九 등 제씨의 훌륭한 연구결과가 이미 발표되어 있거니와[4] 최근에는 李樹健氏가 이 방면에 대한 勞作을 내놓아 다대한 성과를 올리고도 있다.[5] 그런데 한편으로 살펴보면 이들 논문이 한가지 보완해야 할 부분을 남기고 있어서 그 성가를 덜고 있는 듯한 느낌이 든다. 그것은 武臣亂 이후의 家系를 소홀히 다루고 있는 데서 말미암는 것이다. 물론 각각이 그의 연구대상이나 논지의 전개방식에 따라서 그렇게 되지 않을 수 없었던 점도 충분히 짐작이 가나, 그러나 거의 고려시대 전 기간에 걸쳐 번성했던 가문임에도 불구하고 지금까지는 武臣亂 이전의 家系에 대해서만 자세한 언급을 하고 있을 뿐 그 이후의 상황에 대해서는 소홀하게 다루어 버림으로써 사실과는 거리가 있는 결론에 도달하고 만 경우도 없지 않았다고 생각되는 것이다.

본고는 이와 같은 시각에서 출발한 것인데, 연구의 대상으로는 우선 海州崔氏와 坡平尹氏를 선택하였다. 두 가문은 무신란 이전의 대표적인 귀족가문이었을 뿐만 아니라 무신란 이후에 있어서도 그전에 비견할 수 있을 정도로 번성했던 家系인만큼 이것의 분석을 통하여 본고가 지향하는 소기의 목적을 어느 정도 이룩할 수 있으리라 생각하였기 때문이다. 따라서 서술의 방식도 武臣亂을 분수령으로 그 이전과 이후로 나누어 보기로 하였다. 그러므로써 이 두 시기가 지니는 동질성과 이질성이 좀더 뚜렷해질 것으로 보며 나아가 종래에 무신란으로 인하여 前期의 귀족사회가 '완전히' 붕

---

4) 藤田亮策, 1933·1934, 「李子淵と其の家系」『靑丘學叢』 13·15.
　　邊太燮, 1961, 「高麗朝의 文班과 武班」『史學硏究』 11.
　　閔賢九, 1974, 「高麗後期 權門世族의 成立」『湖南文化硏究』 6.
5) 李樹健, 1976, 「高麗時代 '土姓'硏究(上)」『亞細亞學報』 12.

괴되고 만다는 학설을 재검토하는 계기로도 삼고자 하는 것이다. 아울러 필자 자신이 앞서 귀족과 귀족제의 개념규정을 시도하면서 職官 5品에다 귀족적 지위로 편입되는 線을 설정할 것과, 그것이 3代를 거듭하게 됨에 따라 사회적으로도 하나의 貴族家門으로 행세할 수 있게 되었다고 설명한 바 있거니와, 본고는 그에 대한 실증적 연구라는 의미도 물론 내포하고 있는 것이다.

이제 저와 같은 몇 가지 점들을 검토해감에 있어 가장 큰 난관은 자료상의 문제였다. 대부분의 문제가 그러하지만 여기서 다루려는 두 가문의 경우도 史料가 극히 한정되어 있는 것인데, 그러한 한정된 사료에 입각해서 어떤 결론을 내리기에는 불안이 뒤따르고 있는 것이다. 본고는 이와 같은 한계성의 극복을 위해 가능한한 많은 사료를 수집 이용하였다. 일반적으로 다루고 있는 史書·金石文·文集類 이외에 家乘·族譜를 이용한 것이 그것인데, 물론 家乘·族譜의 경우 엄밀한 자료비판을 거쳐야 하는 것이기 때문에 이들은 기본사료와 비교 합치되는 한도 내에서 이용하였다. 다만 혼인관계만은 族譜類의 정확성을 인정하고 그대로 이용한 것이 꽤 있지만 여타 부분은 기본사료와 비교 검토하는 방향을 취한 것이다.

그리고 결론에 있어서도 어떤 확정적인 사실을 제시하기 보다는 사회적 분위기와 경향성을 보이는데 그치려 한다. 고려시대의 전반적인 家門研究를 통하여 어떤 확실한 결론에 도달하는 과정은 이를 후일로 미루고자 하는 것이다.

Ⅱ. 海州崔氏家門의 分析

1. 高麗前期의 海州崔氏

海州崔氏는 고려 일대를 통하여 최대 貴族家門의 하나였다. 다 알고 있듯이 이 가문은 海東의 儒宗으로 널리 알려진 文憲公 崔冲의 집안을 일컫거니와, 그의 傳記(『高麗史』 卷95)에 보면 "子孫에 文行으로 宰輔에 오른 자가 數十人이었다"고 전한다. 또 그의 손자가 되는 崔思諏의 傳記(『高麗史』 卷96)에는 "門閥之盛이 一時無比"의 형세였다고 하며, 4세손 崔允儀는 "閥閱에서 生長하였다"[6]고 한 것에서도 그 家勢를 가히 짐작할 수 있는데, 이와 같은 표현은 결코 과장이 아니었다고 생각되는 것이다.

海州崔氏가 고려의 최대 귀족가문으로 성장할 수 있는 기반이 잡힌 것은 崔冲 때 와서였다. 즉 그의 부친인 崔溫은 海州의 鄕吏로서 일 지방의 토호에 머물고 있었다.[7] 이 같은 사실은 그가 아들 崔冲이 크게 출세하게 되면서 비로소 太子太保에 贈職되고 있음에서도 짐작된다.[8] 그의 집안이 비록 開國功臣의 후예일 가능성은 크다고 하나[9] 아직 주목할만한 존재는 못되었던 것이다.

그러나 崔冲이 穆宗 8年(1005) 4月, 甲科에 수석으로 급제한 것을 계기로 착실히 顯達에의 길을 걸어 올라가게 됨에 따라 가세는 크게 펴지기 시작하였다. 그는 顯宗朝에 拾遺 · 補闕 · 翰林學士 · 諫

---

6) 『高麗史』 卷95, 列傳 崔冲 附 崔允儀傳.
7) 『東國輿地勝覽』 卷43, 海州牧 人物. "崔冲 州吏溫之子"
8) 李蘭暎, 『韓國金石文追補』 92쪽, 崔思諏墓誌銘.
9) 李樹健氏의 앞에 든 논문.

議大夫 등 淸要職을 두루 역임하고 德宗 2年(1033) 正月에 右散騎常侍(正3品)·同知中樞院事(從2品)를 제수받아 宰相級에 오르며, 드디어 文宗 元年(1047) 4月에는 門下侍中(從1品)이 되어 權力의 核에 앉게되는 것이다. 그리하여 文宗 9年(1055) 7月 推忠贊道協謀同德致理功臣·開府儀同三司·守太師·兼門下侍中·上柱國에 다시 內史令을 加職하여 致仕할 때까지 首相 9年間에 宰相職까지 합하면 무려 23년간을 권좌에서 크게 활약하고 있는 것이다.

그가 이처럼 순탄한 출세의 길을 걸어 최고의 권좌에서 크게 활동할 수 있게된 배경을 살펴보면 다음과 같은 사실이 주목된다. 우선 그는 대단한 能力의 소유자였다는 것이다. 傳記에 의하면 그는 風姿가 瑰偉하고 성품과 지조가 堅貞하였을 뿐만 아니라 어려서부터 학문을 좋아하고 글짓기를 잘했다고 전한다. 그의 학문적 능력은 科擧에 수석으로 합격한 사실 하나 만으로 충분히 증명되거니와 人品과 言動에 있어서도 출중한 인물이었다. 이와 같은 인격과 능력, 그것이 그의 출세에 밑바탕이 되었던 것이다. 이 점은 그 스스로 크게 자부하고 있는 터이어서, 아들들에게 경계하는 말 가운데에

士가 勢力으로써 진출하면 有終의 美를 거두는 일이 드물고 文行으로 나아가야 경사가 있는 것이다. 나는 다행이 文行으로 顯達해 淸儉·謹愼을 마음에 다져 세상을 잘 마칠 수가 있었다(『補閑集』卷上, 崔文憲公沖).

고 한 데서도 잘 알 수가 있다.

다음으로 또 하나 간과할 수 없는 사실은 崔冲의 座主가 崔沆이었다는 점이다. 崔沆은 三崔중의 한 사람으로 건국기에 太祖를 도와 큰 역할을 했던 崔彦撝의 손자로서 지위가 平章事(正2品)에까

지 올랐던 사람이다. 특히 건국의 초창기는 慶州崔氏系列이 크게 득세하고 있었던 때인 만큼, 座主와 門生의 관계가 父子와 같았다는 고려사회에서 崔冲이 慶州崔氏의 유력한 한 사람인 崔沆의 門生이 되었다는 것은 커다란 의미가 있어 보인다. 더구나 당해자가 실력과 인품면에서 우수한 수석급제자였다는 점을 생각하면 더욱 그러하다. 추측컨대 崔冲의 출세에는 崔沆의 도움이 컸을 것으로 생각된다. 顯宗 4年 9月에 崔沆이 吏部尙書·叅知政事로 監修國史를 제수받았을 때 崔冲은 그 휘하의 修撰官이 된 것을 보면10) 이 같은 추측은 더욱 짙어진다. 崔冲은 顯達하게 되면서 顯宗 17年과 靖宗 元年 두 차례에 걸쳐 知貢擧가 되는데, 崔沆의 아들 崔有孚는 바로 그 밑에서 급제를 하여11) 또 다른 관계가 이루어진다. 崔有孚도 후에 크게 성공하여 宰相이 되거니와, 어떻든 慶州崔氏와 海州崔氏는 文翰之家라는 공통점 위에 이중으로 얽힌 座主·門生의 관계 등에서 서로 긴밀히 연결되어 있었던 것으로 보인다.

崔冲이 文宗 9年에 致仕한 후 뒤이어 李子淵이 門下侍中에 올라 새로이 慶源李氏의 득세를 가져오지마는, 그러나 그가 文宗 22年 9月에 85세를 일기로 이 세상을 떠날 때까지는 國老로써 정사에 상당한 영향력을 미친 것으로 생각된다. "崔冲이 비록 집에 居하였으나 軍國의 大事는 모두 (그에게) 가서 자문하였다"는 그의 傳記의 기록이 이 사실을 뒷받침해 준다. 뿐만 아니라 그가 私學의 진흥에 크게 공로를 세웠음은 우리들이 익히 아는 바와 같다. 그는 후에 靖宗廟庭에 배향되었다.

崔冲은 惟善과 惟吉의 두 아들을 두었다. 그중 崔惟善은12) 顯宗

---

10)『高麗史』卷4, 世家 顯宗 4年 9月條.
11)『補閑集』卷上, 崔文憲公典試條.
12) 그에 대해서는『高麗史』卷95, 列傳 崔冲 附 崔惟善傳과 崔允仁墓誌 (『朝鮮金石總覽』386쪽)·崔允儀 墓誌(『朝鮮金石總覽』388쪽) 및『高

21年의 科擧에서 乙科壯元으로 급제한 인재였다. 그후 그도 순탄한 출세의 길을 걸어 文宗 9年에는 이미 宰相의 지위에 오르며 同王 22年 正月에 判尙書吏部事로써 首相이 되었다. 그리하여 꼭 만 7년간을 이 자리를 지키지마는, 그 동안에 두 차례 知貢擧를 겸임하기도 하였다. 특히 그는 李預(李子祥의 아들)를 사위로 맞아 慶源李氏와 혼인관계를 맺었으며, 아들 崔思齊도 宰相이 되었다.

崔惟吉은[13] 부형만큼 文才가 뛰어나지는 못했던 것 같다. 그의 진출과 승급이 門蔭에 의한 것이었다는 사정을 보더라도 이는 입증된다. 그러나 한편으로 그가 이처럼 門蔭에 힘입고 있었음에도 불구하고 官路만은 순조로워 尙書(正3品)・僕射(正2品)・判三司事 등을 거쳐 최고직인 尙書令에까지 진급하고 있다는 사실이 주목된다. 海州崔氏는 이제 名門으로 굳어져가고 있었으며 그것이 곧 저들의 정치적인 지위에도 영향을 미친 것이라 하겠다. 그의 妻는 大原郡夫人 朴氏라고 전해지고 있다. 그러나 朴氏가 어느 家門의 딸인지는 확증하기가 어렵다.

위에서 살펴본 바와 같이 海州崔氏家門은 崔沖과 그의 아들에 의하여 확고한 기반을 다지게 되는데, 이후에 자손들이 더욱 번성하여 최대의 귀족가문으로 성장해 갔다. 이제 사료에 의거하여 먼저 그 家系를 도표로 보이고 하나 하나 설명을 부가하기로 하겠다. 도표에 열거되어 있는 각 사람 아래에, ①에는 주활동 시기, ②에는 음서・과거 여부, ③에는 최고 직위, ④에는 妻와 그 家門을 아울러 첨가하고 家乘과 族譜에만 보이는 내용은 ( )로 표시하였다.

[圖表 1]

麗史』 世家・志・『高麗史節要』 참조.
13) 그에 대해서는『高麗史』卷95, 列傳 崔沖傳과 同附 崔惟善傳 및 崔思諏墓誌銘(『韓國金石文追補』 92쪽)・『高麗史』 世家・『高麗史節要』・『補閑集』 卷上 참조.

위에서도 잠시 언급하였던 崔惟善의 아들 思齊는[14] 文宗 8年科
에 登第한 후 右散騎常侍(正3品)·中樞院使(從2品, 宣宗 5年)·叅
知政事(從2品, 宣宗 6年)를 거쳐 宣宗 7年 2月에는 中書侍郎同中
書門下平章事(正2品)의 지위에까지 올랐다. 그의 전기에 의하면
직위가 守司空·門下侍郎同中書門下平章事·監修國史·判吏部
事·上柱國이라 하여 首相을 지낸 것으로 되어 있으나 그가 宰相
職에 오른 이후 卒去하는 宣宗 8年 8月까지의 기간은 崔奭(鐵原崔
氏)이 집권하고 있었던 시기에 해당되므로 이는 아마 致仕職이거
나 아니면 사후의 追贈職일 것으로 짐작된다. 그는 당시에 翰林學
士를 지내다가 후에는 平章事(正2品)의 지위에 오르는 慶源李氏
李預와 처남·매제간이 된다 함은 앞서 이야기한 바와 같다.

崔思齊에는 瀹·灌·湧의 세 아들이 있었다. 맏아들 崔瀹은[15]
역시 登第한 후 知制誥에 재임하면서, 睿宗이 경박한 詞臣들과 吟
風嘯月에 젖어 있음을 諫言한 것으로 유명하다. 이 같은 諫言이
참소를 당하여 결국 春州府使로 좌천되고 말지마는 이에 즈음하여
한 그의 다음과 같은 말이 주목된다. 즉 그가 諫言한 것은, "우리
집은 대대로 聖朝의 은혜를 입었으므로 忠·淸을 계승하여 家門
을 떨어뜨리려 하지 않았기 때문"이었다는 것이다. 여기에서 우리
는 崔瀹이 그의 家門에 대하여 얼마만큼 강한 자부심을 가지고 있
었던가를 충분히 엿볼 수 있다. 이제 海州崔氏家門은 과거의 鄕吏
的 存在에서 완전히 벗어나 3代를 이어 宰相을 지내온 명망있는
가문으로 인식되고 있었던 것이라 하겠다. 그러기에 그는 당대 제
일의 명문인 慶源李氏 李資德의 딸을 아내로 맞고 있었다. 李資德

---

14) 그에 대해서는『高麗史』卷 95 列傳 崔沖 附 崔惟善傳과 崔湧妻金氏
    墓誌(『朝鮮金石總覽』362쪽)·崔允仁墓誌 및『高麗史』世家 참조.
15) 그에 대해서는『高麗史』卷95, 列傳 崔沖 附 崔瀹傳과 崔允仁墓誌 및
    『高麗史節要』참조.

은 宰相을 지낸 李顗의 아들로, 李子淵에게는 손자가 되며 자신도 平章事(正2品)의 지위에 올랐던 인물이다. 崔瀹은 후에 귀양에서 풀려나 禮部尙書(正3品)·翰林學士(正3品)를 지내었다.

그의 아들 崔允仁은[16] 처음에 外祖인 李資德의 蔭德으로 尙書戶部令史同正의 벼슬길에 나아갈 수 있었다. 그는 후에 進士試에 급제하는 열성을 보이기도 하였으나 본래 천성이 학문이나 벼슬길에 그리 큰 욕망이 없었으므로 관직은 知洪州事·試殿中內給事(從6品)에 머물렀다. 슬하에는 國子祭酒(正4品)·翰林學士(正3品)를 지낸 權迪(安東權氏)의 딸과 혼인하여 6男 2女를 두었거니와 그 중 正思·文悅·道樞의 세 아들은 모두 머리를 깎았다. 이 같은 사태는 아마 武臣亂과 깊은 연관이 있어 보이는데, 그 이후의 사정에 대하여는 다음 장에서 다시 설명하기로 하겠다.

다음으로 崔灌에 관하여 살펴보면, 그가 崔冲의 후예인 것만은 사료에 의하여 확인이 되나[17] 崔思齊의 둘째 아들이라는 明證은 보이지 않는다. 그러나 그가 주로 활동했던 시기가 瀹·湧·源·溱과 같은 仁宗·毅宗代이고 항렬상으로도 같은 점으로 미루어 思齊의 第2子로 보아 큰 잘못은 없을 것 같다.[18] 平山朴氏와 姻戚關係를 맺기도 했던 그는 知御史臺事(從4品)·右常侍(正3品)·樞密院使(從2品)·僕射(正2品) 등을 두루 역임하고 平章事(正2品)의 지위에까지 올랐다가 毅宗 6年에 卒去하고 말지마는 자손들은 武

---

16) 『朝鮮金石總覽』 386쪽, 본인의 墓誌.

17) 卞韓國大夫人崔氏墓誌銘(『韓國金石文追補』 232쪽)과 朴翛墓誌(『朝鮮金石總覽』 372쪽) 및 崔瑞墓誌銘(『韓國金石文追補』 214쪽).

18) 『海州崔氏大同譜』(海州崔氏大同譜所刊, 1961, 서울)에는 崔灌이 崔思諏의 아들로 되어 있으나 이는 잘못이다. 崔思諏의 子女에 대하여는 그의 墓誌銘에 분명히 밝혀져 있는데, 여기에 崔灌은 포함되어 있지 않는 것이다. 그는 역시 계보를 잃고 있는 崔思齊의 둘째 아들로 보는 것이 옳을 것 같다.

臣亂 이후에도 크게 번성하였다. 그의 妻家나 科擧의 급제여부에 대해서는 잘 알 수가 없다.

제3자인 崔湧은[19] 정치적으로 비중이 큰 인물은 아니었던 것 같다. 이는 그의 지위에 대하여 다만 守司空・左僕射・叅知政事・判工部事에 贈職된 사실만이 전하고 있는 것으로 짐작이 된다. 그의 妻는 江陵金氏로 平章事를 지낸 金上琦의 딸이었다. 그러니까 崔湧은 仁宗朝에 首相을 지낸 金仁存(金緣) 및 平章事를 지낸 金沽(둘다 金上琦의 아들)와는 처남・매부간이 되는 셈이다. 이와는 좀 떨어진 시기의 일이긴 하지만 그의 손자 崔寬(崔允儀의 아들)도 金上琦의 고손녀(金闡의 딸)를 아내로 맞고 있어서 귀족가문간에 중첩되는 혼인관계를 맺고있는 한 예를 보여주고도 있다.

崔湧은 슬하에 8男 5女를 두었는데, 그중 제3녀가 睿宗妃인 長信宮主가 됨으로써 이제 海州崔氏는 왕실과 직접적으로 外戚關係에 서게 되었다. 이러한 가운데에서 제3자인 崔允儀(天祐)는[20] 다시 首相이 되는 영광을 누리기도 하였다. 즉 그는 仁宗 6年의 丙科에 급제한 후 毅宗 5年에는 御史大夫(正3品)・同知樞密院事(從2品)로 宰相級에 오르며, 同王 9年에 中書侍郎同中書門下平章事(正2品)・判尙書吏部事로 首相이 된 이래 卒去하는 동왕 16년까지 8년간을 집권하였던 것이다. 그는 한번의 成均試 試官에 두 차례의 知貢擧, 그리고 8년간의 銓曹判事로써 유능한 인재를 많이 발탁한 것으로도 명성이 높았거니와 사후에는 毅宗廟庭에 配享되기도 하였다. 그와 함께 둘째형인 崔允倻은[21] 衛尉卿(從3品)에, 그

---

19) 그에 대해서는 崔湧妻金氏墓誌와 崔允儀墓誌 참조.
20) 그에 대해서는『高麗史』卷95, 列傳 崔冲 附 崔允儀傳과 본인의 墓誌(『朝鮮金石總覽』388쪽)・金氏墓誌 및『高麗史』世家・『高麗史節要』참조.
21) 金氏墓誌 및『高麗史』世家.

리고 막내아우 崔允偗는[22] 大府少卿(從4品)의 직위에ㄱ
그러나 이 系列도 武臣亂의 渦中에서 崔允偗가 살해되는 때를 경
계로 하여 크게 위축되지 않을 수 없었다. 崔允儀는 당시 名門의
하나인 光陽金氏 金義元의 딸과 혼인하여 寬·謙의 두 아들을 두
었는데, 이들이 모두 역사에 그 자취가 뚜렷하지 못한 것은 이 사
실과 관계가 깊을 것으로 짐작된다. 그리고 또 한 딸은 靈光金氏家
에 출가하여 金至當의 妻가 되었으나 시형인 金甫當이 무신정권
에 항거하다가 誅滅되는 사태가 있었으므로 그로써도 타격을 받았
을 것이 예상되기도 한다.

　이상에서 崔惟善系에 대하여 검토하여 왔거니와, 그러면 이어서
崔惟吉系에 관하여 살펴보기로 하자. 먼저 그에게는 思諒과 思諏
두 아들이 있었다. 물론 崔思諒에[23] 대해서만은 본인의 傳記에 海
州人이라는 기록이 전할 뿐 그 이외에 계보를 알 수 있는 자료는
없다. 그러나 그가 海州崔氏임이 분명한 이상 思齊·思諏와 동일
한 항렬일 것은 거의 의심할 여지가 없고 또 활동한 시기에 있어서
도 세 사람이 모두 같다. 이러한 내용을 염두에 두고 볼 때에 崔思
諒을 崔惟吉의 아들로 기록하고 있는 丁氏諸姓譜는 옳다고 생각
되는 것이다.[24] 하여튼 그는 傳記에 "儀表가 端雅하고 沈靜·寡言
하며 國政을 잡고 文柄을 주관하여 이름이 一時에 중하였다"는 평
과도 같이 정치와 학문 양면에서 모두 중요한 위치에 있었다. 관직
도 同知中樞院事(從2品)·叅知政事(從2品)·檢校太子太師·左僕
射(正2品) 등의 요직을 거쳐 宣宗 7年에 身病으로 물러나기까지 7

---

22) 金氏墓誌 및 『高麗史節要』 卷11, 毅宗 24年 8月條.
23) 그에 대해서는 『高麗史』 卷95의 본인 傳記와 『高麗史』 世家 및 『高麗
　　史節要』 참조.
24) 「按丁氏諸姓譜及和順姓親錄 諱思諒 書以諱惟吉子」(崔益鎭刊編, 1925,
　　『海州崔氏世譜』, 會寧).

년 동안 宰相職에 재임하였다. 그간에 한차례 知貢擧를 역임하기
도 하였는데, 科擧에는 물론 18세 때 급제했었다. 그의 아들 洙에
대하여는 睿宗 元年 10月 당시에 禮賓少卿(從4品)으로써 使命을
띠고 遼에 파견된25) 기록 이외에는 달리 자료가 전하지 않아 자세
한 내용은 알 수가 없다.

이 계열은 崔思諏(思順)에26) 이르러 극성기를 맞게 되었다. 그는
처음에 비록 祖蔭으로 官途에 진출하였으나 文宗 17年의 殿試에
급제한 이후 淸要職을 두루 역임하면서 크게 출세하였다. 그리하
여 관직에 몸담은 42년 동안 近官에 10年, 誥院에 11年, 兩府에 11
年間 재직하는 화려한 官歷을 쌓게 되는데, 肅宗 8年에는 守太尉
(正1品)·判吏部事로 首相이 되어 致仕하는 同王 10년까지 3년간
최고의 권좌에 앉았다.

그런데 살펴보면, 그가 이처럼 요직을 거쳐 출세하는 데에는 家
門의 영향이 컸던 것으로 보인다. 처음 仕宦하던 文宗 당시의 사정
에 대하여 그의 傳記에, "王은 思諏가 名家의 子이고 또 博學 多聞
하다 하므로 內侍省에 불러들여 더불어 이야기 할 새 뜻에 맞으므
로 기뻐하였다"는 기사는, 그가 처음에 祖蔭으로 관도에 진출하였
다는 사실과 함께 주목할만한 내용인 것이다. 물론 그의 妻家가 당
시 제일의 門閥家인 慶源李氏였다는 점도 빼놓을 수 없는 요건이
되었을 것은 다시 말할 필요가 없겠다.

이제 崔思諏의 집안은 3代를 연이어 宰相을 지내온 貴族家門으
로 높이 평가받고 있었다. 이와 같은 사실을 확인하는 데에는 그의
사위중 한 사람인 文公仁傳의 내용이 참고된다.

---

25)『高麗史』世家 및『高麗史節要』.
26) 그에 대하여는 본인의 傳記(『高麗史』卷96)와 墓誌銘(『韓國金石文追補』
   92쪽) 그리고『高麗史』世家·志 및『高麗史節要』참조. 아울러 아들
   崔溙에 관해서는『東文選』卷25, 制誥「除崔溙中書平章」條 참조.

> 文公仁의 처음 이름은 公美로 南平縣 사람인데 … 侍中 崔思諏가
> 딸로서 妻를 삼게 하였다. 과거에 급제하여 直史館이 되었는데, 家世
> 가 單寒하였으나 貴族과 連姻을 하여 豪奢를 마음대로 하였다(『高麗
> 史』卷125).

　여기서의 貴族은 물론 海州崔氏를 지칭한 것인데, 文公仁은 그
의 집안과 連姻을 함으로써 정치적 권력과 경제적 부를 마음껏 할
수 있었다는 것이다. 文公仁은 후에 平章事(正2品)·判吏部事로
首相이 되며 그의 집안도 5대여에 걸쳐 3명의 首相을 비롯, 여러
명의 宰相을 배출하는 명문이 된다. 崔思諏는 이처럼 '名家'의 자
제로 태어났고 또 자신이 국가 최고의 지위에 올라 그의 집안은 貴
族家門으로써 성가를 더해가고 있었지마는, 그럼에도 그는 "門地
로써 사람들에게 교만하지 아니하였으므로" 더욱 명성을 얻고 있
었다. 그의 다른 사위중 한 사람이었던 李資謙의 딸이 睿宗王妃로
册封을 받음에 즈음하여 그도 推誠奉國功臣·大寧郡開國侯·食
邑二千五百戶·食實封一千五百戶에 봉해지는데, 또한 이로 인한
家門의 격상도 충분히 예상된다. 그가 睿宗을 入見하였을 때 "절
하지 않도록 명하고 家人禮로 대우"했다는 사실은 그의 위치를 이
해하는 데 많은 도움이 된다. 李資謙은 慶源李氏로써 한때 王權을
능가하는 권좌에 있었다는 사실은 우리들이 익히 아는 바와 같다.
崔思諏는 李資謙·文公仁 이외에 禮部侍郎(正4品)을 지낸 宋琰과
肅宗妃 明懿太后의 오라버니이며 叅知政事(從2品)를 지낸 柳仁著
(貞州柳氏)를 또한 사위로 맞고 있었을 뿐만 아니라 두 아들 源·
溱도 모두가 門蔭出身으로 宰相의 지위에 올랐다. 그러기에『고려
사』편찬자는 앞서도 언급한 바와 같이 "門閥之盛의 一時 無比"의
형세였다고 말했던 것이다. 그는 사후 肅宗廟庭에 配享되었다.
　그의 손자는 그 수가 대단히 많아서 이루 다 기록할 수가 없을

정도라고 전하고 있다. 그러나 지금으로서는 慶源 李應璋의 처가 된 崔湊의 딸이 알려지고 있을 뿐 여타 인원에 관해서는 잘 알 수가 없다.

우리는 지금까지 진행시켜온 고려전기의 海州崔氏家門에 대한 검토를 통하여 다음의 몇 가지 사실들을 확인할 수 있었다고 생각된다. 우선 첫째로 海州崔氏는 鄕吏에서 起家하여 中央貴族化한 가문이란 점이다. 이것은 고려초기에 지방토호세력이 통치체제의 정비과정에 따라 중앙의 지배층으로 전환되어 갔다는 종래의 이해와 부합되는 하나의 著例가 된다.

둘째로 중앙귀족화의 계기는 '實力'에 의한 것이었다는 점이다. 유학에 대한 학문적 능력이 科擧라는 시험을 통하여 발휘됨으로써 身分의 전환까지도 결과하게 되었다는 것인데, 이런 점에서 科擧制가 지니는 일정한 의의가 있는 것이겠다. 그러나 여기에서 한편으로 주목되는 것은 당사자의 신분이 鄕吏라는 일정한 수준 이상이었다는 것과 급제 이후의 진출에 있어 당시의 名門인 慶州崔氏의 많은 도움을 받았다는 사실이다. 그리고 일단 하나의 名門으로써 어느 정도의 기반이 잡힌 이후에는 그것이 곧 자손들의 진출에 커다란 영향을 미치고 있다는 사실도 간과해서는 안될 것이겠다.

셋째로 貴族이 하나의 家門을 형성해가는 과정은 대개 3代 이상에 걸쳐 고위관직을 점하게 되면서 사회적으로 인정을 받은 사실이 나타나고 있다. 이와 같은 예는 崔思諏나 崔瀹의 경우에서 잘 볼 수 있었다. 이것도 종래 우리가 이해하여 왔던 바와 부합된다.

넷째로 海東의 儒宗으로 널리 알려져 있는 집안임에도 불구하고 蔭敍出身이 많다는 점이 주목된다. 특히 崔惟吉系를 보면 그 자신부터 아들 崔思諏, 그리고 孫인 崔源·崔湊 모두가 대대로 蔭補되고 있으며, 더구나 그들이 모두 宰相의 지위로까지 진급하고 있다. 이것은 확실히 귀족사회에서 볼 수 있는 官職 世襲의 한 현상으로 생각된다. 물론 이 집안에서는 蔭敍者보다도 많은 수의 科擧合格者를 배출하고 있다. 科擧와 蔭敍는 모두 고려사회에서 가장 중요한 入仕手段이었음에 틀림이 없었다. 그런데 여기서 생각되는 것은 비록 科擧出身者라 하더라도 실제적인 官途에 있어서는 家門의 영향이 컸다는 점이다. 그런 의미에서 蔭叙制는 말할 것도 없고 科擧制조차도 귀족제적인 테두리 안에서 운영되었다고 이해들을 하고 있는 것이다. 이러한 관점에 서게될 때에 비로소 首相 4名에 宰相 6名을 비롯하여 많은 고위관직자를 낸 海州崔氏家門을 바르게 이해할 수 있을 것 같다.

다섯째로 귀족제적인 양상은 혼인관계에 가장 잘 표현되어 왕실과의 外戚關係나 귀족 상호간의 連姻이 일반적인 현상으로 나타나는 법인데, 海州崔氏의 경우에도 그것이 역력히 드러나고 있다. 崔思諏의 外孫女와 崔湧의 딸이 모두 睿宗妃가 되어 왕실과 직접 간접으로 外戚關係를 맺고 있는 것은 그 일단이라 할 수 있겠다. 나아가 貴族들과의 連姻關係를 살펴보면 그것은 외척관계보다 더욱더 전형적인 양태를 나타내고 있다. 海州崔氏의 첫째 혼인 대상 가문은 역시 당대 제일의 명문인 慶源李氏였다. 崔思諏는 妻와 사위(李資謙), 그리고 손녀사위(李應璋)를 모두 慶源李氏家門에서 맞고있고, 崔惟善의 사위(李預)와 崔瀹의 처(李資德의 딸)도 또한 慶源李氏였다. 江陵金氏와도 중첩되는 혼인관계를 맺고 있어서 崔湧은 金上琦의 딸을, 그리고 그의 손자 崔寬은 金闡의 딸을 각각 아내로 맞고 있다. 海州崔氏는 이밖에도 당대의 명문들인 光陽金氏・南平文氏・貞州柳氏・靈光金氏・平山朴氏 등과 혼인관계를 맺고 있었다.

이상의 몇 가지 점은 이미 잘 알려져 있는 고려전기 귀족사회의 양상들인데, 우리는 海州崔氏家門의 분석을 통하여 그러한 사실을 한번 더 재확인 할 수 있었다고 본다. 그러면 武臣亂 이후의 海州崔氏에 대하여 다시 검토를 계속해 보자.

2. 高麗後期의 海州崔氏

毅宗 24年(1170)에 武臣亂이 폭발하여 고려사회는 커다란 시련기로 접어들게 되었다. 그 동안 文臣貴族들의 멸시와 천대로 쌓였던 武臣들의 울분이 난으로 폭발하였던 것이다. 저들은 "무릇 文冠을 쓴 자는 비록 胥吏라도 죽여서 씨를 남기지 말라"고 외치면서 많은 文臣들을 학살하였다. 그 3년 후에는 金甫當 등이 鄭仲夫 등을 토멸하고 毅宗을 복위시키려 하여 군사를 일으켰다가 실패한 일이 있었다. 이에 붙잡혀 죽음에 임한 金甫當은 모든 문신이 모의에 가담하였다고 하여 또 한차례 문신들은 큰 참화를 입었다. 이처럼 많은 문신들이 죽음을 당하고 새로이 武臣들이 집권하게 됨에 따라 고려사회는 커다란 전기를 맞게되는 것이다.

그러나 한편으로 보면 이러한 혼란의 와중임에도 불구하고 쿠데타군이 외쳤던 구호처럼 '모든' 문신이 학살된 것은 아니었다. 德望이 높았던 사람이나 親武的 입장에 섰던 문신들은 武臣政權下에서도 여전히 자기의 자리를 지키고 있었다. 文班貴族과 깊이 연결되어 있던 王權은 유지되고 있었고 東班機構도 그대로 존속하였는데 그 운영이 무신들만으로는 불가능한 것이었다. 이에 따라 일시적으로 몸을 피했던 사람들도 武臣政權의 상대적인 안정과 함께 차차로 정계에 진출할 수 있는 기회를 얻고 있었다.

그리하여 고려후기사회의 새로운 질서가 이룩되어져 갔거니와,

대표적인 귀족가문의 하나였던 海州崔氏도 이러한 사회적 분위기 속에서 예외적인 존재는 아니었다. 앞에서 이미 지적한 바와 같이 이 가문도 처음에는 큰 타격을 입어 崔湧의 아들 允偁가 난리통에 살해되는 불행을 당하였다. 또 崔允儀의 사위인 金至當은 바로 金甫當의 아우였으므로 그로써도 타격을 받은바 컸을 것이다. 그의 두 아들 寬·謙과 崔溱의 손자인 持의 이름이 사서에 전해오나 아무런 뚜렷한 위치에 오르지 못한 것은 이런 점에서 이해할 수 있지 않나 생각되는 것이다.

그러나 崔淪과 崔灌의 계열은 이와 같지가 않았다. 즉 그들 후손들도 처음에는 견제를 받았다고 생각이 되나 武臣政權이 안정기에 들면서는 다시 크게 진출하여 가문의 전통을 이어가게 되는 것이다. 그 대표적인 사람은 崔淪의 증손인 滋였다. 崔滋(崔宗裕 또는 崔安)의[27] 家系에 대해서는 그의 傳記에 "文憲公 冲의 후손"이라고만 보이고 있으나 자신의 저술에서 曾王父는 尙書를 지낸 崔淪이라고 밝히고 있어[28] 그가 崔淪의 증손임을 확인할 수가 있다. 그러니까 그의 祖父는 崔允仁이 되겠는데, 父親은 족보에 의하면 崔敏이라고 전해지고 있다.[29] 前章에서 설명했듯이 崔允仁은 슬하에 6男 2女가 있어서 그중 위로 세 아들은 모두 寺門에 들어갔다. 남은 세 아들과 두 딸은 어려서 아버지를 여의고 어머니를 따라 갔으므로[30] 이들은 安東權氏 집안에서 자랐을 것이 짐작되거니와 崔敏은 아마 그 세 아들 중의 하나일 것이다. 그는 역시 족보에, 江陵金氏를 아내로 맞았고 벼슬은 僕射(正2品)까지 지냈다고 하나 이

---

27) 그에 대해서는 본인의 傳記(『高麗史』 卷102)와 崔有渰傳(『高麗史』 卷110)·『補閑集』 및 『高麗史』 世家·志·『高麗史節要』 참조.
28) 『補閑集』 卷上, 睿宗御宇條.
29) 崔益鎭刊編, 1925, 『海州崔氏世譜』 海州崔氏修譜所, 會寧.
30) 崔允仁墓誌.

를 사료상으로 확인할 길은 없다.

崔滋는 武臣政權이 들어선 이후 큰 혼란을 겪고 있던 明宗 18年 (1188)에 태어나 元宗 元年(1260)에 세상을 떠날 때까지 그야말로 다사다난한 시기에 일생을 보낸 사람이다. 그는 이와 같은 혼란에 도 불구하고 어려서부터 학문에 힘을 써 글짓기를 잘하였으며 드디어 康宗朝에는 과거에 급제하였다. 그리하여 尙州司錄·國學學 諭 등의 관도를 걸을 수 있었다. 그런데 당시는 崔怡가 집권하고 있던 시기로써 '能文能吏'의 官人群이 이상적인 관료형으로 환영을 받고 있는 때였다. 처음에 그는 이같은 평가기준에서 자기의 능력을 정당하게 인정받지 못하여 10년간이나 제자리에 머물지 않을 수 없는 불운도 겪었다.그러다가 그의 詩가 당시 文柄을 잡고 있던 李奎報의 주목을 끌게 되고 결국 그의 후임으로 추천을 받기까지에 이르렀다. 그러나 崔怡는 그대로 발탁하지는 않았다. 열 번이나 書表를 짓게 하여 文才를 시험하고, 이어서 給田都監錄事에 임명하여 吏才를 평가하는 단계를 거치게 했던 것이다. 그는 여기에서 모두 우수한 성적을 내어 能力을 크게 인정받게 되었다. 그리하여 이후는 평탄한 출세의 길을 걸어서 두 차례나 知貢擧를 역임하는 등 두루 요직을 거쳐 高宗 34·5년경에는 宰相職에 오르며, 同王 45년을 전후해서는 平章事(正2品)·判吏部事로써 冢宰의 자리에 앉아 정무를 통령하는 위치를 차지하게 되는 것이다.

이처럼 崔滋의 진출에는 '能文能吏'의 정도가 중요한 구실을 했던 점이 주목되는데, 한편으로 그의 처가 定安 任孝順의 딸이었다는 사실도 주의해 두어야 하겠다. 定安任氏는 고려전기부터 대표적 귀족가문의 하나였거니와 武臣亂 이후에는 더욱 家勢를 떨친 집안이다. 이 가운데에서 任孝順은 首相을 지낸 任元敱를 祖父로, 그리고 平章事를 지낸 任濡(克仁)를 아버지로 하여 태어났으며, 자신은 벼슬이 密直副使(正3品)에까지 올랐고 또 武人執政인 崔忠獻의 딸을 아내로 맞았던 사람이다.[31] 그런데 崔滋는 任孝順의 딸을 아내로 맞고 있었으니 그와 定安任氏와의 인척관계는 물론 崔忠獻 집안과도 남남간이 아니었던 것이다. 崔滋가 武臣政權 아래에서 크게 출세할 수 있었던 것은 자신의 능력과 함께 이러한 인척관계에서 많은 도움을 받지 않았을까 짐작된다.

崔滋는 有侯·有抵·有滄의 세 아들을 두었다. 그중 가장 큰 인물은 崔有滄이었다.[32] 즉 그는 將軍·監察雜端·侍丞 등의 관직을 거쳐 忠烈王 17年에는 副知密直司事(正3品)·監察大夫(正3品)의 지위에 오르며 同王 33年에는 마침내 都僉議中贊(從1品)·判典理·監察司事로써 首相이 되는 것이다. 그는 후에 功臣號를 받고 大寧君에 봉해지기도 하였는데, 忠肅王 11年에는 86세의 고령임에도 불구하고 守僉議政丞(從1品)·判選部事·大寧府院君에 임명되어 다시 한번 수상의 자리에 앉아 국정을 보살피기도 하였다. 또 재직 중에는 忠烈·忠宣王 父子間의 不和를 조정하기에 노력하여 忠宣王의 폐립을 막는데 큰 공로를 세운 일이 있거니와, 특히 元에 자주 출입하면서 附元輩의 '入省' 策動을 저지하는 등 양국간에 야기되는 여러 문제들을 힘써 해결하여 빛나는 업적을 남기기도

---

31) 崔忠獻은 定安任氏와 이중적인 혼인관계를 맺고 있다. 즉 그 자신은 任溥의 딸을 아내로 맞았고, 또 任濡의 아들을 사위로 삼았던 것이다 (『朝鮮金石總覽』 440쪽 崔忠獻墓誌). 그런데 그의 사위 이름이 『高麗史節要』에는 任孝明으로 되어 있으나(卷 14 神宗 5年 5月), 任濡傳(『高麗史』 卷95)에는 景肅·景謙·孝順·景恂의 네 아들이 있었다고 전할뿐 孝明은 보이지 않는다. 그러므로 여기서는 일단 孝順과 孝明을 同一人으로 간주한 것인데, 만약에 이들이 同一人物이 아니라면 인척관계는 약간 달라지게 된다.

32) 그에 대해서는 본인의 傳記(『高麗史』 卷110)와 『高麗史』 世家·志 및 『高麗史節要』 참조.

하였다. 그는 이처럼 忠惠王 元年에 93세를 일기로 세상을 떠날 때까지 한나라의 宰相으로써, 그리고 國老로써 큰 역할을 담당해 왔는데, 그러나 仕宦한 초기에는 그 역시 10년간이나 진급하지 못하고 한자리에 머물러 있은 시기도 있었다. 그러다가 忠烈王이 즉위하면서 발탁되어 새로이 立身의 길을 걷게 되지마는, 忠烈王이 그를 발탁한 이유는 "오랜동안 그 이름을 들어왔기" 때문이었다. 首相의 아들이었음에도 10년간이나 한자리에 머물러 진급하지 못하고 있었다는 사실과, 또 왕이 오랜동안 이름을 들어온 것이 발탁의 원인이 되었다는 두 가지 내용은 그것들이 내포하고 있는 의미가 서로 상반되는 듯 한데, 어떻든 당시의 사회 사정을 반영하고 있다고 보아 주목할 사실들이라 하겠다.

崔有澐의 과거 급제여부에 대해서는 열전을 비롯한 여러 史書에 명확한 기록이 보이지 않는다. 그러나 본시 『고려사』가 과거급제자를 중심으로 엮어져 그 내용을 빠짐없이 싣도록 노력한 사서라는 사실과, 또 崔有澐 자신이 요직을 두루 역임하였음에도 불구하고 知貢擧를 맡은 일이 없는 점 등을 감안한다면 그는 蔭敍出身일 가능성이 크다. 하지만 이점에 대해서도 확증할만한 사료는 보이지 않으므로 단정키는 어렵다.

그의 처는 元宗末·忠烈初에 宰相을 지낸 開寧洪氏 祿遒의 딸이었다. 그리하여 그는 洪氏와의 사이에 아들 持 등을 두었거니와, 史書에는 이밖에 증손인 鄲과 고손 關의 이름도 보인다. 崔鄲은 麗末에 密直副使(正3品)·漢陽尹(從2品)으로,[33] 崔關은 禮曹摠郎(正4品)으로[34] 각각 활동하고 있는 것이다. 그리고 族譜에만 보이

---

33) 『高麗史節要』 卷32, 禑王 10年 11月條·『高麗史』 卷45, 世家 恭讓王 2年 2月條.
34) 『高麗史』 卷46, 世家 恭讓王 4年 5月條.

는 사실이긴 하지만, 이들 중에는 鐵原崔氏(崔鄲의 처)·南陽洪氏(崔安海의 처)·忠州池氏(崔廊의 처는 池湧奇의 女·崔荷의 처는 池龍壽의 女) 집안과 각각 혼인한 사실도 나타나 있는데, 이점은 특히 주목되는 바가 있다.

崔有渹의 長兄인 崔有侯에[35] 대해서는 殿中尹을 거쳐 密直副使(正3品)·文翰學士(正3品)의 지위에 오른 것과, 또 次兄인 崔有拯가[36] 東京留守判官(6品 以上)을 지낸 사실이 기록에 보일 뿐 구체적인 내용은 알 수가 없다. 族譜에는 崔有侯의 아들 豊이 보이며 또 누이동생은 忠烈王 初年에 國學大司成(正3品)·典法判書(正3品) 등을 역임한 郭汝弼의 아내가 되었다고 하나 이를 증빙할만한 구체적인 사료는 또한 전하지 않는다.

다음으로 崔灌系列을 보면 그의 후손들 역시 상당한 지위에 오르고 있다. 아들인 崔洪胤만[37] 하더라도 이미 熙宗朝에 宰相이 된 후 계속 착실히 승진하여 守太尉(正1品)·平章事(正2品)·判兵部事에 올라 亞相까지 지내는 것이다. 名門인 鐵原崔氏 집안에서 아내를 맞았던 이 이는 특히 考試官으로서도 이름을 높이었다. 즉 神宗 4年에 國子試 試官을 지낸 것을 비롯하여 熙宗 元年에는 同知貢擧, 그리고 熙宗 6年과 康宗 元年·高宗 2年에는 각각 知貢擧를 역임하였던 것이다. 그는 武臣政權下에서 文名과 德望으로 이름이 높던 文克謙(南平文氏) 밑에서 수석으로 登第한 후 그 자신 또한 세 차례나 知貢擧를 역임하는 동안 다시 많은 門生을 배출하

---

35) 그에 대해서는 崔滋傳과 『高麗史』 世家 및 『高麗史節要』 참조.
36) 그에 대해서는 崔滋傳 참조.
37) 그에 대해서는 崔瑞墓誌銘(『韓國金石文追補』 214쪽)·卞韓國大夫人崔氏墓誌銘(『韓國金石文追補』 232쪽)과 『破閑集』 卷下, 「世以科第取士」條·『補閑集』 卷上, 崔景文公洪胤條 및 『高麗史』 世家·志·『高麗史節要』·『洞州崔氏族譜』 참조.

여 큰 영광을 누리었던 것이다.

崔洪胤의 아들 淳은[38] 그리 널리 알려진 인물은 아니었다. 그는 戶部侍郎(正4品)의 지위에까지 올랐으며 또 처는 定安郡大夫人 任氏였다는 사실 이외에는 별로 전하는 것이 없는 것이다. 반면에 崔淳의 아들 瑞에 대해서는[39] 본인과 처의 墓誌가 남아있어 비교적 자세한 내용을 알 수가 있다. 이에 의하면 그는 高宗 41年 봄에 江華判官을 제수받아 官途에 들어서게 되는데, 그후에야 과거에 급제한 것을 보면 아마 처음에는 門蔭으로 진출한 모양 같다. 하여튼 그는 이후 元宗·忠烈王代에 주로 활동하거니와, 벼슬은 副知密直司事(正3品)·版圖判書(正3品)·文翰學士(正3品)에까지 올랐으며 나중에는 君에 봉함을 받기도 하였다. 그는 처음에 秘書監(從3品) 閔徽의 딸을 아내로 맞았고, 다시 後娶로써 密直副使(正3品)·軍簿判書(正3品)·上將軍(正3品) 朴瑈의 딸을 맞아 슬하에 4男 2女를 두었다. 이들 중 讞部典書를 지낸 맏아들 崔仲濡 이외에는 역사상에 뚜렷한 자취를 남기지 못하고 말았는데, 그에 비하여 사위인 金倫과 趙文瑾은 고려후기의 名門인 彦陽金氏와 橫川趙氏 집안의 자제로써 모두 宰相의 지위에 올랐다. 즉 金倫은 僉議僉理(從2品)를 지낸 金賆의 아들로 자신은 左政丞(從1品)에 府院君의 봉함까지 받으며 또 趙文瑾도 知密直司事(從2品)를 지낸 趙抃의 아들로써 僉知門下政事(從2品)·集賢殿大學士(從2品)의 지위에까지 올랐던 것이다. 나아가 崔仲濡의 딸이 다시 彦陽金氏와 혼인을 하거니와 이 같은 사실은 고려후기사회에 있어서도 전기사회와 유

---

38) 崔瑞墓誌銘과 卞韓國大夫人崔氏墓誌銘 참조.

39) 본인의 墓誌銘(『韓國金石文追補』 214쪽)과 務安郡夫人朴氏墓誌銘(『韓國金石文追補』 220쪽)·卞韓國大夫人崔氏墓誌銘·金倫墓誌銘(『牧隱文藁』 卷16) 및 『高麗史』 世家·『高麗史節要』 참조. 아들 崔仲濡에 대해서는 李崇仁先大夫人 行狀(『陶隱文集』 卷5) 참조.

사하게 통혼권이 名門世族들간에 중첩되고 있다는 것을 시사하고 있어 우리의 주목을 끈다.

다음 慈州城에서 蒙古의 침입을 끝까지 막아 이름을 빛낸 崔椿命도[40] 海州崔氏였다. 이는 그의 傳記에 "椿命은 文憲公 冲의 후손"이라고 전하고 있어 분명히 확인이 되거니와 그 系列은 잃어버리고 말아 父祖만은 잘 알 수가 없다. 그는 후에 慈州城에서의 공로를 인정받아 樞密院副使(正3品)에까지 발탁되며 아들 崔恬도 衛尉卿(從3品)의 직위에까지 올랐다.

文憲公派와 系譜를 달리하고는 있지만 崔安道 집안도 같은 海州崔氏로써 고려후기사회에서 한때 세력을 떨친 家門이었다.[41] 이 집안은 崔安道의 曾祖가 되는 崔光이 州副戶長을 지내다가 祖父인 崔大富 때에 와서야 비로소 仕宦하여 檢校大將軍이 된 것을 보면 오랜동안을 吏族으로써 鄕村에 머물다가 元宗朝를 전후하여 중앙으로 진출한 것 같다. 그후에 崔玄·崔安道 父子가 모두 忠宣王의 內僚로써, 그리고 蒙古를 등에 업은 附元勢力으로써 크게 진출하여 가세를 떨치게 되거니와, 崔玄은 檢校評理·上護軍(正3品)에, 崔安道는 同知密直司事(從2品)의 고위직에까지 올랐다. 이후 崔安道의 아들들도 크게 顯達해서 장남인 崔濡는 僉理(從2品)가 되고 차남인 崔源(璟)도 版圖判書(正3品)의 직위에 오르는데, 이들은 忠定王 2年 5月의 인사에 불만을 품고 왕에게 불경한 언동을 했을 뿐 아니라 당시의 權門들과도 충돌을 일으켜 처지가 어렵게 되자 元으로 도망해 들어가 百計로 본국을 모함하는 반역자들이 되었다. 결국 崔源은 元末의 叛賊 張士誠을 치다가 전사하고 崔濡

---

40) 본인의 傳記(『高麗史』 卷103)와 『高麗史』 世家 및 『高麗史節要』 참조.
41) 이 家系에 대해서는 『東文選』 卷123의 崔安道墓誌와 『高麗史』 卷124의 崔安道·崔源傳·同書 卷131, 崔濡傳 및 『高麗史』 世家·『高麗史節要』 참조.

도 元의 奇皇后와 결탁하여 본국을 침공했다가 실패한 후 誅殺되고 말지마는 이로써 집안이 급격히 몰락하고 말았다. 사위 중에는 評理(從2品)의 직위에 있으면서 鴨綠江 以西의 八站을 공략하여 유명해진 印瑠도 있지마는 그도 姜仲卿 사건과 복잡 미묘하던 당시의 麗·元關係에 연루되어 斬殺당하고, 다른 사위인 林熙載도 辛旽의 與黨으로 몰리어 誅滅되고 마는 불운이 뒤따랐다. 아래에 참고삼아 그의 家系를 圖示하여 보이기로 한다.

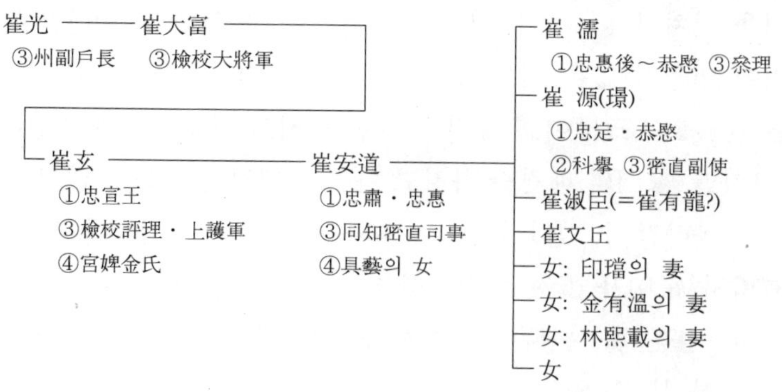

요컨대 海州崔氏는 武臣亂이 일어난 시기의 얼마간을 제외하면 고려후기에 있어서도 그 이전과 큰 차이가 없을 정도로 정계에 활발한 진출을 하고 있다. 崔敏－崔滋－崔有渰 兄弟, 崔灘－崔洪胤－崔淳－崔瑞로 이어지는 두 계열을 포함하여 많은 인물들이 首相 내지는 宰相級의 지위에 오르고 있는 것이다. 생각해 보면 물론 이들의 저같은 진출에는 각자의 능력이 큰 역할을 했겠지마는 전통적인 家門의 영향도 배제할 수는 없을 것 같다. 혼인관계를 보면 그 양상은 더욱 뚜렷하다. 전기사회에 있어서와 마찬가지로 후기 사회에서도 海州崔氏는 당대의 대표적 名門이었던 定安(長興)任

氏(崔滋와 崔淳의 처) 및 彦陽金氏와 중첩되는 인척관계를 맺은 것을 비롯하여 橫川趙氏·鐵原崔氏·南陽洪氏 등과 혼인을 하고 있는 것이다. 忠宣王 卽位下敎에 이른바 '宰相之宗'이 지정되고 있어 海州崔氏도 그 하나로 꼽히고 있지마는 그것은 실제로 海州崔氏의 이같은 家勢에 연유하는 것이었다. 고려후기사회에는 역시 귀족제적인 요소가 강하게 내포되어 있었던 것이라 하겠다.

그러나 한편으로 보면 이와는 다른 양상도 눈에 띤다. 崔滋의 경우 10년 동안이나 관직상의 승급이 억제되었고, '能文能吏' 정도의 시험을 거쳐서야 비로소 앞날을 기약받을 수 있었다. 10년간을 한 자리에 머물러 있은 것은 崔有渰의 경우도 마찬가지였다. 이것은 물론 崔氏武人政權이 專權하고 있던 당시의 특수사정에 기인하는 바 크지만, 家門의 배경만 가지고 아무런 제약을 받음이 없이 높은 직위로 올라갈 수 있었던 전기사회와는 크게 다른 점이다. 또 비록 崔有渰과 崔瑞가 蔭敍로 진출했을 가능성은 크다고 하나, 전기에 崔惟吉—崔思諏—崔源 兄弟에서와 같이 家蔭으로 관직을 이어간 예를 찾아 볼 수 없는 것도 주목할 만하다. 반면에 崔滋·崔洪胤의 입장에서 느낄 수 있는 것처럼 科擧制는 더욱 강조되고 있는 것이다. 고려후기사회는 변모되어 가고 있었던 것이라 하겠다. 우리는 이와 같이 변모되어 가는 고려후기사회의 모습을 海州崔氏家門의 分析으로 엿볼 수 있는 것이다.

Ⅲ. 坡平尹氏家門의 分析

1. 高麗前期의 坡平尹氏

坡平(鈴平)尹氏도 海州崔氏와 함께 고려 일대를 통하여 대표적 귀족가문의 하나였다. 이 집안은 睿宗朝에 女眞을 정벌하고 門下侍中의 지위에 오른 尹瓘 때부터 名門으로 번성하게 되지만 본래부터도 開國功臣의 후예로서 家世를 이어온 것으로 생각된다. 尹瓘의 先世에 대해서는 사료에 따라 약간의 차이를 나타내고 있는데 그것을 보이면 다음과 같다.

① 尹莘達(三韓功臣)−△−△−△−△−尹瓘(『稼亭集』卷12, 尹宣佐墓誌)

② 尹莘達(三韓功臣)−尹先之(功臣)−尹金剛(左僕射)−尹執衡(右僕射)−尹瓘(『牧隱文藁』卷18, 尹侅墓誌)

③ 尹莘達(佐太祖爲三韓功臣)−△−△−尹執衡(檢校少府少監)−尹瓘(『高麗史』卷96, 尹瓘傳)

④ 尹先之(贈軍器監)−尹執衡(贈太子太保)−尹瓘(『韓國金石文追補』120쪽, 尹彦頤墓誌)

⑤ 尹先之(贈軍器監)−尹執衡(追贈尙書右僕射)−尹瓘(『韓國金石文追補』135쪽, 尹彦旼墓誌)

이들은 크게 보아 ①②③과 ④⑤가 각각 그 내용을 같이하고 있다 하겠는데, 後者에는 없는 尹莘達과 尹金剛이 前者에 보이고 있는 점이 주목된다. 그런데 사료가 작성된 시기로 보아서는 後者가 앞서는 것이므로 前者에 비하여 後者가 더 정확한 것이라는 추

측을 할 수가 있다. 그러나 한편 이같은 사료의 작성 시기 문제와
또『高麗史』太祖世家에 尹莘達의 이름이 보이지 않는다고 하여
그 존재를 아주 부정하여 버릴 수만은 없을 것 같다.[42] 작성된 시
기가 좀 뒤진다고는 하지만 그것들이 만들어진 麗末鮮初는 아직
麗初의 사료가 많이 남아 있었던 때이므로 李穀·李穡 같은 대학
자들이 아무런 근거도 없이 그렇게 작성했을 것 같지는 않으며, 또
太祖의 功臣은 3등까지만 하여도 수천 명에 달했던 것이므로[43] 世
家에 이름이 전하지 않는 사람도 적잖이 있을 수 있기 때문이다.
생각건대 尹瓘 집안은 開國功臣의 후예로써 그 이전부터 중앙에
진출하여, 대단한 벼슬을 지낸 것은 아니었지만 그런대로 家系를
이어온 것으로 보인다. 이것은 尹瓘의 부친인 尹執衡이 檢校少府
少監(從4品)을 지낸 점으로도 대략 짐작할 수가 있다.

  그러다가 坡平尹氏家門은 앞서 말한 바와 같이 尹瓘이[44] 크게
출세하면서 名門으로 대두하기 시작하였다. 그는 文宗朝에 登第한
후 知貢擧를 역임하고 심지어는 전장터에 조차 반드시 5經을 가지
고 다닌 전형적인 文官이었으나 武將으로서도 자질을 갖춰 女眞
을 토벌하고 9城을 축성하였음은 우리들이 익히 아는 바와 같다.
벼슬은 이미 肅宗 7年에 樞密院副使(正3品)를 제수받아 宰相級에

---

42) 李樹健氏는 앞에 든 논문에서, 尹莘達은 후손에 의해 윤색될 가능성이
   많은 사료에만 전하고, 또『高麗史』太祖世家에도 나타나지 않는다고
   하여 그 존재를 부정하였다. 아울러 이 집안은 尹瓘이 중앙에 진출하기
   전에는 坡平에 土着해 있었다고 하였는데, 필자로서는 이와 의견을 같
   이하고 싶지 않다.
43)『高麗史』卷1, 世家. "(太祖 元年 8月) 辛亥詔曰 … 洪儒·裵玄慶·申
   崇謙·卜智謙 爲第一等 給金銀器錦繡綺被褥綾羅布帛 有差 堅權·能
   寔·權愼·廉湘·金樂·連珠·麻煖 爲第二等 給金銀器錦繡綺被褥
   綾帛 有差 其第三等二千餘人 各給綾帛穀米 有差"
44) 그에 대해서는 본인의 傳記(『高麗史』卷96)와 尹彦旼墓誌銘(『韓國金
   石文追補』135쪽) 및『高麗史』世家·志·『高麗史節要』참조.

오르는데, 그후 東蕃討伐의 공로로 睿宗 3年 4月에 推忠佐理平戎
拓地鎭國功臣號와 함께 門下侍中(從1品)·判尙書吏部事·知軍國
重事를 맡아 마침내 首相이 되며 다시 몇 달 후에는 鈴平縣 開國
伯으로 봉함을 받기도 하였다. 그의 부인은 당대 제일의 貴族家門
인 慶源李氏 出身이었다. 尹彦旼墓誌에 의하면 이 이는 檢校太子
少保를 지낸 李成幹의 딸이라고 전하여오나 지금 계보를 분명히
밝히기는 어려운 실정이다. 하여튼 尹瓘은 이처럼 開國功臣의 자
손이라는 후광 위에 門閥家의 女壻로써, 그리고 자신의 능력을 긴
박하던 당시의 대외정세 속에서 잘 발휘함으로써 크게 출세할 수
있지 않았나 생각된다.

　尹瓘은 슬하에 7男 2女를 두었는데, 이들이 또한 상당한 지위로
진출하여 家門은 더욱 빛나게 되었다. 즉 門蔭으로 立身한 제3남
尹彦植은[45] 守司空(正1品)·左僕射(正2品), 제4남인 尹彦頤는[46]
政堂文學(從2品)·判刑部事로 모두 宰相의 지위에 오른 것을 비
롯하여, 형인 尹彦純은[47] 侍御史(從5品)·南原府使 등을 지냈고,
동생 尹彦旼은[48] 家蔭으로 從仕하여 尙食奉御(正6品)·試工部郎
中(正5品) 등을 역임하였던 것이다. 그중에서도 특히 尹彦頤의 활
약이 컸거니와 그는 18세가 되는 睿宗 2年에 父蔭으로 登仕하였으
나 그 7년 후 科試에 급제한 이래 두루 요직을 거치면서 착실한 승
진의 길을 걸었다. 그러나 그는 大覺國師의 碑銘制撰問題를 둘러

---

45) 『高麗圖經』 卷8, 人物 尹彦植條와 『東文選』 卷25, 制誥 「尹彦植可工
　　部尙書」條 및 尹瓘傳·金閱甫墓誌(『韓國金石文追補』 171쪽)·『高麗
　　史』 世家 참조.
46) 尹瓘 附 尹彦頤傳과 본인의 墓誌(『韓國金石文追補』 120쪽) 및 『高麗
　　史』 世家·志·『高麗史節要』 참조.
47) 尹瓘傳과 『高麗史』 世家 참조.
48) 본인의 墓誌(『韓國金石文追補』 135쪽)와 尹瓘傳 및 『高麗史』 世家 참
　　조.

싸고 金富軾(慶州金氏)과 불화를 일으킨 일이 있었으므로 金富軾이 집권하고 있는 동안은 한때 어려운 처지에 놓이기도 하였으나, 앞서 언급한 바와 같이 毅宗 初年에는 마침내 宰相의 지위에까지 올랐다. 그의 처는 光陽金氏로 平章事(正2品)를 지낸 金若溫의 딸이었다. 金若溫은 金義文이라고도 하여 바로 崔允儀의 妻父가 된 金義元의 동생이다.

尹瓘의 두 딸중 막내는 任元敳의 처가 되었다.[49] 우리들이 알고 있듯이 任元敳는 仁宗末 毅宗 初年에 首相을 지낸 定安任氏家門을 더욱 빛낸 사람이다. 그러니까 尹瓘은 자신이 慶源李氏 집안과 혼인을 하고 또 며느리와 사위도 각각 光陽金氏와 定安任氏 家門에서 맞음으로써 당대의 貴族名門들과 깊은 연관을 맺고 있음을 알 수 있다.

그러면 더욱 복잡 다기해지는 그의 家系를 우선 도표로 정리해 놓고 하나하나 살펴 가기로 하자. 도표를 작성하는 데는 海州崔氏의 경우에 있어서와 마찬가지로 각 사람 아래에, ①에는 주 활동 시기, ②에는 음서·과거 여부, ③에는 최고 직위, ④에는 처와 그 가문을 아울러 첨가하였으며 家乘과 族譜에만 보이는 내용은 ( )로 표시하였다.[圖表 2]

위의 도표에 보이듯이 尹彦頤는 슬하에 7男 4女를 두었다. 그중에서 가장 높은 위치에 올랐던 사람은 장남인 尹鱗瞻이었거니와[50] 그는 仁宗 10年 科擧에 급제한 후 주로 臺諫職을 역임하여 毅宗 24

---

49) 尹瓘의 季女에 대하여 족보에는 任元濬의 처라 되어 있고 藤田亮策은 任元淑의 처라 보았으나, 이는 잘못인 듯하다. 필자가 보기에 그는 아마 任元敳의 처인 듯싶다. 이에 대해서는 任克忠墓誌(『韓國金石文追補』 177쪽)를 참조하기 바란다.

50) 그에 대해서는 尹瓘附傳의 본인 傳記와 尹彦頤墓誌 및 『高麗史』 世家·志·『高麗史節要』 참조.

年에는 諫議大夫에 재임하고 있었다. 그러던 중에 武臣亂을 겪게 되지마는, 그는 다른 많은 文臣들의 경우와는 달리 오히려 난 이후에 급작히 승진하여 그해 9月에 知樞密院事(從2品)를 제수받고 이어서 叅知政事(從2品)·判兵部事, 그리고 平章事(正2品)의 지위에까지 올랐다. 그리하여 武臣政權下에서 知貢擧를 역임하기도 하고 또 趙位寵의 亂軍을 토벌하여 功臣號를 받기도 하는 등 커다란 역할을 담당하였던 것이다. 물론 그의 이 같은 급작스러운 승진은 난중에 고위직 문신들이 대량으로 학살되고 말았으므로 그 공백을 메꾸는 조처에서 기인한 것이며, 그렇기 때문에 자기의 직위에 해당하는 만큼의 실권이 있었던 것은 아니었다. 그가 "武臣과 더불어 일을 같이하는데 매양 저들에게 견제되어 나약하게 자신을 보전할 따름이었다"고 한 傳記의 내용이 그것을 말해준다. 이제 우리는 이러한 점을 염두에 두고 생각해가야 하지만 비록 그렇다고 하더라도 대표적 貴族家門의 자제인 그가 '武臣政權 成立期'에 있어서조차 계속 재상직을 지키고 있었다는 것은 주목할만한 일이다.

제5남인 尹惇信은 科擧에 급제한 후 侍郞(正4品)의 직위에 있다가 武臣의 난리 중에 살해되고 만다. 그러나 그의 자손들은 고려후기에 크게 번성하게 되는데, 이점에 대해서는 후에 다시 설명하기로 하겠다. 그는 毅宗 初年에 散騎常侍(正3品)·戶部尙書(正3品)를 지낸 金端의 딸을 아내로 맞아 尹商季 등의 자녀를 두었던 것이다.

尹鱗瞻과 尹惇信 이외에 子讓·子固·孝惇(惇孝)·惇義 등 형제들의 이름이 아울러 사서에 보인다. 이중 尹子讓은 崔溫의 딸을 아내로 맞이한 바 있으며, 尹子固도 文公裕의 딸과 혼인하고 또 科擧에도 급제한 사실이 확인되거니와[51] 崔溫은 수상을 지낸 崔

---

51) 『高麗史』卷96, 尹瓘 附 尹彦頤傳과 尹彦頤墓誌.

弘宰의 아들로 그 자신은 奉御(正6品)에 올랐던 稷山崔氏의 후예
이며, 文公裕는 公仁의 동생으로 知門下省事(從2品)의 직위에까지
올랐던 南平文氏 자손이다. 제4남인 尹孝惇은 寺門에 들어갔으므
로 특별히 전하는 내용이 없고 尹惇義에 대해서도 별반 알려진 것
이 없다.

尹鱗瞻은 淸州韓氏 惟忠의 딸과 혼인하여 슬하에 5男 1女를 두
었다. 빙부가 되는 韓惟忠은 仁宗末・毅宗初에 平章事(正2品)의
지위에 올랐고 그 아들 韓文俊은 明宗朝에 수상을 지낸 인물인데,
이같은 양가의 관계는 武臣亂 이후의 坡平尹氏를 이해하는 데 주
목할만한 점이다. 尹鱗瞻은 武臣들의 반란 중에 장남인 宗諤을 잃
는 불행을 당하지만 그 이후에 자신을 포함하여 宗誨・宗誠・宗
諹 등 여러 아들이 상당한 위치를 차지하게 되는 것은 아마 이와
무관하지 않을 것이다. 尹宗諤과 尹宗誨는 門蔭을 통하고, 尹宗
諤・尹宗誠・尹宗諹은 각각 科擧에 급제하여 武臣亂이 일어나기
이전에 이미 모두 官途에 진출해 있었다.[52] 族譜에 의하면 尹鱗瞻
의 아우인 尹子固는 趙永仁을 사위로 삼았다 하는데,[53] 그렇다면
坡平尹氏는 橫川趙氏와도 인척관계를 맺고 있었음을 알 수 있다.
趙永仁은 明宗末에 宰相職에 오른 이후 神宗 初年에는 首相까지
지내거니와 이 또한 주목할 사실이다.

武臣亂 이전에 활동한 尹氏家의 인물로는 이 이외에 尹彦植의
아들 平壽와[54] 尹彦純의 아들 仲瞻 등이 사서에 전한다. 그러나
이들은 당시에 그렇게 뚜렷한 위치를 점하고 있는 존재는 못되었
으며, 오히려 尹彦純의 사위인 金正純이 叅知政事(正2品)・判兵部

---

52) 註 51)과 同.
53) 尹相夔, 1920,『坡平尹氏世譜』(漣川) 참조. 뒤에 인용하는 坡平尹氏關
    係 族譜란 모두 이를 일컫는 것이다.
54)『高麗史』卷18, 世家 毅宗 21年 春正月條.

事의 자리에 올라 仁宗年間의 정계에 큰 비중을 차지하고 있었다.

이상 고려전기의 坡平尹氏家門을 살펴보면서 우리는 다음과 같은 사실을 확인할 수 있었다고 본다. 우선 坡平尹氏는 뚜렷한 위치에 있었던 것은 아니지마는 開國功臣의 집안으로 그 지위를 지켜오다가 尹瓘 때와서 名門으로 대두하게 되었다. 尹瓘은 文·武 양면에 뛰어난 자질을 갖추어 門下侍中의 지위에 오르거니와 門閥家인 慶源李氏와의 혼인을 통하여 家格을 한층 높이기도 하였다. 이처럼 尹瓘이 수상의 지위에 오른데 이어 아들 尹彦植·尹彦頤, 손자 尹鱗瞻이 모두 재상직에 취임함으로써 3代宰相의 貴族家門으로 성장해 간 것이다. 물론 이들 宰相位에 오른 사람 이외에도 많은 인원이 대소의 관직에 취임하고 있음은 앞에서 보아온 바와 같다.

저들이 官途로 나아간 계기는 科擧와 蔭敍를 통하여서였다. 먼저 科擧出身者는 尹瓘과 尹彦頤, 尹彦頤의 세 아들 鱗瞻·子固·惇信, 그리고 다시 尹鱗瞻의 세 아들 宗諤·宗誠·宗諝 등 모두 8명이나 된다. 특히 尹鱗瞻과 尹宗諤 각 3형제가 모두 登第한 사실을 들어 里閭에서는 그 집을 '三第宅'이라 부르며 칭송하고 부러워하였다 한다. 科擧는 貴族家門에 대해서도 일정한 의의를 지니는 것이었음을 알 수 있다. 그런데 한편 蔭敍出身者를 보면 尹瓘의 세 아들 彦植과 彦頤·彦旼, 그리고 尹鱗瞻의 두 아들 宗諤·宗誨 다섯 사람이 확인이 된다. 그밖에 몇 사람 더 음서출신자가 있을 듯 하지만, 어쨌든 이 사실만 가지고도 음서는 우리들이 이해하고 있는 것보다 훨씬 널리 그리고 일반적으로 시행되고 있다는 사실을 확인할 수 있다. 음서제는 물론 과거제도 귀족제적인 테두리 내에서 기능하고 있었던 것이라 하겠다.

다음으로 혼인관계를 보면 귀족들간의 連姻現象이 뚜렷하게 나타난다. 坡平尹氏는 慶源李氏와 이중적인 인척관계를 맺은 것을 비롯하여(尹瓘과 尹宗諴의 처) 光陽金氏·定安任氏·淸州韓氏·稷山崔氏·南平文氏·橫川趙氏 등과 혼인을 맺고 있었다. 우리들이 알고 있듯이 이들은 모두가 당대의 貴族名門들인 것이다. 坡平尹氏는 貴族的인 제특질을 지닌 貴族家門이었다.

2. 高麗後期의 坡平尹氏

대표적인 文班貴族家門의 하나인 坡平尹氏도 武臣들의 쿠데타로 타격을 받지 않을 수 없었다. 난리통에 尹鱗瞻의 아우 惇信과 아들 宗諤이 살해당한 것은 그 예라 하겠다. 그러나 坡平尹氏의 경우는 이것을 제외하면 그 타격이 그렇게 대단한 것은 아니었다. 우선 尹鱗瞻 자신만 하더라도 난 직후에 오히려 宰相으로 승진하였고, 아들 尹宗諴는 判禮賓省事(正3品), 尹宗誠과 尹宗諤은 각각 國子祭酒(從3品)와 刑部侍郞(正4品)을 지내며, 從兄인 尹仲瞻도 趙位寵의 亂軍을 토벌하는데 兵馬判官(5品~6品)으로 활약하고 있는 것이다.55) 이와 같은 사실은 尹鱗瞻의 처남인 韓文俊이 武臣政權의 實力者 가운데 한 사람이었고, 또 尹子固의 사위인 趙永仁도 首相까지 지낸 것과 유관할 것이라는 점은 이미 앞에서 말해둔 바와 같다.

尹彦仁의 손자인 尹威도56) 산중에 은거하여 스스로 碧松居士라 칭한 것을 보면 그도 아마 처음에는 武臣亂을 피하여 그와 같은 생활을 한 듯하다. 그러나 곧 下山하여 華要職을 역임, 國子司業

---

55) 『高麗史節要』 卷12, 明宗 6年 12月條 및 『高麗史』 卷100, 房瑞鸞傳.
56) 『東國李相國集』 卷37, 哀詞 祭文 國子司業尹公哀詞條.

(從4品)에까지 이르렀으며 장래의 재상감으로 촉망을 받기까지 하였으나 불행하게도 西京留守(3品 以上)로 나갔다가 夭死하고 말았다. 그는 재임시에 廉察使로 일을 보면서 당시 全州掌書記로 있던 李奎報를 도와준 일이 있어 그와는 특별한 관계를 맺은 바 있었으며, 또 名門인 儒州柳氏 出身으로 知樞密院事(從2品)를 지낸 柳公權의 딸을 아내로 맞았었다.

이제 이 系列은 그의 아들인 尹克敏에 이르러 더욱 큰 세력으로 성장해 가게 되었다. 즉 그는 左副承宣(正3品)으로 同知貢擧를 역임하더니 다시 知樞密院事를 거쳐 政堂文學(從2品)에 올라 宰相의 지위를 차지하는 것이다.57) 뿐만 아니라 그는 또한 崔澄과 許珙을 사위로 맞아 鐵原崔氏 및 孔岩許氏와 인척관계를 맺기도 하였다. 崔澄은 元宗朝에 樞密院副使를 지내며,58) 許珙도 元宗末 宰相職에 오른 후 이어서 忠烈朝에는 首相이 되거니와, 두 가문은 모두 고려후기 최대의 '權門世族'이 되는 집안인 것이다. 비록 그의 아들 尹敦이 典理正郎(正5品)에 재임하면서 權臣 廉承益을 斬首해야 할 것이라는 말을 했다가 유배되는 사태는 있었지마는59) 尹氏家는 門閥로서의 지위를 계속 유지해간 것으로 보인다.

다음 尹鱗瞻의 계열을 보면 尹宗誨에 이어 尹世芳―尹應植―尹均―尹宣佐로 연결되고 있다.60) 이들중 尹世芳은 內庫副使(正8

---

57) 許珙의 墓誌(『朝鮮金石總覽』 464쪽)와 傳記(『高麗史』 卷105) 및 高麗陽川郡夫人許氏墓誌銘(『韓國金石文追補』 278쪽)・尹克敏讓知樞密院事寶文閣大學士太子賓客表(『止浦集』 卷2, 表箋)・『高麗史』 卷73, 選擧志 科目 選場 高宗 41年 6月條.

58) 『高麗史』 卷26, 世家 元宗 9年 3月條. 族譜에 보면 崔澄은 尙書를 지낸 崔臣胤(崔惟淸의 손자)의 아들로 되어 있는데, 이는 그런대로 수긍되는 점이 많다.

59) 『高麗史節要』 卷20, 忠烈王 9年 冬11月條.

60) 그에 대해서는 尹宣佐墓誌(『稼亭集』 卷12)와 본인의 傳記(『高麗史』 卷

品), 尹應植은 贈判司宰寺事(正3品), 尹均은 贈僉議評理(從2品)에 머물고 말았으므로 그리 뚜렷한 위치에 있었던 것으로는 생각되지 않으나 尹宣佐에 이르러서 지난날의 家門의 영광을 되찾을 수 있었다. 그는 태어나면서부터 穎異하여 7세에는 이미 글짓기를 잘했다고 전하거니와, 그에 합당하게 忠烈王 14年의 과거에서 수석으로 급제하였다. 그리하여 이후에는 착실히 그 지위를 높여가는데, 특히 忠肅王의 두터운 신임을 받아 民部典書(正3品), 漢陽尹(從2品)을 거쳐 同王 後5年에 僉議評理(從2品)·藝文館大提學(從2品)·監春秋館事를 제수받고 致仕할 때까지 두루 요직을 역임하는 것이다. 그는 처음에 國學大司成(正3品)을 지낸 尹諧의 딸 茂松尹氏와, 그리고 이어서 다시 昇平郡夫人 朴氏와 결혼하여 슬하에 4男 1女를 두었다. 이 네 아들중 장남인 尹棣는 夭死하였고 제4남은 寺門에 入道하지마는 남은 두 아들 尹粲과 尹廧은 모두 과거에 합격한 후 벼슬길에 나아갔다. 族譜에 의하면 尹廧은 平壤趙氏인 趙千祐의 딸을 아내로 맞았으며 벼슬은 國子司業(從4品)을 지냈다고 전한다. 平壤趙氏는 對元關係 위에서 부상하는 고려후기 최대 '權門世族'의 하나이거니와,[61] 趙千祐는 密直副使(正3品)를 지낸 趙瑞의 아들로써, 忠烈王朝에 수상을 지내는 趙仁規의 손자가 되는 사람이다.

　尹世芳과 같은 항렬의 尹世儒 역시 尹鱗瞻의 손자로 생각되나 그 계보를 확인할 수는 없다. 그는 高宗初에 禮部員外郎(正6品)에 까지 올랐고 문학에도 능하여 세상에 이름을 빛냈으나 言動이 바르지 못한데다가 너무 飮酒를 즐겨하여 당시 狂人이라 불리울 정

---

109) 및 『高麗史』 世家·志·『高麗史節要』 참조.

61) 平壤趙氏에 대해서는 閔賢九, 1976·1977, 「趙仁規와 그의 家門」『震檀學報』 42·43 참조.

도였으므로 큰 지위에는 이르지 못하였다.[62]

坡平尹氏로 고려후기에 가장 번성한 집안은 尹惇信・尹商季 계열이었다. 앞서 언급했듯이 尹惇信은 武臣亂 중에 살해되고 말지마는, 그럼에도 오히려 그의 아들 商季는 門蔭으로 顯達하여 衛尉少尹(從4品)・西京副留守(正3品)의 지위에까지 올랐다.[63] 이어서 이 집안은 尹復元－尹純－尹珤로 연결되어 가는데, 尹復元은 明宗初까지 平章事를 지내는 李光縉(慶源李氏)의 손녀와 혼인하여 주목되는 바 있으나 벼슬은 太常錄事(正9品)에 머물렀고 尹純도 監察御史(從6品)에 그치고 말았으므로[64] 처음에는 약간의 저조를 면치 못한 감이 든다. 그러나 尹珤에 이르르면 본인과 그 자손이 크게 출세하여 武臣亂 이전보다도 더욱 번성하는 상태에 이르게 된다. 우선 尹珤만[65] 하더라도 忠烈王 22年에 이미 左承旨로 재직하면서 國子試의 試官을 맡고 있으며 이어서 忠宣・忠肅 3朝에 걸쳐 仕宦하는 동안 密直副使를 거쳐 守僉議贊成事(正2品)에까지 승진하고 있는 것이다. 그는 후에 벼슬이 僉議政丞(從1品, 首相)에 이르며 또 鈴平府院君에 봉해지기도 하는데 이는 아마 致仕後에 받은 優遇조처인 것 같다.

다음 한걸음 내키어 繼宗・安禎・中玶・安肅(淑)・譜・安庇 등 그의 자녀들을 보면 이들도 거의 모두가 한결같이 뚜렷한 위치를 차지하고 있다. 장남인 尹繼宗[66]만 하여도 贊成事(正2品)의 지위에까지 오르는데, 그는 한때 征東行省의 理問에 재임한 일도 있

---

62) 『高麗史』 卷96, 尹瓘 附 尹世儒傳 및 『高麗史節要』.

63) 『高麗史』 卷96, 尹瓘附傳의 본인 傳記와 尹侅墓誌(『牧隱文藁』 卷18).

64) 尹侅墓誌.

65) 『高麗史』 卷96, 尹瓘 附 尹商季傳과 尹侅墓誌 및 『高麗史』 世家・志・『高麗史節要』.

66) 『高麗史』 卷37, 世家 忠穆王 2年 冬10月條와 『高麗史節要』 卷25, 忠穆王 3年 3月條 및 閔頔行狀(『拙藁千百』 卷2).

었다. 그의 아내는 閔頔의 딸이었다. 閔頔은 고려후기의 名門인 驪興閔氏 집안의 자손이거니와 閔宗儒・閔頔 父子는 모두 宰相의 지위에 올랐었다. 父祖代에 못지 않게 아들 尹仁貴도 右副代言(正3品)・典理判書(正3品) 등을 지내며[67] 특히 딸은 忠惠王妃가 되어 禧妃라 일컬었다.[68] 忠定王은 바로 그의 所生인 것이다. 이제 坡平尹氏는 外戚家門으로서도 威勢를 더하게 된 것이었다. 族譜와 傳記(『高麗史』 卷131, 曹頔)에는 尹仁貴의 사위로 知密直司事(從2品)를 지내면서 禑王代에 크게 활약하는 都興과, 軍簿佐郎(正6品)을 지낸 成元度 등이 아울러 전해지기도 한다.

차남 尹安禑에 대해서는 역시 族譜에 그의 아내가 定安任氏이며 代言(正3品) 벼슬을 지냈다고 전하나 이를 확증할 자료는 보이지 않는다. 이 계열에서는 그의 손자 尹就가 가장 뛰어난 존재였다. 즉 그는 과거에 급제한 후[69] 禑王 11年 代言에 재직하면서 國子試의 試官을 역임한 것을 비롯, 나중에는 知密直司事(從2品)의 지위에까지 올랐던 것이다. 그의 아들 尹救도 高麗朝에서 府使를 지내어 아울러 전해지지지마는[70] 安禑의 女・孫女壻 중에는 門下侍中(從1品)에 올랐던 李成林(慶州李氏)과 三司右使(正2品)를 역임했던 李存性(星州李氏)과 같은 쟁쟁한 인물이 있었던 점도 주목된다.

제4남인 尹安淑(肅)의 계열은 본인과 아들 陟, 그리고 손자인 承順・承禮에 이르기까지 모두 고위직에 오르고 있다. 즉 尹安淑은 忠肅王의 在元生活 당시 護軍에 재임하면서 일심으로 보좌하여

---

67) 『高麗史』 卷37, 忠定王 元年 閏7月 및 8月條와 『高麗史節要』 卷26, 忠定王 元年 冬10月條.

68) 『高麗史』 卷89, 后妃列傳 忠惠王 禧妃尹氏條.

69) 『騎牛集』 補遺 麗朝榜目 恭愍王 20年 文科榜 및 『牧隱詩藁』 卷34, 詩賀門生尹代言條.

70) 『樊隱逸稿』 卷6 尊慕錄附 및 『高麗史』 世家・志・『高麗史節要』 참조.

同王 14年 11月 2等功臣에 봉함을 받은 바 있고, 이어서 忠定王 元年 閏7月에는 推誠佐理功臣・三司左使(正2品), 다시 다음 달에는 贊成事(正2品)에 오르며,71) 아들 尹陟도 이와 유사한 과정을 밟아 副代言(正3品)을 거쳐 軍簿判書(正3品)에 취임, 鈴平君에 봉함을 받기도 하는 것이다.72) 그리고 尹承順의 경우도 당시가 다사다난한 시기였으므로 몇 차례 어려운 시련을 겪기도 하나 그 역시 上護軍(正3品)・判開城府事(從2品)・知門下府事(從2品) 등의 요직을 거쳐 昌王 元年에는 門下評理(從2品)를 제수받으며73) 尹承禮・尹珪 父子는 각각 版圖判書(正3品)와 右正言(從6品)을 역임한 바 있었다.74) 아울러 족보에 보면 尹承順은 丹陽李氏 居敬의 딸과, 그리고 尹承禮는 昌寧成氏에 이어 다시 安東權氏 恒의 딸과 혼인한 내용이 나타나 있다. 尹承禮의 빙부 權恒은 贊成事(正2品)를 지낸 權謙의 아들로 자신은 密直副使(正3品)의 지위에 오르거니와75) 尹承順의 빙부 李居敬도 左代言(正3品)을 역임한 사실이76) 史書에 의해 확인돼 저들의 家勢를 대략 짐작할 수 있다. 역시 족보에 보이는 사실이기는 하지만, 尹陟에게는 承順・承禮 이외에도 3男 2女가 더 있어서 그중 尹承休는 鐵原崔氏 雍의 딸과, 그리고 尹承慶은 善山金氏 達祥의 딸과 혼인하고 또 그 女는 각각 李寶林(慶州李氏)과 安援(順興安氏)의 처가 되었으며, 그리고 같은 항렬의 尹深이 彦陽金氏 承矩의 딸을 아내로 맞은 바 있고 그의 한 여동생은 朴葳(密陽朴氏)와 결혼한 내용을 기록하고 있다. 만일에 우리

---

71)『高麗史』卷35・37 世家.
72)『樊隱逸稿』卷6, 尊慕錄附 및 『高麗史』世家・『高麗史節要』.
73)『高麗史』世家와 『高麗史節要』참조.
74)『樊隱逸稿』卷6, 尊慕錄附 및 『高麗史』卷45, 世家 恭讓王 2年 9月條.
75)『高麗史』卷131, 權謙傳과 同書 卷38, 世家 恭讓王 3年 秋7月條 및 『高麗史節要』卷26, 恭愍王 5年 5月條.
76)『高麗史』卷37, 世家 忠定王 2年 5月條.

가 이 사실을 긍정한다면 崔雍은 副知密直司事(正3品), 金達祥은 知密直司事(從2品), 李寶林은 政堂文學(從2品), 安援은 刑曹判書(正3品)·知申事(正3品), 그리고 金承矩는 政丞(從1品)을 지낸 金倫의 아들이며, 朴葳는 門下評理(從2品)의 지위에 올랐던 사람이므로 尹安淑은 다섯 宰相家에 하나의 正三品官을 지낸 가문과 혼인관계를 맺고 있었던 셈이 된다.

다음 제5남인 尹諝의 계열을 보아도 상당히 번성한 것을 알 수가 있다. 즉 尹諝 자신이 少府尹(從3品)을 지낸 것을 비롯하여 아들 尹侅는 14세 때에 門蔭으로 入仕하여 護軍·執義·上護軍 등을 역임, 나중에는 典法判書(正3品)의 자리에 오르며 坡平君에 봉함까지 받았다.[77] 그리고 侅의 아들 尹虎 역시 密直副使·上護軍 등을 거쳐 贊成事(正2品)의 지위에까지 오르는데,[78] 그도 또한 처음에는 門蔭으로 벼슬길을 걸은 듯하다. 尹侅는 일찍이 "우리집은 侍中公 이하 무릇 7世가 登科하였는데 우리 父子가 후회한들 어찌 미치겠는가" 하는 자랑 겸 한탄하는 말을 한 적이 있다고 전해온다.[79] 이에 근거한 것인 듯, 族譜에는 尹復元－尹純－尹珛－尹安禠·尹諝이 모두 科擧에 급제하였다고 기록하고 있다. 이 위에 사료상으로 확인할 수 있는 尹瓘－尹彦頤－尹惇信의 3세대 급제자를 합하면 모두 7세대가 되는 것이다. 하여튼 이는 실제와 부합되는 말일 것으로 생각되는데, 尹侅·尹虎 父子가 모두 門蔭으로 진출했다는 사실과 함께 주의할만한 내용이다.

이 계열의 혼인관계로는 尹諝의 사위인 彦陽人 金承矩와 尹虎의 사위가 된 宜寧人 南在가 주목된다. 金承矩에 대해서는 위에서

---

77) 尹侅墓誌.
78) 尹侅墓誌 및 『高麗史』 世家와 『高麗史節要』 참조.
79) 尹侅墓誌.

잠시 언급한 바와 같지만, 南在도 고려조에서 副代言(正3品)의 지위에 오른 인물이었다.

제6남인 尹安庇는 忠烈王 20年의 과거에서 수석으로 급제한 英才였다. 그에 대해서는 左代言職(正3品)을 제수받은 기록 이외에 달리 남은 것이 없어 그 이후의 상황을 잘 알 수 없는 형편이지만[80] 좀더 상급직으로 승진했을 것으로 추측된다. 그의 아들은 忱이었다. 尹忱은 鈐原君에 봉함을 받고 버슬도 知都僉議司事(從2品)의 고위직에까지 오르거니와[81] 특히 이 이는 贊成事를 지낸 豊川任氏 子松의 딸을 아내로 맞아 여러 아들을 둔 사실이 족보에 전해온다. 그리하여 아들 중에는 彦陽人 金眹의 증손녀와 혼인한 尹仁善의 이름도 보이지마는 이를 확증하기는 어려운 실정이다.

그러면 다시 앞으로 돌아가 尹珤의 사위에 대하여 알아보기로 하는데, 이에 대하여는 족보에 네 사람이 열거되어 있어 금새 파악할 수가 있지마는 그중에서 가장 뚜렷하고도 확실한 존재는 尹莘係였다. 이는 忠定王 당시 都僉議(從2品)를 지내고 있던 尹時遇의 아버지가 尹莘係이며 그 外叔이 바로 尹安淑이라 한데서 입증되는 것이다.[82] 尹莘係와 尹時遇 父子는 모두 都僉議贊成事를 지낸 杞溪尹氏 집안의 자손이었던 것이다.

끝으로 그 계보는 잘 알 수 없으나 麗末에 활약한 坡平人으로 尹有麟과 尹彝의 이름이 보인다. 이 두 사람은 從兄弟간으로 尹有麟은 禑王과 恭讓王 양대에 걸쳐 宰相으로 있었으며 尹彝는 坡平君에 봉함을 받은 인물이었다. 이중 尹彝는 우리들이 알고있는 바와 같이 이른바 '彝·初之獄'의 장본인이거니와 尹有麟도 이 사건

---

80)『高麗史』卷31, 世家 忠烈王 20年 冬10月 ·『高麗史節要』卷22, 忠烈王 29年 6月 ·『高麗史』卷36, 世家 忠惠王 卽位年 夏4月.
81)『高麗史』世家 및 『高麗史節要』참조.
82)『高麗史節要』卷26, 忠定王 2年 5月條.

에 연루되어 옥사하고 말았다.83)

　이상의 분석에서 살필 수 있었던 것처럼 고려후기의 坡平尹氏家門은 武臣亂으로 인한 타격에도 불구하고 종래의 貴族家門으로서의 지위를 계속하여 유지·성장시켜 왔다고 생각된다. 尹商季·尹珤와 그 후손들을 포함하여 尹威·尹克敏 및 尹鱗瞻·尹宗誨 계열 등 종횡으로 뻗어간 이 가문은 어떻게 보면 武臣亂 이전보다도 오히려 더 번성하고 있는 것이다. 그리하여 숫적인 면에서 宰相의 지위에 오른 사람만 하더라도 10여명이 되며 여기에 사위를 비롯하여 姻戚關係에 있었던 사람까지 합하면 그 수는 다시 두 배가 된다. 나아가서 귀족적 특혜를 받게되는 5品官 이상을 보면 單一家門으로서는 엄청난 숫자에 이르고 있는 것이다. 이것은 무엇을 뜻하는 것일까. 坡平尹氏家門은 武臣亂으로 인해서 귀족적 지위를 상실하고 있지 않다는 사실을 말해주는 것은 아닐까. 忠宣王 卽位 下敎에 보이는 이른바 '宰相之宗'의 지정에 坡平尹氏도 물론 포함되어 있거니와 이것은 당시의 실정을 그대로 반영한 조처라 생각된다.

　이와 함께 살펴 보아야할 문제는 저들의 入仕方法일 것이겠다. 이런 점에서 볼 때 고려후기의 坡平尹氏는 확실히 前期 때와 마찬가지로 科擧制에 적극 적응하고 있다. '三第宅'의 전통을 이어 이제는 7世代를 계속하여 登科한 사실에 큰 자부심을 가지고 있는 것이 그 단적인 실례라 하겠는데, 이에 짝하여 尹宣佐와 尹安庇가 수석으로 급제한 것을 비롯, 많은 등과자를 배출하고 있는 것이다. 이것과 비교하면 음서의 경우는 상대적으로 많은 위축을 당하고 있다. 물론 尹商季는 武臣政權下에서 家蔭으로 仕宦의 길을 걸었고 또 尹侅와 尹虎 父子가 차례로 음서되었을 뿐만 아니라 이들이

---

83)『高麗史節要』卷34, 恭讓王 2年 5月條.

모두 고위직에까지 진출하고 있다는 점에서 주목되는 바가 있지만, 역시 전체적인 분위기는 科擧側의 우세로 기울어지고 있었다고 이해된다. 아마 이런 점이 고려후기사회가 걷고있던 귀족적 특성의 변질상이 아니었을까 생각된다.

다음 혼인관계 면에서 보면 귀족가문간의 連姻現象은 여전하다. 坡平尹氏와 인척을 맺고 있었던 가문은 彦陽金氏·孔岩許氏·鐵原崔氏·南陽洪氏·平壤趙氏·仁州李氏·驪興閔氏·定安任氏·儒州柳氏·慶州李氏·安東權氏·茂松尹氏·江陵金氏·蔚山朴氏·丹陽李氏·密陽朴氏·杞溪尹氏·豊川任氏 등으로써, 이 중에는 이중 삼중으로 얽히어 있던 집안(彦陽金氏·鐵原崔氏·儒州柳氏·慶州李氏 등)도 많은데 이들 대부분 가문은 고려후기의 대표적 '權門世族', 곧 貴族家門들인 것이다. 이점은 위에든 가문 중 반수 가까이가 忠宣王의 卽位敎書에 보이는 '宰相之宗'에 들어 있다는 점으로도 충분히 납득이 갈 줄로 안다. 尹繼宗의 딸이 왕실에 納妃되어 직접적인 外戚關係에 서게 된 것은 앞서 언급한 바이지만 坡平尹氏는 이같이 왕실 내지는 귀족가문과 하나의 통혼권을 설정하면서 스스로도 귀족가문으로서의 지위를 유지 성장시켜 간 것이다.

이들 가문 중에는 고려전기 이래의 門閥貴族 집안도 여럿이 있지만 또 새로이 추가된 집안도 많다. 이는 물론 고려후기사회의 변천·발전 과정에서 새로운 귀족가문의 탄생과 구귀족의 몰락에 말미암는 것이다. 그러니까 坡平尹氏는 변천·발전해 가는 고려후기사회에 잘 적응해 가면서 그 지위를 계속 유지·성장시켜간 귀족가문이라 하겠다.

IV. 結 論

우리는 지금까지 海州崔氏와 坡平尹氏 家門의 분석을 통하여 고려 貴族社會의 실체를 파악하려고 시도해 왔다. 그런데 여기에는 몇 가지 한계점이 뒤따랐다. 넓고도 복잡한 귀족사회의 실체가 과연 두 개 가문의 분석으로 정확히 파악될 수 있을까 하는 점과 함께, 그나마도 그것이 평면적인 고찰이었고 또 이용한 사료도 정확성을 기하기 어려운 족보에 꽤 많이 의존하고 있다는 점에서였다. 그러나 서론에서도 밝힌 바와 같이 두 가문은 여러 귀족가문 중에서도 대표적 위치에 있는 집안이었고 또 족보의 이용은 주로 혼인관계에 국한시켰기 때문에 이점은 어느 정도 극복될 수 있으리라 자위하면서 고려 귀족사회의 일정한 경향성을 이해하려고 노력하여온 것이다. 이제 그것들을 간추려 보면 다음과 같다.

첫째로, 고려전기의 門閥貴族社會는 武臣亂으로 '완전히' 붕괴된 것 같지는 않다는 것이다. 두 가문은 확실히 前期的 貴族家門이지만 무신란 이후에도 그 지위를 유지 성장시켜 갔다. 저들의 후손은 대를 거듭하면서 고위 관직을 차지하고 귀족적 특권을 향유하였던 것이다. 武臣亂은 분명히 고려사회의 커다란 전환점이었고 그렇기 때문에 이를 분수령으로 하는 두 사회는 여러 면에서 양상을 달리하고 있다. 이러한 사회전환 속에서 두 가문은 타격을 받지 않을 수 없었고 또 갈등을 일으켰을 것에 틀림이 없을 것이다. 그러나 저들은 이를 자기 변환과 妥協으로 극복해간 것으로 보인다. 그러므로 두 가문은, 본질적으로는 貴族家門으로 계속 유지·성장해 갔다고 하나 그 자신의 성격은 많이 변질되었을 것으로 생각된다. 이러한 점은 慶源李氏·南平文氏·鐵原崔氏·定安任氏 등의 경우도 마찬가지였을 것이 예상된다.84) 고려후기사회는 전기사회의 특성을 수용하면서 여기에 새로운 요소도 가미된 귀족사회였다고 생각되는 것이다.

둘째로, 入仕方法에 있어서 고려전기에는 科擧와 蔭敍가 제각기 일정한 위치를 점하고 제기능을 다하여 왔으나 후기에 접어들면서는 전자가 그 중요성을 점차 증대시켜간 반면에 후자는 그것이 훨씬 덜어지고 있다는 점이다. 이것은 科擧와 蔭敍에 대한 인식면에서 그러했으며, 따라서 각각의 출신자 수를 비교해 보아도 그 차는 뚜렷하다. 이러한 점에서도 고려후기사회가 변질되어 가는 양상을 엿볼 수 있겠는데, 그러나 음서는 아직도 귀족가문간에 상당한 정도로 이용되고 있을 뿐 아니라 그 출신자가 아무런 限身制의 제약을 받고있지 않다는 점에서 주목되고 있다.

셋째로, 이와 관련된 것이지만 과거는 儒學的 敎養을 전제로 하는 것이기 때문에 과거가 더욱 중요시되고 있었다는 것은 儒學에 대한 인식이 깊었다는 말과도 통할 것이다. 그렇다면 고려후기의 '權門世族'들이라 하여 일률적으로 非文非儒的 性向을 띠었다고 단정짓는 데는 난점이 뒤따른다.85) 海州崔氏와 坡平尹氏는 본래가 전형적 문반귀족의 전통을 지닌 가문이었기 때문에 그것에서 유래하는 특수한 현상인지는 잘 알 수가 없지만, 설사 그렇다고 하더라도 고려후기의 '權門世族'은 몇 개의 유형으로 나누어 파악할 성질의 것이며, 따라서 어떤 일률적인 성격 규정은 좀 문제가 있다고 보여지는 것이다.

---

84) 이에 대해서는 稿를 달리하여 생각해 볼 예정이다.
85) 閔賢九氏는 1974,「高麗後期의 權門世族」(『한국사』 8, 고려후기의 사회와 문화 所收, 국사편찬위원회간)에서 저들의 특성으로 非文非儒的 性向과 元과의 깊은 유대관계를 든 바 있다.

　넷째로, 혼인관계를 보면, 두 가문은 모두 왕실 내지는 귀족가문과 連姻을 하고 있다. 왕실과의 관계는 海州崔氏의 경우 고려전기에, 坡平尹氏는 고려후기에 각각 한 번씩 納妃하고 있어서 安山金氏나 慶源李氏의 경우와 같이 중첩되는 양상은 나타내지 않고 있다. 그러나 여타 귀족가문과는 고려 전·후기를 막론하고 각각 당시의 門閥家들과 인척관계를 맺고 있으며, 또 어떤 가문과는 이중 삼중의 혼인으로 얽히고 있다. 귀족가문간의 폐쇄적인 通婚圈의 설정은 고려 전·후기가 다름이 없었다고 보이는 것이다. 다만 그 대상 가문의 일부 교체라는 점에서 사회전환을 느낄 수 있는 것이지만 그 양태는 마찬가지였다고 하겠다.

　다섯째로, 이것도 海州崔氏와 坡平尹氏에 한정된 것인지는 몰라도 이들 家門에서는 元과의 깊은 유대관계를 찾아 볼 수 없다. 고려후기 역사는 元과 긴밀한 관계 위에서 전개되었으므로 저들도 어느 정도의 유대는 없을 수 없는 것이었겠고, 또 崔冲과는 계열을 달리하는 崔安道 집안의 경우는 그렇지도 않았으나, 근본적으로 두 가문은 깊이 元과 정치적으로 연결되어 있다거나 血緣的으로 얽히어 있지는 않았다. 우리들은 고려후기의 정치적 지배세력을 이해함에 있어 이러한 점도 충분히 고려에 넣어야 할 것이라고 본다.

　이상 몇 가지 점은 이미 선학들에 의하여 지적되어 온 것을 본고에서 다시 한번 확인해 본 것에 지나지 않는 것이다. 거듭 말하지만 고려 귀족사회의 실체에 대한 해명은 보다 넓고 깊은 연구를 거친 후에야 가능한 것이므로 여기서는 우선 海州崔氏와 坡平尹氏 家門을 분석하여 일정한 경향을 찾아보고자 시도한 것이다. 잘못된 점이 발견되면 앞으로 시정해 가기로 하겠다.

(『白山學報』 23, 1977)

제2장

고려시대 定安任氏·鐵原崔氏·孔巖許氏 家門 분석

I. 序 言

일반적으로 고려국가는 貴族社會로 이해되고 있다. 그것은 고려국가가 出生身分을 크게 강조하던 身分制社會로써, 官職의 世襲的 傾向과 特權身分層간의 폐쇄적인 通婚圈의 형성 및 자기네의 물질적 뒷받침을 위한 토지의 私的 領有에 대한 보장 등 貴族制的인 제특성을 강하게 지니고 있다는 데서 얻은 결론이었다. 그리하여 이들 특성을 구체적으로 보장해 주는 제도적 조처로서의 蔭叙制나 功蔭田柴法이 강조되고 또 科擧制에 대한 새로운 해석이 가하여지기도 하였다.

이와 함께 貴族官僚들이 고려사회에서 차지하고 있는 정치적 사회적 위치를 밝히는 작업도 아울러 진행되었다. 그리고 이 작업은 구체적으로 귀족관료들의 家系와 官職 및 通婚圈 등에 대한 조사라는 형태를 띠었다. 이와 같은 접근은 貴族制의 실상을 파악하는데 효과적인 방법이라 생각되었기 때문이다. 이는 실제로 그 결과 얻어진 성과도 좋아서 이미 先學들에 의한 몇 편의 논문이 발표된 바 있는데,[1] 여기에 보태어 필자 자신도 海州崔氏와 坡平尹氏를 대상으로 한 조그마한 글을 썼었다.[2]

우리는 忠宣王이 그의 卽位敎書에서 왕실과 혼인할 수 있는 '宰相之宗' 15家門을 지정한 사실을 익히 알고 있다. 이들이 이른바 '權門世族'의 핵심으로, 크게 보아 고려후기의 정치는 이들에 의해 주도되어 갔다고 하겠는데, 이 15家門을 분석해 보면 고려전기 이래의 門閥貴族이 가장 다수를 차지하고 있다는 것을 알게 된다.[3] 앞서의 기회에 검토한 바 있는 海州崔氏와 坡平尹氏는 물론 전기의 대표적 門閥家門으로서 고려후기에도 전기에 비견할 수 있을 정도로 세력을 떨쳤다 하여 주목의 초점이 되었거니와, 본고에서 분석하고자 하는 定安任氏·鐵原崔氏·孔巖許氏 세 가문도 확실히 전기적 귀족가문으로, 후기에는 더욱 더 크게 번성하는 '宰相之宗'으로서의 공통적인 특징을 지닌 家門들이다. 이제 이 세 가문의 분석을 통하여 종래에 필자가 "職官 5品에다 귀족적 지위로 편입되는 線을 설정할 것과, 그것이 3代를 거듭하게 됨에 따라 사회적으로도 하나의 貴族家門으로 행세할 수 있게 되었다"고 한 주장을

---

1) 藤田亮策, 1933·1934, 「李子淵과 其の家系」『靑丘學叢』 13·15.
   邊太燮, 1961, 「高麗朝의 文班과 武班」『史學硏究』 11.
   閔賢九, 1974, 「高麗後期 權門世族의 成立」『湖南文化硏究』 6.
   閔賢九, 1976·1977, 「趙仁規와 그의 家門」『震檀學報』 42·43.
2) 朴龍雲, 1977, 「高麗時代의 海州崔氏와 坡平尹氏 家門 分析」『白山學報』 23 (本書 所收).
3) 이 점에 대해서는 閔賢九, 「高麗後期 權門世族의 成立」 참조.

다시 강조하고자 하며, 아울러 武臣亂을 분수령으로 하는 전·후 양 시기의 고려사회 성격에 대한 재래의 학설을 재검토하는 계기로도 삼고자 하는 것이다.

본고에서도 海州崔氏와 坡平尹氏 家門의 分析에서 부딪쳤던 자료의 결핍문제는 마찬가지였다. 그러므로 이번에도 부득불 史書와 金石文·文集類 이외에 家乘이나 族譜를 이용하지 않을 수 없었다. 물론 家乘이나 族譜를 사료로 이용할 경우 엄밀한 자료비판을 거쳐야 하는 것이므로, 혼인관계에 있어서만은 약간의 예외를 두었으나 여타 부문에 있어서는 기본 사료와 비교·합치되는 한도 내에서 이용하였다.

몇몇 家門의 분석만으로 고려사회의 성격을 해명하는데 큰 성과가 있으리라고는 생각하지 않는다. 다만 하나 하나의 家門에 대한 선후배 제현의 연구결과가 쌓여 보다 명확하게 그것이 이루어지기를 기대하는 마음 간절할 뿐이다.

Ⅱ. 定安(長興)任氏家門의 分析

定安任氏는 文宗朝부터 睿宗朝에 걸쳐 크게 활약하는 任懿 때 와서 유력한 가문으로 등장하는 집안이다. 이 집안의 先世에 관해서는 任懿의 아버지 顥(工部員外郎 : 正6品)만이 전하여지고 있어서[4] 그 자세한 내용은 잘 알 수가 없는데, 다만 任氏가 定安縣의

---

4) 任懿의 선친에 대해서, 任懿의 墓誌銘(『韓國金石文追補』 90쪽)과 任益惇廟誌(『朝鮮金石總覽』 453쪽)에는 ‘顥’로 나와 있는데, 任克忠墓誌銘

제일 土姓이며, 또 이곳이 후삼국시대 禪宗9山의 하나인 迦智山의
소재지요 일찍부터 중국과 교류가 활발하였던 지역인 점으로 미루
어 豪族的 傳統과 文化的 遺産을 아울러 지닐 수 있었으며 그것이
이들의 진출에 배경이 되었을 것이라는 연구는 이미 되어 있다.[5]
定安任氏도 다른 여러 가문과 마찬가지로 지방의 豪族으로부터
中央貴族化의 길을 걸은 집안임을 대략 推斷하게 하는 사실이라
하겠다.

　거듭 말하지만 定安任氏의 起家에 커다란 역할을 한 이는 任懿
였다.[6] 그는 文宗 24年의 科擧에 급제한 것을 계기로 하나 하나 계
속하여 승진, 肅宗 9年 8月에는 同知樞密院事(從2品)를 제수받아
宰相의 직위에 올랐던 것이다. 이후 다시 叅知政事를 거쳐 平章事
(正2品)까지 진급하거니와, 睿宗 4年에는 尹瓘이 對女眞戰의 패배
에 책임을 지고 잠시 물러나 있는 동안 權判尙書吏部事에 임명되
어 致仕하는 同王 5年 3月까지 首相職을 맡기도 하였다. 任懿는
본래 "사람됨이 廉正 謹愼하며" "貴榮하게 되었다 하여 그로써 남
에게 교만하지 아니하였다"는 墓誌銘의 평과도 같이 청렴·성실
한 사람이었다. 거기에 학문적인 能力도 뛰어나 科擧에 급제한 후
史館과 翰林院의 官職을 거치면서 知制誥를 겸임하기도 하는 것
이다. 그리하여 宣宗의 지극한 寵遇를 받는데, 李資義의 謀叛으로
인한 大政變 가운데서도 右承宣의 요직에 재임하면서 純正·謹嚴
한 태도를 堅持, 肅宗에게 크게 인정을 얻어 이후 줄곧 순탄한 출

　　(『韓國金石文追補』 177쪽)에는 '顯'이라고 되어 있어 차이를 나타내고
　　있다. 고려시대에는 두 가지 이상의 이름을 가진 사람이 많았으므로 이
　　경우에도 그러한 이유에서 차이를 보이고 있는 것인지, 혹은 기록상의
　　잘못 때문인지 그 연유는 잘 알 수가 없다.
　5) 李樹健, 1976, 「高麗時代 '土姓'硏究(上)」 『亞細亞學報』 12.
　6) 그에 대해서는 본인의 傳記(『高麗史』 卷95)와 墓誌銘(『韓國金石文追
　　補』 90쪽) 및 『高麗史』 世家·志·『高麗史節要』 참조.

세의 길을 걸었었다. 그의 선친은 6品職에 머물렀고 妻家인 慶州 李氏(李齊挺의 女)도 당시에는 그에게 커다란 도움을 줄 수 있는 위치에 있지 못하였다. 그러므로 任懿의 立身은 본인의 학문적 소양과 淸廉 謹愼한 性品 등 개인적인 能力이 한 큰 밑바탕이 되었다고 볼 수 있다.

定安任氏는 이처럼 任懿가 極官의 지위에까지 오른 데 이어서 둘째아들 元厚(元歝)가 다시 首相을 지내며, 다른 두 아들 元淑과 元濬도 모두 宰相이 되어 家門은 더욱 빛나게 되었다.[7] 즉 맏아들 任元淑은[8] 禮部尙書・簽書樞密院事를 거쳐 毅宗 初年에 平章事(正2品)로 치사하였고, 막내인 任元濬도[9] 仁宗 11年에 同知樞密院事(從2品)를 제수받은데 이어 同王 15年에는 中書侍郎同中書門下平章事(正2品)・判刑部事를 지내며, 任元厚는[10] 일찍이 仁宗 6年

---

7) 任懿의 아들에 대하여 본인의 傳記에는 元厚와 元濬 두 아들만이 기록되어 있는 반면에 墓誌銘에는 長子 元淑과 季子 元歝(元厚)만 보이고 있다. 그런데 실제로『高麗史』世家나『高麗史節要』등의 사료를 검토해 보면 元淑・元厚・元濬 세 사람의 존재를 모두 확인할 수 있다. 따라서 이들 3人을 모두 아들로 간주해도 좋다고 생각되며 아울러 그 차례도 墓誌銘에 명시되어 있는 바와 같이 元淑・元歝・元濬의 순서로 봄이 타당할 듯하다. 族譜(任鏡觀 序, 1861,『長興任氏世譜』. 본고에서 말하는 長興任氏族譜란 모두 이에 의거한 것임)에 보면 元厚(元歝)・元濬・元淑의 순서로 되어 있으나 이는 잘못인 듯하며, 또 세 아들 이외에 더 첨가되고 있는 元順도 그의 존재를 인정하기 어렵다. 족보에 있는 대로 任元順이 科擧에 급제를 했고 벼슬도 平章事・判刑部事를 지낼 정도의 인물이었다면 필시 사료 어디에 수록되었을 법한데, 그렇지 않은 것으로 보아 이러한 결론을 얻을 수 있는 것이다. 추측컨대, 平章事・判刑部事를 지낸 이는 셋째 아들 任元濬이었으므로 元順은 아마 元濬의 잘못이거나 또는 양자가 同一人이었을 가능성이 크다. 그러므로 본고에서는 이러한 결론에 입각하여 元濬만을 인정하고 元順의 후손들은 元濬에 연결하였다.

8) 그에 대해서는 任懿墓誌와『高麗史』世家・『高麗史節要』참조.

9) 그에 대해서는 任懿傳과『高麗史』世家・『高麗史節要』참조.

에 叅知政事(從2品)의 지위에 오른 이후 두루 요직을 거쳐 仁宗 20
年에 平章事(正2品)・判尙書吏部事로 冢宰의 자리에 앉아 7년 가
까운 기간 동안 집권하는 것이다. 이들 3형제 중에서는 任元厚의
인물됨이 가장 출중하여 科擧에 급제를 하며 이후 두 차례 知貢擧
를 역임하기도 하거니와, 또 勤儉 淸白하였다고도 전하여 온다. 아
울러 그는 나중에 仁宗의 妻父로써, 그리고 毅宗의 外祖로써의 지
위를 누리지마는, 또한 이 같은 外戚關係가 그의 立身에 결정적인
구실을 하였을 것이 짐작된다. 더군다나 그는 이에 앞서서 尹瓘
과11) 李瑋・李軾의12) 딸을 각각 아내로 맞은 바 있으므로 물론 그
로써도 많은 도움을 받았을 것이다. 다 알고 있듯이 尹瓘은 坡平,
李瑋는 樹州, 李軾은 慶源을 본관으로 하는 名門 出身들로 前二者
는 모두 門下侍中(從1品 : 首相)을 지내며 후자는 叅知政事(從2品)
에까지 올랐던 인물들인 것이다. 그러니까 任懿의 입장에서 본다
면 사위(李珛 : 樹州人 門下侍中 李靖恭의 아들)와 한 며느리는 樹
州李氏 집안에서, 그리고 다른 두 며느리는 각각 坡平尹氏와 慶源
李氏 집안에서 맞이하여 전기의 名門貴族들과 뗄 수 없는 깊은 인
연을 맺으면서 자신의 지위와 家門까지도 한층 높여 간 것을 알 수
있다.

　任元厚는 슬하에 5男 3女를 두었는데 이들이 대부분 樞要職에

---

10) 그에 대해서는 任懿 附 본인 傳記(『高麗史』 卷95)와 任懿墓誌 및 『高
　　麗史』 世家・志・『高麗史節要』 참조.
11) 尹瓘의 딸에 대하여 坡平尹氏族譜에는 任元濬의 처로 되어 있고, 또
　　長興任氏族譜에는 任元淑의 아내로 되어 있으나 이는 모두 잘못인 듯
　　하다. 필자가 보기에 그녀는 任元皦의 처였던 것 같은데, 이는 任元皦
　　의 아들인 克忠의 墓誌銘에 그의 어머니가 尹瓘의 딸이었다고 기록되
　　어 있어 증명이 가능하다.
12) 『高麗史』 卷88, 后妃列傳 恭睿太后任氏傳 및 『韓國金石文追補』 140
　　쪽, 李軾墓誌銘.

올라 家門이 최대의 번영을 누리는 시기로 접어들게 되었다. 그런데 우리들이 그 구체적인 내용을 알아보기에 앞서 주목해 둘 사실은 당시가 武臣亂을 전후한 시기임에도 불구하고 이들의 진출과 활동에는 아무런 지장이 없었다는 점이다. 이 문제는 앞으로 좀 더 추구해 볼 예정으로 있지만, 우선은 알기 쉽게 世系圖를 그려보고 하나하나 살펴 가기로 하자. 도표 작성에 있어서 각 사람 아래에, ①에는 주활동 시기, ②에는 蔭叙·科擧 여부, ③에는 최고 직위, ④에는 처와 그 가문을 아울러 첨가하였으며 家乘과 族譜에만 보이는 내용은 ( )로 표시하였다.[圖表 1]

먼저 장남인 任克忠이[13) 주목의 대상이 된다. 그는 후에 任溎(또는 任奎)라는 이름으로 바꾸었으므로 사료상에는 두 호칭이 모두 쓰이고 있거니와, 벼슬은 일찍이 毅宗 2年에 樞密副使를 지내며 武臣亂 직후인 明宗 卽位年 9月에 中書侍郎平章事(正2品)에까지 올랐다가 이듬해에 卒去한다. 그 동안 科擧에는 물론 급제를 했고 同知貢擧를 역임하기도 하는데,『輿地勝覽』에 "外戚의 어진 이로 그보다 나은 이가 없었다"고 평한 것을 보면 能力이나 人品面에서 원만한 인물이었음을 짐작할 수 있다.

다음 차남인 任克正(또는 任濯)도[14) 毅宗年間에 요직인 承宣(正3品)을 거쳐 戶部尙書(正3品)의 지위에까지 올랐다. 그는 이에 앞서 平章事(正2品)를 지낸 淸州韓氏 惟忠의 딸을 아내로 맞은 바도 있었는데, 王弟 大寧侯 暻과 妹壻인 鄭叙 사건에[15) 연좌되어 그

---

13) 그에 대해서는 任懿 附 본인의 傳記(『高麗史』卷95)와 墓誌銘(『韓國金石文追補』177쪽)·『新增東國輿地勝覽』卷37, 全羅道 長興 人物條·『補閑集』卷上, 任文肅公克忠條 및 『高麗史』世家·志·『高麗史節要』참조.

14) 任懿 附 본인 傳記(『高麗史』卷95)와 韓惟忠墓誌銘(『韓國金石文追補』114쪽) 및 『高麗史節要』.

15) 동생인 大寧侯 暻과 鄭叙 등이 가까이 지내는 것을 꺼린 毅宗이 두 사

이상의 승진은 저지당하고 말았다. 이에 말미암은 것인 듯, 그의 아들도 역사상에 뚜렷한 자취를 남기지 못하고 있다. 失名하고만 그는 벼슬이 閤門祗候(正7品)에 그쳤고 또 金端의 딸과 혼인했다는 사실 이외에는 따로 전하는 바가 없는 것이다.[16] 그러나 한 세대가 지난 손자 대에 와서는 그렇지도 아니하여 任益惇은 祖蔭으로 벼슬길에 오른 후 착실히 승진하여 三司使(正3品)에 이르고 있다.[17] 이어서 그의 네 아들 중 셋은 科擧, 다른 하나는 蔭叙로 仕宦하고 있어 아울러 주의를 끈다.

제3자인 任溥는[18] 아버지 任元厚가 卒去한 후 毅宗의 외척 억제로 한때 어려운 처지를 겪었다. 그러다가 武臣亂으로 明宗이 즉위하면서 비로소 벼슬길을 걸어 吏部侍郎(正4品)까지 지내지만, 그가 閤門祗候職을 사임하고 科擧에 응시하여 급제한 사실은 특기해야 할 것 같다. 한편 혼인관계에 있어 그의 딸은 武人執政인 崔忠獻의 再娶夫人이 되는데, 이 또한 전통있는 貴族家門과 武臣政權과의 결합이라는 점에서 중요한 의미를 지닌다.

다음 제5자인 任沆도[19] 科擧를 거쳐 禮部侍郎(正4品)을 지낸다. 그러나 이들 5형제 중에서 자신 뿐 아니라 아들·사위가 모두 고위직에 올라 가장 번성했던 집안은 제4자인 任濡(또는 任克仁)[20]

람과 함께 이들과 姻戚關係에 있는 崔惟淸·任克正 등을 流配·貶斥한 사건. 이에 관해서는 『高麗史節要』 卷11, 毅宗 11年 2月條 참조.

16) 『朝鮮金石總覽』 453쪽, 任益惇廟誌.

17) 위와 같음.

18) 그에 대해서는 任懿 附 본인 傳記(『高麗史』 卷95)와 崔忠獻墓誌(『朝鮮金石總覽』 440쪽) 참조.

19) 任懿 附 본인 傳記(『高麗史』 卷95)와 『高麗史節要』 卷13, 明宗 21年 11月條.

20) 任懿 附 본인 傳記(『高麗史』 卷95)와 『破閑集』 卷上, 「門生之於宗伯」條·『補閑集』 卷上, 「門生之於宗伯」條·『東國李相國集』 卷29, 「任相公濡讓樞密副使吏部尙書表」 및 『高麗史』 世家·志·『高麗史節要』.

系列이었다. 우선 본인만 하더라도 明宗 末年에 左承宣(正3品)을
거쳐 叅知政事(從2品)에 오른 후 門下侍郞平章事(正2品)로 세상을
떠나는 康宗 元年까지 20년 가까운 기간동안 宰相의 자리를 지키
거니와, 특히 그는 세 차례의 知貢擧에 또 한차례의 同知貢擧까지
모두 4번이나 科擧를 주관, 趙冲·李奎報·金敞·李中敏 등 많은
宰樞門生을 두어 큰 영광을 누리는 것이다. 비록 처음에는 門蔭으
로 진출하였다고 하나 스스로 科擧를 거쳤고, 그리하여 "制誥 16
年에 일시의 高文·大册이 모두 그의 손에서 나왔다"고 전하는 바
와 같이 문장가로, 그리고 考試官으로서도 크게 활약했음을 알 수
있다. 그럼에도 그는 "家世 勢位를 가지고 남에게 교만하지 않은"
겸허한 사람이었다. 그는 뒤에 熙宗廟庭에 배향되었다.

   이어서 장남인 任景肅도[21] 아버지와 거의 같은 행적을 남기고
있다. 平章事(正2品)의 직위까지 오른 것이 그러하며, 세 차례의 知
貢擧에 한차례의 同知貢擧를 역임, 그의 門下로 犀帶를 띤 사람이
10여인이나 되었다는 사실도 동일하다. 이와 함께 그의 두 동생 景
謙·景恂이 또한 급제하여[22] 집안을 더욱 빛내지마는, 이런 점에
서 定安任氏家門의 한 특징을 추출해 낼 수도 있을 것 같다. 그는
93세를 일기로 세상을 떠났으므로 말하자면 富·貴·壽를 모두
누린 셈인데 불행하게도 후사는 두지 못하였다. 족보에 의하면 그
의 처는 慶州人 李仲의 딸이라고 전한다. 李仲은 仁宗朝에 平章事
(正2品)·判戶部事를 지내는 분으로 이로써 그의 가세도 대략 짐
작할 수 있다.

---

21) 任懿 附 任濡傳(『高麗史』 卷95)과 『補閑集』 卷上, 「門生之於宗伯」
     條·『動安居士集』 行錄 卷3, 「次韻李史館仁挺哭任太師」條·『東文
     選』 卷26 制誥 「除宰臣任景肅麻制」條 및 『高麗史』 世家·志·『高麗
     史節要』.
22) 『牧隱文藁』 卷8, 「賀竹溪安氏三子登科詩序」 참조.

다음 둘째 아들 任景謙과[23] 孫 任翊이[24] 또한 宰相의 지위에 올라 주목된다. 전자는 同知樞密院事(從2品)·翰林學士承旨, 후자는 贊成事(正2品)를 지내는 것이다. 아울러 이들 父子는 과거급제자라는 점에서, 그리고 또 다같이 한 번씩의 國子試 試官을 지낸 점에서도 공통점을 지니고 있었다. 족보에만 보이는 사실이긴 하지만 任景謙에게는 任翊 이외에 몇 명의 아들이 더 있었다. 그 중에서도 任仮이 주의를 끌며, 또 그의 女壻인 坡平人 尹安禰에[25] 대해서도 알아 볼 필요가 있다고 생각되나 달리 전하는 사료는 눈에 띄지 않는다. 任獻은[26] 景謙의 증손이 되는 사람이다. 그는 高麗末에 門下侍中으로 정계에 큰 비중을 차지하고 있던 曲城府院君 廉悌臣의 사위로 자신은 密直提學(正3品)·大司憲(正3品)의 요직에 올랐었다. 그러나 그의 처남인 廉興邦(廉悌臣의 子)이 貪慾 擅權하다가 林堅味 등과 함께 誅殺되는 大獄事에 연루되어 그도 세 아들 公緯·公約·公續과 같이 죽음을 당하고 말았다.

다음으로는 셋째 아들 任孝順과[27] 그의 女壻인 崔滋가 또한 관심의 대상이 된다. 孝順은 벼슬이 樞密副使(正3品)에까지 이르거니와, 족보에 보면 그의 처는 橫川趙氏였다고 전해지고 있다. 그런데 한편 崔忠獻墓誌(『朝鮮金石總覽』 440쪽)에 보면 그는 任濡의 아들로 사위를 삼았다고 기록되어 있으며, 다시 崔忠獻傳(『高麗

---

23) 任懿 附 任濡傳(『高麗史』 卷95)과 『高麗史』 卷74, 選擧志 科目 國子試之額 高宗 18年 4月條.
24) 任懿 附 본인 傳記(『高麗史』 卷95)와 『高麗史』 世家·志·『高麗史節要』.
25) 이 사실은 坡平尹氏族譜에도 같은 내용이 실려 있다. 자세한 것은 앞에 든 朴龍雲의 논문 참조.
26) 그에 대해서는 林堅味傳(『高麗史』 卷106)과 廉悌臣神道碑(『牧隱文藁』 卷15) 및 『高麗史』 世家·『高麗史節要』 참조.
27) 『高麗史』 卷95, 任懿 附 任濡傳.

史』卷129)과 『高麗史節要』卷14, 神宗 5年 5月條에 의하면 그 사위 이름이 任孝明으로 나타나 있다. 따라서 任孝順과 任孝明은 혹시 同一人物이 아닐까 하는 추측을 자아내게 한다. 任濡의 아들 중에는 任孝明이라는 이름이 보이지 않기 때문이다. 그러나 長興任氏族譜에는 이와 달리 任孝明이 元濬의 孫으로 기재되어 있어 약간의 혼란을 빚고 있다. 이 문제는 그만해 두고, 요는 定安任氏와 崔忠獻 집안과의 혼인관계만은 분명하다 하겠는데, 이 점이 특히 우리의 주의를 끄는 부분이다. 역시 족보에만 보이는 것이지만 孝順은 또 海州崔氏와도 姻戚關係를 맺고 있었다. 이미 언급한 바와 같이 崔滋가 그의 사위였던 것이다.[28] 다 알고 있듯이 崔滋는 文憲公 冲의 후예로 武臣政權末期에 首相을 지내는 인물이다.

막내인 任景恂도[29] 科擧를 거쳐 判司宰寺事(正3品)에까지 오르거니와, 한편 그는 幸州奇氏 弘(洪)穎을 사위로 삼은 바도 있었다. 弘穎은 高宗朝에 平章事를 지내는 奇允肅의 아들로 奇子敖에게는 祖父가 되는 사람이다. 定安任氏는 幸州奇氏와도 姻戚關係로 얽히어 있었던 것이다.

任濡는 위에 든 네 아들 이외에 또 두 딸이 있어서 각기 金起孫과 崔允愷를 사위로 맞고 있었다.[30] 전자는 慶州 出身으로 首相을 지내며 후자는 完山 出身으로 判樞密院事(從2品)에 오르는 사람인데, 특히 전자는 武人執政 崔怡의 사위인 金若先의 동생이며 동시에 忠宣王이 즉위교서에서 '宰相之宗'으로 들고 있는 金琿의 叔父가 되는 사람으로 주목이 된다.

이상에서 任元厚의 아들과 그 후손들에 관하여 대강을 살피어

---

28) 朴龍雲의 앞에 든 논문 참조.
29) 任懿 附 任濡傳(『高麗史』卷95)과 奇子敖行狀(『稼亭集』卷12) 참조.
30) 『長興任氏世譜』.

왔는데, 이어서 그의 딸, 즉 女壻들에 대해서도 알아 볼 필요가 있다. 그럴 때에 우선 주목되는 이는 仁宗妃가 된 恭睿太后이다. 다 알고 있듯이 그녀는 李資謙의 謀逆이 실패로 돌아간 후 그의 두 딸이 모두 廢妃된 뒤를 이어서 入宮하거니와, 毅宗과 明宗·神宗은 모두 그의 所生이었다.[31] 이처럼 定安任氏는 仁宗朝에서 神宗朝에 걸쳐 王室과 깊이 얽히어 있었으며, 이런 관계가 저들의 진출과 활동에 크게 도움이 되었으리라는 점에 대해서는— 약간의 예외는 있었지만— 이미 앞에서 지적한 바와 같다. 다른 두 女壻인 稷山人 崔端과[32] 東萊人 鄭叙도[33] 본인들이 그렇게 대단한 지위에 오른 것은 아니었지만 모두 명망있는 가문의 자제들이었다. 특히 전자의 경우 아버지 崔弘宰는 首相을 지내며 또 그의 딸이 毅宗妃가 되어 보다 복잡한 外戚關係로 맺어져 있었던 것이다.

任元厚 系列에 비하여 任元淑과 任元濬의 후손들은 그리 번성하지 못했던 것 같다. 사료 상으로 확인할 수 있는 사람은 任元淑의 孫으로 毅宗朝에 閣門祗候(正7品)를 지내는 任孝誠[34] 한 사람에 불과한 것이다. 족보에 任元濬의 孫으로 올라 있는 任孝明에 대해서는 앞서 언급한 바 있어 여기서는 다시 거론하지 않기로 한다.

지금까지의 定安任氏家門에 대한 分析을 통하여 우리는 다음과 같은 몇 가지 사실을 확인할 수 있었다고 생각된다. 첫째로 이 집안은 地方豪族으로부터 起家하여 中央貴族化한 가문이라는 것이다. 이는 고려전기의 지방 토착세력이 정치체제의 정비과정에 따라 중앙의 지배층으로 전환되어 갔다는 종래의 이해에도 부합되는

---

31)『高麗史』卷88, 后妃列傳 恭睿太后任氏條.
32)『長興任氏世譜』및『高麗史』卷125, 崔弘宰傳과 同書 卷88, 毅宗妃 莊宣王后崔氏條.
33) 鄭沆 附 본인 傳記(『高麗史』卷97) 참조.
34)『高麗史』卷18, 毅宗 19年 6月條.

한 예인데, 任顥의 뒤를 이어 아들 任懿가 首相까지 지내 지반을 굳힌 위에 다시 任懿의 아들들이 고위직에 올랐을 뿐 아니라 당시의 名門들과 姻戚關係로 얽히면서 자신도 貴族家門으로 성장해 갔던 것이다. 확실히 定安任氏는 전기적 門閥貴族의 전통을 지닌 가문이었다.

둘째로 이 家門에서는 文翰的 傳統이 강하게 나타나고 있다는 점이다. 이는 科擧及第者數에서 뿐 아니라 知貢擧를 역임한 사람도 다수였다는 데서 이러한 결론이 가능하다. 참고적으로 科擧及第者를 보면 任懿·任元厚 父子에 이어 任元厚의 네 아들 任克忠·任溥·任濡·任沆, 그리고 다시 任濡의 세 아들 任景肅·任景謙·任景恂과 任益惇의 세 아들을 비롯하여 任翊·任孝明 등 무려 14人에 이르고 있다. 여기에 비하면 蔭叙者는 任益惇과 그의 한 아들, 그리고 任濡 등 3人만이 보여 대조를 이룬다. 물론 이 숫자는 사료 상으로 분명한 사람에 한정한 것이지만, 어떻든 定安任氏는 武臣亂의 전후를 막론하고 그러한 경향을 강하게 나타내고 있다 하겠다. 貴族家門으로서의 門閥的 背景과 이러한 文筆的 能力이 女壻까지 합하여 首相 5명에 宰相 10여명, 그리고 많은 5品官 이상을 배출한 밑바탕이 되지 않았나 생각된다.

셋째로 定安任氏는 外戚家門으로서, 그리고 崔氏武人執政과의 인척관계 위에서 크게 성장하는 가문으로 보인다는 점이다. 앞서 설명한 바와 같이 任元厚는 仁宗의 장인이며 毅宗과 明宗·神宗에게는 外祖가 되거니와, 이러한 外戚的 背景이 그와 그 자손들의 진출에 크게 작용했다고 생각되는 것이다. 더구나 仁宗妃 恭睿太后는 毅宗과 明宗의 母后로써 75세를 일기로 세상을 떠날 때까지 저들에게 많은 영향력을 미쳐 왔다는 점을 감안한다면 이러한 생각은 더욱 짙어지게 마련이다. 그런데 이와 관련하여 특히 주목할 사실은 이 때가 바로 武臣亂이 폭발한 시기라는 점에 있다. 무신들의 쿠데타로 毅宗은 물러나고 지배세력에는 많은 변화가 있었지만 王位는 同母弟에 차례로 계승되었으며 定安任氏도 그것과 별반 관계없이 진출이 계속되고 있는 것이다. 물론 定安任氏家의 이 같은 진출은 武人執政인 崔忠獻과의 이중적인 인척관계를 도외시하고는 생각할 수 없는 것이지만, 傳統的 門閥貴族勢力과 王室 내지는 武臣政權과의 결합이 시사하는 바는 크다고 생각된다.[35]

넷째로 貴族家門간의 連姻은 定安任氏의 경우에 있어서도 예외가 아니었다. 이 집안에서는 坡平尹氏·樹州李氏·慶源李氏·淸州韓氏·稷山崔氏·東萊鄭氏·慶州李氏·慶州金氏·完山崔氏·橫川趙氏·海州崔氏·瑞原廉氏·幸州奇氏 등 名門들과 인척관계를 맺고 있는 것이다. 이들 중 네 가문이 忠宣王이 즉위교서에서 지정하고 있는 '宰相之宗'에 포함되고 있다.

요컨대, 定安任氏는 전기적 門閥貴族家門이지만 武臣亂 이후에도 王室 내지는 武臣政權 담당자와 인척관계로 얽히면서 더욱 번성해간 집안으로, 전환기의 고려사에 대한 종래 우리의 이해와는 그 방향이 좀 달라질 수 있는 가능성을 제시해 주고 있다 하겠다.

Ⅲ. 鐵原(東州)崔氏家門의 分析

鐵原(東州 또는 昌原)崔氏는 開國功臣인 崔俊邕을 시조로 하는 가문이다. 기록에 의하면 그는 太祖를 도운 三韓功臣으로 太師·

三重大匡의 지위에 올랐다고 전해오는 것이다.[36] 그럼에도 그 뒤 아들 殷叔과 손자 爰立이 모두 奉御職(正6品)에 머물고 만 것을 보면 아직까지는 그렇게 뚜렷한 집안으로 성장하지는 못했던 것 같다. 처음 얼마동안은 이처럼 부진을 면치 못한 것이 사실인데, 그러나 곧이어 증손인 崔奭(처음 이름은 崔錫)이[37] 首相까지 지냄으로써 가문의 면모는 일신되어지게 되었다. 즉 그는 文宗 5年 4月의 科擧에서 수석으로 급제한 것을 계기로 이후 착실히 승진, 文宗 末年에는 宰相의 지위에 오르며 宣宗 4年에는 드디어 平章事·判吏部事를 제수받는 것이다. 더구나 그의 학식은 세 차례나 知貢擧를 역임할 정도여서 崔滋도 그를 몇 안되는 고려기 문장가의 한사람으로 손꼽고 있거니와,[38] 경력을 검토해 보면 人品面에서도 뛰어났던 것을 대략 짐작할 수 있다. 崔惟淸(崔奭의 子)이 그의 아들들을 훈계하는 말 가운데에

> 家門의 傳統이 淸白하여 남은 물건이 없고
> 다만 經書 만권을 보존했을 뿐이다.
> 너희들은 장차 나누어서 부지런히 보고 읽어
> 立身하여 道를 행함에 임금을 높이도록 하라.[39]

고 한 구절이 전해온다. 그의 집안은 상당한 시기 이전부터 淸白한 讀書人 家門의 전통을 이어온 것을 엿볼 수 있게 하는데, 아마 이같은 전통이 崔奭 때 와서 열매를 맺게 되었다고 생각되어진다.

---

36) 崔惟淸傳(『高麗史』 卷99)과 崔讜墓誌銘(『韓國金石文追補』 274쪽) 및 崔雲墓誌(『拙藁千百』 卷1·『東文選』 卷123) 참조.
37) 그에 대해서는 崔惟淸傳과 墓誌(『韓國金石文追補』 166쪽)·崔讜墓誌銘 및 『高麗史』 世家·志·『高麗史節要』 참조.
38) 『補閑集』 序.
39) 『補閑集』 卷上, 「崔譽肅公奭」條. "家傳淸白無餘物 只有經書萬卷存 恣汝分將勤讀閱 立身行道使君尊"

그의 座主는 李子淵이었다. 널리 알려진 바와 같이 李子淵은 文宗의 妻父로써 최고의 권좌에 앉아 慶源李氏를 최대의 門閥로 성장시킨 장본인이거니와, 座主와 門生의 관계가 父子와 같았다는 당시의 정황을 감안할 때에 崔奭의 立身에는 또한 그의 도움이 충분히 예상된다. 平章事(正2品) 金良鑑과 叅知政事(從2品) 崔思訓·朴寅亮과 같은 쟁쟁한 인물들도 모두 그의 門下였다는 것을 보더라도[40] 이 같은 가능성은 더욱 커지게 마련인 것이다. 한 마디로 말해서 崔奭이 대성할 수 있었던 것은 위에서 살펴본 바와 같이 功臣의 후예로써 쌓아온 가문의 배경 위에 본인의 뛰어난 학식과 인격, 그리고 그의 座主 李子淵의 후원 등이 결합된 데서 말미암은 결과라고 이해하여 큰 잘못은 없을 것으로 본다.

崔奭은 일찍이 鄭克永을 사위로 삼은 바 있었다. 이 이도 宣宗 11年의 科擧에서 수석으로 급제한 英才로 나중에는 判衛尉寺事(正3品)·翰林學士(正3品)를 지내지마는,[41] 아들 惟淸은 만년에 와서야 비로소 얻을 수 있었다. 이러한 사정으로 해서 崔惟淸은[42] 나이 7세에 아버지를 여위게 되는데, 그럼에도 10세가 되던 肅宗 8年에는 父蔭으로 벼슬길에 나갈 수 있었다. 그러나 그는 學業에 큰 뜻을 두고 있었다. 그리하여 20세가 되던 睿宗 7年의[43] 科擧에서

---

40) 『補閑集』卷上,「慶源李氏」條.

41) 鄭克永에 대해서는 본인의 傳記(『高麗史』卷98)와 崔惟淸傳 및 『高麗史』世家·志·『高麗史節要』참조.

42) 그에 대해서는 본인의 傳記(『高麗史』卷99)와 墓誌銘(『韓國金石文追補』166쪽)·東萊郡夫人鄭氏墓誌銘(『韓國金石文追補』159쪽) 및 『高麗史』世家·志·『高麗史節要』참조.

43) 사료에 崔惟淸이 10세가 되던 해는 肅宗 8年으로 나와 있는데, 다시 20세가 되던 해는 睿宗 7年이라고 하여 그 사이에 1년의 차이를 보이고 있다. 아울러 傳記에는 그가 80세에 薨去했다 하였는데 墓誌에는 82세로 되어 있어 여기서도 2년의 차이를 나타내고 있다.

급제를 하지만, 이후에도 학문에 몰두하여 士林의 칭송이 높았다
하며 "經・史・子・集에 該通하지 않는 바가 없었다"고도 전해진
다. 李資謙의 발호로 失職했던 얼마간을 제외하면 벼슬길도 순조
로워 毅宗 元年에는 이미 宰相이 되며 다시 同王 5年에는 平章事
(正2品)・判兵部事로 亞相의 지위에까지 올랐다. 그러나 그에게는
뜻하지 않은 不運이 기다리고 있었다. 鄭叙 事件에[44] 연좌되어 이
후 10년간 지방관으로 지내다가 致仕하지 않으면 안되었기 때문이
다. 鄭叙는 門下侍中을 지낸 定安 任元敱의 사위로써 惟淸과는 처
남 매부가 되는 사이였던 것이다. 그가 치사한 후 9年이 지난 毅宗
24年에 武臣亂이 폭발하여 많은 文臣들이 禍를 당하지만 "諸將은
본디부터 惟淸의 德望에 감복하고" 있었으므로 그 자신은 물론 期
功親에 이르는 모든 집안이 禍를 면할 수가 있었다. 나아가 그는
'宿德・舊望'으로써 明宗에 의해 잠시나마 다시 平章事로 발탁되
기도 하는데, 이 같은 사실들은 武臣政權下의 고려사회를 이해함
에 있어 주목할만한 가치가 있다고 생각된다.

　그는 처음에 李還의 딸과 혼인하였으나 얼마 안되어 세상을 떠
나고 말아 다시 東萊人 鄭沆의 女를 아내로 맞았다. 이 중 후자는
知樞密院事(從2品)를 지내는 사람으로 國舅인 任元敱의 딸을 며느
리로 삼았거니와, 惟淸은 바로 그의 사위가 되었던 것이다. 하여튼
그는 두 婦人의 所生으로 슬하에 8男 1女를 두는데, 이들이 毅宗
末年부터 官界로 진출, 武臣政權下에서 크게 출세들을 하였다. 이
점에 대해서는 곧이어 비교적 자세하게 설명해 가려 하지만, 어쨌
든 鐵原崔氏는 開國功臣의 후예로서 武臣亂 이전에 이미 전통적
인 文班貴族家門으로 확고하게 자리잡고 있었던 것만은 틀림없는
사실이라 하겠다.

─────────────────

44) 註 15) 참조.

그러면 다음의 설명으로 들어가기에 앞서 그 편의를 위해 먼저 世系圖를 그려보기로 하겠다. 도표 작성에 있어 각 사람 아래에 붙인 注記는 定安任氏의 경우에 있어서와 마찬가지이다.[圖表 2]

世系圖에 보이듯이 崔惟淸의 8男 1女 중 두 아들은 寺門에 들어갔고, 사위인 朴敦文에 대해서도 별반 전하는 것이 없다. 그러므로 이들에 대한 설명은 생략하기로 하고, 남은 証(諫)·詡·諲·讜·詵·讓 여섯 아들과 그 후손들에 대해 순서대로 알아보기로 한다.

崔証(諫)系列 : 崔証의[45] 처음 이름은 諫으로 李氏 所生이다. 그는 毅宗 初年의 科擧에 합격한 후 벼슬은 禮部尙書(正3品)·東宮侍讀學士(從4品)의 지위에까지 오르며 또 明宗 18年에 시행한 科試에서는 同知貢擧職을 맡기도 하였다. 이 이는 특히 鄭氏 所生의 두 동생과 함께 文學에 뛰어나 세인들이 '儒宗'으로 부를 정도였다고 전한다. 그는 처음에 姜氏와, 그리고 後娶로써 高陽堅의 딸과 혼인하여 슬하에 1男 2女를 두었다 하는데 이들에 관해 알아 볼 자료는 발견되지 않는다.

崔詡·崔諲系列 : 崔詡는 科擧를 거쳐 閣門祗候(正7品)까지 지내며 崔諲도 金吾衛錄事(正8品)를 제수받았다. 그러나 이들은 일찍이 세상을 떠났으므로 높은 지위에는 오르지 못하였다.[46]

崔讜系列 : 崔讜 一門은 그와 그의 子孫·女壻들이 대부분 고위직에 올라 동생 崔詵의 후손과 더불어 크게 번영을 누리는 系列이

---

45) 본인의 墓誌銘(『韓國金石文追補』 188쪽)과 崔惟淸傳·東萊郡夫人鄭氏墓誌銘 및 『高麗史』 卷73, 選擧志 科目 選場 明宗 18年 6月條.
46) 양인에 대해서는 崔惟淸傳과 墓誌銘 및 東萊郡夫人鄭氏墓誌銘 참조.

다. 우선 본인만 하더라도 毅宗年間에 科擧를 거친 이후 착실히 승진하여 明宗 末年에는 叅知政事(從2品)로 知貢擧를 역임하며 이어서 平章事(正2品)에까지 진급하는 것이다. 그는 神宗 2年에 치사한 후 耆老會를 만들어 세인의 화제가 되기도 했던 인물이거니와, 슬하의 두 아들 臣胤과 臣英도 각각 尙書(正3品)와 郎中(正5品)을 지내었다.[47]

崔臣胤은 슬하에 네 아들을 두었다고 전하는데[48] 그 중 溥·璘·澄 세 사람만이 사료에 보인다. 즉 崔溥는 高宗 10年 6月條의 기사에 의해 殿中監(從3品)에 재임하면서 同知貢擧를 맡은 사실이 확인되며,[49] 崔璘도[50] 傳記 등을 통해 康宗朝에 登第한 이후 高宗朝에 이르러 크게 활약하고 있음을 알 수 있는 것이다. 특히 후자는 각각 한차례씩의 同知貢擧와 知貢擧를 맡은 바 있고 벼슬도 門下平章事(正2品)까지 지내는데, 한 때 安慶公 淐을 모시고 蒙古에 들어가 王子의 眞僞를 詰問하는 元帝에게 愛子·親子說로 요령 있게 답변하여 본국의 위기를 잘 넘긴 사실은 유명한 이야기다. 족보에 의하면 그의 처는 明宗朝에 首相을 지낸 閔令謨의 증손 暉의 딸이라고 전한다. 그런데 한편 崔璘은 閔暉와는 6寸間으로 戶部侍郎(正4品)을 지낸 滉을 또 사위로 맞고 있었으므로[51] 결국 驪興閔氏와는 이중적인 인척관계로 얽히어 있었다.

---

47) 崔讜과 그 아들에 대해서는 崔惟淸 附 본인의 傳記(『高麗史』 卷99)와 墓誌銘(『韓國金石文追補』 274쪽)·『拙藁千百』 卷1, 「海東後耆老會序」 條 및 『高麗史』 世家·志·『高麗史節要』 참조.
48) 崔獻圭刊編, 1923, 『東州崔氏族譜』, 京城. 본고에서 말하는 鐵原崔氏 族譜란 모두 이를 일컫는 것이다.
49) 『高麗史』 卷73, 選擧志 科目 選場.
50) 그에 대해서는 崔惟淸 附 본인 傳記(『高麗史』 卷99)와 『補閑集』 卷上, 「任良淑公濡」條 및 『高麗史』 世家·志·『高麗史節要』 참조.
51) 『拙藁千百』 卷1, 閔宗儒墓誌.

다음 崔澄의 경우에도 元宗朝에 樞密副使(正3品)로 재임한 사실이 확인된다.52) 아울러 족보에만 보이는 사실이긴 하지만 그의 처는 政堂文學(從2品)을 지낸 坡平人 尹克敏의 딸로 전해지고 있다. 그는 슬하에 2男 6女의 자녀를 두었던 것이다.

이들 자녀 중에 장남인 崔冲若은 元宗朝에 秘書校書郎(正9品)을 지내며 다시 그의 딸은 竹溪人 安于器의 배필이 되었다.53) 사위가 된 安于器는 고려말에 朱子學을 처음 수입했다 하여 알려진 安珦의 아들로 벼슬은 密直副使(正3品)의 지위에까지 올랐던 인물이다.

다음 차남인 崔冲紹(또는 濡)도 忠烈王朝에 副知密直司事·贊成事(正2品) 등으로 크게 활약한다.54) 특히 이 이는 首相을 지내는 平壤趙氏 仁規의 딸을 아내로 맞아 주목되는 바 있거니와,55) 후손으로는 아들 廣, 孫子인 孟孫과 仲孫, 그리고 증손 仁玘로 이어져 갔다. 崔廣은56) 宗簿令職(從3品)에 재임하면서 贊成事를 지내는 淸州人 鄭瑎의 사위가 되며, 崔孟孫은57) 恭愍王朝에 密直提學(正3品)·判開城(從2品) 등의 벼슬을 지내는 이로 鐵原君에 봉함까지 받고있는 것이다. 崔仲孫에 대해서는 벼슬이 副使에 이르렀고 또

---

52) 『高麗史』 卷26, 世家 元宗 9年 3月條.
53) 『高麗史節要』 卷18, 元宗 6年 3月條와 『高麗史』 卷105, 兪千遇傳 및 『謹齋集』 卷3, 安于器墓誌 참조.
54) 『高麗史』 世家와 『高麗史節要』 여러 곳에 보이고 있다.
55) 이 점은 鐵原崔氏族譜뿐 아니라 趙仁規傳(『高麗史』 卷105)에도 분명하게 밝혀져 있다. 그런데 閔賢九氏는 崔冲紹가 趙仁規祠堂記(『稼亭集』 卷3)에 보이는 네 명의 사위 중에 포함되어 있지 않은 점을 들어 일단 의심을 하고, 혹 그가 賤系 所生의 女壻였기 때문에 祠堂記에는 언급되지 않았을런지도 모른다는 견해를 피력한 바 있다(「趙仁規와 그의 家門」 中 『震檀學報』 43, 12쪽). 그가 祠堂記에 보이지 않는 이유를 이 자리에서 당장 밝히기는 어려운 일이지만, 어떻든 傳記에 분명히 나오고 있는 이상 사위였다는 사실 자체를 부정할 수는 없을 것 같다.
56) 『牧隱文藁』 卷20, 鄭氏家傳.
57) 『高麗史』 世家와 『高麗史節要』 및 『牧隱文藁』 卷20, 鄭氏家傳.

光山金氏 光轍의 딸을 아내로 맞은 사실이 족보에 전해지고 있으나 이를 다시 확증하기는 어렵다. 그러나 그의 아들 崔仁玝가 知杆城郡事로 있으면서 朝鮮 太祖의 제3자인 李芳毅를 사위로 삼은 사실은 李子春 神道碑에[58) 보이고 있다. 아울러 崔廣의 女壻로 判開城府事(從2品)를 지내는 郭延俊과[59) 崔仲孫의 女壻로 密直副使(正3品)·漢陽尹을 지내는 海州人 崔鄲도[60) 각각 史書에 의해 확인이 된다.

끝으로 崔澄의 여섯 사위에 관한 것인데, 그 중 가장 주목되는 사람은 孔岩人 許珙이다.[61) 다 알고 있듯이 그는 陽川(孔岩)許氏의 여러 인물 중에서도 가장 뛰어나 忠烈王朝에 僉議中贊(從1品 : 首相)을 지내는 것이다. 이 이와 함께 知都僉議府事(從2品) 朱悅과[62) 版圖摠郎(正4品) 李昌祐의[63) 존재도 기록에 의해 확인이 되는데, 다른 세 사람에 대해서는 잘 알 수가 없다.

崔詵系列 : 崔詵 一門은 출중한 인물들을 많이 배출하여 鐵原崔氏 집안 중에서도 최대의 번영을 누린 系列이다. 먼저 崔詵[64) 자신부터가 학문과 정치 양면에 뛰어나 科擧에 급제한 것은 물론 각각 한차례씩의 國子試 試官과 同知貢擧에, 다시 두 차례 知貢擧를 역임하며 벼슬도 平章事(正2品)·判吏部事로 首相의 지위에 올라 神

---

58)『牧隱文藁』卷15, 碑銘.
59)『高麗史』卷38, 世家 恭愍王 元年 8月條 및『牧隱文藁』卷18, 李岡墓誌銘.
60) 朴龍雲의 앞에 든 논문 참조.
61)『朝鮮金石總覽』464쪽, 許珙墓誌.
62)『高麗史』卷106, 朱悅傳.
63)『東文選』卷123, 全信墓誌.
64) 이 이에 대해서는 崔惟淸 附 본인 傳記(『高麗史』卷99)와『補閑集』卷上,「崔譽肅公覥」條·金永夫墓誌銘(『韓國金石文追補』162쪽) 및『高麗史』世家·志·『高麗史節要』참조.

宗·熙宗朝에 걸쳐 가장 유력한 인물중의 한사람이 되는 것이다. 뿐만 아니라 그의 여덟 자녀 중에서 檢校太子詹事에 그친 맏아들 崔宗源을[65] 제외하면 다른 세 아들과 네 명의 사위가 모두 고위직에 오르고 있다.

둘째 아들인 崔宗峻은[66] 아버지에 이어 首相이 된다. 이 이는 神宗 4年 5月의 科擧에서 수석으로 급제한 사람이기도 하거니와, 高宗 後年에 門下侍中으로써 15年間 冢宰의 자리를 지키는 것이다. 그는 '天性이 淸介'했다 하며 15年間의 冢宰에도 불구하고 '門庭이 水淨'하였다고 전하는 것을 보면 당시로서는 비교적 청렴한 인물이기도 했던 것 같다. 다음 셋째인 崔宗梓도[67] 僕射의 지위에까지 이른다. 그는 高宗 12年 3月의 科擧에서 衛尉卿職(從3品)에 재임하면서 同知貢擧를 맡고 있는 점으로 미루어 볼 때 자신도 과거 출신자일 가능성이 크다. 족보에는 물론 科擧에 합격한 것으로 나타나 있다. 이것 역시 족보에만 보이지만, 처가 驪興閔氏 公珪의 딸이라는 점도 주목된다. 閔公珪는 明宗朝의 首相 令謨의 아들로 자신도 亞相을 지내는 인물인 것이다. 다음 넷째 아들인 崔宗蕃[68]

---

65) 崔惟淸 附 崔詵傳. 崔宗源의 벼슬이 檢校太子詹事의 하위직에 머문 것은 早卒했기 때문인 듯하다. 위에서도 든 바 있는 『補閑集』卷上, 「崔譽肅公奭」條에 崔詵의 아들들이 전하는데, 그 중 유독 宗源만이 누락되어 있는 것으로 보아 이같이 추측되는 것이다.

66) 崔惟淸 附 본인 傳記(『高麗史』卷99)와 『補閑集』卷下, 「崔宣肅公宗峻」條·『東文選』卷26, 制誥 「除宰臣崔宗峻麻制」條 및 『高麗史』世家·志·『高麗史節要』참조.

67) 崔惟淸 附 崔詵傳(『高麗史』卷99)과 『補閑集』卷上, 「崔譽肅公奭」條·金㫱墓誌銘(『韓國金石文追補』211쪽) 및 『高麗史』世家·志·『高麗史節要』참조.

68) 崔惟淸 附 崔詵傳(『高麗史』卷99)과 『補閑集』卷上, 「崔譽肅公奭」條·『東國李相國集』卷29, 「崔宗蕃乞赴東堂表」 및 『高麗史』世家·志·『高麗史節要』참조.

또한 承宣(正3品)의 요직을 차지한다. 이 이는 스스로 東堂試에 응시할 수 있도록 애걸한 것으로 미루어 蔭叙出身임이 거의 확실한데, 그럼에도 오랫동안 왕명을 出納하는 요직을 맡고 있다.

그의 사위 네 사람도[69) 위에 든 세 아들에 못지 않은 쟁쟁한 인물들이었다. 첫째 사위 崔洪胤은[70) 平章事(正2品)・判兵部事를 지내며, 둘째 사위인 鄭叔瞻과[71) 넷째 사위 趙冲은 역시 平章事에,[72) 그리고 셋째 사위 文侯軾은[73) 大府卿(從3品)의 지위에 오르는 것이다. 더욱이 이들의 가문을 보면 崔洪胤은 海東의 儒宗으로 널리 알려진 海州崔氏 冲의 후예이고, 文侯軾은 무신정권기에 학식과 덕망이 높아 首相까지 지내는 南平文氏 克謙의 아들이며, 趙冲도 역시 首相의 자리에 올랐던 橫川趙氏 永仁의 아들로써 모두가 당대의 名門들이다. 아울러 鄭叔瞻의 경우에도 아버지는 尙書(正3品)를 지내거니와, 특히 그는 武人執政인 崔瑀를 사위로 삼고 권세를 오로지 했던 사람인데, 崔宗峻이 또한 그(崔瑀)와 外叔關係가 됨을 이용하여 세력을 펴고 있다는 사실이 극히 주목된다.[74) 그러니까 崔詵은 자신이 冢宰를 지낸 데 이어 한 아들이 首相을 역임하며, 또 子・壻를 합하여 4명의 宰相에 2명의 3品官을 두고 있었던 것이다.『高麗史』撰者가 그의 傳記를 만들면서, 그런데도 崔詵이 "門地를 가지고 自負하지 않았다"는 사실을 들어 특기한 이

---

69) 崔詵의 네 사위 崔洪胤・鄭叔瞻・文侯軾・趙冲과의 관계는 족보에만 전한다. 그러나『補閑集』卷上,「崔譽肅公襃」條에 崔詵은 "세 사위가 있는데 모두 宰相이 되었다"고 기록되어 있는 것을 볼 때 족보의 내용을 사실로써 긍정하여도 큰 무리는 없다고 생각된다.

70) 그와 그의 世系에 대해서는 朴龍雲의 앞에 든 논문 참조.

71)『高麗史』卷100, 본인 傳記.

72)『高麗史』卷103, 본인 傳記.

73)『高麗史』卷99, 文克謙傳.

74)『高麗史節要』卷15, 高宗 9年 夏4月條 및 崔惟淸 附 崔宗峻傳.

유를 여기에서 비로소 이해할 수 있을 것 같다.

崔宗峻은 슬하에 2男 1女를 두고 있었다. 그 중 장남인 崔瑛은[75] 將軍으로 宰相職을 겸하거니와, 平康人 蔡楨과 함께 武人執政 崔沆의 심복으로서 崔竩의 승계에 중요한 역할을 하기도 하였다. 그가 후에 平章事(正2品)까지 지내는 蔡楨의 아들 仁揆를 사위로 삼는 것은 결코 우연한 일이 아닌 것이다. 崔瑛은 또한 머나마 林惟茂 집안과도 인척관계에 있었으므로 그의 몰락과 함께 官界에서 물러나지 않을 수 없었다. 다음 차남인 崔晛도[76] 일찍이 門蔭으로 官途를 걸었으나 22세의 젊은 나이로 夭折하고 말아 큰 일은 하지 못하였다. 족보에는 그의 女壻인 洪縉과 매부 李藏用의 이름이 함께 보인다. 다 알고 있듯이 洪縉은 樞密副使(正3品)를 지내는 南陽洪氏의 자손이며, 李藏用은 門下侍中(從1品)의 지위에 오르는 慶源李氏의 후예로 모두 특기할 만한 인물들이었다.

다음 崔宗梓의 후예로는 먼저 아들 昷과 女壻 金佺, 그리고 다시 昷의 아들 文本·文立과 壻 崔沆 등이 관심의 대상이 된다. 이들 중 崔昷은[77] 일찍이 科擧에 합격한 이후 빠른 속도로 진급하여 고위직에 오르며, 아들 文本도[78] 蔭叙를 통해 仕宦의 길을 걷는데, 이들 父子는 특히 崔氏武人執政과 긴밀한 관계를 가지고 있었던 점이 주목된다. 崔沆은 바로 崔昷의 사위였거니와, 崔文本이 金俊 등의 崔竩除去謀議를 당해자에게 密告한 것으로 보아 이 같은 깊

---

75) 崔忠獻 附 崔竩傳(『高麗史』 卷129)과 蔡仁揆墓誌銘(『韓國金石文追補』 213쪽) 및 『高麗史』 世家·『高麗史節要』 참조.

76) 『朝鮮金石總覽』 459쪽, 崔晛墓誌.

77) 이 이에 대해서는 崔惟淸 附 본인 傳記(『高麗史』 卷99)와 崔忠獻 附 崔沆傳(『高麗史』 卷129)·『東文選』 卷126, 制誥「崔昷爲銀靑光祿大夫尙書右僕射翰林學士承旨官誥」條 및 『高麗史』 世家·志·『高麗史節要』 참조.

78) 崔惟淸 附 본인 및 崔昷傳과 『高麗史』 世家·『高麗史節要』 참조.

은 관계가 짐작되는 것이다. 저들은 이를 배경으로 권세를 부린 듯, 崔玶傳에는 "家世를 믿고 驕傲"하였으며 또 "閥閱에 의지하여 동료를 심히 경시"했다고 전하여지고 있다. 그 결과 崔氏政權의 몰락과 동시에 이들 父子도 유배를 면치 못하게 되는 것이지만, 그러나 얼마 지나지 않아 다시 玶은 平章事(正2品)까지 지내며 文本도 密直副使(正3品)·版圖判書(正3品)의 지위에 올라 새삼 생각해 볼 여지를 남기고 있다. 아울러 崔玶과 처남 매부 사이가 되는 金侒은79) 高宗朝의 名相 金就礪의 아들로 자신도 平章事를 지내는 사람이거니와, 彦陽金氏와 鐵原崔氏 양가가 인척으로 맺어져 있었던 점 또한 주목된다.

　崔文立에 대해서는 벼슬이 三司使(正3品)에까지 이르렀다는 『高麗史』의 단순한 기록 이외에80) 따로 전하는 사료는 보이지 않는다. 나중에 아들 崔雲의 墓誌가 발견되어 그의 처가 南陽人 洪縉의 딸이라는 사실이 추가되긴 했지만, 그 외의 자세한 내용은 알 수가 없는 것이다. 崔雲은 忠烈王 15年의 司馬試에 합격하는 여유를 보이지마는 나중에는 武班官職을 거쳐 忠肅王 12年에 知密直司事(從2品)를 마지막으로 세상을 떠나는데,81) 처는 僉議中贊(從1品 : 首相)을 지내는 礪山人 宋玢의 딸이었다. 그런데 다 알고 있듯이 洪縉의 아들 文系와 宋玢의 아버지 松禮는 다같이 최후의 武人 執政인 林惟茂를 제거하는데 핵심적인 역할을 한 인물들로서 저들이 鐵原崔氏와 인척관계로 얽히어 있었다는 것은 이 家門을 이해함에 있어 여러모로 커다란 의의를 가지는 것이라 하겠다.

　다음 崔宗蕃도 슬하에 1男 2女를 두어서 아들 坪과 壻 庾弘의

---

79) 『韓國金石文追補』 211쪽, 金侒墓誌銘.
80) 『高麗史』 卷99, 崔惟淸 附 崔玶傳.
81) 『拙藁千百』 卷1(『東文選』 卷123) 崔雲墓誌 및 『高麗史』 卷35, 忠肅王 12年 秋7月條.

이름이 史書에 전해지고 있다. 즉 崔坪은 高宗朝에 科擧를 거친 후 密直副使(正3品)를 지내며,[82] 庾弘도 茂松庾氏 집안의 후예로 承宣職(正3品)에 올랐던 것이다.[83] 그러나 崔坪은 崔雲과 더불어 자녀는 두지 못하였다.

崔讓系列 : 이 系列은 처음에 그리 활발한 진출을 하지 못하였다. 崔讓 자신부터가 雜織署令(正8品)에 머물렀고,[84] 족보에 보이는 그의 아들 崔貞紹와 壻 郭麟(淸州郭氏)도 그리 뚜렷한 존재는 못되었던 것 같다. 崔貞紹의 경우 다른 사료에는 전혀 보이지 않고, 郭麟도 供驛署令(從7品)으로 書狀官의 임무를 띠고 日本에 건너갔다가 불귀의 객이 되고 말았던 것이다.[85] 그러나 손자인 崔雍(甕)대에 이르러서는 새로운 발돋움을 하게 되었다. 즉 이 이는 科擧를 거쳐 忠烈王이 太孫으로 있을 때에는 師傅로 활약하며 벼슬도 副知密直司事(宰相級)·文翰學士에까지 이르는 것이다.[86]

崔雍은 슬하에 2男 1女를 두고 있었다. 그리하여 장남인 崔元中은 科擧에 통과한 후 尙書(正3品)까지 지내며,[87] 차남인 元直도 司憲糾正(從6品)을 역임하거니와,[88] 족보에 의하여 전자는 幸州人 奇洪穎의 딸을, 그리고 후자는 鳳山智氏를 아내로 맞은 사실도 알

---

82) 崔惟淸 附 본인 傳記(『高麗史』 卷99)와 『高麗史』 世家·志·『高麗史節要』.
83) 『韓國金石文追補』 219쪽, 庾自偶墓誌 및 『高麗史』 卷74, 選擧志 國子試之額 科目 高宗 32年 5月條.
84) 『高麗史』 卷99, 崔惟淸傳.
85) 『高麗史』 卷106, 金有成 附 본인 傳記.
86) 崔惟淸 附 본인 傳記(『高麗史』 卷99)와 『高麗史』 世家·『高麗史節要』 참조.
87) 『櫟翁稗說』 前集2, 「崔尙書元中」條 및 『高麗史』 卷99, 崔惟淸 附 崔雍傳.
88) 『高麗史』 卷99, 崔惟淸 附 崔雍傳과 同書 卷113, 崔瑩傳.

수가 있다. 아울러 坡平尹氏族譜에는 이 집안의 尹承休가 崔雍의 사위였다고 전하고 있는데[89] 이는 현재 달리 확인하기가 어렵다.

崔瑩은[90] 바로 元直의 아들이었다. 이 이는 널리 알려진 바와 같이 고려말에 국가의 운명을 건 여러 싸움에서 빛나는 戰功을 세운 명장으로써 뿐 아니라 首相 등 여러 요직을 맡으면서 오랫동안 집권하거니와, 종국에는 무리한 遼東征伐의 강행이 실패로 돌아가 李成桂派에 몰리어 죽음을 당하였다. 그의 청렴결백에 대한 이야기는 우리들이 다 아는 바이지만, 확실히 그는 당시에 독보적 존재였다. 그는 강경한 성격의 소유자였으며 또 국가의 이익을 위해서는 前後左右를 가리지 않는 사람이었다. 그의 행적을 살펴보면 청렴・검소한 생활과 강경 일변도의 일 처리, 國益을 위해서는 元나라에도 서슴지 않고 대항했던 사실들을 잘 알 수가 있는 것이다. 그는 또 ‘無學術’하다 했으니 아마 당시의 국제정세에 그리 밝지는 못했을 것으로 짐작되는데, 遼東攻伐을 단행한 데에는 여러 가지 복합적인 원인이 있겠지만 崔瑩의 이 같은 강경한 성격과 國益을 최우선으로 했던 그의 정책적 배려가 큰 한 몫을 했다고 생각된다. 그는 儒州柳氏 집안의 딸과 혼인하여 그 사이에 아들 潭을 두었다. 그리하여 崔潭도[91] 大護軍(從3品)까지 진출하지마는 아버지의 몰락으로 禑王의 寧妃가 되었던 누이동생과 함께 어려운 처지에 놓이게 되고 만다.

우리는 지금까지의 鐵原崔氏家門에 대한 분석을 통하여 다음의 몇 가지 점을 알 수 있게 되었다고 생각한다. 우선 첫째로, 이 집안은 開國功臣의 후예로 武臣亂 이전에 이미 文班貴族家門으로서

---

89) 朴龍雲의 앞에 든 논문 참조.
90) 『高麗史』卷113의 본인 傳記와 同書 世家・志 및 『高麗史節要』참조.
91) 『高麗史』卷113, 崔瑩傳과 同書 卷40, 世家 恭愍王 12年 閏3月條.

확고히 자리잡고 있었다는 것이다. 애초부터 뚜렷한 존재는 못되었지만 6品職을 지닐 정도의 가세는 이어 왔으며, 이어서 崔奭·崔惟淸 부자가 각기 首相과 亞相에 오름으로써 지위를 굳히게 되는 것이다. 더구나 名門의 하나인 東萊鄭氏와 직접 인척관계를 맺기도 하지만 定安任氏·慶源李氏와도 긴밀히 연결되어져 있어 여기서도 많은 보탬을 받았으리라 예상된다.

둘째로, 이처럼 鐵原崔氏는 前期的 文班貴族家門임에도 불구하고 武臣亂 이후에 더욱 크게 번성한다는데 큰 특징이 있다. 관직에 올랐던 사람들의 숫자를 따져보면 首相을 지낸 사람만도 6人(女壻 2人)에 이르고 있고 宰相級에 오른 이는 24名(女壻 10人)이나 되며 3品官도 다수가 되는데, 물론 이들의 대부분은 후기에 활약한 사람들이다. 그 연유에 대해서는 아래에서 좀 더 살펴 가겠지만, 어떻든 이와 같은 鐵原崔氏家門의 특징은 武臣亂 후의 고려사회에 대한 종래 우리의 이해에 새로운 문제를 제기해 준다고 하겠다.

셋째로, 이 집안은 어느 가문 못지 않게 文筆的 傳統을 강하게 지니고 있다는 점을 들 수 있겠다. 대대로 經書 만권을 전했다는 이야기 자체가 이를 단적으로 말해 주거니와, 科擧及第者나 考試官의 숫자를 보더라도 이 점은 잘 드러난다. 참고적으로 知貢擧 내지 同知貢擧를 역임한 사람들을 보면 崔奭·崔惟淸 父子를 비롯해서 崔証·崔讜·崔詵 형제와 崔璘·崔昷·崔宗梓 등 무려 8人에 이르고 있으며, 科擧及第者는 首席으로 합격한 崔奭·崔宗峻을 포함하여 14人이나 된다. 앞서도 잠시 언급한 바 있듯이 崔宗蕃이 東堂試에 나아가기를 청원하는 表 가운데에 "우연히 門蔭으로 한 번 吏名을 입었지만 만약에 儒學을 거쳐 立身하지 않으면 또한 장차 무슨 면목으로 從仕하겠습니까. 하물며 祖先이 모두 이 길(科擧)로 드러났는데 子孫이 다른 길(蔭叙)로 時世에 맞출 수 있겠습니까"92) 라는 호소는 좋은 자료가 될 줄로 안다. 이에 비하면 蔭叙出身者는 崔惟淸과 崔宗蕃・崔晛・崔文本 네 사람에 그치고 있는데, 단 科擧及第者나 蔭叙出身者를 막론하고 武臣亂을 전후한 양 시기에 모두 걸쳐 있다는 점은 주목해 둘만한 일이다.

넷째로, 鐵原崔氏家門이 다른 대부분의 門閥貴族家門과 크게 틀리는 것은 왕실과의 外戚關係가 전혀 보이지 않는다는 점이다. 물론 고려말인 禑王 末年에 잠시 崔瑩의 딸이 王妃가 되지만 이는 그리 문제가 되지 않는다고 생각된다. 우리가 고려시기에 한정하여 생각할 때 이런 점에 전기적 귀족가문으로서의 鐵原崔氏가 지니는 특징과 한계성이 있다고 하겠는데, 그러나 반면에 武臣政權期가 되어서는 崔氏武人執政과 깊이 얽히어 있었다는 점이 크게 주목된다. 崔瑀는 崔詵 및 그 아들들과 外孫 내지는 外姪의 관계였고, 崔沆은 崔昷의 사위였으며, 또 崔竩와도 깊은 관계였다. 아울러 崔瑛의 경우에서와 같이 이 집안은 직접 간접으로 崔氏武人執政과 뗄 수 없는 사이가 되어 있었던 것이며, 이 점 또한 전통적 文班貴族家門과 武人執政과의 결합이라는 점에서 크게 관심이 가는 현상이다.

다섯째로, 이 집안은 전기의 門閥貴族이나 후기의 '權門世族'이거나를 막론하고 당대의 많은 閥族勢力과 인척관계를 맺고 있다는 점이다. 구체적으로 그들 집안을 들어보면, 東萊鄭氏・驪興閔氏・海州崔氏・河東鄭氏・南平文氏・横川趙氏・坡平尹氏・安東金氏・慶源李氏・南陽洪氏・茂松庾氏・竹溪安氏・平壤趙氏・清州鄭氏・孔巖許氏・平康蔡氏・彦陽金氏・礪山宋氏・儒州柳氏・幸州奇氏・全州李氏 등으로서 武臣亂 이전과 武臣政權期 및 그 이후 어느 기간이거나를 막론하고 당대의 名門巨族들이 포

---

92) 『東國李相國集』 卷29, 「崔宗蕃乞赴東堂表」.

함되고 있는 것이다. 이들 중에는 忠宣王 卽位年 下敎에 지정되고 있는 열 다섯 '宰相之宗' 가운데에 11집안이 들어 있거니와, 거기에 자신까지 넣으면 12가문이 되니까 고려후기의 '權門世族' 대부분을 망라하고 있는 셈이다. 貴族家門간의 폐쇄적인 通婚圈 형성의 양상을 잘 보여주고 있는 것이라 하겠다.

요컨대 鐵原崔氏는 開國功臣의 후예로써 文筆的 傳統을 지켜간 前期的 文班貴族家門이었지만 武臣亂 이후에도 崔氏執政 내지는 權力名門 — 文班과 武班家門을 포함하여 — 들과 인척관계를 맺으면서 더욱 번성하여 간 것이다. 이와 같은 鐵原崔氏家門의 존재는 武臣亂을 전후한 두 사회의 비교·연구에 좋은 보기가 될 것이며, 또 고려후기사회에 대한 종래 우리의 이해에도 변화를 줄 수 있는 가능성을 제시하고 있다 하겠다.

Ⅳ. 孔巖(陽川)許氏家門의 分析

陽川(孔巖)許氏는 許宣文으로부터 비롯되는 家門이다. 그는 孔巖地方의 豪族으로 高麗 太祖를 도와서 開國에 공로를 세워 이 집안의 시조가 되는 것이다. 그로부터 곧이어 子孫들이 중앙에 진출하여 대소의 벼슬을 하면서 家世를 이어 갔거니와, 그 점에 대해서는 다음의 두 자료가 크게 참고된다.

> ① (許氏의) 鼻祖는 宣文으로, (그는) 高麗 太祖를 도와서 三韓을 定하여 孔岩을 采地로 받아 드디어 대대로 陽川人이 되었다. 8세대에 걸쳐 계속 벼슬을 이어 왔는데 (許)珙에 이르러서 侍中의 지위

에 올라 名相이 되었다(『朝鮮金石總覽』 下 790쪽, 許曄神道碑).

② 公(許珙)의 鼻祖로부터 公(許珙)에 이르기까지 무릇 11세대에 걸쳐 계속 벼슬을 이어 桂籍을 서로 전하였다(『朝鮮金石總覽』 上 464쪽, 許珙墓誌).

이제 위에 든 기록들은 宣文의 高孫이 되는 許載의 墓誌에 의해 좀 더 구체적인 내용을 알 수가 있다. 거기에 보면 宣文의 자손은 許玄─許元─許正─許載로 이어지고 있는 것이다. 이들 중 許玄은[93] 甲科及第하여 攻文博士가 되지만 따로 공적이 있어 功臣이 되었다고 한 사실로 짐작컨대 상당한 지위에 올랐을 것이 예상된다. 다음 許元도 乙科及第하며 벼슬은 左拾遺(從6品)·侍御史(從5品)를 거쳐 內史舍人(從4品)·知制誥에까지 이른다.[94] 추측컨대 그의 처는 8代 임금인 顯宗의 孫女였던 것 같다. 許珙墓誌(『朝鮮金石總覽』 464쪽)에 그의 아버지 遂는 顯宗의 아들 冲(『高麗史』 宗室傳의 忠)의 제6대 外孫이라고 했는데, 許遂로부터 6代를 거슬러 올라가면 許元이 이에 해당되는 것이다. 代數의 계산에 약간의 착오가 있을 가능성은 있지만 아무튼 이는 王室과 孔岩許氏와의 혼인관계라는 점에서 극히 주목된다 하겠다. 이어서 元의 아들 許正[95] 또한 고려전기 名門의 하나인 江陵金氏 집안의 딸을 아내로 맞은 바 있지만, 그는 불행하게도 일찍이 세상을 떠나 벼슬은 大倉丞(從8品)에 그치고 말았다.

許載는[96] 어려서 아버지를 여의었으므로 外高祖의 門蔭을 입어

---

93) 『韓國金石文追補』 107쪽, 許載墓誌銘.
94) 『韓國金石文追補』 107쪽, 許載墓誌銘 및 『高麗史』 卷5, 世家 顯宗 14年 冬10月條·同 18年 6月條·同 德宗 卽位年 9月條.
95) 『韓國金石文追補』 107쪽, 許載墓誌銘.
96) 그에 대해서는 본인의 傳記(『高麗史』 卷98)와 墓誌(『韓國金石文追補』 107쪽) 및 『高麗史』 世家·『高麗史節要』 참조.

吏屬으로 출발하였다. 그러나 이후 그는 奉公 守節에 정성을 기울였을 뿐더러 睿宗朝에 있었던 對女眞戰에서 큰 공로를 세워 승진을 거듭하여 가는데, 그런 중에서도 특히 仁宗 初年에 이르러 李資謙의 黨與가 되면서 급작히 고위직에 올랐다. 그리하여 同知樞密院事(從2品)·知門下省事(從2品)등을 거쳐 平章事(正2品)·判兵部事(亞相)까지 지내게 되는 것이지만, 얼마 안 있어 李·拓의 敗退와 함께 그도 貶斥당하는 운명을 면치 못하였다. 저와 비슷한 시기에 承宣(正3品)·吏部尙書(正3品)·叅知政事(從2品) 등의 요직을 역임하고 나중에는 平章事(正2品)·判禮部事의 지위에 오르는 許慶도[97] 孔岩人이었다. 이 이는 陽川許氏族譜[98]에 보이지 않는 것으로 미루어 許正—許載와 같은 直系는 아닌 듯싶으나, 同門이었음에는 틀림이 없어 보인다. 許慶은 슬하에 諒·開先·謙의 세 아들을 두었다고 전하는데, 이들에 대해서는 별반 알려져 있는 내용이 없다.

許載는 처음에 京山李氏와, 그리고 이어서 崔氏 및 上黨郡夫人 金氏를 아내로 맞아 슬하에 2男 1女를 두었다. 이들 자녀 중에서 차남 許鈞과 사위 愼永隣은 별로 볼만한 자취를 남기지 못하고 말지마는, 그러나 장남인 許純은[99] 仁宗·毅宗年間에 防禦判官·濟危寶副使를 거쳐 試刑部侍郞(正4品)의 지위에까지 올랐다. 아울러 그의 장인 趙仲璋도[100] 睿宗朝에 守司徒(正1品)·平章事(正2品)·判戶部事를 지내어 당시의 정계에 거물급의 한사람이었다는 사실을 염두에 둘 필요가 있다고 생각된다.

---

97)『高麗史』卷97, 본인 傳記 및 同書 世家와『高麗史節要』참조.
98) 許炳刊編, 1928,『陽川許氏世譜』, 京城. 본고에서 말하는 陽川(孔岩)
    許氏族譜란 모두 이를 일컫는 것이다.
99) 許載傳과 墓誌銘 및『高麗史』世家·『高麗史節要』참조.
100) 許載墓誌銘 및『高麗史』卷14, 世家 睿宗 11年 6月條 등.

許純은 利涉을 슬하에 두고 있었다. 그리하여 이 이도 하위직이나마 典廐署丞(從8品)을 지내거니와,[101] 대체로 그의 말년이 武臣亂 발발기에 해당될 것으로 추측된다. 그의 아버지 純이나 장인 鄭知源의[102] 활동기가 毅宗 初年이므로 이 같은 추측은 사실일 가능성이 큰 것이다. 그는 일찍이 慶源李氏 惟實의 딸을 며느리로 삼은 바도 있는데,[103] 본인과 李惟實의 벼슬이 모두 하위직에서 그치고 만 것은 아마 武臣亂으로 인하여 비롯되어진 결과가 아닌가 생각된다.

이제 여기에서 되돌아보면, 陽川許氏 집안은 武臣亂 이전에[104] 이미 文班貴族家門으로서 뚜렷한 위치를 점하고 있었다는 사실을 알게된다. 宰相의 지위에 오른 이만도 2명에 早卒한 許正을 제외하면 5品以上官으로 계속 家世를 이어온 것이다. 따라서 혼인의 대상도 王室 내지는 당대의 명문인 江陵金氏·慶源李氏 등이었다.

이와 같이 陽川許氏는 전기적 貴族家門임이 확실시되는데, 그럼에도 불구하고 武臣亂이 일어나 武人이 집권한 이후에 利涉의 아들 許京과 孫 許邃가 모두 고위직에 오르며, 그것이 끝나는 증손 許珙代에 와서는 최대의 閥族으로 성장한다는데 더욱 큰 관심이 간다. 구체적으로, 明宗·神宗朝에 주로 활동했을 許京의 경우 禮賓少卿(從4品)·知制誥를 지내며,[105] 許邃는 元宗 元年에 國子試 試官을 역임한 후 나중에는 密直副使(正3品)·翰林學士承旨(正3

---

101) 『朝鮮金石總覽』 464쪽, 許珙墓誌.
102) 『韓國金石文追補』 118쪽, 鄭知源墓誌銘.
103) 『韓國金石文追補』 278쪽, 高麗陽川郡夫人許氏墓誌銘.
104) 武臣亂 이전의 이 家門에 대해서는 李樹健氏의 註 5) 論文이 크게 참고된다. 아울러 후기에 관해서도 閔賢九氏의 앞에 든 「趙仁規와 그의 家門」에 큰 줄거리는 설명이 되어 있다.
105) 許珙墓誌(『朝鮮金石總覽』 464쪽)와 高麗陽川郡夫人許氏墓誌銘(『韓國金石文追補』 278쪽) 및 李世華墓誌(『東國李相國後集』 卷12) 참조.

品)의 지위에까지 오르거니와,[106) 또 京의 사위 李世華도 諫議大夫職(正4品)을 제수받는 것이다.[107)

그러나 이 집안이 최대 문벌의 하나로 등장하는 것은 위에서도 지적한 바와 같이 許珙[108) 때 와서였다. 그는 宰相의 아들로서 비록 처음에는 門蔭으로 仕途를 걷지만 "文學과 吏務의 才幹은 능히 미칠 자가 없었다"고 한 평에서도 알 수 있듯이 그는 대단한 能力의 소유자였다. 그리하여 결국 高宗 45年에 이르러서는 登第하고 말지만, 이후 계속 착실히 승진하여 元宗 末年에는 宰相의 지위에 오르며, 忠烈王 12年에는 드디어 贊成事(正2品)·判典理司事, 그리고 곧이어 이듬해에는 僉議中贊(從1品)으로 首相의 자리에 앉아 卒去하는 同王 17年까지 집권하는 것이다. 학문적 능력도 그간에 한 번의 同知貢擧에다 두 차례나 知貢擧를 맡은 사실로 충분히 짐작되거니와, 傳記에 보면 그는 "성격이 恭儉하여 産業을 일삼지 않았으며, 비록 達官에 이른 뒤에도 음식은 一器에 지나지 않았고 옷도 蒲薦을 입었다"고 한 것으로 미루어 또한 淸儉한 사람이었다고 생각이 된다. 그는 이처럼 資質에서 뛰어났을 뿐 아니라 또 한편으로 坡平人 尹克敏과 鐵原人 崔澄을 장인으로 모시고 있었다는 사실도 간과할 수는 없을 것 같다. 전자는 政堂文學(從2品), 그리고 후자는 樞密副使(正3品)를 지내는 사람으로 양인은 모두 당시에 최대 門閥의 지위를 누리고 있던 家門의 인물들인 것이다.[109) 許珙이 크게 성공하는 것은 본래부터가 貴族的 傳統을 지녀온 宰

---

106) 許珙傳(『高麗史』卷105)과 墓誌銘 및 『高麗史』卷74, 選擧志 科目 國
   子試之額 元宗 6年 5月條.
107) 『東國李相國後集』卷12, 본인 墓誌.
108) 이 이에 대해서는 본인의 傳記(『高麗史』卷105)와 墓誌(『朝鮮金石總
   覽』464쪽) 및 『高麗史』世家·志·『高麗史節要』참조.
109) 尹克敏에 대해서는 朴龍雲의 앞에 든 논문을, 그리고 崔澄에 대해서
   는 본고의 「鐵原崔氏 家門 分析」 부분 참조.

相家의 자제로써 坡平尹氏나 鐵原崔氏와 같은 당시의 名族과 혼인으로 얽힌 門閥的 背景을 얻은 위에 본인의 '能文能吏'가 합체되어 이룩된 결과라고 생각된다.[110] 그가 큰 지위에 오른 때는 바로 100여년간 계속되어 오던 武臣政權이 종말을 고하고 王政復古가 이루어진 시기로써 그같은 정세가 아마 그에게 유리한 위치를 마련해 주었을 가능성도 물론 많다. 그는 死後에 忠烈廟庭에 배향되었다.

許琪은 슬하에 5男 4女를 두었다. 尹氏夫人과의 사이에 程·評(嵩)·冠 세 아들과 彦陽人 金眪, 安東人 金恂의 아내가 된 두 딸, 그리고 또 崔氏夫人과의 사이에 寵·富 두 아들과 처음에 宗室 王眩의 아내가 되었다가 다시 忠宣王의 順妃가 된 한 딸 및 平壤人 趙璉의 처가 되는 또 다른 딸 등 9남매가 있었던 것이다. 이들 중에서 먼저 女壻부터 알아보면, 그의 첫째 사위가 된 金眪은 平章事(正2品) 金佺(首相 金就礪의 子)의 아들로 자신은 僉議叅理(從2品)의 지위에 올랐던 사람이며,[111] 둘째 사위 金恂도 忠烈朝의 首

---

110) 閔賢九氏는 앞에 든 「高麗後期 權門世族의 成立」에서 孔岩許氏는 "이름있는 名門은 아니었고" 또 이 집안이 "새로운 門閥로 발돋움을 하는 것은 能文能吏의 許琪 자신에 이르러서였다"고 설명한 바 있는데, 필자로서는 이에 전적으로 동조하기는 어렵다.

　　물론 孔岩許氏가 許琪 때 와서 큰 門閥로 성장하는 것은 사실이지만, 그러나 이 집안은 이미 武臣亂 이전부터 貴族家門으로서의 가세를 이어 왔으며 바로 윗대의 아버지만 하더라도 宰相의 지위에 오른 인물로써 그는 처음 門蔭을 통해 官途에 진출했던 것이다. 그는 확실히 이른바 '能文能吏'의 관료형에 속하는 인물이었다. 그러나 그의 '能文能吏' 정도도 자신의 家門的 背景과 그와 인척을 맺었던 여러 名門(坡平尹氏·鐵原崔氏·礪山宋氏·彦陽金氏·安東金氏·平壤趙氏 등)과의 관계를 도외시하고 고려될 수 있는 것은 아니었다고 생각한다.

111) 高麗陽川郡夫人許氏墓誌銘과 金眪墓誌銘(『韓國金石文追補』 211쪽) 및 許琪墓誌.

相 金方慶의 아들로 그 또한 判三司事(宰相)까지 지내는 사람이다.[112] 다음 셋째 딸은 王妃였고[113] 넷째 사위인 趙璉 역시 首相 趙仁規의 아들로써 본인은 贊成事(正2品)를 역임하는 인물이다.[114] 許珙으로서는 더할나위없이 權力家門들과 밀착되고 있었다는 사실을 보여주고 있거니와, 이와 같은 왕실 내지는 門閥들과의 혼인관계가 그의 출세와 家門의 번영에 또한 영향을 미쳤을 것은 상상하기 어렵지 않다.

그러면 이어서 아들과 그 자손들에 대하여 하나 하나 살펴가기로 하는데, 그에 앞서 검토의 편의를 위해 먼저 도표를 그리기로 한다. 이 도표의 작성에 있어 그 양식과 설명은 定安任氏나 鐵原崔氏의 경우와 동일한 방식을 취하였다.[圖表 3]

許程系列 : 許程은 珙의 맏아들로 郎將(正6品)·東州事 등을 역임한 사람인데, 일찍이 그는 知僉議府事(從2品)로 치사한 幸州人 奇洪碩의 딸을 아내로 맞은 바 있었다.[115] 그리하여 족보에는 세 아들과 두 사위의 이름도 전하여 오지마는, 그러나 이들 중『高麗史』의 기록에 의해 확인할 수 있는 사람은 護軍(正4品)을 지낸 礪山人 宋允時 뿐이다.[116] 그의 直系 후손으로서는 손자인 許湜(偍)

---

112) 金恂配許氏墓誌(『益齋亂藁』 卷7)와 許珙墓誌 및 金恂傳(『高麗史』 卷103) 참조.

113)『益齋亂藁』 卷7, 高麗順妃許氏墓誌와『高麗史』 卷89, 后妃傳 忠宣王 順妃許氏條 및 許珙墓誌 참조.

114) 許珙墓誌와 趙仁規祠堂記(『稼亭集』 卷3) 및 趙仁規 附 본인 傳記 (『高麗史』 卷105) 참조.

115) 許程에 대해서는 許珙의 傳記와 墓誌가 참고된다. 그런데 이 墓誌에 程의 처는 "知僉議府事로 치사한 奇公□□의 딸"이라고 하여 이름 부분이 마멸되어서 보이지 않으나, 족보에는 그가 奇洪碩으로 되어 있어 확인할 수가 있다.

116)『高麗史』 卷35, 世家 忠肅王 後4年 秋7月條.

과 그를 이은 許操－許遲 등이 史書에 보이고 있다. 즉 許湜은 忠穆王朝에 整治官으로 활약한 이 이거니와 茂松人 贊成事致仕 尹澤의 女壻로써 起居郎(從5品)을 역임했음이 확인되며[117] 또 그의 아들 操도 府使·軍簿摠郎(正4品)·知製敎 등을 지낸 사실이 밝혀져 있는 것이다.[118] 그리고 許遲는 麗末인 恭讓王 당시 成均生員으로서 朴礎 등과 같이 왕에게 斥佛論疏를 올린 한 사람으로 보이고 있는데[119] 더 자세한 내용은 『高麗史』에 수록되어 있지 않다.

許評(嵩)系列 : 許評은 忠烈·忠宣朝에 크게 활동하여 벼슬이 判密直司事(從2品)의 지위에까지 올랐다. 그후 그는 陽川君에 봉함을 받기도 하는데,[120] 처는 知都僉議司事(從2品)·判版圖司事 등을 역임한 瑞原人 廉承益의 딸이었다.[121] 이어서 그의 아들 許悰도[122] 忠宣王의 딸 壽春翁主를 아내로 맞아 守司徒(從1品)·定安府院君 등의 榮職을 지내지만, 사위인 洪綏[123] 또한 당시의 閥族 南陽洪氏 집안의 자제로 副代言(正3品)·萬戶 등을 역임하였다. 許評과 許悰 父子는 이처럼 자신들이 고위직에 올랐을 뿐더러 王室 및 瑞原廉氏·南陽洪氏 등 勢族들과 인척관계를 맺고 있었

---

117) 『高麗史』 卷37, 世家 忠穆王 3年 冬10月條 및 『牧隱文藁』 卷8, 栗亭先生逸藁序 및 『東文選』 卷69, 尹氏墳墓記.

118) 『高麗史』 卷135, 禑王 10年 11月條 및 『牧隱文藁』 卷8, 栗亭先生逸藁序.

119) 『高麗史』 卷120, 金子粹傳.

120) 許珙傳과 墓誌 및 『高麗史』 世家·『高麗史節要』 참조.

121) 『高麗史』 卷123, 廉承益傳 및 許珙墓誌. 그런데 이 墓誌에 評의 처는 "贊成事·上將軍 廉公□□의 딸"이라고 하여 이름 부분이 마멸되어서 보이지 않으나, 이 역시 족보에 廉承益으로 되어있어 확인할 수 있다.

122) 許珙 附 본인 傳記(『高麗史』 卷105)와 『高麗史』 世家 참조.

123) 孔岩許氏와의 관계는 족보에 보이는 것인데, 洪綏에 대해서는 『高麗史』 卷130, 洪福源傳과 『高麗史』 世家·『高麗史節要』가 참고된다.

던 사실이 주의를 끈다.

　　許冠系列 : 許冠은[124] 珙의 셋째 아들로 6品職을 마다하고 끝내는 科擧에 급제하여 당시의 임금인 忠烈王으로부터 특별한 대우를 받았다는 주목할 이야기가 전해지는 장본인이다. 어떠한 연유에서인지 본인의 관직은 戶部散郎(正6品)에 머물고 말지만, 그러나 그는 당시 門閥家의 자제로 首相까지 지내는 礪山人 宋玢의 女壻로써, 許伯・許偦・許僑 세 아들과 사위 李千善 및 그 자손들이 대부분 큰 지위에 올라 가장 번영을 누리는 系列이 되었다.

　　먼저 장남인 許伯만[125] 하더라도 陽川君에 贊成事(正2品)의 지위에까지 오르거니와, 그간에 또 知貢擧를 역임한 사실로 미루어 보면 아마 이전에 科擧에도 급제했던 모양 같다. 이 이는 다시 슬하에 2男 1女를 두어서 장자 계통은 許絅(齡)－許錦－許惜로 이어져 갔다. 그리하여 許絅은[126] 司藝・散員職 등을 거쳐 知申事(正3品)의 지위에 오르며, 이어서 許錦도[127] 科擧에 합격한 이후 禮儀正郎・左常侍・典理判書(正3品) 등 요직을 지내지마는, 특히 이들 父子는 각기 政堂文學(從2品)을 지내는 竹山人 朴遠과 原州人 元松壽의 딸을 아내로 맞고 있어 주목된다. 아울러 許錦의 경우에는 趙浚・尹紹宗 등 朝鮮 開國의 핵심인물들과 忘年友의 사이였다는

---

124) 이 이에 대해서는 許珙 附 본인 傳記(『高麗史』 卷105)와 『石灘集』 下 附錄 恭愍王 9年 榜目 및 『高麗史節要』 卷22, 忠烈王 29年 秋7月條 참조.

125) 許珙 附 許冠傳(『高麗史』 卷105)과 『高麗史』 世家・志・『高麗史節要』 참조.

126) 許珙 附 許冠傳(『高麗史』 卷105)과 『拙藁千百』 卷2, 唐城郡夫人洪氏 墓誌 및 『高麗史』 卷37, 世家 忠穆王 卽位年 6月條.

127) 許珙 附 본인 傳記(『高麗史』 卷105)와 『牧隱文藁』 卷20, 鄭氏家傳 및 『高麗史節要』 卷33, 禑王 14年 3月條.

점도 간과하지 못할 사실이다. 아마 그의 아들 許惛가[128] 朝鮮朝에서 큰 지위에 오르는 것은 이와 무관하지 않을 것이다. 족보에 許綱의 사위로 나와있는 柳蕃도 禑王朝에 典法判書(正3品)・密直司使(從2品)를 지내는 등 크게 활약한 인물이었다.[129] 다음 차자 계통으로는 許綱과 그의 손자 徵, 그리고 사위 安東人 權湛 등이 기록에 의해 확인이 된다. 즉 許綱은 恭愍王朝의 宰相으로 일찍이 密直副使(正3品)를 지내는 安東人 金蔵의 女(政丞 金永煦의 孫女)를 아내로 맞은 사실이 알려지고 있거니와,[130] 許徵과[131] 許湛은[132] 각기 麗朝가 멸망해 감을 보고 士人의 의리를 지켜 벼슬자리를 떠난 사람들인 것이다. 부가하여 족보에 보이는 許伯의 사위로써 副代言(正3品)을 지내는 閔抃도[133] 당시의 '宰相之宗'인 驪興閔氏 집안의 자제라는 점에서 주목할 만한 인물이었다.

다음으로 차남인 許僭과 그의 아들 許雍에 대해서도 몇 가지 사항들이 전해지고 있다. 즉 전자는 벼슬이 判司宰寺事에 이르렀고 처는 扶寧人 金承印의 딸이었으며, 또 후자도 恭愍王 9年에 國子進士로 同進士에 급제한 사실을 『石灘集』에 수록되어 있는 榜目을 통해 확인할 수가 있는 것이다.[134] 그런데 다른 기록에 의하면 金承印은 宰相 金坵의 아들로 大司成(正3品)을 지낸 사실을 알 수

---

128) 許珙 附 許錦傳(『高麗史』 卷105)과 『朝鮮金石總覽』 下 790쪽, 許暐神道碑.

129) 『高麗史節要』 卷31, 禑王 5年 秋7月條 및 『高麗史』 卷134, 禑王 8年 7月條 등.

130) 『高麗史』 卷132, 辛旽傳 및 同書 世家・『高麗史節要』 참조.

131) 『騎牛集』 卷2, 附錄 杜門洞七十二賢錄.

132) 『牧隱文藁』 卷16, 權廉墓誌 및 『高麗史』 世家・『高麗史節要』 참조.

133) 『高麗史』 卷108, 閔宗儒 附 본인 傳記와 『高麗史』 世家・『高麗史節要』.

134) 『石灘集』 下, 附錄 恭愍王 9年 榜目. 여기에 金承印이라는 이름 자체는 판본이 희미하여 잘 보이지 않지만 족보에 의해 확인할 수 있다.

있어 許僐을 이해하는데 많은 보탬이 된다.[135] 아울러 許璏의 경우
에도 족보에 儒州人 柳摠의 딸을 아내로 맞았다 했는데, 柳摠은
바로 贊成事(正2品)까지 역임하는 柳墩의 아들로서 右副代言(正3
品)을 지내는 사람이므로 여기서도 도움을 받을 수가 있다.[136] 역
시 족보에는 이밖에 許僐의 사위로 陽城人 李春富와 淸風人 金仲
源, 그리고 許璏의 사위로 安東人 權衷 등이 보이고 있다. 이미 알
려져 있듯이 이들 중 李春富와[137] 金仲源은[138] 각기 恭愍王朝에
都僉議侍中(從1品 : 首相)과 上將軍(正3品)을 지내는 쟁쟁한 인물
들이었지만 辛旽의 黨與로써 그와 함께 제거되고 말거니와, 權衷
은[139] 같은 恭愍王 때의 護軍(正4品) 權僖의 아들로 성명만이 史書
에 올라 있을 뿐 달리 전하는 내용은 없다.

　다음 제3자인 許僑의 경우는[140] 족보에 開城尹(正3品)을 지냈으
며, 또 처음에는 盧氏, 이어서 坡平人 尹仁達의 딸과 혼인했다고
전하고 있으나 이를 다시 증빙할 자료는 찾기가 어렵다. 그러나 한
편으로 그의 자녀들에 대하여 알아보면 許時와 許應 같은 이는 여
말에 크게 활약하고 있어 대략적인 내용을 알 수가 있다. 즉 許時
는 恭愍王 14年에 左獻納(正5品)을 제수받은 데 이어 禑王 2年에
는 司議大夫(正4品)로 일을 보고 있으며,[141] 許應도[142] 臺·諫의
長官으로 중요한 역할을 담당하고 있는 것이다. 특히 후자는 恭愍

---

135)『止浦集』卷3, 附錄 金坵神道碑文 및『高麗史』卷106, 金坵傳.

136)『高麗史』卷105, 柳璥 附 柳墩傳.

137)『高麗史』卷125, 본인 傳記.

138)『高麗史』卷132, 辛旽傳 및 同書 卷43, 世家 恭愍王 20年 秋7月條.

139)『高麗史』卷107, 權㫜 附 權皐傳.

140)『騎牛集』補遺 麗朝榜目 許應 참조.

141)『高麗史』卷41, 世家 恭愍王 14年 秋7月條 및 同書 卷133, 禑王 2年
　　3月條.

142) 이 이에 대해서는『樊隱逸稿』卷6. 聲蹟錄과『騎牛集』補遺 麗朝榜
　　目 및『高麗史』世家·志·『高麗史節要』참조.

王 20年에 급제한 이후 言官職에 재임하면서 여말의 私田問題를
비롯한 諸制度의 病弊에 대하여 신랄한 비판을 서슴지 않았던 인
물로써 조선조에서 큰 지위에 오르게 된다. 다음 족보에 許僑의 孫
女壻로 수록되어 있는 京山人 李稷도[143] 判開城府事(從2品)를 지
내는 李仁敏(李仁任의 弟)의 아들로 본인은 麗朝에서 知申事(正3
品)까지 지내거니와, 女壻인 交河出身 盧璵 또한 元의 兵部尙書를
역임하는 盧旹의 아들이라는 점에서 주목되는 인물이었다.[144]

끝으로 李千善도[145] 德水李氏 집안의 자손으로 僉知政事(從2
品)·樂安伯의 지위에 올라 恭愍王朝에 비중이 컸던 인물이었음
이 확인된다. 許冠의 자손들도 예외없이 당대의 門閥家들과 인척
관계로 밀접한 연관을 가지면서 크게 번성해 간 일 양상을 잘 보여
주고 있는 것이라 하겠다.

許寵系列 : 이 系列은 그렇게 뚜렷한 자취를 남기지 못하였다.
許寵[146] 자신이 删定都監判官(甲科權務)을 지내는데 그쳤고, 또
두 사위도 金仁軾은[147] 通禮門祇候(正7품), 李光起는[148] 郞將(正6
品)을 역임한 사실 이외에 따로 전하는 내용이 없는 것이다. 후자
의 경우 아버지 李彦冲이 政堂文學(從2品)의 지위에까지 오르지만
아들은 아마 그에 훨씬 미치지 못하는 사람이었던 것 같다.

許富系列 : 許富는[149] 珙의 다섯째 아들로 代言(正3品)·選部典

---

143) 『高麗史』 卷126, 李仁任傳 및 同書 世家·志·『高麗史節要』.
144) 『高麗史』 卷131, 盧頙傳.
145) 『石灘集』 下, 附錄 恭愍王 9年 榜目 및 『高麗史』 卷39, 世家 恭愍王
      5年 12月條 등.
146) 『朝鮮金石總覽』 464쪽, 許珙墓誌.
147) 『石灘集』 下, 附錄 恭愍王 9年 榜目 金質.
148) 『韓國金石文追補』 226쪽, 李彦冲墓誌銘.

書(正3品) 등의 요직을 역임한 인물이다. 더욱이 이 이는 당시의 권세가로 承旨(正3品)를 지내는 交河人 盧潁秀의 딸을 아내로 맞아 주목되는 바 있는데, 그의 傳記에는 信·順·猷·褚·完 등의 아들 이름이 전해진다.

자녀 중에 장남인 許信에 대해서는 별반 알려져 있는 사항이 없고 다만 족보에 보이는 그의 사위 徐甄이 司憲掌令(從4品)으로 활동하고 있는 사실만이 확인된다. 그러나 이 이도 麗朝의 멸망에 의리를 지켜 벼슬자리를 버리고 은거생활을 하였다.[150] 다음 차남인 許順 역시 뚜렷한 자취를 남기지 못하고 있는데, 그러나 이 이의 경우는 아들 溫과[151] 誼가[152] 여말에 각기 司憲糾正(종6품)과 副令을 역임한 바 있고, 특히 후자는 安東人 上洛君 金昂의 딸을 아내로 맞고 있어 관심이 간다.

위의 두 형과는 달리 셋째 아들인 許猷와 그의 子 瑞는 恭愍王朝에 각각 密直副使(正3品)와 典理判書(正3品)의 고위직까지 올랐다. 그러나 許猷는 본래 언동이 난폭한 사람이었으므로 그로 인해 父子가 모두 한 두 차례씩 유배되는 시련을 겪었다.[153] 족보에 나와 있는 그의 사위 朴思愼도 正言·軍簿正郎·典法判書(正3品) 등을 역임한 바 있는 인재였다.[154]

다음 許完도 政堂文學(從2品)의 지위에까지 올랐던 인물인데,

---

149) 그에 대해서는 許珙 附 본인 傳記(『高麗史』 卷105)와 趙仁規祠堂記(『稼亭集』 卷3) 및 『高麗史』 世家·志·『高麗史節要』 참조.

150) 『騎牛集』 卷2, 附錄 杜門洞七十二賢錄 및 『高麗史』 卷46, 恭讓王 3年 12月條 등.

151) 『高麗史』 卷43, 世家 恭愍王 21年 2月條.

152) 『牧隱文藁』 卷19, 驪興郡夫人閔氏墓誌銘.

153) 『高麗史』 卷105, 許珙 附 許猷傳과 『高麗史』 世家·『高麗史節要』 참조.

154) 『牧隱文藁』 卷15, 廉悌臣神道碑 및 『高麗史』 卷39, 世家 恭愍王 10年 11月條·同書 卷40, 世家 恭愍王 12年 閏3月條.

이 이는 그의 처로 하여금 禑王의 乳媼 張氏와 통하게 하여 內宰樞 林堅味 都吉敷 등을 제거하려다가 오히려 자기가 죽음을 당해 고려말 권력싸움의 희생자가 된 사람이다.[155] 족보에 의하면 그의 처는 原州人 元翊의 딸이었다고 전한다. 역시 족보에 그의 사위로 수록되어 있는 晋陽人 柳龍生은[156] 上護軍(正3品)·密直副使(正3品) 등을 역임하였고, 또 李忠富도[157] 安東府使를 지낸 사실이 사료에 의해 확인이 된다. 그리고 그와 처남 매부간이 되는 丘天雨도 사료 상에 大護軍(從3品)·典理判書(正3品)를 역임하는 丘天祐(佑)와[158] 동일 인물일 것으로 판단된다.

이상에서 陽川許氏에 대하여 검토하여 온 바 우리는 다음과 같은 몇 가지 사실을 확인할 수 있었다고 생각한다. 첫째로 이 집안은 豪族系 開國功臣으로 國初부터 貴族化의 길을 밟아 계속 그 지위를 유지 성장시켜 간 家門이라는 것이다. 대대로 5品官 以上을 지낸 것은 물론 宰相을 2명이나 배출하였고 또 왕실 내지는 당대의 명문인 江陵金氏나 慶源李氏 등과 혼인관계를 맺은 사실이 이를 뒷받침해 주고 있다 하겠다.

둘째로 孔嚴許氏는 이처럼 前期的 文班貴族家門이었음에도 불구하고 武臣亂 이후의 고려후기 사회에서 더욱 성장, 번영해 갔다는데 큰 특징이 있다. 이는 許邃 및 許珙과 그 자손들이 대부분 높은 벼슬에 취임함으로써 이룩된 결과였지만, 그 중에서도 許珙이 가장 뛰어났었다. 그리하여 종래에 그의 '能文能吏' 정도를 높이

---

155)『高麗史』卷134, 禑王 5年 9月條 및『高麗史節要』卷31, 同王 同年　同月條.
156)『高麗史』卷137, 禑王 14年 5月條 및 同書 卷45, 世家 恭讓王 2年 春　正月과 6月條 등.
157)『高麗史』卷135, 禑王 9年 7月條.
158)『高麗史』卷35, 世家 忠肅王 後元年 春2月條 및 同書 卷37, 世家 忠　定王 元年 8月條 등.

평가하여 孔巖許氏는 이 때에 와서 비로소 門閥로 발돋움하게 되었다는 견해를 피력한 이도 있으나[159] 이에는 약간의 異議가 제기되게 마련이다. 그의 집안은 이전부터 貴族的 傳統을 이어온 가문이었고, 그에 따라 許珙 자신만 하더라도 처음에는 宰相級에 오른 아버지의 蔭德으로 벼슬길을 걸었던 것이며, 또 그의 출세도 혼인관계로 그와 직접 얽힌 王室 및 尹克敏(坡平尹氏 : 宰相)·崔澄(鐵原崔氏 : 宰相)·奇洪碩(幸州奇氏 : 宰相)·廉承益(瑞原廉氏 : 宰相)·宋玢(礪山宋氏 : 首相)·盧穎秀(交河盧氏 : 承旨)·金佺(彦陽金氏 : 宰相)·金方慶(安東金氏 : 首相)·趙仁規(平壤趙氏 : 首相)등의 권세를 배제하고 고려될 수는 없는 것이기 때문이다. 그는 당시의 門閥家들과 극히 밀착되어 있던 인물인 것이다. 결국 이러한 점이 그 자신과 가문의 번영에 크게 기여했을 것은 상상하기 어렵지 않은 것이다.

셋째로 위에서도 언급한 바와 같이 이 가문은 武臣亂을 전후한 양 시기에 모두 왕실과 姻戚關係를 맺고 있었다. 許元은 顯宗의 孫女를 아내로 맞았고 許珙의 딸이 忠宣王의 順妃가 되었으며 다시 忠宣王의 壽春翁主는 許悰의 아내가 된 것이 그 예이다. 이 점은 다른 貴族家門들에서도 공통적으로 나타나는 현상이었다.

넷째로 貴族家門간의 連姻現象이 아주 뚜렷하다는 것이다. 이 집안의 혼인 대상은 위에 든 가문 이외에 茂松尹氏·南陽洪氏·安東權氏·原州元氏·驪興閔氏·京山李氏·儒州柳氏·晋陽柳氏·全義李氏·竹山朴氏·德水李氏 등이 더 찾아지거니와 이들의 대부분은 고려기의 명문들이다. 더군다나 혼인관계가 한번으로 끝나는 것이 아니라 어떤 가문과는 이중 삼중으로 얽히고 있어 이 같은 현상을 더욱 뚜렷이 보이고 있다. 참고로 陽川許氏와 혼인을

---

159) 註 109) 참조.

맺은 가문 가운데 忠宣王 即位下敎에 '宰相之宗'으로 들어지고 있는 집안을 찾아보면 8家門에 이르고 있다.

다섯째로 蔭叙와 科擧 여부를 보면 역시 후자가 월등한 우세를 보이고 있다. 이 집안의 경우는 그것이 잘 나타나 있지 않는 사람이 많아 자세히 알 수는 없지만 우리가 확인할 수 있는 숫자만 보면 蔭叙出身者는 3명인데 비해 科擧出身者는 9명이 된다. 족보에는 대부분이 과거출신자로 되어 있거니와, 陽川許氏도 三子登科者를 낸 집안으로 널리 알려져 있었으며,[160] 또 許冠이 6品職을 마다하고 끝내 科擧를 보려하자 장인인 宋玢이, "벼슬하는 길은 많은데 하필이면 登第하려 하느냐"고 하였을 때 그는 "先人께서 저에게 종이를 남겨 赴試하도록 하셨는데 제가 비록 여러 번 응시하여 급제하지는 못했으나 종이가 아직 있으니 어찌 감히 승진에 조급하여 父命을 폐할 수 있겠습니까"라고 대답한 것을 보면[161] 이 집안의 분위기도 대략 짐작할 수가 있다.

여섯째로 孔嚴許氏는 비교적 많은 親元的 家門과 인척관계를 맺고 있다는 사실이다. 平壤趙氏·交河盧氏·南陽洪氏(洪福源系)·瑞原廉氏 등이 그같은 가문들인데, 孔嚴許氏 자신이 元과 직접적으로 깊이 연결되어 있었던 것은 아니지만 일단은 주의해 둘 만한 현상이다.

요컨대, 孔嚴許氏는 豪族的 開國功臣의 후예로 前期的 文班貴族家門이었지만, 武臣亂 이후에도 더욱 폭넓게 발전, 성장해 간 집안이라는 결론이다. 따라서 우리는 이와 같은 孔嚴許氏 가문의 분석을 통해서도 武臣亂을 전후한 두 시기의 고려사회를 새롭게 볼 수 있는 가능성을 시사받지 않나 생각한다.

---

160) 『牧隱文藁』 卷8, 「賀竹溪安氏三子登科詩序」.
161) 『高麗史』 卷105, 許珙 附 許冠傳.

V. 結 論

이상에서 우리는 定安任氏와 鐵原崔氏·孔巖許氏 세 가문을 분석하여 보았다. 그리하여 定安任氏는 豪族系, 鐵原崔氏는 開國功臣系, 孔巖許氏의 경우는 두 가지 전통을 모두 지닌 가문으로써 각 집안이 出自에서는 약간씩의 차이를 보이고 있지만, 그러나 모두가 武臣亂 이전에 貴族家門으로 성장하며, 그 이후에 더욱 발전·번성해 간 家門들이라는 공통적인 특성을 찾아 볼 수 있었다. 毅宗 24年의 武臣亂은 확실히 고려사회의 한 큰 전환점이 된다. 종래의 文班門閥貴族에 대신해서 많은 武臣들이 政治權力의 핵심에 들어서게 되고 그에 따라 經濟 社會 등에도 큰 변화가 초래된 사실은 아무도 부인할 수 없는 것이다. 그러나 이러한 가운데서도 세 가문의 예에서 볼 수 있는 바와 같이 前期的 貴族家門이 더욱 번성해 갈 수 있었다는 것은 또한 놀라운 일이다. 더군다나 이와 같은 양상이 몇몇 가문에 그치고 있는 것이 아니라는 점을 생각한다면 문제는 더욱 복잡해진다. 추측컨대, 武臣政權時代와 그 이후의 고려사회는 이러한 상반되는 양상이 서로 복합해 있을 수 있었다는데 오히려 그 특징이 있다고 파악하는 것이 보다 사실에 가까울지도 모른다. 이 문제는 앞으로 좀 더 추구할 과제라 하겠다.

그런데 세 가문이 고려후기사회에서도 저같이 발전을 거듭할 수 있었던 이유의 하나는 王室 내지 武人執政家와의 婚姻으로 얽힌 姻戚關係가 큰 한 몫을 한 것 같다. 武臣亂으로 毅宗 자신은 물러나지만 왕실은 엄존하거니와 이러한 王權의 엄존은 그와 밀접히 연결되고 있던 貴族家門의 존재가능성까지도 시사하는 것이며, 아울러 崔忠獻一家를 비롯하여 새로이 등장하는 武班家門들과 혼인을 함으로써 본래의 지위를 유지 성장시켜 나갈 수도 있었다고 생각되는 것이다. 이는 물론, 한편은 현실적인 권력이 약하고 다른 한편은 家門的 背景이 약한 것을 상호 보강하고자 하는 쌍방의 타협에 의해서 결과된 것이었다. 그러므로 전기적 문벌귀족이라 하지만 후기사회에서는 그 성격이 많이 변모되지 않을 수 없었던 것인데, 하여튼 이는 종래의 門閥貴族과 새로이 등장한 武班家門과의 결합이라는 점에서 우리에게 중대한 시사를 하여주고 있다 하겠다.

　비슷한 이야기이지만, 더욱 특징적인 양상은 貴族家門간의 중첩되는 혼인관계이다. 이는 武臣亂의 전・후를 막론하고 공통적으로 나타나는 현상인데, 忠宣王의 即位下敎에 나오는 열 다섯 '宰相之宗'이 서로 서로 얽히어 있다는 사실은 그 단적인 증거가 된다. 다 알고 있듯이 이 열 다섯 '宰相之宗'은 그 出自와 성격상 몇 갈래로 나누어 볼 수 있거니와, 전기적 귀족가문들이 스스로 자신을 그 속에 해소시키고 있다는 것은 또한 그 성격의 변질을 의미하는 것이라고 하겠다.

　다음으로 세 가문에 특징적인 일면은 文筆的 傾向을 강하게 나타내고 있다는 점이다. 이 집안의 출신자들 중에는 물론 몇몇 蔭叙者도 있었지만 대부분은 科擧를 통하여 仕途를 걷고 있는 것이다. 생각해 보면 科擧 자체가 門閥的 背景에 크게 좌우되었을 가능성이 많은 것이지만, 어떻든 이러한 경향이 후기사회로 오면서 더욱 짙게 나타나고 있다는 것은 극히 주목된다.

　끝으로 고려말에 벼슬을 한 이들은 싫건 좋건 간에 새로운 왕조의 개창운동에 참여하거나, 아니면 그에 반대하는 어느 한 쪽을 선택하지 않을 수 없는 입장에 있었다. 그런데 위에 든 세 가문의 경우에서 보면 양자가 혼효되고 있다. 따라서 이 문제는 家門的인 傳統에서 뿐 아니라 思想이나 經濟政策·外交政策 등 諸側面에서의 다각적인 조응이 필요하다는 것을 느끼게 한다. 종래 우리는 조선왕조를 개창하는 중심세력을 '新興' 또는 '新進'의 '士大夫'들로 일컬어 왔지만 살펴어 보면 오랜 전통을 지닌 貴族家門의 자제들이 다수여서 실제로 이 '新興' 또는 '新進'이란 어떤 뜻이고, 또 '士大夫'란 구체적으로 어떤 부류를 지칭하는 것이며, 저들이 '權門世族' 출신과는 어떻게 구분되어 지는가 하는 문제 등, 좀 더 실증적이고 다각적이며 구체성을 띤 연구가 있어야 할 것으로 생각되었다.

요컨대 고려사회는 종래에 우리가 이해하여 왔던 것처럼 武臣亂으로 해서 전기적 양상이 '완전히' 붕괴 해체된 것 같지는 않아 보인다. 그렇다고 그것을 전후한 두 사회의 성격이 같았다는 것은 물론 아니다. 생각컨대, 고려후기사회는 전기적 사회양상과 후기적 새로운 요소가 서로 복합되면서 변모·발전되어간 사회라고 보여지는데, 이는 앞으로의 보다 세밀하고도 폭넓은 연구성과에 의해서 좀 더 명확해 지리라 믿는다.

(『韓國史論叢』 3, 1978)

제3장

고려전기 文班과 武班의 身分 問題

Ⅰ. 序 論

일반적으로 고려국가는 貴族社會로 이해되고 있다. 특권적 신분
층으로서의 貴族들이 정치적·경제적·사회적 제특권까지도 향
유하면서 국가를 貴族制的인 테두리 안에서 운영하여 갔다고 생각
하는 것이다.

그런데 여기에는 먼저 해결해야할 한 큰 문제가 있다. 사회의 지
배신분층인 貴族의 범위를 어디까지로 잡아야 할 것이냐는 문제가
바로 그것이다. 다시 말해서, 고려국가의 핵심되는 지배신분층은
兩班이라 할 수 있겠는데, 그렇다면 貴族身分 속에 이들 文班과
武班 전체를 포함시킬 수 있는가, 아니면 文班만으로 한정해야 할

것인가 하는 과제가 완결되지 않은 채 남아 있는 것이다.

이 점에 대하여 종래에는 어떤 이론적 배경이나 실증과정을 거침이 없이 막연하게 文武兩班이 제일신분인 귀족계급을 형성한 것으로 이해하여 왔었다. 그러다가 비교적 근자에 이르러 이같은 막연한 재래의 이해에 회의를 품고 귀족의 신분을 본격적으로 다룬 연구성과가 나와 이 문제는 새로운 각도에서 거론되기 시작하였다. 邊太燮敎授의 「高麗朝의 文班과 武班」·「高麗武班硏究」가 이러한 문제를 다룬 논문들인데,[1] 교수는 고려전기의 대표적 貴族家門이라 할 수 있는 慶源李氏·安山金氏·慶州金氏(金因渭系·金富軾系)·江陵金氏·海州崔氏·平山朴氏·定安任氏·坡平尹氏·光陽金氏·淸州李氏·慶州崔氏·利川徐氏 등의 집안을 하나하나 분석하여 이 가문들은 모두가 文班에 속하고 있었다는 결론을 내고 있다. 즉 이들 家門 출신의 인물들이 帶有한 관직을 해부하여 보면 모두가 文班官職이며 결코 武職(上將軍·大將軍 등)을 가진 일은 없다. 고려 兩班制의 특성에 비추어 文班들도 武職이 아닌 軍職(출정군의 元帥·行營兵馬使 등)만은 兼帶한 예가 있으나 이는 단순한 兼帶에 불과하여 그것이 班別을 결정하는 기준은 되지 못하였다는 것이다. 이와 같이 文班은 고위의 東班官職을 차지하여 身分·門閥이 좋은 貴族層을 형성하고 있었던 데 비하여 武班은 비록 그 속에 兩班階級과 지방의 土豪 출신을 포함하고 있었으나 그보다는 오히려 行伍에서 기용한 軍卒들이 주류를 이루어 신분이 몹시 낮았다고 한다. 한마디로 말해서 貴族社會인 武臣亂 以前의 고려전기에 있어 貴族의 신분을 누린 것은 文班 뿐이며 武班은 여기에서 제외되어 있었다는 것인데, 따라서 文·武班 상

---

1) 이 논문은 1961,『史學硏究』11호와 1965,『亞細亞硏究』8에 각각 실려 있는데, 1971,『高麗政治制度史硏究』, 一潮閣에 再錄하였다.

호간의 교류는 절대로 방지되었으며 또 서로 婚姻도 하지 않았다는 것이다. 고려전기사회에 있어서 武臣이 멸시 천대된 근본적인 요인은 이러한 양자간의 신분적 차이에 있었으며, 그것이 해소되는 것은 武臣亂 이후부터라는 분석이다. 그리하여 고려 역사상 武臣亂이 지니는 의의가 큰 것도 바로 이와 같은 전기적 신분질서의 붕괴에 있다는 것이 주된 논지였다.

이같은 연구는 文班을 중심으로 운영되었던 고려전기사회의 일 특성을 밝히고 있다는 점에서 상당한 설득력을 가지고 있는 것으로 생각이 된다. 그러나 한편으로 조금 시각을 넓히어 고려전기의 '貴族'을 논하고, 여기에 武班을 포함하여 저들의 상호관계까지를 문제로 삼아 고찰할 때에는 異論의 여지가 없지도 않다. 이에 대해서는 일찍이 論者들에 의하여 다음과 같은 몇 가지 의문점이 제기된 바도 있었다. 즉, 만약에 武班이 귀족층에서 제외되어야 할 미천한 신분의 소유자였다면, 저들도 국가로부터 그의 官品에 따라 田柴科・蔭叙・國學에의 입학 등에 있어서 文班과 비슷한 특권을 받고 있는데 이 점은 어떻게 이해해야 하는가. 미천한 家系의 출신이 武官으로 영달한 예는 흔히 있지만 과연 이들이 武班의 주류를 형성했는지 혹은 방계의 亞流였는지도 모를 일이고, 또 武班이 "文班에 비하여 열등시되기는 하였지마는 家門의 배경으로 武班官職에 서임된 자도 아마 상당히 많았을 것이며" "지방의 鄕豪가 州縣軍의 장교로 임명된 것으로 미루어 보아 중앙군의 무반직이 대부분 行伍出身의 미천한 사람들로서 서용되었으리라고는 좀처럼 생각하기가 어렵다"는 반론이다.[2] 아울러 다른 論者도 귀족의 개념이 모호하다는 점을 지적하고 있다. 귀족의 개념을 여하히 규정하느냐에 따라 武班도 그 속에 포함될 가능성이 많다는 것이다.[3]

---

2) 姜晋哲, 1971,「邊太燮著 高麗政治制度史研究 書評」『歷史學報』52.

사실 이들 반론은 書評의 형식을 취한 것이기 때문에 어떤 구체적인 논증 위에 제기된 것은 아니지만 공감이 가는 점이 많다. 먼저 개념문제만 하더라도 그에 대한 일정한 규정을 지음이 없이 귀족의 범위를 논한다는 것은 논리상 모순되는 것이다. 필자 자신 이 방면에 관심을 가져 小論을 제시한 바 있었거니와, 그것에 따르면, 貴族制社會에서는 出生身分이 제일차적인 중요성을 가지며 개인의 능력이나 資性은 제이차적 문제가 된다. 어느 개인은 그 개인으로서가 아니라 언제나 그의 배경이 되는 宗族 親戚과 合體되어 평가되기 때문이다. 이와 관련된 당연한 귀결이겠지만 또 貴族制下에서는 관직의 세습적 경향이 강하게 나타난다. 그리하여 정권은 소수의 家門에 의해 累代的으로 장악되며 그 결과 門閥이 형성되고 家格의 상하가 생기게 된다. 家格意識은 婚姻關係에 가장 잘 표현되어 귀족들은 동일층 내지는 상층가문과의 결혼을 희망하며 그에 따라 하나의 폐쇄적인 通婚圈을 형성하게 된다. 아울러 저들은 자기네의 물질적 뒷받침을 위한 土地의 私的領有도 보장을 받고 있는 것이었다고 했다. 나아가서 이와 같은 일반론 이외에 고려사회의 특수성에 의하여 貴族은 곧 官僚이었으며, 그렇기 때문에 職官 5品에다 귀족적 지위로 편입되는 線을 설정할 것과 그것이 3代를 거듭하게 됨에 따라 사회적으로도 하나의 貴族家門으로 행세할 수 있게 되었다는 설명을 곁들인 바 있었다.[4]

이 이론의 타당성 여부는 앞으로 더 연구되어야 할 과제중의 하나지만, 우선 이 규정에 비추어 文·武班의 신분문제를 생각하여 보면 武班을 귀족신분에서 제외시켜야 할 이유는 발견되지 않는

---

3) 韓永愚, 1973, 「邊太燮著 高麗政治制度史研究 紹介」『歷史敎育』15.

4) 朴龍雲, 1977, 「高麗 家産官僚制說과 貴族制說에 대한 檢討」『史叢』21·22 - 姜晋哲敎授華甲紀念 韓國史學論叢 - .

다. 귀족제의 특성을 잘 나타내 주고 있는 제도적 조처로서의 蔭叙制나 功蔭田柴法을 보아도 그러하거니와, 武班家門의 존재양상을 분석하여 보아도 또한 마찬가지였다. 본고는 이에 따라 武班에서 文班化하였거나, 文·武班이 혼효된 가문 및 文班과 武班 사이에 혼인으로 얽히고 있는 집안 등의 구체적인 실례를 검토하여 武班家門의 실체를 밝히려는 데 주목적을 둔 논고이다. 만약에 이 작업이 실효를 거두게 되고, 그리하여 고려전기의 무반도 귀족으로 인정할 수 있게 된다면, 당시의 귀족사회는 물론 새로이 평가되어야 할 것이며 또 武臣亂의 의의나 그 이후의 사회양태, 그리고 무반이 멸시를 받게된 원인 등에 대한 종래 우리의 이해도 좀 달라져야 하리라 믿는다.

Ⅱ. 南平文氏의 예

南平文氏出身 중에서 사료상으로 확인할 수 있는 처음의 인물은 文翼이다. 『高麗史』에 보면 그는 獻宗의 近臣으로 왕명을 받아 宋나라 중 惠珍을 맞이하고 있는데, 그후 肅宗朝에 左贊善大夫(正5品)·給事中(從4品)·直門下省(從3品)·散騎常侍(正3品) 등의 관직을 역임하고 있는 것이다.5) 이 사실은 아들들의 墓誌銘에도 언급되어 있거니와, 官歷이 보여주고 있듯이 그는 확실히 文班에 속하고 있었다. 그의 아버지는 武班出身이었는데 아마 文翼의 代에

---

5) 『高麗史』와 『高麗史節要』의 獻宗·肅宗朝 기사.

와서 文班化한 모양 같다. 이 점은 주제와 관련하여 특히 주목되는 바 있으므로 뒤에 다시 상론하기로 하겠다.

文翼은 柳氏夫人과의 사이에 4男 4女를 두고 있었다. 그리하여 이들중 曹溪宗의 大禪師가 된 셋째 아들을 제외하고 위로 두 아들은 각기 首相을 지내며 또 한 아들도 宰相의 지위에 오름으로써 이제 南平文氏는 최대 名門의 하나로 등장하게 되었다. 물론 사위 중에도 起居注(從5品)를 역임하는 驪興閔氏 집안의 閔脩가 보이며[6] 金國珍 같은 이도 확인되지마는[7] 親子들만한 지위에는 오르지 못하였다. 그러면 지금부터 저들에 대하여 하나하나 살펴가기로 하는데, 이해를 돕는 뜻에서 먼저 世系圖를 만들어 보기로 한다. 世系圖 작성에 있어 각 사람 아래에, ①에는 주활동 시기, ②에는 蔭叙·科擧 여부, ③에는 최고 직위, ④에는 妻와 그 가문을 아울러 첨가하였으며 家乘이나 族譜에만[8] 보이는 내용은 ( )로 표시하였다. (이하 동일).

우선 맏아들 文公仁(처음 이름은 文公美)이 주목의 대상이 된다.[9] 이이는 일찍이 科擧에도 합격한 바 있지만, 특히 "貴族과 連姻하여 豪奢를 마음대로 할 수 있었던" 행운아였다. 그는 門下侍中(從1品 : 首相) 崔思諏의 사위였던 것이다. 다 알고 있듯이 崔思諏의 집안인 海州崔氏는 다음에 略記한 바와 같이 一門이 크게 번성하여 당대 제일의 貴族家門으로 군림하고 있었다.[10] 이처럼 그

---

6) 閔瑛墓誌(『金石總覽』 365쪽)와 金閱甫墓誌(『金石文追補』 171쪽) 및 『高麗史』 卷97, 列傳 金富佾傳·『高麗史節要』 卷8, 睿宗 10年 8月條.
7) 『高麗史』 卷12, 世家 肅宗 8年 冬10月條.
8) 본고에서 말하는 南平文氏 族譜란 文翊相刊編, 1920, 『南平文氏大同譜』, 京城을 일컫는 것이다.
9) 이이에 대해서는 본인(『高麗史』 卷125) 및 韓安仁傳(『高麗史』 卷97)과 『高麗史』 世家·志·『高麗史節要』 참조.
10) 海州崔氏에 관해서는 朴龍雲, 1977, 「高麗時代의 海州崔氏와 坡平尹

는 門閥家의 사위로서 官路도 순조로워 仁宗이 즉위할 당시에는 樞密院副使(正3品)의 지위에 있었는데, 사돈간이 되는 韓安仁의 黨與가 되어 동서인 李資謙一派와 대결했다가 일시 유배를 당하지만 李資謙이 敗退한 후에는 계속 승진하여 仁宗 11年에 드디어 首相의 지위에 올랐다. 그리하여 2년반 가까운 기간동안 집권하지마는 그후 妙淸派에 동조한 잘못으로 諫官의 탄핵을 받아 그 자리를 물러나지 않을 수 없었다. 그의 자손에 대해서는 별반 알려져 있지 않아 잘 알 수가 없다.

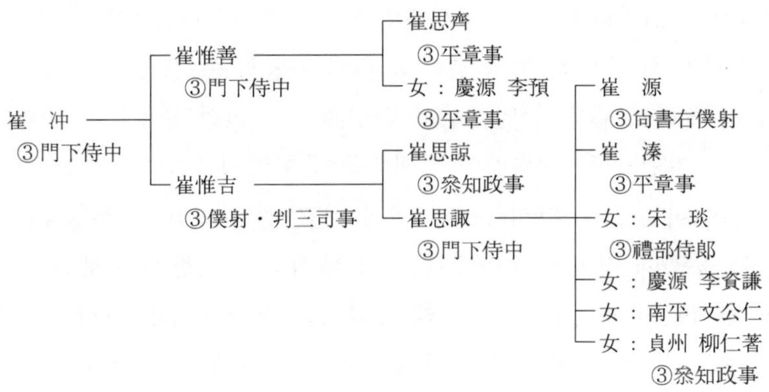

[海州崔氏]

다음 제2자인 文公元[11] 역시 殿中侍御史(正6品)·御史大夫(正3品)·知樞密院事(從2品)·叅知政事(從2品) 등을 거쳐 드디어는 앞서 지적한 바와 같이 平章事(正2品)·判吏部事로 首相의 지위에까지 올랐다. 그는 처음 父蔭으로 仕途를 걷지만 나중에는 科擧에

氏 家門 分析」『白山學報』 23 (本書 所收) 참조.

11) 그에 대해서는 본인의 墓誌(『金石總覽』 374쪽)와 橫川郡夫人趙氏墓誌銘(『金石文追補』 285쪽) 및 『高麗史』 世家·志·『高麗史節要』 참조.

급제를 하며 한차례 知貢擧를 역임하기도 하는 사람인데, 이이의
경우도 당대 제일의 閥族인 慶源人 李顗의 사위가 되고 있어 크게
주목을 끈다. 李顗는 李子淵의 아들로서 李資謙에게는 叔父가 되
는 사람이거니와, 본인과 아들 資德이 모두 宰相을 지내는 것이
다.12) 그는 李氏와의 사이에 네 딸을 두어서 崔淑問・朴璜13)・趙
時彦(橫川趙氏)・崔彦方을 각각 사위로 맞지만 이들은 모두 그다
지 뚜렷한 위치에는 오르지 못하였다. 文公元은 死後 毅宗廟庭에
배향되었다.

　　다음으로 제4자인 文公裕(혹은 文顧壽)도14) 科擧를 거쳐 知門下
省事(從2品)에까지 오르는 사람인데, 그 역시 李資謙이 집권함에
즈음하여 형 公仁과 함께 한차례 유배를 당하는 시련을 겪었다. 그
의 처는 바로 睿宗과 밀착하여 李資謙에 맞섰던 韓安仁의 딸이었
으므로 자연히 두 세력간의 정권다툼에 휘말려 들었던 것 같다. 그
러나 이이는 그후 다시 큰 정변으로 번진 妙淸派의 정책에 대하여
형이 동조한 것과는 정반대로 극력 배척하는 입장을 취했던 관계
상 妙淸亂이 진압된 뒤에는 곧 요직으로 발탁되었다. 그리하여 결
국 宰相의 지위에까지 올랐던 것이지만 그간에 주로 文翰職을 역
임하고 있다는 사실이 주의를 끈다.

　　그는 슬하에 克謙・克純・克易 세 아들과, 또 세 딸이 있어서
각각 鄭極・尹子固・李世昌을 사위로 맞았다. 그리하여 이들 중
에 克純과 克易은 모두 門蔭으로 仕途를 걸었고 尹子固도 고려전
기 名門의 하나인 坡平尹氏 집안의 자손－門下侍中(從1品) 尹瓘

---

12)『高麗史』卷95, 列傳 李子淵傳과 墓誌(『金石文追補』 85쪽).
13)『金石文追補』130쪽에 楊璜墓誌銘이 수록되어 있는데, 여기서 楊璜은
　　아마 朴璜의 잘못인 듯하다.
14) 이이에 대해서는 본인의 墓誌銘(『金石文追補』 149쪽)과 『高麗史』 卷
　　99, 列傳 文克謙傳 및 『高麗史』 世家・志・『高麗史節要』 참조.

의 손자이며 政堂文學(從2品) 尹彦頤의 아들—이라는 점에서15) 지
니는 의미는 크지만 한결같이 정치적으로 큰 비중을 차지하는 인
물은 못되었다. 또한 文克純의 경우 그의 아들 孝軾은 司空(正1
品)·左僕射(正2品)까지 지낸 사실을 확인할 수 있어16) 일단 주목
할 필요를 느끼게 하지만 그 역시 더 자세한 내용은 전하고 있지
않다.

그러나 文克謙의 경우는17) 이들과 전혀 사정을 달리하고 있다.
본인이 武臣亂을 전후한 시기에 크게 활약하고 있을 뿐더러 후손
들 가운데도 높은 지위를 차지한 인물이 여러명에 달하고 있는 것
이다. 즉 그는 처음에 伯父인 文公仁의 蔭德을 입어 벼슬길을 걸었
으나 끝내 國制를 고쳐가면서까지 科擧에 급제한 사실이 전하거니
와, 그후 左正言(從6品)에 재직하면서 毅宗 주변의 嬖臣과 宦官들
을 탄핵한 것으로도 널리 알려진 인물이었다. 결국 그는 이 사건으
로 두 차례나 貶斥당하는 시련을 겪지만 오히려 그 때문에 武臣의
난리 중에 화를 면할 수도 있었다. 그리하여 武臣執權下에서 학식
과 덕망을 갖춘 文人으로 세 차례나 科擧를 관장, 崔洪胤과 琴儀같
은 쟁쟁한 인물들을 門生으로 두어 큰 영광을 누리며, 벼슬도 樞要
職을 두루 역임하고 나중에는 冢宰의 자리에까지 앉는 것이다.

文克謙이 이처럼 武臣政權下에서 큰 위치에 오를 수 있었던 것
은 물론 위에서 지적했듯이 그의 학식과 덕망에 기인하는 바 컸지
만 한편으로 武人勢力과의 타협에 의한 것이기도 하였다. 무엇보
다도 그의 딸이 武人쿠데타의 주동인물 중 한 사람인 李義方의 동

---

15) 註 10)과 같음.
16) 『東國李相國集』 卷33, 「司空左僕射文孝軾三度乞致仕依允敎書」.
17) 그에 대해서는 본인의 傳記(『高麗史』 卷99)와 文公裕墓誌(『金石文追
　　補』 149쪽)·『破閑集』 中 「智者見於未形」條·『補閑集』 上 「崔景文
　　公洪胤」條 및 『高麗史』 世家·志·『高麗史節要』 참조.

생 李隣과 혼인하고 있다는 사실이 이를 단적으로 말하여 준다.[18] 李隣은 바로 朝鮮太祖 李成桂의 6代祖가 되는 이거니와, 克謙의 덕택으로 그의 一族은 말할 것도 없고 여타의 많은 文臣들도 화를 면하였다 하며, 나아가 "武官들 역시 의지하여 자주 故事를 咨訪하였다"고 전한다. 족보에만 보이는 사실이지만 그는 또 車擧首를 사위로 삼고 있었는데, 그의 아들 車若松은 武將出身으로 武臣政權의 한 유력한 인물이었다는 사실도 간과할 수는 없을 것 같다.[19] 역시 족보에 사위로 나와 있는 任傳는 定安任氏 집안의 任溥로 추정되는 바, 이 가문은 武臣亂 이전에는 물론 그 이후에도 王室 내지는 崔忠獻 집안과 인척관계로 얽히면서 더욱 번성해 갔다는 점을 감안할 때[20] 아울러 주의할 필요가 있다고 생각된다. 克謙은 明宗 19年에 68세를 일기로 세상을 떠나는데 그 뒤 明宗廟庭에 배향되었다.

다음으로 그의 아들을 보면 역시 상당한 지위에 오르고 있다. 먼저 장남인 文侯軾만 하더라도 大府卿(從3品)을 지내고 있는 것이다.[21] 그러나 이이의 경우는 그의 직위보다 오히려 鐵原人으로 首相을 지내는 崔詵의 딸을 아내로 맞은 사실이 더욱 관심을 끈다. 다 알고 있듯이 鐵原崔氏는 고려의 전·후기를 통하여 최대 閥族의 하나였는데, 崔詵은 그 중심 인물인 것이다. 참고적으로 鐵原崔氏의 世系圖를 약기하면 다음과 같다.[22]

---

18)『高麗史』卷99, 列傳 文克謙傳과『牧隱文藁』卷15, 李子春神道碑.
19)『高麗史』卷101, 列傳 車若松傳.
20) 이에 대해서는 朴龍雲, 1978,「高麗時代의 定安任氏·鐵原崔氏·孔巖許氏 家門 分析」『韓國史論叢』3 (本書 所收) 참조.
21)『高麗史』卷21, 世家 神宗 元年 春正月條.
22) 자세한 내용은 註 20)의 논문 참조.

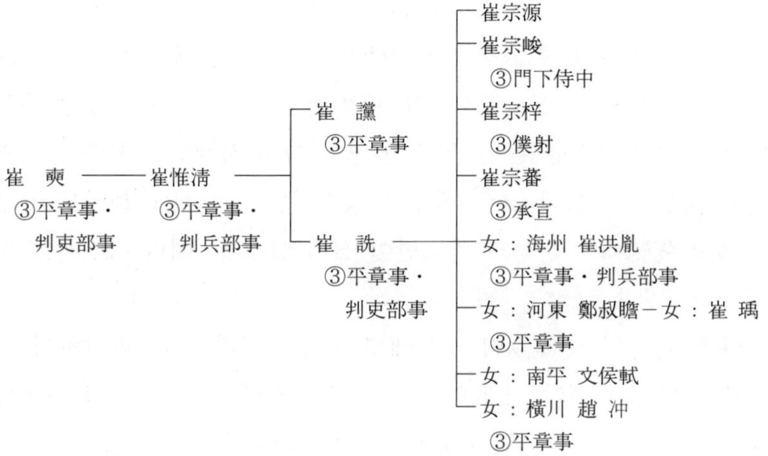

[鐵原崔氏]

　　文侯軾의 후손으로는 그의 증손이 되는 文克儉과 다시 克儉의 子 允恪, 孫 叔宣, 曾孫 益漸·益孚 형제, 그리고 文龜와 그의 女 壻 安軸 등이 문헌상 확인된다. 이들 가운데서 가장 주목되는 이는 木綿을 전래한 것으로 유명한 文益漸이거니와,[23] 그는 言官의 요 직에 재임하면서 李成桂派의 신왕조 개창운동에 반대하는 입장을 취하였으므로 趙浚 등의 탄핵을 받아 벼슬자리를 물러나지만 이후 에도 끝까지 절개를 굽히지 않았다. 이이는 처음에 周氏와, 이어서 재취로써 晋陽人 鄭天益의 딸을 아내로 맞아 슬하에 中庸·中 誠·中實·中晋·中啓 다섯 아들을 두는데, 각각이 혹은 아버지 를 따르기도 하고 혹은 신왕조에서 벼슬을 하기도 하여 꼭같은 행 동을 취하지는 않았다. 그의 한 딸이 조선 태조의 異腹兄인 李元桂 의 아내가 되고 있는 사실과 관련하여[24] 생각해 볼 일이다. 益漸의

---

23) 그에 대해서는 『高麗史』 卷111의 본인 傳記와 『高麗史節要』 卷34, 昌
　　王 元年 8月條.

先代는 科擧榜目에 3代를 밝히는 예에 따라 수록된 것으로써, 그것에 의하여 증조 克儉은 檢(軍?)器監(從3品), 祖 允恪은 三司右使(正3品)·文翰學士를 지냈고 또 아버지 叔宣과 함께[25] 동생 益孚도[26] 급제한 사실을 알 수 있으나 그 이상의 자세한 내용은 전하여지지 않으며,[補] 그와 같은 세대로 생각되는 文龜에 대해서도 女壻인 安軸墓誌에[27] 성명과 관직만이 실려 있을 뿐 여타 사실은 밝혀져 있지 않다.

다음 차남인 文惟弼의 경우에도[28] 高宗朝에 크게 활약하여 僉知政事(從2品)·判禮部事의 지위에 오르지마는, 아내 역시 中書侍郞平章事(正2品)를 역임한 光州人 蔡順禧의 딸로서[29] 그의 가세를 대략 짐작케 한다. 아울러 이이는 슬하에 文証[30]을 두어 그도 選部議郞(正4品)을 지내거니와 또한 며느리와 사위도 당대의 名門인

---

24)『牧隱文藁』卷15, 李子春神道碑.

25)『石灘集』下, 附錄 恭愍王 9年 榜目.

26)『騎牛集』補遺 麗朝榜目.

補) 文益漸系列은 그의 傳記(『高麗史』卷111)와 卒記(『朝鮮太祖實錄』卷14, 太祖 7年 6月 丁巳)에 밝혀져 있듯이 晉州의 속현 가운데 하나인 江城縣을 本貫으로 하는 집안이다. 그러므로 羅州의 속현인 南平縣을 本貫으로 하는 系列과는 다른 갈래인 것이다. 필자는 주 8)에 소개한 南平文氏의 족보에 근거하여 文益漸系列도 같이 다루었으나 이는 잘못인 듯하므로 이 자리를 빌어 수정하여 둔다.

27)『稼亭集』卷11,「墓誌銘」.

28) 그에 대해서는『高麗史』卷99, 列傳 文克謙傳과『補閑集』上「崔景文公洪胤」條 및『高麗史』世家·『高麗史節要』참조.

29)『東國李相國集』卷36, 誄書「中書侍郞平章事太子少師蔡公誄詞」條와『高麗史』卷21, 世家 및『高麗史節要』卷13, 神宗 卽位年 11·12月條. 족보에 蔡順禧는 平康人으로 되어 있으나 이는 잘못된 것이다. 앞에 든 誄詞와『東國輿地勝覽』에 그는 분명히 光州人으로 밝혀져 있다.

30) 이이에 대해서는 蔡仁揆墓誌銘(『金石文追補』213쪽)과 務安郡夫人朴氏墓誌銘(『金石文追補』220쪽) 및『高麗史節要』卷21, 忠烈王 16年 2月條 참조.

平康蔡氏와 海州崔氏에서 맺고 있어 주목을 끈다. 즉 그의 子婦는 平章事(正2品)를 역임한 바 있는 蔡仁揆의 딸이며, 孫女壻는 副知密直司事(從3品)를 지낸 崔瑞의 아들 季濡였던 것이다.

惟弼의 직계 자손으로 가장 큰 지위에 오른 이는 文達漢이었다. 그는 大府卿(從3品)을 역임한 바 있는 文璟의 아들이거니와,[31] 그도 아버지에 이어서 上護軍(正3品)·門下評理(從2品) 등을 거쳐 贊成事(正2品)까지 승진하는 것이다. 그간에 이이는 麗末의 倭寇 討伐作戰에서 여러 차례 전공을 세우기도 하지마는, 그러나 그는 또 禑王의 妻父인 李琳의 姉壻(御史大夫·刑部尙書 李嶠의 壻)였으므로 반대파의 탄핵을 면할 수는 없었다.[32] 그의 아들 繼宗과 孝宗이 고려조에서 뚜렷한 위치에 오르지 못하고 있는 것도 아마 이와 관련이 깊으리라 짐작된다.

이상에서 살펴본 바와 같이 南平文氏는 武臣亂 이전부터 이미 文班貴族家門으로 성장해 있었다. 文翼이 東班의 3品職을 지낸데 이어 자손들도 文班官路를 따라 首相 또는 宰相의 지위에까지 올라, 고려전기의 대부분 貴族家門들이 그러했던 것처럼 門閥을 형성해 갔던 것이다. 그러므로 혼인의 대상도 당대의 名門貴族인 海州崔氏·慶源李氏·坡平尹氏 등이었다.

그런데 한편 文翼 이전의 世系를 보면 앞머리에서 지적한 바와 같이 확실히 이 집안은 武班에 속하고 있었다. 그의 先世에 대해서는 다음과 같은 史料들이 남아 있어 대체적인 윤곽을 살필 수가 있다.

① 文公元은 右散騎常侍 翼의 아들로 神虎衛大將軍行抄猛中郎將 某의 孫子이다. 曾祖 某는 벼슬이 某였는데 명망이 높아 당세에 뛰어났었다. 어머니 柳氏는 賢德이 있어서 항상 公(文公元)을 義

---

31) 『高麗史』 卷39, 世家 恭愍王 8年 6月條.
32) 『高麗史』 卷114, 본인의 傳記 및 『高麗史』 世家·『高麗史節要』.

理로써 가르치었다(『金石總覽』 374쪽, 文公元墓誌).

② 公(文公裕)의 先世는 文·虎(武)로써 조정에서 높은 벼슬을 하였
   는데, 祖·曾祖·高祖에 대해서는 家牒에 갖추어져 있으므로 여
   기에 다시 기록하지 않는다.   아버지 翼에 이르러 左散騎常侍를
   지냈는데, 네 아들을 낳아 맏인 公仁, 둘째 公元은 모두 冢宰가 되
   었고 …(『金石文追補』 149쪽, 文公裕墓誌銘).

③ 文公仁의 처음 이름은 公美로 南平縣 사람인데, 아버지 翼은 벼슬
   이 散騎常侍에 이르렀다. … 科擧에 급제하여 直史館이 되었는
   데, 家世가 單寒하였으나 貴族과 連姻을 하여 豪奢를 마음대로
   하였다(『高麗史』 卷125, 列傳 文公仁傳).

여기에서 주목할 사실은 ①史料에 분명히 보이듯 文翼의 아버
지는 神虎衛大將軍(從3品)·行抄猛中郞將(正5品)을 지낸 武班出
身이라는 사실이다. 이는 ②에 "先世는 文·武로써 조정에 높은
벼슬을 하였다"고 한 기사와도 일치하거니와, 족보에도 구체적인
예를 들면서 이와 비슷한 이야기를 기술해 놓고 있다. 역시 족보에
는 이것 이외에도 新羅 以來로 高麗朝 文翼에 이르기까지의 家系
를 적고 그 각 인물의 벼슬까지 수록하여 놓고 있는데, 족보의 내
용을 좀처럼 그대로 믿기는 어려운 일이지만,33) 위에 든 ①의 사료
에 "文翼의 祖父 某는 벼슬이 某였는데 명망이 높아 당세에 뛰어
났었다"고 한 기사나, ②에 "祖·曾祖·高祖에 대해서는 家牒에
갖추어져 있다"고 한 기록 등으로 보아 이 집안은 文翼의 여러 代
이전, 즉 고려초부터 중앙에 진출하여 대소의 벼슬을 지내온 것 같
다. 그 대소의 벼슬 중에는 물론 文職도 있었을 것이고 또 武職도

---

33) 족보에 보이는 新羅 慈悲王 이래 高麗初까지의 世系 자체를 확인할 길
    도 없지만, 고려조에 들어와서도 文章弼이 武科에 합격했다던가, 또 文
    翼의 아버지가 文正이라고 한 사실 등은 잘못된 것이다. 고려조에는
    科擧에 武科가 없었으며, 文正도 그의 傳記(『高麗史』 卷95)에 보면 南
    平人이 아닌 長淵縣人으로 밝혀져 있기 때문이다.

포함되었을 것이다. 사료 ②의 '文·武 벼슬'은 바로 이러한 내용을 말한 것이라고 생각된다. 史料 ③의 '家世 單寒'이라는 표현도 그것이 결코 "시골 寒士의 家門을 의미한다"고는 생각되지 않으며, 다른 가문의 예와 비교하여 볼 때 아마 宰相家와 같이 뚜렷한 가문으로 성장하지 못한 집안에 대한 한 표현이라고 해석하는 것이 좋을 듯 하다.34)

요컨대 南平文氏는 高麗初期 이래로 武班的傳統이 짙은 가문이었으나 肅宗朝에 벼슬을 한 文翼 대에 와서 文班化의 길을 걸었다고 생각된다. 그리고 벼슬도 당시까지는 3品職(大將軍·散騎常侍)을 상한으로 하고 있었는데, 이후 文公仁 형제와 그 자손들이 고위직에 오름으로써 宰相家로 등장할 수 있었다. 이는 곧 下層貴族에서 上層貴族에로의 상승과정을 보여주는 것이라고 해도 좋겠는데, 그것이 武班에서 文班으로 전환함에 따라 이룩될 수 있었다는데 큰 관심이 간다.

南平文氏는 武臣亂의 전·후를 막론하고 줄곧 貴族家門으로서의 번영을 누리었다. 따라서 전기에는 전기대로 海州崔氏·慶源李氏·長湍韓氏·坡平尹氏와, 다시 후기에는 鐵原崔氏·定安任氏·平康蔡氏·海州崔氏·竹溪安氏 등 당대의 일급가는 門閥貴族들과 혼인관계를 맺고 있었다. 물론 이밖에도 橫川趙氏·驪興閔氏·完山李氏·固城李氏 등과의 인척관계도 보이지마는, 하여튼 이와 같은 혼인관계를 통해서도 南平文氏의 위세를 짐작하기 어렵지 않다.

---

34) 李樹健氏는 1976, 「高麗時代 '土姓'研究(上)」 『亞細亞學報』 12에서 "南平文氏는 文翼부터 中央에 진출하였고" "'家世單寒'이란 표현은 地方土姓出身으로서 아직 중앙에 확고한 기반을 갖지 못한 시골 寒士의 家門을 의미한다"고 논술하였다. 그러나 필자는 氏의 이같은 생각에 그대로 찬동하고 싶지 않다.

한편으로 文翼의 아들 公元과 다시 文公裕의 세 아들 克謙・克純・克易이 모두 蔭叙로 官途를 걷고 있고, 또 武臣執權期에 있어서 南平文氏와 같은 전통있는 前期的 家門이 새로이 득세하는 武將勢力(完山 李隣家・車若松家・平康蔡氏家)과 인척으로 얽히고 있다는 사실 등은 각 시기의 역사를 이해함에 있어 커다란 의의가 있다고 생각되어 이 자리에 아울러 주의를 환기시켜 둔다.

Ⅲ. 稷山崔氏의 예

稷山崔氏는 崔弘宰의[35) 출세로 해서 크게 대두하게 되는 가문이다. 즉 그는 蔭叙로 閤門祗候(正7品)에 補任된 후 睿宗・仁宗 兩朝에 걸쳐 크게 활약하여 首相의 지위에까지 오름으로써 집안을 빛내게 되는 것이다. 아래에 그의 官歷을 순서대로 적어보면 다음과 같다.

1.		(蔭補) 閤門祗候
2.	睿宗 8年 11月	殿中監(재직)
3.	睿宗 11年 7月	左散騎常侍(재직) 西北面兵馬使(임명)
4.	睿宗 12年 6月	御史大夫(임명)
5.	睿宗 15年 6月	刑部尙書・同知樞密院事(임명)
6.	睿宗 17年 3月	樞密院使・兼太子賓客・判三司事(임명)
7.	仁宗 卽位年 5月	叅知政事(임명)
8.	仁宗 卽位年 12月	權判樞密院事(임명)

---

35) 그에 대해서는 본인(『高麗史』卷125)과 韓安仁傳(『高麗史』卷97) 및 『高麗史』世家・『高麗史節要』참조.

  9. 仁宗 元年 12月　　　門下侍郎平章事(임명)
10. 仁宗 元年 2月　　　　流配
11. 仁宗 6年 6月　　　　門下侍郎平章事(임명)
12. 仁宗 9年 9月　　　　(加)判吏部事(임명)
13. 仁宗 9年 12月　　　佐理功臣・檢校太傅(임명)
14. 仁宗 11年 6月　　　(左遷)守司空・右僕射(임명)
15. 未幾　　　　　　　　(復)門下侍郎平章事 致仕

　여기에 보이듯이 그는 文班官路, 그중에서도 특히 臺諫과 같은 淸要職을 거쳐 首相의 지위에까지 오르고 있음을 알 수 있다. 그런데 한편으로 주목되는 것은 그는 '본래 將家의 子'였다는 사실이다. '將家'라는 말은 史書에 보이는 '兵家'・'兵種'이란 용어가 뜻하는 바와 유사하게 '將帥의 家門' 즉, 세습적으로 武職을 계승하여 오는 武班家門을 표시하는 말이라고 생각된다.[36] 따라서 그의 父祖는 武班의 將帥였다고 推斷할 수 있겠는데, 이는 崔弘宰가 蔭叙를 받고 있다는 사실로도 입증이 가능하다. 弘宰는 文班官職만을 帶有하였지만 "젊어서는 氣慨를 숭상하고 馳騁을 좋아하였으며 활쏘기도 잘하였다"고 전하거니와, 또 李資謙이 그를 꺼리고 있음을 눈치챈 武人 權因이란 자가 資謙에게 참소하여 "弘宰는 將軍 鄭旌叔 李神義와 더불어 음모를 하고 있다"고 말한 점으로 보아 이 집안의 武班的 분위기를 충분히 살필 수가 있다.

　崔弘宰는 '본래 將家의 子'였지만 이처럼 文班化하여 首相의 지위에까지 오른데 이어서 그의 아들이 또한 요직을 지내 稷山崔氏는 더욱 가세를 굳히게 되었다. 그는 슬하에 翔・溫・端・중이 된 아들 道休 등 네 아들을 두었는데, 이들 중에서 崔翔과 道休는 그렇게 뚜렷한 자취를 남기지 못하고 있다. 그러나 崔溫은[37] 知閤門

---

36) 이 점에 대해서는 앞에 든 邊太燮, 「高麗武班研究」에 잘 설명되어 있다.

事·殿中少監(從4品)·知門下省事(從2品) 등을 거쳐 叅知政事(從2品)에까지 승진하고 있는 것이다. 특히 이이는 侍郞(正4品)을 지낸 盧令琚의 딸을 아내로 맞았고, 또 坡平人 尹子讓을 사위로 삼고 있어 주목된다. 尹子讓은 바로 首相에 올랐던 尹瓘의 손자며 政堂文學(從2品)·判刑部事를 지낸 尹彦頤의 아들인 것이다. 그의 이같은 권세는 毅宗 24年 8月의 난리통에 자신이 살해당하고 마는 불운을 가져왔다.

다음 崔端의[38] 경우는 일찍이 세상을 떠난 것 같다. 이 사실은 다음의 기사에 의하여 확인이 된다.

(毅宗 2年 8月) 辛卯日에 故奉御 崔端의 딸을 들이어 妃로 삼았다 (『高麗史』 卷17, 世家).

꼭같은 내용을 알리는 기사가 『高麗史』 卷88, 列傳 后妃傳에는

(毅宗의) 莊宣王后 崔氏는 叅知政事 端의 딸이다.

라고 보인다. 그는 아마 毅宗 2年 이전에 下世하였던 모양이며 벼슬도 奉御(正6品)에 그쳤던 것 같다. 后妃傳에 보이는 叅知政事職(從2品)은 아마 그의 딸이 毅宗妃가 됨에 따라 追贈된 관직이라고 판단된다. 稷山崔氏는 이제 왕실의 外戚家門으로 등장하고 있어 극히 주목되거니와, 한가지 더 특기할 사항은 그가 당대의 名門貴族인 定安 任元敱의 사위가 되고 있다는 사실이다. 이는 定安任氏의

____

37) 이이에 대해서는 列傳 崔弘宰傳(『高麗史』 卷125)과 尹彦頤墓誌(『韓國金石文追補』 120쪽) 및 『高麗史節要』 卷9, 仁宗 2年 2月條·『高麗史』 世家 참조.

38) 그에 대해서는 列傳 崔弘宰傳과 『高麗史節要』 卷9, 仁宗 2年 2月條가 참고가 된다.

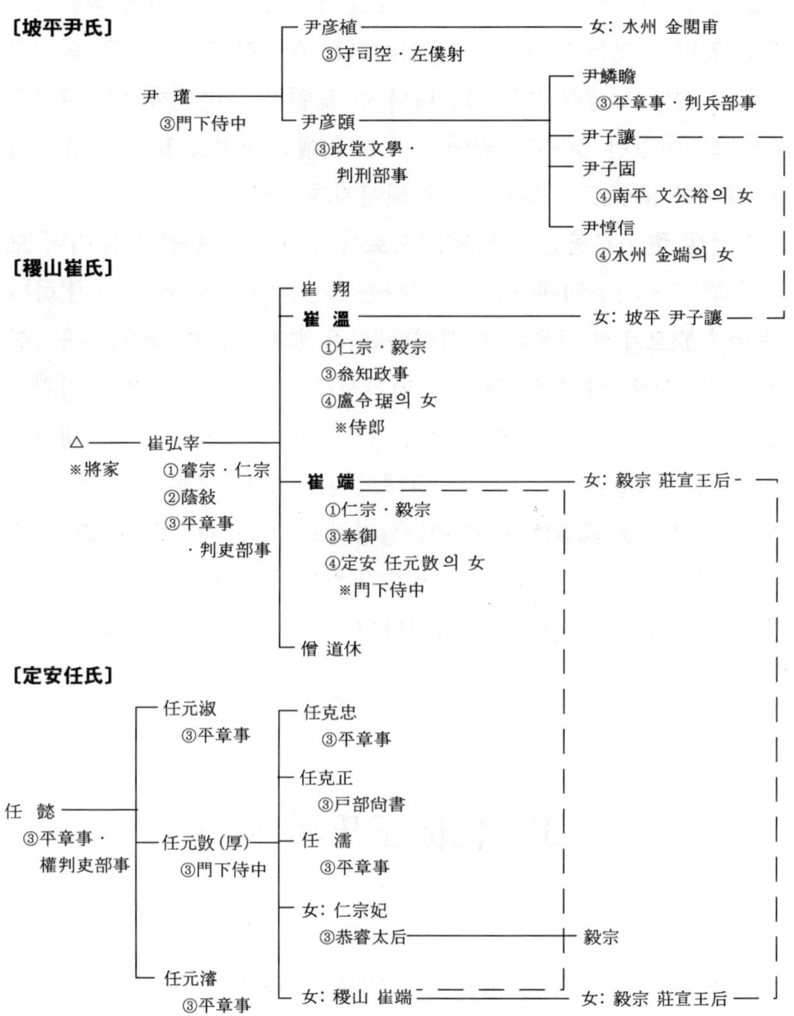

[稷山崔氏, 坡平尹氏, 定安任氏 世系圖]

족보에 보이는 것이지만,[39] 그가 왕실 내지 名門貴族과 인척관계를 맺고 있다는 것은 그의 가문을 이해하는데 여러모로 중요한 의의를 지니고 있다고 생각된다. 더군다나 이 집안은 얼마전까지만 하여도 武班家門이었던 것이다. 앞에 稷山崔氏와 坡平尹氏 및 定安任氏와의 관계를 圖表로 나타내면 앞 페이지와 같다.

요컨대 稷山崔氏는 武班家門으로서 小貴族의 특권을 누리어 오다가 睿宗·仁宗朝에 크게 활약하는 崔弘宰에 이르러 文班化하면서 大貴族으로 발돋움하게 되었다고 하겠다. 즉, 이 집안은 관직면에서 볼 때에 '將家'의 전통을 넘어서서 崔弘宰가 首相의 지위에 오른데 이어 아들도 宰相을 지낼 뿐만 아니라, 또 혼인의 대상도 定安任氏나 坡平尹氏와 같은 당대의 名門貴族家門이었으며, 나아가서 왕실의 外戚家門으로까지 성장하고 있는 것이다. 우리는 稷山崔氏의 예에서 武班家門이 文班化하면서 門閥貴族으로까지 등장하는 한 과정을 살필 수 있었다고 생각한다.

Ⅳ. 江陵王氏의 예

江陵王氏는 王乂·王國髦의 家門을 말한다. 본래 이 집안은 江陵金氏의 한 갈래지만 王乂가 太祖로부터 賜姓을 받은 이후 王姓을 칭하게 되었던 것이다. 뒷 페이지에 이 집안의 家系를 圖示하면 다음과 같다.

---

39) 註 20)의 논문 참조.

金周元 - (金東端)
(金英吉) - (金善希) - 王乂
①太祖
③功臣
·內史令
女:太祖 溟州院夫人
△—△—△
王國髦
①宣宗~肅宗
③參知政事·判兵部事
④春川 王字之의 姉
※參知政事
王 伯
①忠烈王~忠惠王
②科擧
③執義
女:東萊 鄭沅
③知樞密院事
(金英堅) - (金堅雄) - 金懲祐
③僕射?
金 陽
①文宗
③僕射
金上琦
①文宗~睿宗
②科擧
③平章事
④水州崔氏
金仁存(様)
①睿宗·仁宗
②科擧
③門下侍中
④慶源 李顥의 女
※戶部郎中
金 沽
①肅宗~仁宗
③平章事
④貞州 柳洪의 女
※平章事
女:海州 崔湧
金永錫
①仁宗·毅宗
②陰敍·科擧
③平章事
④慶源 李公壽의 女
※門下侍中
金永胤
①毅宗
②科擧
③平章事
金永寬
①仁宗·毅宗
②科擧
③平章事·判吏部事

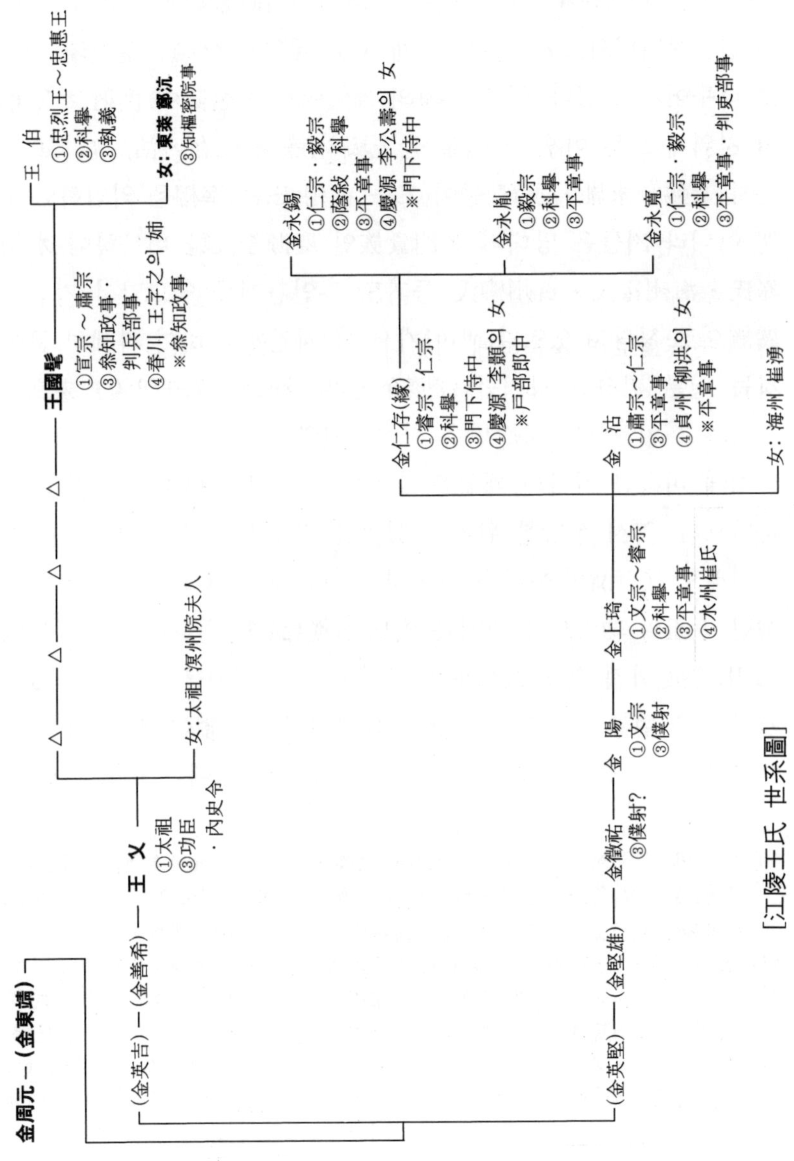

[江陵王氏 世系圖]

여기에 보이듯이 江陵金氏는 新羅의 王孫 金周元을 시조로 하는 집안이거니와, 그 후손은 크게 王乂 계열과 金陽·金上琦 계열로 나누어지고 있다. 이중 후자의 계열에서는 金陽이 僕射로 宰相의 지위에 오른 이후 그 아들 金上琦와 손자 仁存·沽, 그리고 증손자 永錫·永胤·永寬 등이 모두 首相 또는 宰相을 역임하였다. 뿐 아니라 저들은 당대의 名門貴族인 慶源李氏를 비롯하여 水州崔氏·海州崔氏·貞州柳氏 등과도 혼인관계를 맺으면서 자신도 閥族으로 성장해 있었다.[40] 여기서 이 계열에 대하여 자세히 분석하는 일은 피하려 하지만 江陵金氏가 당시에 文班門閥貴族으로 군림하고 있었다는 사실만은 확실시된다.[41]

이에 비하면 전자의 계열은 후자만큼 그렇게 번영을 누리지 못하였으나, 역시 상당한 위치에 있었을 것으로는 추정된다. 王乂만 하더라도 後百濟의 甄萱을 토벌하는 싸움에 馬軍을 領率하고 참전했던 太祖의 功臣으로 관직은 內史令(從1品)의 최고위에까지 올랐고 또 納妃까지 한 外戚으로서 극히 중요한 위치를 차지하고 있는 것이다.[42] 현재 王乂의 子·孫에 대하여 알 수 없는 것이 퍽 유감이지만, 그의 玄孫이 되는 王國髦는 또한 고위직에 오르고 있다.[43]

---

40) 이들에 대해서는 列傳 金仁存傳(『高麗史』 卷96)·金永錫墓誌(『朝鮮金石總覽』 391쪽)·崔湧配金氏墓誌(『朝鮮金石總覽』 362쪽)·金義光墓誌(『韓國金石文追補』 144쪽) 및 『高麗史』 世家·志·『高麗史節要』 참조.

41) 藤田亮策, 1933·1934, 「李子淵と其の家系」『靑丘學叢』 13·15.

42) 『高麗史』 卷109, 列傳 趙廉 附 王伯傳과 『高麗史』 卷88, 列傳 后妃傳 太祖 大溟州院夫人王氏條 및 『高麗史』 卷2, 世家 太祖 19年 秋9月條.

43) 王國髦가 王乂의 玄孫이라는 기록은 『增補文獻備考』 卷47, 「帝系考」 8 江陵金氏條에 보이고 있다. 같은 내용이 同書 卷52, 「帝系考」 13에도 있거니와, 王國髦 개인에 대해서는 『高麗史』 卷95, 列傳 邵台輔 附 본인 傳記와 『高麗史』 卷127, 列傳 李資義傳·『韓國金石文追補』 99쪽 鄭沆墓誌銘 및 『高麗史』 世家·志·『高麗史節要』 여러 곳의 자료가 참고된다.

다 알고 있듯이 王國髦는 肅宗이 즉위하기 이전 그를 도와 李資義의 謀逆을 사전에 분쇄하여 유명해진 사람이다. 이 이는 그 공로로 右僕射(正2品)·叅知政事(從2品)·判兵部事·柱國의 지위에 오르는데, 얼마 후 判都兵馬事가 됨에 "병으로 일을 보지 못하였으나 威嚴이 朝廷에 떨치었다"는 정도로 권세있는 자리에 앉았었다. 그런데 우리가 이제 그의 이전 官歷을 보면 文·武의 관직을 두루 거치고 있다는 사실에 주목하게 된다. 즉 다음과 같이

  1. 宣宗 3年 4月   衛尉卿(임명)
  2. 不明   直門下省(재직)
  3. 宣宗 8年 9月   上將軍(재직)
  4. 獻宗 元年 正月   權尙書兵部事(임명)
  5. 獻宗 元年 7月   權判兵部事(임명)
  6. 獻宗 元年 9月   右僕射·叅知政事·判兵部事·柱國(임명)
  7. 獻宗 元年 9月   判都兵馬事(임명)
  8. 肅宗 卽位年 10月   (加)守司徒(임명)

諫官職인 直門下省과 함께 武職인 上將軍 등을 역임하고 있는 것이다. 이처럼 그는 文·武의 관직을 모두 거치고 있지마는, 그럼에도 그는 당시 확실히 武班에 속하고 있었다. 그가 獻宗이 즉위함에 즈음하여 權尙書兵部事에 補任을 받자 議者들은 "王室이 미약하여 권세가 武將에게 돌아가니 장차 政事가 어찌될 것인가"고 염려했다는 사실이 이를 잘 말하여 준다. 아울러 李資義의 모반 당시 그는 무력을 쥐고 있는 上將軍으로서 저들을 제거하고 있거니와, 또한 그는 "오직 弓劍을 일삼았는데 敎書에 資質이 文·武를 겸비하였다는 語句가 있어 당시의 의론이 譏弄하였다"는 傳記의 기록 등을 보아서도 다시 이를 확인할 수가 있다. 하여튼 그는 武將 出身이었음에도 불구하고 최고의 지위에 올랐을 뿐더러 死後에는

肅宗廟庭에 배향까지 되고 있어서 특히 우리의 주의를 끌고 있다
하겠다.

한편으로 그는 春川人 王字之의 누이를 아내로 맞았고, 또 딸은
東萊人 鄭沆에게 출가시키고 있는 것도 간과치 못할 사실이다. 王
字之는 太祖의 寵臣이 되어 王姓을 하사받았던 朴儒의 후손으로,
그 역시 王國髦와 함께 李資義의 모반을 제거하는데 공로를 세워
나중에는 僉知政事의 지위에까지 올랐던 사람이다. 그는 아들 毅
가 郎中(正5品)을 지내며 딸은 李資謙의 子 公儀에게 출가하여 慶
源李氏와도 혼인을 맺었던 사람인데, 그의 누이는 바로 王國髦의
아내였던 것이다.44) 다음 鄭沆도 知樞密院事(從2品)까지 지낸 사
람으로서, 任元敱(定安任氏, 門下侍中)의 사위가 되었던 鄭叙는 그
의 아들이며, 鐵原人 平章事(正2品) 崔惟淸은 女壻였다.45) 이로써
우리는 王國髦가 당대의 名門文班貴族들과 혼인관계를 맺고 있다
는 사실도 또한 알게 된다.

그의 후손으로는 忠肅王 때 執義(從3品)를 지낸 王伯이 알려지
고 있으나46) 여타 인물에 대해서는 별로 전하는 것이 없다.

위에서 살펴온 바를 간추리면, 江陵金氏 전체를 놓고 볼 때는 더
말할 나위도 없지만, 그 한 갈래인 江陵王氏 계열만 하더라도 貴族
家門으로서의 지위를 상정하기 어렵지는 않았다. 그런데 이 계열
에는 文班뿐 아니라 王國髦와 같은 武將出身도 있어 주목을 끌었
다. 더욱이 그는 武班에 속하고 있으면서도 諫官職과 같은 전형적

---

44)『高麗史』卷92, 列傳 王儒傳 및『韓國金石文追補』95쪽, 黃驪郡夫人
　　金氏墓誌銘.
45)　鄭沆墓誌銘(『韓國金石文追補』 99쪽)과 傳記(『高麗史』 卷97). 자세한
　　내용은 註 20)의 논문 참조.
46)『高麗史』卷109, 列傳 趙廉 附 본인의 傳記와『高麗史』世家・『高麗
　　史節要』.

인 文班官職을 帶有하는 특이성을 보여주고 있을 뿐 아니라 나중
에는 宰相班列에서도 으뜸가는 위치를 차지하고 있으며, 혼인도
名門들과 맺고 있었다. 고려전기의 대표적인 文班門閥貴族의 하나
인 江陵金氏 집안에 이같은 요소도 엿보이고 있다는 것은 貴族層
에서 武班을 제외하여 버렸던 종래 우리의 이해에 새로운 문제점
을 제기하여 준다고 하겠다.

V. 忠州崔氏와 水州金氏의 예

忠州崔氏와 水州金氏는 각각 崔弘嗣·崔時允, 金端·金閱甫의
가문을 말하는데, 이들은 모두 文·武의 官人을 배출하고 있는 집
안이다. 먼저 忠州崔氏의 家系부터 보면 다음과 같다.

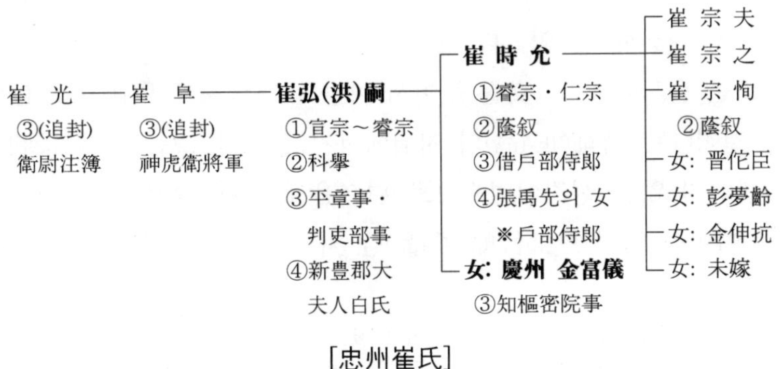

[忠州崔氏]

忠州崔氏는 崔弘嗣의[47) 立身으로 해서 뚜렷해지는 家門이다.

즉 그는 일찍이 科擧에 급제한 후 宣宗·獻宗·肅宗·睿宗 4朝에
걸쳐 큰 활약을 하여 承宣(正3品)·吏部尙書(正3品)·叅知政事(從
2品)·平章事(正2品) 등을 역임하는데, 드디어 睿宗 2年에는 權判
尙書吏部事·監修國史를 겸하며 이어서 同王 5年에는 判吏禮部
事, 다시 다음해에 守太傅(正1品)를 제수받는 등 首相으로써 여러
해 동안 집권하는 것이다. 이 이는 그간에 각각 한차례씩 同知貢擧
와 知貢擧를 맡기도 하지마는, 특히 謹嚴·淸介하여 왕의 깊은 신
임을 받았다.

　그의 祖·父는 崔弘嗣가 입신한 덕택으로 관직을 追贈받을 수
있었다. 그런데 할아버지 崔光은 衛尉注簿(從7品)를 追封받은 데
비하여 아버지 崔阜는 神虎衛將軍職(正4品)을 追贈받은 점에 큰
관심이 간다. 다른 연구에 의하면 "忠州崔氏는 忠州의 대표적인
土姓으로" "三韓功臣의 후예"라고 하거니와,48) 崔弘嗣의 부친 阜
는 이같은 가문의 전통을 이어서 아마 下級將校職에 재임하였던
모양 같다. 崔弘嗣傳에 "(그는) 家世가 單平하였다"고 한 것은 이
런 점을 지적한 말로 생각된다. 하여튼 崔弘嗣는 이처럼 武班의 자
제였지만 科擧에 급제를 하였고, 또 그후 文班官路를 따라 首相으
로까지 진급할 수 있었다.

　그는 슬하에 1男 1女를 두어서 아들 崔時允도49) 門蔭으로 仕途
를 걸어 戶部侍郎(正4品)의 지위에까지 올랐다. 그는 본래 世利에
영합하지 않는 성격이었으므로 벼슬은 郞位에 그치고 만 것이었
다. 이이는 역시 戶部侍郎(正4品)을 역임한 張禹先의 딸을 아내로

---

47) 그에 대해서는 본인의 傳記(『高麗史』 卷97)와 崔時允墓誌(『韓國金石
　　文追補』 111쪽) 및 『高麗史』 世家·志·『高麗史節要』 참조.
48) 李樹健氏의 앞에 든 논문.
49) 본인(『韓國金石文追補』 111쪽) 및 晋光仁墓誌(『韓國金石文追補』 176
　　쪽)와 『高麗史』 卷17, 世家 仁宗 17年 11月條.

맞아 7명의 자녀를 두었는데, 그중 宗晌은 아버지에 이어서 계속
蔭叙의 혜택을 받아 주목되고 있지만 모두가 그다지 뚜렷한 지위
에는 오르지 못하였던듯, 史書에 이름이 전하여지고 있지 않다.

崔弘嗣의 사위는 金富儀였다. 이이는 慶州人으로 知樞密院事
(從2品)까지 제수받는 사람인데, 그의 아버지 覲은 國子祭酒(從3
品)·左諫議大夫(正4品)를 역임하며, 형들 가운데도 富軾이 首相
을 지낸 것을 비롯하여 다른 두 형이 또한 고위직에 올라 크게 떨
친 집안이었다.[50] 忠州崔氏는 이와 같이 당대에 名門貴族으로 이
름이 높던 慶州金氏와 인척관계를 맺고 있어 주목된다.

忠州崔氏 집안의 인물로는 이밖에도 崔遇淸이 보인다. 그는 毅
宗·明宗朝에 크게 활약하여 樞密院使(從2品)·僕射(正2品)의 지
위에까지 올랐던 사람인데,[51] 그러나 지금 이 자리에서 그의 系譜
를 확실하게 밝힐 수 없어 퍽 유감된다.

그러면 다음으로 水州金氏에 대하여 알아 보기로 하자. 먼저 이
家門의 世系부터 그려보면 다음과 같다.

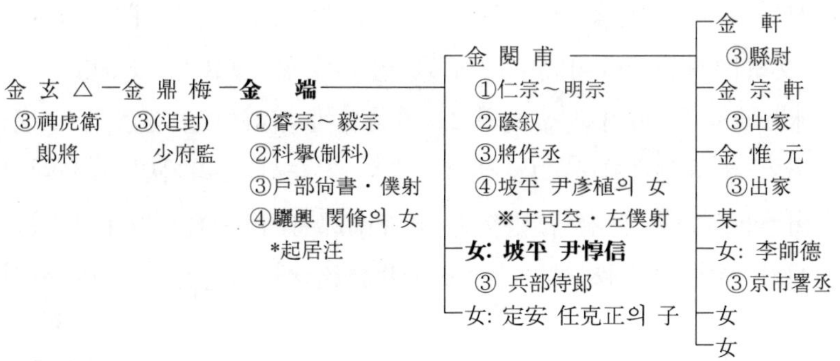

[水州金氏]

---

50)『高麗史』卷97, 列傳 金富佾傳 및 同書 卷98, 列傳 金富軾傳.
51)『高麗史』卷101, 列傳 崔遇淸傳.

여기에서 알 수 있듯이 水州金氏의 경우는 金端의[52] 출세로 해서 등장하게 되는 가문이다. 그는 宋의 制科에 급제하여 文名을 날림으로써 起家의 계기를 마련하였거니와, 귀국 후에는 同知貢擧職을 맡기도 하지만 벼슬도 散騎常侍(正3品)·戶部尙書(正3品)·守司空(正1品)·尙書右僕射(正2品) 등을 역임하는 것이다. 나아가서 이이는 起居注(從5品)를 지내는 驪興인 閔脩의 딸을 아내로 삼는데, 또한 며느리와 사위는 각각 坡平尹氏와 定安任氏 집안에서 맞고 있어 크게 주목을 끈다. 즉 그는 슬하에 1男 2女를 두어서, 아들 閔甫는[53] 蔭叙를 통해 일찍이 벼슬길을 걸었다. 그러나 이이는 높은 지위에 오르기에 앞서 세상을 떠났으므로 관직은 將作丞(從6品)에서 그치고 말지마는, 이에 앞서 守司空(正1品)·左僕射(正2品)를 역임하는 坡平人 尹彦植의 딸(尹瓘의 孫女)을 아내로 맞았었다. 아울러서 金端은 역시 坡平人으로 兵部侍郎(正4品)을 지내는 尹惇信을 사위로 삼거니와, 다른 한 사위도 이름은 알려지고 있지 않지만 定安人 任克正의 아들이라는 사실만은 확인할 수가 있다. 그와 혼인관계를 맺었던 두 가문에 대해서는 앞에서 稷山崔氏를 이야기하면서 家系의 개략을 소개한 바도 있지마는 모두가 당대에 일급가는 文班門閥貴族들이었다는 점을 염두에 둘 필요가 있겠다.

水州金氏는 이처럼 金端과 그 자녀들에 의하여 文班家門으로서 위치가 뚜렷해지지만 그로부터 2代를 거슬러 올라가면 武班이었음이 확실하다. 金端의 祖父는 神虎衛郎將(正6品)을 지내고 있는 것이다. 이이에 대해서는 「金閔甫墓誌銘」에 이같은 단순한 사실

---

52) 이이에 대해서는 金閔甫墓誌(『韓國金石文追補』 171쪽)와 尹彦頤墓誌(『韓國金石文追補』 120쪽)·任益惇墓誌(『朝鮮金石總覽』 453쪽) 및 『高麗史』 世家·志·『高麗史節要』 참조.

53) 이이에 대해서는 본인의 墓誌(『韓國金石文追補』 171쪽)와 慈雲寺眞明國師普光塔碑(『東文選』 卷117) 참조.

만이 언급되고 있을 뿐 자세한 내용은 전하고 있지 않다. 그리고 金端의 父親 金鼎梅의 경우에도 같은 사료에 追贈職만이 보이며, 孫子·孫女들에 대해서도 이름은 알려지고 있지만 역시 저들의 진출에 관해서는 잘 알 수가 없다.

요컨대 忠州崔氏와 水州金氏의 경우, 처음에는 대단치 않은 武班家門으로 출발하지만 科擧와 같은 어떤 계기를 전환점으로 하여 文班化하고, 나아가 당대의 門閥貴族들과 혼인으로 얽히면서 자신의 가문도 성장시켜 간 예를 보여주고 있다 하겠다. 이와 같은 예는 고려전기에 있어 武班의 文班化는 절대로 방지되고 있었으며 또 文班과 武班 家門간에 혼인도 하지 않았다는 종래 우리의 이해와 상치되고 있다. 이는 고려전기 文班과 武班의 身分 問題까지도 새로이 해석해야 할 가능성마저 엿보게 하는 것이라 생각된다.

Ⅵ. 杞溪盧氏와 忠州梁氏의 예

杞溪盧氏와 忠州梁氏는 전형적인 武班家門이지만 文班官僚도 배출하고 있는 특징을 보여주는 가문들이다. 이제 그 구체적인 내용을 알아보기에 앞서서 杞溪盧氏의 家系부터 정리하면 다음 페이지와 같다. 도표에서 알 수 있는 것처럼 杞溪盧氏는 주로 仁宗朝에 활동한 것으로 생각되는 盧安孟 때에 와서[54] 가문의 위치가 뚜렷해지고 있다.

---

54) 그에 대해서는 盧卓儒墓誌(『朝鮮金石總覽』 415쪽)와 盧永淳傳(『高麗史』 卷100) 참조.

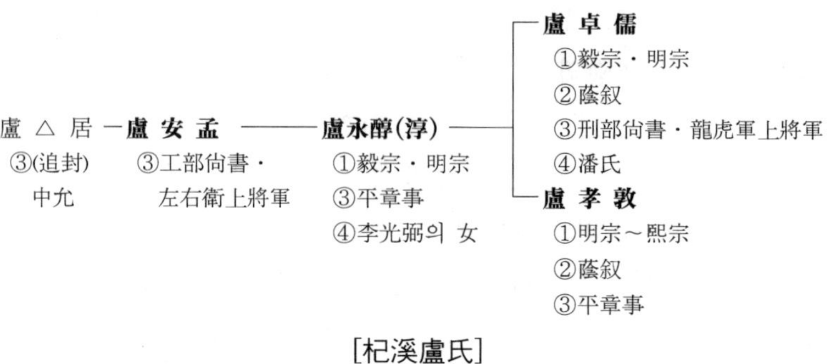

[杞溪盧氏]

그의 집안은 史書에 "본래 兵家였다"고 한 바로써도 짐작되듯이 武班的傳統을 지닌 家門이었으며, 따라서 盧安孟도 武班官路를 따라 上將軍(正3品)까지 진급한 武將이었다. 그럼에도 이이의 경우는 武人으로써 크게 성공하여 文班官職인 工部尙書(正3品)를 兼帶하는 우대를 받으면서 家門의 지위까지도 굳혀갈 수 있었던 것으로 보인다.

여기서 盧安孟이 武將으로써 文班官職을 겸임하였다 하여 이것이 곧 그의 班別에 어떤 변화를 가져다 주는 것은 물론 아니다. 그것은 단순한 兼帶에 불과한 것이기 때문이다.55) 그러나 한편 그의 아들 永醇(永淳)의 경우는 이와 전혀 사정을 달리하고 있다는 데에 큰 관심이 간다. 즉 이이는 武班을 떠나 文班化하고 있는 것이다. 그가 역임한 관직을 보면 內侍·閣門祗候(正7品) 등 文班職이며, 더구나 毅宗 末年에는 왕명을 출납하는 직책인 承宣(正3品)에 재임하고 있었다. 다행히 그는 '兵家의 子'였고 또 평소 武臣들과 사이가 좋았으므로 鄭仲夫 등 武人들의 난리 중에 화를 면할 수 있었고, 나아가서는 叅知政事(從2品)와 平章事(正2品) 등의 고위직으로 승진할 수도 있었던 행운의 인물이었지만,56) 그에게서 武班의

---

55) 이 점에 대해서는 앞에 든 邊太燮,「高麗朝의 文班과 武班」참조.

흔적을 찾을 수는 없다.

　盧永醇에게는 슬하에 卓儒·孝敦 두 아들이 있어서 모두 蔭叙를 통해 仕途로 나가고 있다. 그런데 이들은 아버지와는 달리 다시 武班官路를 걷고 있어 주목된다. 즉 盧卓儒는 郎將(正6品)·中郎將(正5品)·將軍(正4品)·大將軍(從3品) 등을 거쳐 刑部尚書(正3品)·龍虎軍上將軍(正3品)으로까지 진급하고 있으며,57) 盧孝敦도 郎將(正6品)·中郎將(正5品) 등 武職을 역임한 후 나중에는 同知樞密院事(從2品)·門下侍郎平章事(正2品)를 지내고 있는 것이다.58) 여기에서 특히 후자는 武職을 거쳐 고위의 宰相職에까지 오르고 있어 주의를 끄는 바 있으나, 양자 공히 저들의 활동기가 武臣亂 이후의 武臣執權社會였다는 점을 염두에 두고 이해해야 될 줄로 안다. 杞溪盧氏는 武班에서 文班으로, 그리고 文班에서 다시 武班으로 돌아간, 매우 특징있는 예에 속하는 가문이었다.

　다음 忠州梁氏는 杞溪盧氏와 경우는 좀 다르지만, 앞에서 언급한 바와 같이 처음에는 전형적인 武班家門이었다. 먼저 그 世系圖를 보면 다음 페이지와 같다.

　이 집안에서 가장 높은 지위에 오르는 이는 梁元俊이지만 일찍이 그의 5代祖 梁攸達과 曾祖 梁逸도 각각 上將軍(正3品)을 역임한 武將이었다. 이중 특히 전자는 三韓功臣인 崔英休의 딸을 아내로 맞은 바 있어 주목되거니와, 하여튼 그의 先世는 상당한 기간동안 武班家門으로 내려온 사실이 확실시된다.59)

---

56) 본인의 傳記(『高麗史』卷100)와 盧卓儒墓誌 및 『高麗史』世家·『高麗史節要』 참조.

57) 본인의 墓誌(『朝鮮金石總覽』415쪽) 및 『高麗史』와 『高麗史節要』 明宗 8年 春正月條.

58) 『高麗史』卷100, 列傳 盧永淳傳과 『高麗史』世家·『高麗史節要』.

59) 『韓國金石文追補』145쪽, 梁元俊墓誌銘. 여기에 보이는 梁攸達의 上將軍職은 시기상으로 보아 약간의 문제가 있다. 그의 활동기는 아직 2

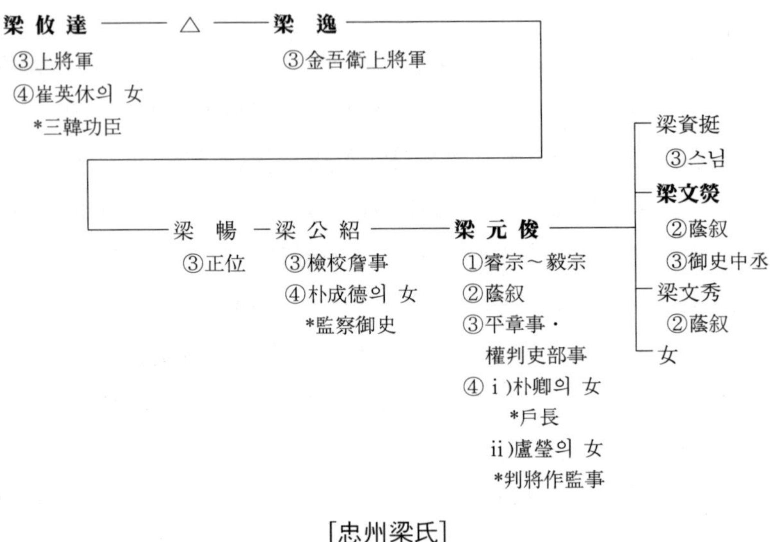

[忠州梁氏]

  그후 이 집안이 文班化의 길을 걷게 되는 것은 梁元俊의 祖父가
되는 梁暢 때부터로 추정된다. 이이의 경우 그 정체는 잘 알 수 없
지만 正位를 제수받았다는 기록이 전하고 있으며 또 그의 아들 公
紹는 檢校詹事(正3品)를 지내고 있을 뿐만 아니라, 며느리도 監察御
史(從6品)를 역임한 바 있는 가문의 딸이었다는 점을 감안하여 이러
한 추정을 하여보는 것이다.60) 그러나 이 당시는 저들의 官位에서
느낄 수 있듯이 집안이 그렇게 뚜렷한 위치에는 있지 못하였다.
  그러다가 忠州梁氏는 梁元俊의61) 득세로 해서 가문의 면모를

____

  軍 6衛와 같은 고려의 兵制가 성립되지 아니한 때로서 上將軍・大將
  軍과 같은 명칭도 사용하지 아니한 시기이기 때문이다. 이것은 아마 당
  시 그가 武將으로 활동하여 최고위 武職에 올랐었으므로 후대에 그같
  이 기록한 것으로 추정된다.
60) 『韓國金石文追補』 145쪽, 梁元俊墓誌銘.
61) 그에 대해서는 본인의 傳記(『高麗史』 卷99)와 墓誌銘(『韓國金石文追
  補』 145쪽) 및 『高麗史』 世家・『高麗史節要』 참조.

일신하게 되었다. 즉 그는 9세에 아버지를 여의었으므로 처음에는 어려운 처지를 당하여 外高祖(崔英休)의 門蔭으로 仕途를 걷지만 나중에는 承宣(正3品)·樞密副使(正3品)·御史大夫(正3品) 등의 요직을 거쳐 平章事(正2品)·權判吏部事로까지 승진하는 것이다. 그런데 이 사람의 경우를 보면 집안이 文班化하고 있다는 사실을 더욱 분명히 살필 수가 있다. 이이에 대해서는 墓誌銘과 傳記 등이 현존하고 있어서 그의 官歷을 비교적 자세하게 알 수가 있는데 그것들은 위에 약기한대로 한결같이 文班官職에 한정되고 있는 것이다. 이어서 그의 자녀들 가운데서도 두 아들이 다같이 蔭叙의 혜택을 받고 있어 주목되기도 하거니와, 그중 둘째 아들인 文燊은 御史中丞職(從4品)을 맡고 있다. 가문의 전통이 이전과는 달라져 있다는 것을 의미한다 하겠다.

이상 살펴본 바와 같이 杞溪盧氏와 忠州梁氏는 武班과 文班이 뒤섞이고 있는 가문들인데, 그렇다고 이들 집안을 貴族家門에서 제외시켜야 할 아무런 이유도 발견되지는 않는다. 저들은 견실하게 家世를 이어가 代를 거듭하면서 5品以上官을 배출하고 있는 것이다. 더구나 盧永醇의 두 아들이 蔭叙의 혜택을 받고 있고, 또 梁元俊의 경우 본인과 두 아들이 역시 같은 방법으로 仕途를 걷고 있다는 점을 감안할 때에 오히려 그와는 반대되는 방향으로 생각이 기울어지게 된다. 다 알고 있듯이 蔭叙制는 貴族制的 요소로 평가되고 있는 제도인 것이다. 물론 이들 가문이 慶源李氏나 海州崔氏의 경우와 같이 大門閥貴族이나 外戚家門으로까지 발전하고 있는 것은 아니다. 그러나 이들도 귀족적 제특성을 지닌 貴族家門이었음에는 틀림이 없어 보인다. 아마 전자를 上層貴族이라 한다면 후자는 下層貴族이라 볼 수 있지 않을까 한다.

Ⅶ. 橫川尹氏와 安山金氏의 예

橫川尹氏의 경우도 文人과 武人을 모두 배출하고 있는 가문의 예로 들어질 수 있는 집안이다. 그런데 橫川尹氏가 다른 가문과 비교하여 좀 다른 점은 본래부터가 開國功臣 집안으로 왕실과도 혼인을 하고 있었다는 사실이다. 이 집안에서는 宣宗~毅宗年間의 인물인 尹諧가 가장 뛰어났었거니와, 그의 墓誌에 "(尹諧는) 功臣인 新福의 6世 內孫이며, 太祖에게는 6世 外孫이 되는"[62] 사람이라고 한 것으로 보아 이를 확인할 수가 있다. 이어서 거기에는 그의 曾祖가 되는 守玄으로부터 家系가 명시되고 있는데 그것을 정리하면 다음과 같다.

世系의 전체적인 내용을 알 수 없는 것이 퍽 유감이지만, 尹守玄의 경우에도 工部尙書(正3品)에 追封되고 있는 것을 보면 이이는 그렇게 뚜렷한 위치에 오르지 못했던 것 같다. 그러나 이제 다음대인 尹修己에 이르면 그의 지위도 지위려니와 또한 그것에 주목할만한 변화를 나타내고 있다. 그에 대해서는 다음의 史料가 참고된다.

(靖宗 7年) 5月 乙卯日에는 顯陵, 丙辰日에는 宣陵을 배알하고 制하여 말하기를, "聖祖께서 三國을 통일할 때 扈從한 臣僚의 자손 중 廝庶의 지위로 떨어져 官資를 소유하고 있지 못한 사람은 有司가 불러 文武의 才藝를 시험하여 모두 登仕를 許하도록 하라" 하시고는 因하여 上護軍인 洪賓·尹修己와 大將軍인 韋靖·金琢磨·石忠 … 등에게 각각 말 1필씩을 賜與하시었다(『高麗史』 卷6, 世家).

---

62) 『朝鮮金石總覽』 369쪽, 尹諧墓誌.

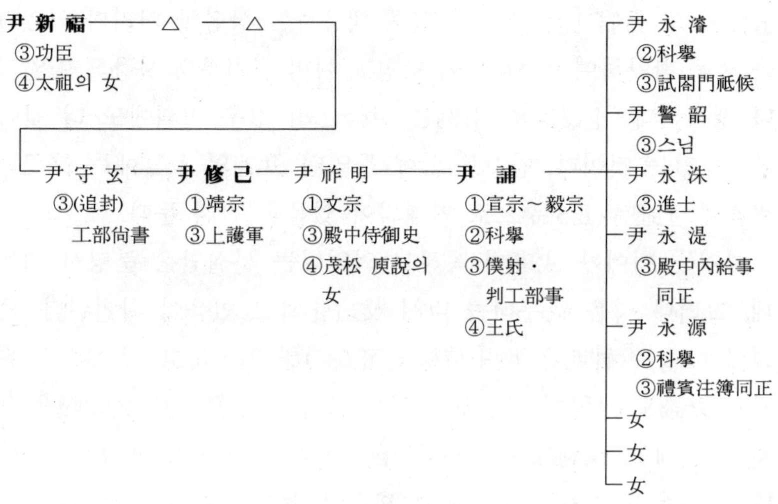

[橫川尹氏]

이것은 靖宗이 太祖陵을 배알한 후 開國功臣의 후예로서 벼슬을 하지 못하고 있는 사람들을 등용하도록 명하고는, 거기에 잇대어 武將들에게 말을 下賜하고 있는 기사이거니와 그 하사 대상에 尹修己도 포함되고 있다. 다른 사람의 경우는 잘 알 수 없지만 尹修己는 太祖功臣의 후예이므로 이같은 恩賜를 받고 있다고 생각되는데, 그런데 당시 그의 관직이 上護軍(正3品)이었다는 사실이 크게 주목된다. 다 알고 있듯이 上護軍은 上將軍의 異稱으로서 이는 그가 武班에 속하고 있다는 사실을 말해주는 것이다. 혹시 『高麗史』卷 77, 百官志 西班 鷹揚軍條에, "恭愍王 때 將軍을 고쳐 護軍이라 하였다"는 기사에서 보는 바와 같이 上護軍이라는 명칭도 麗末에 가서야 비로소 사용되었다는 考慮에서 尹修己의 관직을 의심하는 사람이 있을런지도 모르겠다. 그러나 사실 高麗 一代의 관직명은 대부분이 그러했듯이 시기에 따라 호칭이 여러 차례 바

뀌었고 또 百官志의 기술과 실제 내용과는 상당한 거리가 있었다는 점을 감안하여 볼 때에 이 호칭도 이미 전기부터 사용되지 않았나 생각된다. 上護軍의 用例는 尹修己의 경우 이외에도 더 찾아볼 수 있는 것이다. 참고로 앞에 들었던 尹誧의 墓誌에는 修己의 관직이 上將軍(正3品)으로 기재되어 있음을 밝혀 둔다.

하여튼 이이가 武班에 속하고 있었다는 사실만은 분명시 되는데, 그러나 다음 代부터는 다시 文班化하고 있음이 확인된다. 즉 그의 아들 尹祚明은 殿中侍御史(正6品)를 역임하고 있으며,[63] 손자인 尹誧도 科擧에 급제하고 있을 뿐더러 이후 주로 文翰職을 거쳐 나중에는 僕射(正2品)·判工部事로까지 승진하고 있는 것이다.[64] 아울러 전자는 庚黔弼의 후손인 說의 딸을 아내로 맞고 있고, 또 후자의 경우에도 아들 가운데 여러 명이 科擧에 합격한 사실을 알 수 있어 주목되는 바 있지마는, 그러나 그 이상의 자세한 내용은 전하여지지 않는다.

요컨대 橫川尹氏는 開國功臣 집안으로서 왕실과 外戚關係에도 있었던 유력한 가문이었지만, 武將과 文班宰相을 동시에 배출하고 있다.[65] 결국 이같은 橫川尹氏家門의 성격은 종래 武班의 신분을 낮추 평가하여 귀족계층에서 제외하려 했던 우리의 생각을 수정하지 않을 수 없게 하는 한 예를 제공하여 준다고 하겠다.

다음으로 위에서 잠시 검토한 바 있는 上護軍職에 관한 것인데, 우리가 만약에 이 관직을 고려전기에 있어서도 인정할 수 있다면

---

63) 『高麗史』卷8, 世家 文宗 17年 2月條. 尹誧墓誌에는 "追封右僕射行刑部郎中兼太子中舍人"이라 보이는데, 이중에서 아마 右僕射(正二品)는 追封職이고, 실직은 行刑部郎中(正五品)·兼太子中舍人(正五品)이었던 것 같다.
64) 본인의 墓誌(『朝鮮金石總覽』369쪽)와 『高麗史』世家·『高麗史節要』.
65) 邊太燮교수는 앞에 든 「高麗武班研究」에서 尹修己의 집안을 순수 武班家門으로 파악하였다.

安山金氏의 경우가 또한 문제가 된다. 安山金氏는 金殷傅가 그의 세 딸을 顯宗에게 納妃하면서 대표적인 文班貴族家門으로 등장하였다는 사실은 이미 널리 알려져 있고, 또 그것은 지금까지 아무런 의심없이 받아들여져 왔지만,[66] 그러나 그는 한때 中樞使(從2品)·上護軍(正3品)을 역임한 경력이 있는 것이다.[67] 그렇다고 할 때에 이이는 武職을 帶有한 바 있는 武班으로 생각할 수도 있게 된다. 이와 같은 예는 洪灌·金富軾·李之美에도 해당된다. 세 사람은 각기 仁宗朝에 首相 내지 宰相을 지내는 唐城洪氏·慶州金氏·慶源李氏 집안의 자손들이거니와, 『高麗圖經』에 의하면 洪灌은 左散騎常侍(正3品)·上護軍(正3品),[68] 金富軾은 禮部侍郎(正4品)·上護軍(正3品),[69] 李之美는 兵部侍郎(正4品)·上護軍(正3品)을[70] 지낸 사실이 기록되고 있다.[補] 이 세 사람의 경우는 모두 『高麗史』 本傳에 이같은 내용이 보이고 있지 않아 의심이 가는 바도 없지는 않지만 일단 하나의 문제 제기로 들어 두고자 한다.

---

66) 이에 대해서는 앞에 든 藤田亮策氏 論文과 邊太燮, 「高麗朝의 文班과 武班」 참조.

67) 『高麗史』 卷4, 世家 顯宗 7年 6月條와 同書 卷94, 본인의 傳記.

68) 『高麗圖經』 卷6, 宮殿 延英殿閣條.

69) 『高麗圖經』 卷8, 人物 金富軾.

70) 『高麗圖經』 卷8, 人物 李之美.

補) 呂恩暎氏의 연구에 의하면 金殷傅 등 4人이 받은 上護軍은 武職이 아니라 上柱國·柱國과 같은 勳階였다고 한다(1989, 「高麗時代의 勳制」 『慶尙史學』 4·5 합집, 26쪽 및 43～47쪽). 氏의 주장이 옳다고 생각되므로 이 부분의 설명은 수정이 불가피할 듯하다.

Ⅷ. 鳳山智氏 및 기타의 예

鳳山智氏는 顯宗朝의 공신인 智蔡文으로부터 크게 대두하는 가문이다. 그는 顯宗 元年 당시 中郎將(正5品)에 재임하고 있었거니와, 契丹의 侵寇에 즈음하여 여러 차례 전공을 세웠을 뿐더러 顯宗이 羅州로 播遷하는 어려운 상황에서 시종 충성스럽게 扈駕하여 큰 공로를 세웠다. 그리하여 전쟁이 끝난 후에는 君王의 지극한 사랑을 받으면서 武職에 있는 사람으로서는 파격적으로 諫官職인 右常侍(正3品)를 제수받는가 하면, 나중에는 上將軍(正3品)·右僕射(正2品)로까지 승진하는 것이다.71)

그에 따라 자손들도 크게 진출하였던 듯, 智猛은 그중의 한 사람으로 생각된다. 즉 이이는 門蔭으로 仕途를 걸은 이후 武職에 있으면서 守司空(正1品)·左僕射(正2品)를 겸하며 나아가서는 几杖까지 下賜받는데, 이에 中書省이 恩禮가 지나치다하여 駁奏하자 당시의 군왕인 文宗은 "智猛의 先人은 국가에 功이 있다"는 말로 답변하고 있다.72) 여기서 말하는 "智猛之先"이란 아마 智蔡文을 지칭한 것으로 보인다.

智蔡文의 후예로 그 관계가 명시되어 있는 사람은 曾孫이 되는 智祿延이다. 이이도 蔭叙로 벼슬길에 나아가 同知樞密院事(從2品)의 고위직에까지 오르는 사람인데, 특히 그는 侍御史(從5品)·戶部侍郎(正4品)·吏部侍郎(正4品)과 같은 文班官路를 따라 승진하

---

71) 『高麗史』 卷94, 본인의 傳記와 同書 世家 및 『高麗史節要』 참조.
72) 『高麗史』 卷7, 世家 文宗 9年 秋7月條와 同書 卷8, 世家 文宗 11年 12月條.

고 있음이 주목된다. 이때는 이미 文班化하고 있었던 증거라 하겠
다. 그러나 그는 仁宗 4年에 王 側近과 同謀하여 李資謙・拓俊京
一派를 제거하려다 오히려 저들에게 패배하여 죽음을 당하고 말았
다. 아울러 다시 그의 아들 智之勇도 후에 李深 등과 역모를 꾀하
다가 伏誅되고 말았으므로 이후 가세가 급히 전락한 것 같다.[73]

　史書에 보이는 智淑延과 智寵延은 아마 智祿延과 형제가 아닐
까 생각된다. 이름의 항열이 같고 또 활동한 시기도 비슷하기 때문
이다.[74]　전자는　太府少卿(從4品)・大僕卿(從3品)・禮賓卿(從3品)
등을 지내며,[75]　후자는 賀禮使의 임무를 띠고 遼에 파견되고 있거
니와,[76] 이들도 또한 文班官職을 역임하고 있다는 사실이 주의를
끈다. 고려전기에는 武將이 使節의 임무를 담당한 일은 없었으므
로 후자도 文班에 속하고 있었음을 알 수 있는 것이다.

　鳳山智氏는 처음에 武班으로 진출한 家門이었지만 智蔡文이 국
가에 특별한 공로를 세움으로써 宰相職까지 兼帶할 수 있었고, 나
아가서는 후손들이 文班化하면서 역시 宰相으로 승진하고 있음을
보았다. 현재 鳳山智氏의 家系를 명확하게 파악할 수는 없지만 대
대로 宰相을 지내온 저들의 가문을 귀족층에서 제외할 아무런 이
유도 없다. 武班家門도 貴族家門으로 이해하지 않으면 안될 하나
의 예를 여기서도 발견하는 것이다.

　위에서 들어본 가문 이외에도 姜民瞻과 같이 자신부터 文班에
서 武班化하고 있는 晋州姜氏의 예를 비롯하여 분석해 볼 필요를

---

73)『高麗史』卷94, 列傳 智蔡文 附 智祿延傳과 同書 世家 및『高麗史節
　　要』참조.
74) 李樹健氏의 앞에 든 논문 참조.
75)『高麗史』卷13, 世家 睿宗 8年 春正月條와 同書 卷14, 世家 睿宗 11年
　　秋7月條 및 同 12年 秋7月條.
76)『高麗史』卷12, 世家 肅宗 9年 冬10月條.

느끼는 가문이 몇몇 더 있지만 그 구체적인 내용을 파악할 수가 없으므로 그만 생략하지 않을 수 없을 것 같다. 다만 다음과 같이 集團的으로 文班에서 武班化하고 있는 흔적을 보여주는 사료도 전하고 있으므로 이 자리에 그것을 제시해 두려고 한다.

> ① (顯宗 9年) 9月에 宣化門에 납시어 三衛와 鷹揚軍의 功臣子孫 및 6品 以下의 武藝있는 사람을 모아놓고 시험하여 科等을 정하였다(『高麗史』 卷81, 兵志 兵制 五軍).
> ② (顯宗) 22年 2月에 文班으로 武藝가 있는 사람은 將校로 改授하였다(上同).

이 조처는 시기적으로 보아 契丹과 큰 전쟁을 치루고 난 이후에 있었다는 점을 감안하고 보아야 하는 것이지마는 비슷한 현상은 그 이후에도 있었을 것으로 생각된다. 別武班의 조직에서도 이같은 일면을 엿볼 수 있는 것이다.[77] 이것들은 고려전기 文班과 武班의 身分 問題를 추구해 감에 있어서 위에서 살펴온 개별적인 가문의 예와 더불어 중요한 의미를 지니는 사료들이라 하겠다.

IX. 結 論

이상에서 고려기의 南平文氏・稷山崔氏・江陵王氏・忠州崔氏・水州金氏・杞溪盧氏・忠州梁氏・橫川尹氏・安山金氏・鳳山智氏 등 10家門을 분석하여 보았다. 그리하여 이들 가문은 모두

---

77) 이 점에 대해서는 邊太燮,「高麗朝의 文班과 武班」 참조.

가 武班과 일정한 관련이 있는 집안들임을 확인하였다. 즉, 어떤 가문은 武班에서 文班化하기도 하고, 또 어떤 가문은 그것이 교대되기도 하는 현상을 보여주었던 것이다.

이제 이들 가문을 다른 한편으로 社會的인 家格面에서 본다면, 南平文氏·江陵王氏와 같이 大門閥로 번성한 집안이 있는가 하면 그렇지 못한 측도 있었고, 또 달리 稷山崔氏·橫川尹氏·安山金氏처럼 外戚家門이 된 집안이 있는가 하면 그것이 못된 집안도 있었다. 그러나 이들은 모두가 武班과 일정한 관련이 있었다는 공통점 이외에도 고려전기의 '貴族家門'들이었다는 면에서 차이가 있는 것은 아니었다. 앞서 서론에서 貴族家門은 어떻게 규정해야 하며, 또 그 특성은 무엇이었는가 하는 점에 대해서 필자 나름대로의 견해를 밝힌 바 있거니와, 위에 든 가문들은 대체적으로 이에 부합되고 있는 것이다. 5品 以上의 貴族官僚들을 3代 以上에 걸쳐 배출하고 있는 것은 말할 것도 없지만, 蔭叙의 문제에 있어서나 通婚圈 등을 보아도 별다른 하자는 발견되지 않았다. 각론에서 이미 밝힌 바 있으므로 여기에서 다시 하나하나의 예를 제시하는 번잡을 피하려 하지만, 저들 가문에서는 많은 人員이 門蔭의 혜택으로 仕途를 걷고 있었으며, 또 이른바 文班門閥貴族들과 通婚關係도 맺고들 있었다.

그런데 이와 관련하여 한가지 분명히 해두고 넘어가야 할 문제가 있다. 종래 貴族層에서 武班을 제외하려 했던 입장에서도 그같은 입론을 하게 된 논거로 구체적인 실례들을 들고 있는 것이다. 즉 武班出身으로 고위직에 오른 杜景升·陳俊·崔世輔·洪仲方·白任至·鄭仲夫·李義旼 등이 그 예로써, 저들을 살펴보면 '門地는 賤微하고', 敎育은 '不解書'할 정도이며, 직업도 '販魚'·'業農'·'賣薪' 등을 하던 사람들로 行伍에서 기용된 예가 대부분이라는 것이다.[78] 이처럼 가문이 좋지 않은 庶人 내지 賤人 出身이 武班에는 많았으므로 저들은 貴族으로 볼 수 없다는 것인데, 이들 예에 관한 한 필자도 전적으로 동감이다. 저들은 일시 고위직에 올랐다고 하지만 귀족이나 귀족가문을 이룰 수 있을 정도로 성장하지는 못했기 때문이다. 필자의 견해대로 한다면 3代에 걸쳐 5品官 以上을 지내지도 못했으며, 따라서 사회적으로 威勢를 누릴 수 있을 만큼의 뚜렷한 家門으로 뿌리를 내려보지 못했다는 것이다. 비슷한 예는 비단 武班에 있어서 뿐만 아니라 文班의 경우에도 마찬가지라고 생각한다.

요컨대 문제의 핵심은 전체 武班을 놓고 볼 때에 杜景升·鄭仲夫類의 武人들이 차지하는 비율이 어느 정도일까 하는 점에 있지 않나 생각된다. 결론부터 말하면 저와 같은 무인출신은 武班 전체에 비하여 결코 그렇게 많은 숫자는 아니었다고 본다. 만약에 武班이 종래의 주장대로 杜景升·鄭仲夫類의 行伍 出身들이 대부분이었다면 고려국가를 귀족사회로 규정하는 자체부터 문제가 되어야 할 것이다. 武班을 귀족측에서 제외하는 입장에는 서고 있지만, 따로이 마련한 武班硏究에서 邊太燮敎授는 "武班 중에 가문이 좋고 신분이 높은 兩班出身이 포함되고, 더욱이 武班家門은 대대 계속하여 武班이 되고 있었다"고 강조하면서, 아울러 "土豪出身의 武班構成"에 대해서도 언급하고 있는데,[79] 생각컨대 武班은 이와 같은 출신이 대부분을 차지하고 있지 않았을까 짐작된다. 좀 후대의 사료이긴 하지만 다음의 기록은 이 점을 이해하는데 큰 참고가 될 것 같다.

---

78) 위와 같음.
79) 앞에 든 邊太燮, 「高麗武班硏究」.

(朝鮮 太宗) 庚寅日에 명하여 護軍房의 叅謁回坐之禮를 혁파하였
다. 前朝(高麗)에서 각 領의 將軍은 一房에 合仕하여 將軍房이라 칭
하였는데, 將軍 가운데에 名望士族을 선발하여 房主와 掌務를 삼아
房主가 우두머리, 掌務가 다음에 위치하여, 新仕者는 반드시 그 族
氏·家風·才行을 살핀 연후에 序坐를 허락하였다. 이를 叅謁回坐라
일컬었는데, 國初에 폐지하였으나 다시 행하므로 이때 와서 또다시
폐지한 것이다(『朝鮮太宗實錄』卷17, 9年 4月).

고위의 武職(將軍은 正4品)에 오르는 데에는 出身家門이 상당히
중요시되었다는 사실을 알 수가 있는 것이다. 이러한 주장을 뒷받
침할 좀더 충분한 자료를 제시하지 못하는 한계성이 있는 것이기
는 하지만 아마 이처럼 파악하는 것이 보다 더 고려 武班의 실체에
접근하는 것이 아닐까 한다. 그렇지 않고서는 고려의 兩班制를 도
저히 이해할 수 없는 것이다. 본고에서 분석한 南平文氏 등도 이와
같은 이해 위에서야 비로소 설명이 가능해질 수가 있다. 예컨대 文
班과 武班이 전혀 다른 신분층이었다고 한다면 武班의 文班化 내
지 그와 반대되는 文班의 武班化하는 현상이나 저들간의 通婚關
係는 설명이 매우 어렵게 되는 것이다.

결국은 文班이나 武班을 막론하고 일정한 기간동안 5品官 以上
을 지낸 집안은 귀족가문으로 이해하자는 이야기인데, 그렇다고
文·武班의 家門이 전혀 동등한 위치에 있었다는 것은 물론 아니
다. 무신란 이전의 고려전기사회에 있어서 門閥貴族은 文班家門이
었다고 하는 재래의 이해는 타당성이 크다고 보이는 것이다. 이 점
은 앞에 든 바 있는 지금까지의 藤田亮策·邊太燮·閔賢九 諸氏
와 필자의 조그마한 家門研究로써 충분히 증명되고도 남음이 있
다. 우리는 여기에서 귀족층이라 해서 단순히 하나로 묶어버리고
말 것이 아니라 그것을 다시 나누어 볼 수도 있지 않을까 하는 생

각을 하게 된다. 다시 말하면 귀족을 上層貴族과 下層貴族 내지는 大貴族과 小貴族 등으로 구분하여 보자는 것이다. 그러할 때에 그 구분의 기준은 2品과 3品을 획선으로 하여 2品 以上의 宰相家로 이어온 집안은 大貴族으로 파악하고, 5品과 3品 사이를 넘나들면서 내려온 家門은 小貴族으로 이해하는 것이 어떨까 한다. 만약에 이와 같은 구분과 기준이 어느 정도의 타당성을 지니는 것이라면, 고려전기사회에 있어서 上層貴族을 형성하고 있었던 것은 대부분이 文班家門들이었고 여기에 약간의 文班化한 武班家門이 포함되었으며, 한편으로 下層貴族에는 상층귀족에 끼이지 못한 文班家門과 대부분의 武班貴族家門들이 이에 속하고 있었다고 파악할 수 있는 것이다. 이렇게 볼 때 忠州崔氏·水州金氏·杞溪盧氏·忠州梁氏·橫川尹氏·鳳山智氏 등도 실은 下層貴族의 범주에 속하는 가문들로서 그 家系를 알 수 있는 몇 例에 지나지 않는 것이라고도 할 수 있겠다.

고려전기사회에서 武班이 文班에 비하여 멸시·천대되어 온 것은 누구나 잘 알고 있는 사실이다. 그 이유는 무엇이었을까. 종래에는 文班은 家門·門閥이 좋은 귀족계층이었던 데 비하여 武班은 그것이 나빠 귀족이 될 수 없었다는 양자간의 신분 차이에서 찾았다. 그러나 위에서 밝혔듯이 武班도 文班과 비슷하게 兩班層에서 세습적으로 이어나가는 경우가 대부분이었고 庶人層의 行伍出身者로 보충된 예는 그렇게 비중이 큰 것은 아니었으며, 따라서 武班의 고위직도 귀족에 편입시켜야 할 것이라는 입장에서 본다면 그것이 보다 근본적인 이유가 될 수는 없을 것 같다. 물론 武班이 文班에 비하여 身分的 위치가 낮은 것은 사실이었고, 그렇기 때문에 사회적으로 文班만큼 대우를 받지 못했다는 것도 충분한 설득력을 가지고 있다. 그러나 이와 같은 신분상의 차이 문제는 제이차적인 이유로 돌려야 할 것 같다.

고려사회는 물론 그 이후의 朝鮮社會에 있어서나, 또는 前近代
東洋社會 전체를 보더라도 武班的存在가 文班層에 비하여 낮은
평가와 대우를 받은 것은 공통적인 현상이었다. 이 여러 사회의 공
통적 현상이 고려전기사회를 이해했던 신분적 차이 문제만으로는
설명이 되지 않는다. 그러므로 이를 뒤집어, 고려전기 사회에서 武
班이 멸시, 천대된 이유도 아마 동양 여러 나라에 일률적으로 그같
은 양상이 나타날 수 있었던 어떤 思想體系와 관련하여 찾아보아
야 할 것 같다. 그러할 때 주된 요인으로 들어질 수 있는 것은 儒敎
思想의 平和主義的 傾向이 아닐까 한다. 긴 설명을 할 필요도 없
이 君子를 이상적인 인간형으로 보고 王道·德治를 숭상하여 覇
道를 극력 배척하는 儒敎政治思想 속에서 武人은 낮추 평가될 수
밖에 없었다고 생각되는 것이다. 그러므로 이와 같은 사회에서는
詩·訟을 잘하고 儒敎經典에 대한 교양이 절대적인 값어치를 가
지는 것이었고, 칼과 활을 훈련하고 사람을 상하게 하는 武力은 천
시하기 마련이었다. 다 알고 있듯이 고려국가도 儒敎政治思想에
입각하여 운영된 사회였고 文治主義로 일관했었다. 이같은 사회에
서 武人들이 멸시·천대된 것은 어떻게 보면 오히려 당연한 것이
었다. 儒敎思想의 平和主義的 傾向 그것이 곧바로 고려전기사회
에서 武班들이 文班에 비하여 낮은 대우를 받게 된 본질적인 요인
이었다고 생각하며, 나아가 양자간 신분상의 차이도 근본을 캐고
보면 결국 여기에서 비롯한 것이라고 이해된다.

거듭 말하거니와 고려전기사회에 있어서 대체적으로 文班은 上
層貴族이 되고 武班은 下層貴族에 머무는 차이는 있었지만 다같
이 貴族을 형성하는 支配身分層이라는 점에서는 지위를 같이하고
있었다. 따라서 貴族身分으로서 누릴 수 있는 法制的 特權은 文·

武班이 동일하였고, 또 많지는 않지만 武班에서 文班化하기도 하고 그와는 정반대되는 현상도 있을 수 있었으며, 그리고 양자간에 혼인을 하기도 하였던 것이다. 그러나 이러한 한편에 고려국가는 유교정치사상에 입각하여 운영되는 사회였으므로 그 기저에는 平和主義와 文治主義가 깊이 깔리게 마련이어서 자연히 武를 경시하는 풍조를 띠우고 있었다. 武班이 文班에 비하여 사회적으로 낮은 대우를 받게 되는 것이었다. 그러므로 武班들은 가능한한 文班으로 옮아가기를 원하였고 실제로 그것이 이루어진 경우도 있었다. 본고에서 분석한 南平文氏·稷山崔氏 등은 그러한 예에 속하는 가문들이었다. 또 이와는 반대로 간혹 文班家門에서도 개인의 특수사정에 의해 武班官路를 걸은 예도 있었다. 그러나 원칙적이고 일반적인 현상은 각 班이 자기 班을 따라 대대로 이어나가는 것이었다. 史書에 보이는 "文武異路"라는 것은 이것을 이른 말이었다.

이처럼 文班과 武班을 막론하고 5品官 以上의 고위직을 3代 以上에 걸쳐 지낸 집안을 모두 貴族家門으로 이해한다면 武臣亂에 대하여도 새로운 평가가 가해져야 할 것이라 생각된다. 그러나 이 점에 대해서는 이른바 武臣政權下의 사회를 여러 각도에서 분석한 이후에야 가능할 것이므로 여기서는 문제를 제기하는 것 만으로 그치려 한다. 아울러 家門의 분석에 있어서도 그 분석의 대상이 되는 「家」의 범위를 어디까지로 잡아야 하며, 또 文·武班의 分立이 있기 이전의 고려초기 사회에 있어서는 저들을 어떻게 이해하여야 할 것이냐는 문제가 대두하는데, 이들 문제 또한 후일로 미룰 수밖에 없어 퍽 유감으로 생각한다.

(『韓國史硏究』 21·22, 1978)

제4장

고려시대 水州崔氏家門 분석

I. 序 論

　일반적으로 高麗는 貴族社會로 이해되고 있다. 그것은 高麗가 出生身分을 크게 강조하던 身分制社會로써, 官職의 世襲的傾向과 特權身分層간의 폐쇄적인 通婚圈의 형성 및 물질적 뒷받침을 위한 토지의 私的 領有에 대한 보장 등 貴族制的인 제특성을 강하게 지니고 있다는 데서 얻은 결론이었다. 그리하여 이들 특성을 보장해 주는 제도적 조처로서의 蔭叙制와 功蔭田柴法이 강조되고 또 科學制에 대해 새로운 해석이 가하여지기도 하였다.

　이와 함께 貴族官僚들이 고려사회에서 차지하고 있는 정치적 사회적 위치를 밝히는 작업도 아울러 진행되었다. 그리고 이 작업은 구체적으로 귀족관료들의 家系와 官職 및 通婚圈 등에 대한 조사라는 형태를 띠었다. 이와 같은 접근은 귀족제의 실상을 파악하는 한 효과적인 방법이라 생각되었던 때문이다. 이는 실제로 그 결과 얻어진 성과도 좋아서 이미 몇 편의 논문이 발표된 바 있거니와,[1] 필자 자신도 관심을 가지고 보잘 것은 없으나마 조금 글을 썼었다.[2] 본고에서 다루려고 하는 水州崔氏家에 대한 分析도 물론 그와 같은 노력의 일환인 것이다.

水州崔氏(漢南崔氏)가 高麗前期 以來로 대표적 門閥貴族家門의 하나였다는 사실은 꽤 오래 전부터 지적되어 왔고[3] 또 土姓에 관한 연구와 관련하여 집안의 개략적인 내용도 소개된 바 있다.[4] 가문의 위치나 그 중요성은 이미 어느 정도 밝혀져 있는 셈이다.

그런데 여기에는 그러한 결론에 앞서 세밀한 검토과정이 필요하지 않았나 생각된다. 말하자면 우리들이 관심을 가지고 있는 바 水州崔氏가 起家하게 된 계기나 과정, 그리고 그 구성원들의 관직 정도·仕宦의 方法·婚姻關係와 佛門과의 관련성 등이 좀더 구체적으로 드러나야 한다고 판단되는 것이다. 그럼으로써 이 가문의 存在樣相도 양상이지만, 그를 통해 고려 귀족사회에 대한 이해의

---

1) 藤田亮策, 1933·1934, 「李子淵と其の家系」 『靑丘學叢』 13·15.
　　邊太燮, 1961, 「高麗朝의 文班과 武班」 『史學硏究』 11 ; 1971, 『高麗政治制度史硏究』, 一潮閣.
　　閔賢九, 1976·1977, 「趙仁規와 그의 家門」 『震檀學報』 42·43.
　　李萬烈, 1980, 「高麗 慶源李氏 家門의 展開過程」 『韓國學報』 21.
2) 朴龍雲, 1977, 「高麗時代의 海州崔氏와 坡平尹氏 家門 分析」 『白山學報』 23(本書 所收).
　　朴龍雲, 1978, 「高麗時代의 定安任氏·鐵原崔氏·孔巖許氏 家門 分析」 『韓國史論叢』 3 (本書 所收).
　　朴龍雲, 1978, 「高麗前期 文班과 武班의 身分 問題」 『韓國史硏究』 21·22 (本書 所收).
3) 朴龍雲, 1977, 「高麗 家産官僚制說과 貴族制說에 대한 檢討」 『史叢』 21·22 － 姜晋哲敎授華甲紀念 韓國史學論叢 －.
4) 李樹健, 1976, 「高麗時代 '土姓'硏究」 『亞細亞學報』 12.
　　李樹健, 1978, 「高麗前期 土姓硏究」 『大丘史學』 14.

폭도 넓힐 수 있으리라 기대되기 때문이다.

본 논고는 단순한 하나의 事例硏究에 지나지 않는 것이다. 그와 같은 小論이 과연 우리의 기대에 얼마만큼 부응할 수 있을까는 의문이 많지만, 그러나 이러한 노력의 集積만은 계속되어 가야 하리라 본다.

Ⅱ. 水州崔氏의 起家

羅末麗初는 豪族勢力이 역사의 주체로 등장하여 새로운 질서를 모색해 가던 진통기요 동시에 사회의 재편성기였다. 水州崔氏는 당시 水州(水原)地方의 豪族으로 그와 같은 사회의 격변 속에서 재빨리 고려의 建國主 王建에게 협력하여 일찍이 기반을 다질 수 있었던 것으로 보인다. 이는 다음과 같이

가. (崔士威는) 漢南道 廣州牧 管內의 水州人으로 曾祖 徐遷은 戶長이었다(『韓國金石文追補』88쪽, 崔士威廟誌銘).

나. 太祖의 南征時에 郡人 金七・崔承珪 등 200여명이 歸順・效力하였으므로 그 공로에 의해 水州로 陞格되었다 (『高麗史』 卷56, 地理志 1 楊廣道 水州).

는 사료를 통해 알 수 있다. 여기서 高麗 太祖 王建에게 '歸順 效力'하여 功臣이 된 崔承珪와 그곳의 戶長－당시의 명칭은 堂大等5)－으로 있던 崔徐遷은 同族이었음에 틀림이 없는 것이다.6) 양자가 어느 정도로 가까운 親族이었는가는 불분명하지만, 하여튼

水州崔氏 一族은 이처럼 水州의 유력한 호족으로 이미 고려의 建國 初부터 開國功臣이[7] 되어 중앙정부와 긴밀한 관계를 맺은 사실이 주목된다.

그후 水州崔氏 一家 가운데서 중앙으로 진출한 것은 崔徐遷系였다. 이에 대해서는 위에 든 崔士威廟誌銘과 그의 高孫이 되는 崔誠의 墓誌에 家系와 함께 설명되어 있다. 그것을 들면 다음과 같다.

다. (崔士威는) 漢南道 廣州牧 管內의 水州人으로 曾祖 徐遷은 戶長이었고, 祖 韓用은 檢校工部侍郎이었으며, 父 融藝는 太尉, 母 庚氏는 國大夫人으로 金海府의 阿干인 鬱行의 딸이었다. 公에게는 6男 1女가 있었는데, 1男 忠恭은 御史中丞, 2男 忠敬은 殿中內給事, 3男 遵儉은 司宰丞, 4男 忠諾은 內史書令史, 5男 忠永은 尙書戶部郎中, 6男 令言은 試閣門祗候, 女婿인 金敬和는 尙書吏部郎中이 되었다(『韓國金石文追補』 88쪽, 崔士威廟誌銘).

라. 그(崔誠)의 8代祖인 書遷은 漢南人인데, 漢南은 지금의 水州이다. 書遷에게는 두 아들이 있어서 그 막내인 韓用이 入朝해 벼슬이 侍中에 이르렀으므로 비로소 京師에 居하여 그후 대대로 王京人이 되었다. 侍中에게는 한 아들 融銳가 있어 벼슬이 僕射에 이르렀고, 僕射도 한 아들 士威가 있어서 顯宗代에 大功을 세워 벼슬이 太師‧內史令에 이르렀으며 廟庭에 配食되었다. (그리고) 內史令에게도 다섯 아들이 있어 모두 貴하게 되었으므로 이로부터 크게 蕃

---

5) 『高麗史』 卷75, 選擧志 3 銓注 鄕職. "成宗二年 改州府郡縣吏職 以兵部爲司兵 倉部爲司倉 堂大等爲戶長 大等爲副戶長"

6) 이 점에 대해서는 상기한 李樹健氏의 「高麗時代 '土姓'硏究」에 비교적 자세하게 언급되어 있다.

7) 太祖朝의 功臣을 三韓功臣이라 하는데(金光洙, 1973, 「高麗太祖의 三韓功臣」 『史學志』 7), 그 숫자는 『高麗史』 卷1, 世家 太祖 元年 8月 辛亥條에 의하면 1等功臣 4명, 2等功臣 7명, 3等功臣 2,000餘人이었다고 하며, 다시 同上書 卷7, 文宗 8年 12月條에는 그 전체 인원이 3,200명으로 전해지고 있다. 水州崔氏는 이 가운데 아마 3等功臣의 一員이 된 집안일 것으로 짐작된다.

盛하였다. 그 장자인 忠恭은 벼슬이 御史中丞에 이르렀는데 公에게는 曾祖가 되며, 中丞도 (다시) 다섯 아들이 있어 그 장자인 惟恕는 벼슬이 戶部侍郞에 이르렀고 尙書右僕射가 贈職되었는데 公에게는 祖父가 된다(『朝鮮金石總覽』379쪽, 崔誠墓誌).

여기에 보이듯이 水州崔氏家에서 上京 從仕한 것은 徐遷(書遷)의 다음 代인 韓用 때부터였다. 즉, 그는 중앙에 올라와 벼슬하여 實職은 어느 정도였는지 잘 알 수 없지만 散職으로는 檢校工部侍郞(正4品)까지 지내는 것이다. 그의 관직에 대하여 崔誠墓誌(史料 라)에는 侍中까지 지냈다 했으나 이는 아마 贈職일 것으로 생각된다. 그리고 韓用에 이어 그의 아들 融藝(融銳·融乂)도8) 관직에 나가 太尉(正1品) 또는 僕射(正2品)에까지 이르렀다 하였는데, 이 점에 대해 崔祐甫墓誌銘에는 '太尉·守司空에 追封되었다' 하였고,9) 또 『高麗史』崔士威傳에도 '守司空·上柱國·漢南郡開國男이 贈職되었다'고10) 보이므로 그 역시 증직인 것을 알 수 있다. 결국 이들은 아직 微官에 머물러 있었다고 이해되는 것이다. 水州崔氏는, 上京 從仕한 얼마동안은 그렇게 뚜렷한 가문으로 성장하지 못했다는 사실을 짐작할 수 있다. 그러다가 이 가문이 이른바 '三韓의 大族'11) 내지 '海東 著姓'으로서의12) 기반을 굳히는 것은 融

---

8) 다·라 史料에는 각기 融藝·融銳라 보이고, 다시 『高麗史』卷94, 列傳 崔士威傳에는 融乂라 나타나 있다. 이처럼 人名 表記에 있어 同音異字의 경우를 자주 대하게 되는데, 이는 당시 흔한 현상이었다. 이 점에 대해서는 李樹健, 「後三國時代 支配勢力의 姓貫分析」『大丘史學』10 참조.

9) 『韓國金石文追補』160쪽, 崔祐甫墓誌銘.

10) 『高麗史』卷94, 列傳 崔士威傳.

11) 『韓國金石文追補』94쪽, 崔繼芳墓誌銘. "(崔繼芳) 其先出於水州 三韓之大族也 曾祖諱士威"

12) 『韓國金石文追補』198쪽, 崔孝思墓誌銘. "(崔孝思) 漢南崔氏 名孝思改名坦亦 海東著姓也"

乂의 아들 士威가 크게 榮達하여 首相을 지낸 데 이어 그의 6男[13] 1女가 대부분 要職에 오르면서였다.

崔士威(967~1041)는[14] 光宗 12年(961)에 出生하였거니와[15] 그 뒤의 仕宦方式이나 초기 行跡 등은 사료에 보이지 않는다. 蔭叙制가 成宗 末年에야 成立되었고, 또 당시의 家勢를 감안할 때 그의 仕途는 科擧를 통해 이루어진 듯 싶은데, 하여튼 穆宗年間에는 이미 侍御史·戶部侍郎 등을 거쳐 刑部尙書(正3品)의 지위에 올라 있었다. 그리하여 당시 王位를 넘보는 金致陽 一派의 음모를 막고 顯宗이 寶位에 오르는데 일익을 담당하였다고 알려져 있지마는, 그것이 인정된 듯, 顯宗 初年에 叅知政事(從2品)·平章事(正2品) 등을 역임하면서 同王 10年에는 推忠佐理同德功臣號를 받고 淸河縣開國男에 封爵되며, 이어서 同王 12年에 門下侍中으로 判尙書吏部事를 겸하여 首相에 취임한 후 22年 致仕할 때까지 10年間 집권하는 것이다. 그는 인품이나 충성심도 남달리 뛰어났다고 전하거니와, 재임하는 동안 地方 官制를 정비하고 中外 人吏의 貢物에 대한 부정을 禁制시켰으며, 對外問題에 잘 대처하는 등 여러 가지 면에서 빛나는 업적을 남겼다. 그 공로로 文宗 6年에 이르러 그는, '淸節 直道로 자주 神益함이 있어 艱難을 弘濟하고 宗社를 保安하

---

13) 崔誠墓誌(史料 라)에 崔士威는 '五子'를 두었다고 전하고 있는데 이는 아마 '六子'의 잘못일 것이다.

14) 이 이에 대하여는 『高麗史』卷94, 列傳 崔士威傳과 『韓國金石文追補』 88쪽, 崔士威廟誌銘, 그리고 『高麗史』世家·志 및 『高麗史節要』 참조.

15) 위에 든 崔士威廟誌銘에 그는 81세를 일기로 重熙 12年 辛巳에 卒去하였다고 전하고 있다. 그런데 重熙 12年은 靖宗 9年(1043)이며, 辛巳年은 靖宗 7年(1041)이어서 조금 문제가 되는데, 그가 下世한지 35년째 되는 해가 乙卯年(文宗 29年 ; 1075)이라 했으니 양자 중 아마 靖宗 7年이 맞지 않나 생각된다. 그로부터 계산하면 그의 生年은 光宗 12年이 된다.

여 中興을 이루었다'는 찬사와 함께 顯宗廟庭에 配享되고 子孫들은 蔭職의 혜택을 받고 있다.

　그의 長子인 忠恭은 벼슬이 御史中丞(從4品)에 이르렀다. 이처럼 崔忠恭은 淸要職에 재임하였을 뿐더러 『高麗史』에도 契丹에 使臣으로 들어가 활동하고 있는 사실을 전하는 것으로 보아[16] 조정에서 중요한 위치에 있었음이 짐작되나 그 이상의 자세한 내용은 잘 알 수가 없다. 그에게는 다섯 아들이 있어 상당한 지위들을 차지하는데 이에 대해서는 뒤에 다시 설명하기로 하겠다.

　忠恭 이외의 자녀들에 대하여는 별반 알려진 것이 없다. 앞에 제시한(史料 다) 崔士威廟誌銘에 2男인 忠敬은 殿中內給事(從6品), 3男 遵儉은 司宰丞(從6品), 4男 忠諾은 內史書令史(吏屬), 5男 忠永은 尙書戶部郎中(正5品)을 지냈다는 사실이 알려져 있을 뿐인 것이다. 단, 6男인 令言만은 그의 曾孫이 되는 崔祐甫의 墓誌에[17] 工部侍郎(正4品)까지 올랐다고 전해지고 있다. 女婿인 金敬和의 경우도 吏部郎中(正5品)을 지낸 사실을 알 수 있을 뿐 本貫·官歷 등은 역시 불분명한 상태이다.

　지금까지 살펴 온 水州崔氏의 家系를 보기 쉽게 圖解하면 다음 페이지와 같다. 여기에는 우리의 이해를 돕기 위해 각 成員 아래에 ①에는 주활동 시기, ②에는 蔭叙·科擧 여부, ③에는 최고 직위, ④에는 妻와 그 가문을 아울러 첨가하였다. (이하 같음)

　요컨대 水州崔氏의 起家는 豪族으로서의 族的基盤과 高麗 太祖 王建에게 협력하여 개국공신의 집안이 됨으로써 그 밑바탕을 마련한 것 같다. 그후 곧 一派系가 上京 從仕하지마는, 3代를 거듭하는 동안 崔士威와 같은 유능한 인물이 나와 首相의 지위에 오르

---

16) 『高麗史』 卷6, 世家 靖宗 4年 11月條.
17) 『韓國金石文追補』 160쪽, 崔祐甫墓誌銘.

고 또 그 자손들도 榮達하여 다시 門閥貴族家門으로까지 성장해
갈 수 있었던 것으로 보인다.

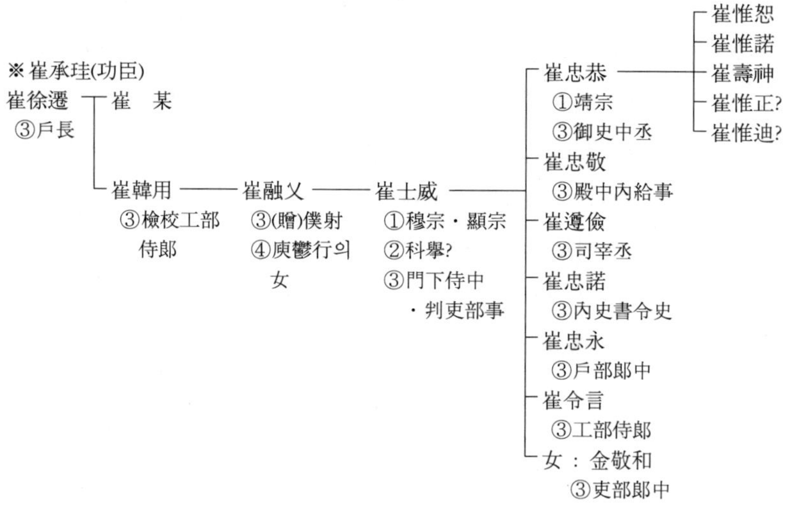

Ⅲ. 水州崔氏家門의 展開過程

1. 崔忠恭－崔惟恕系

崔士威의 후손 중 가장 번창한 것은 忠恭－惟恕로 이어지는 그의
長子·長孫系였다. 다음에 이 系列을 圖解하여 보이면 아래와 같다.

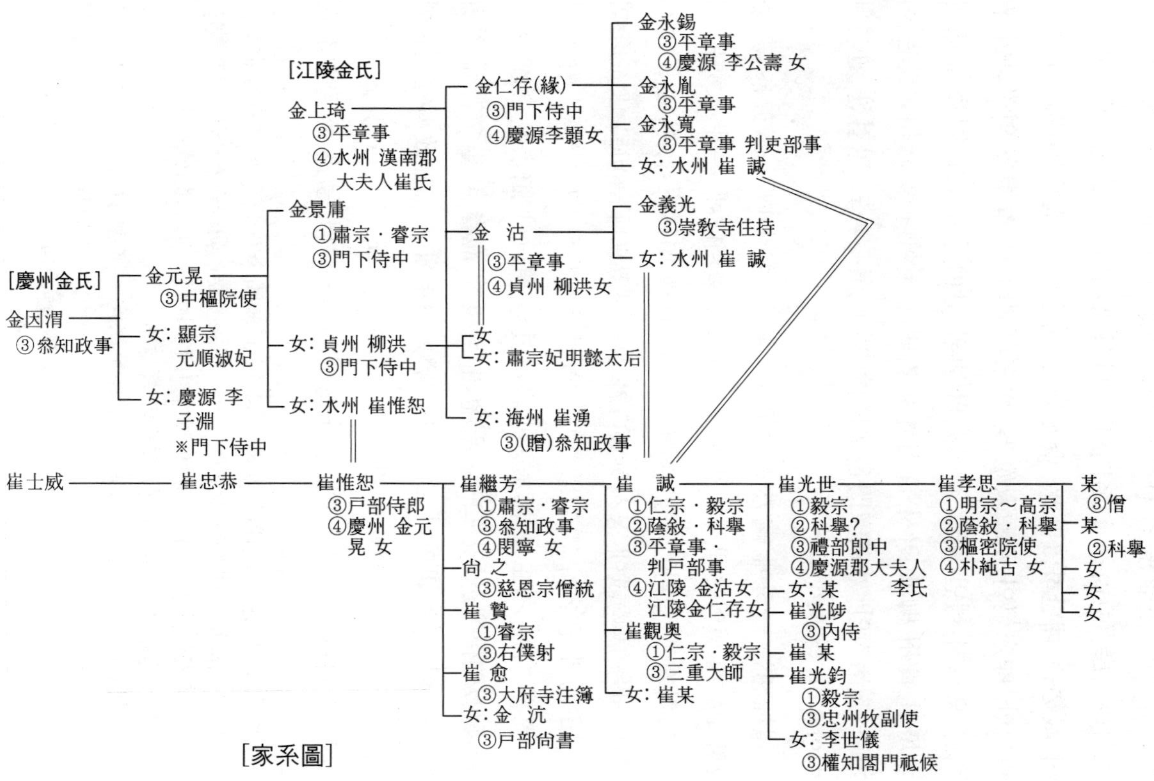
[江陵金氏]
金上琦
③平章事
④水州 漢南郡
大夫人崔氏
金仁存(緣)
③門下侍中
④慶源李顯女
金永錫
③平章事
④慶源 李公壽 女
金永胤
③平章事
金永寬
③平章事 判吏部事
女: 水州 崔 誠
金景庸
①肅宗·睿宗
③門下侍中
金 沽
③平章事
④貞州 柳洪女
金義光
③崇敎寺住持
女: 水州 崔 誠
[慶州金氏]
金因渭
③叅知政事
金元晃
③中樞院使
女: 顯宗
元順淑妃
女: 慶源 李
子淵
※門下侍中
女: 貞州 柳洪
③門下侍中
女: 水州 崔惟恕
女
女: 肅宗妃明懿太后
女: 海州 崔湧
③(贈)叅知政事
崔士威
崔忠恭
崔惟恕
③戶部侍郎
④慶州 金元
晃 女
崔繼芳
①肅宗·睿宗
③叅知政事
④閔寧 女
尙 之
③慈恩宗僧統
崔 贊
①睿宗
③右僕射
崔 愈
③大府寺注簿
女: 金 沆
③戶部尙書
崔 誠
①仁宗·毅宗
②蔭敍·科擧
③平章事·
判戶部事
④江陵 金沽女
江陵金仁存女
崔觀奧
①仁宗·毅宗
③三重大師
女: 崔某
崔光世
①毅宗
②科擧?
③禮部郞中
④慶源郡大夫人
李氏
女: 某
崔光陟
③內侍
崔 某
崔光鈞
①毅宗
③忠州牧副使
女: 李世儀
③權知閤門祗候
崔孝思
①明宗～高宗
②蔭敍·科擧
③樞密院使
④朴純古 女
某
③僧
某
②科擧
女
女
女
[家系圖]

보다시피 崔惟恕는 관직이 戶部侍郎(正4品)에 머물고 있다.[18] 그러나 그는 고려전기 名門의 하나인 慶州金氏 金元晃의 女壻로써 威勢는 대단하였다.[19] 金元晃은 벼슬도 中樞院使(從2品)에 올랐지만, 顯宗妃인 元順淑妃 및 文宗의 國舅로 首相을 역임하여 권력을 오로지 했던 慶源 李子淵의 妻와 남매간이었고, 아들 景庸과 女壻인 貞州 柳洪 역시 首相까지 지내는 것이다.[20] 水州崔氏는 이처럼 직접적인 外戚家門은 아니었지만 王室과도 밀접한 관계에 있었음이 주목된다.

崔惟恕는 슬하에 繼芳 등 4男 1女를 두었고, 다시 繼芳은 誠 등 2男 1女가 있었는데, 그 가운데 3名이나 宰相位에 올라 家勢는 더욱 떨치게 되었다. 그중 崔繼芳(靖宗 11 ; 1045~睿宗 11 ; 1116)은[21] 처음 成均試에 응시하였다가 실패하였으나 곧바로 太子府(뒤의 順宗)에 들어가 벼슬을 할 수 있었다. 그 뒤 그는 '淑人君子'라는 칭을 들을 정도로 溫恭·忠謹하였을 뿐더러 肅宗妃 明懿太后와 姻戚關係에 있었으므로 국왕의 각별한 寵眷을 받으면서 착실히 승진의 길을 밟았다. 그리하여 睿宗 8年에는 叅知政事(從2品)에 이어 左僕射(正2品)까지 지내지마는, 여기서도 水州崔氏가 王室과 깊은 관계에 있었음을 알 수가 있다. 다음 그의 동생 贄도[22] 右僕

---

18) 崔惟恕의 관직에 대해 崔繼芳墓誌銘(『韓國金石文追補』 93쪽)에는 試尚書工部員外郎이라 보이는 반면, 崔誠墓誌(『朝鮮金石總覽』 379쪽)에는 戶部侍郎이었다고 하여 양자간에 차이를 나타내고 있다.

19) 『韓國金石文追補』 93쪽, 崔繼芳墓誌銘.

20) 『韓國金石文追補』 131쪽, 金之祐墓誌銘·『高麗史』 卷88, 后妃列傳 顯宗 元順淑妃金氏 및 肅宗 明懿太后柳氏·上同書 卷97, 列傳 金景庸傳과 柳仁著 附 洪傳·『朝鮮金石總覽』 279쪽, 李頲墓誌·『韓國金石文追補』 93쪽, 崔繼芳墓誌銘.

21) 崔繼芳에 대하여는 『韓國金石文追補』 93쪽 本人 墓誌銘과 『高麗史』 및 『高麗史節要』에 보이는 각 기록 참조.

22) 崔贄에 대해서는 『韓國金石文追補』 93쪽, 崔繼芳墓誌銘과 『高麗史』

射(正2品)까지 역임한 사실이 『高麗史』 世家에 전해지고 있는데,
그러나 다른 동생인 愈는 大府寺注簿(從7品)로 早卒하였고 妹弟
金沆에 대해서도 戶部尙書(正3品)를 지낸 사실23) 이외에 따로 남
아있는 기록은 보이지 않는다.

　崔誠(宣宗 11 ; 1094～毅宗 14 ; 1160)은24) 門蔭을 입어 12세의
어린 나이로 이미 官途를 걷고 있다. 그러나 학문에도 힘써 21세가
되던 睿宗 9年에는 科擧에 及第하고 있지마는, 그후 주로 淸要職
을 역임하면서 순탄한 출세의 길을 걸었다. 더욱이 李資謙·拓俊
京의 반란 속에서 그는 시종 당시의 국왕인 仁宗을 侍衛하였고, 또
妙淸·鄭知常 등의 정책에도 반대되는 입장을 취하였으므로 저들
의 제거 후 인물됨을 인정받아 더욱 지위가 높아지거니와, 毅宗 4
年에는 同知樞密院事(從2品)로 宰相의 자리에 오르며 同王 12年
平章事(正2品)·判戶部事로 三宰까지 지내게 된다. 그의 처가가
당대의 名門인 江陵金氏였다는 사실 역시 주목되는 점이다. 처음
그는 金沽의 딸을 아내로 삼고, 다시 金沽의 兄인 仁存(緣)의 딸을
再娶로 맞아 흥미를 끌지만, 沽·仁存의 부친인 金上琦도 水州崔
氏 집안에서 아내를 들이고 있어 3중의 혼인관계를 맺고 있는 것
이다. 이와 같이 水州崔氏와 중첩되는 혼인을 맺은 金上琦－金仁
存·金沽－金永錫·金永胤·金永寬 등으로 이어져간25) 江陵金
氏의 가세도 위의 표에 대략 보였듯이 당당했었다.

　崔誠은 두 부인에게서 4男 2女를 얻었다. 그 가운데 장자인 光世

　　卷14, 世家 睿宗 12年 6月條와 同王 14年 3月條 참조.
23) 上記한 崔繼芳墓誌銘.
24) 崔誠에 대해서는 『朝鮮金石總覽』 379쪽의 本人 墓誌와 上記한 崔繼芳
　　墓誌銘 및 『高麗史』와 『高麗史節要』에 보이는 각 기록 참조.
25) 江陵金氏에 대해서는 『高麗史』 卷96, 列傳 金仁存傳과 『朝鮮金石總
　　覽』 391쪽, 金永錫墓誌·同 362쪽, 崔湧配金氏墓誌 및 『韓國金石文追
　　補』 144쪽, 金義光墓誌銘 참조.

는 科擧에도 급제한 듯 싶고, 禮部郎中(正5品)을 지냈으며, 역시 당
대의 名門인 慶源李氏 집안에서 아내를 맞은 사실이 전해지고 있
다.26) 그리고 衆子 중 光鈞에 대해서도『高麗史』毅宗 世家에 忠
州牧副使(4品 이상)로 上奏한 기사가 실려 있는데,27) 그러나 光陟
과 女壻인 李世儀 등에 관하여는 崔誠墓誌의 기록 이외에 달리 찾
아지는 것이 없다. 아마 그렇게 뚜렷한 지위에는 오르지 못했던 모
양이다.

　이처럼 본 系列은 光世代에 이르러 약간 부진하지마는 그러나
그의 아들 崔孝思(仁宗 18 ; 1140~高宗 5 ; 1218) 때에는28) 다시
宰相家가 된다. 즉 그는 어려서 門蔭을 통해 官界에 발을 들어놓
은 후 毅宗 22年에는 과거에 급제하며, 이어서 착실히 승진해 樞密
院使(從2品)까지 지내는 것이다. 주활동 시기가 武臣執權期임에도
불구하고 門閥貴族家門의 자제인 그가 크게 출세하고 있음이 주
의를 끈다 하겠다.

　崔惟恕系列에서 또 하나 주목되는 것은 佛門과도 깊은 관계에 있
었다는 점이다. 이는 그의 第2子인 尙之가 慈恩宗, 곧 法相宗의 本
刹인 玄化寺의 僧統을 지낸 사실에서29) 쉬이 짐작되는 일이다. 본
래 玄化寺는 顯宗이 母后의 願堂으로 창건한 이후 開京 제일의 사
찰로서 法相宗의 本據가 되었거니와,30) 尙之는 이 敎團의 僧統으로
활약하였고, 다시 조카인 崔觀奧(肅宗 元年 ; 1096~毅宗 12 ; 1158)

---

26)『朝鮮金石總覽』379쪽, 崔誠墓誌・『韓國金石文追補』198쪽 崔孝思墓
　　誌銘.
27)『高麗史』卷19, 世家 毅宗 24年 夏4月條.
28) 崔孝思에 대하여는『韓國金石文追補』198쪽의 本人 墓誌銘과『高麗
　　史』卷74, 選擧志 2 科目 凡國子試之額 神宗 6年 5月條 참조.
29)『韓國金石文追補』93쪽, 崔繼芳墓誌銘・同書 147쪽, 崔觀奧墓誌銘.
30) 이에 대하여는 崔柄憲, 1981,「高麗中期 玄化寺의 創建과 法相宗의 隆
　　盛」『韓㳞劼博士停年紀念 史學論叢』, 知識産業社 참조.

에게 傳法하여 그도 三重大師의 지위에까지 올라 중요한 자리에 있었다.[31] 당시 敎宗勢力과 門閥貴族家門 간의 긴밀한 관계를 水州崔氏家를 통해서도 살펴볼 수 있지 않나 생각된다.

요약컨대 崔忠恭-崔惟恕系는 여러 명의 宰相 및 高位官人을 배출하고, 王室과 맺어져 있었을 뿐더러 慶州金氏·江陵金氏·慶源李氏 등 貴族家門들과 通婚하고 있으며, 佛門과도 밀접한 관계를 가지면서 名門으로 威勢를 떨쳤던 것을 알 수 있다. 아울러 그들은 入仕에 蔭叙와 科擧를 다같이 이용하고 있다는 사실도 살펴진다.

2. 崔忠恭 - 崔惟諾系

崔忠恭에게는 앞서 말했듯이 다섯 아들이 있었다. 惟諾은 그 중의 한 사람이었다. 이러한 사실은 그의 손자가 되는 崔褒抗의 廟誌銘에 의하여 확인할 수 있는데,[32] 그러나 그가 몇째 아들이었으며 또 어떤 官職을 지냈는지 등에 대해서는 잘 알 수가 없다. 戶部尙書를 追贈받은 사실로 미루어 보아서는 아마 그리 높은 지위에 있지는 못하였던 것 같다. 이어지는 페이지에 그의 系譜부터 그려보면 다음과 같다.

그후 이 系列은 崔滋盛(文宗 19 ; 1065～仁宗 21 ; 1143)이[33] 크게 출세함으로써 떨치게 되었다. 즉 滋盛은 科擧를 통해 官途를 밟은 이래 순탄한 길을 걸어 仁宗 5年 6月에 同知樞密院事(從2品)로

---

31)『韓國金石文追補』 147쪽, 崔觀奧墓誌銘.
32)『韓國金石文追補』 113쪽, 崔褒抗廟誌銘.
33) 崔滋盛에 대하여는『高麗史』卷98, 列傳의 本人 傳記와『韓國金石文追補』 113쪽, 崔褒抗廟誌銘 및『高麗史』世家와『高麗史節要』의 각 기록 참조.

宰相의 지위에 오르며, 다시 同王 9年 9月에는 平章事(正2品)·判
兵部事로 亞相까지 지내는 것이다. 그 뒤 한때 그는 知貢擧로서
試題를 잘못 냈다가 파직당하기도 하나 곧 복직되어 재상의 자리
를 지켰다.

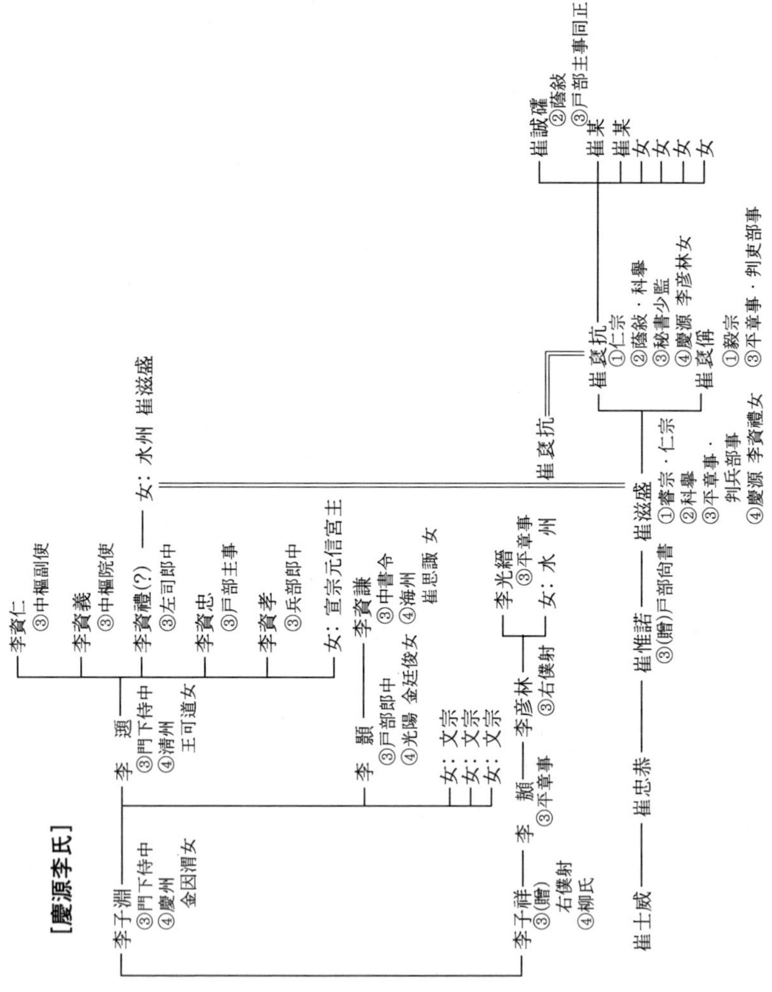

그의 妻는 慶源 李資禮의 딸이었다. 資禮는 頲의 아들인 듯 싶거니와,34) 李子淵—李頲으로 이어지는 慶源李氏가 당대 제일의 門閥貴族家門이었다는 사실은 이미 널리 알려진 바와 같다.35)『高麗史』卷98, 崔滋盛傳에 의하면 그가 李資謙의 叛亂에 협조적이었다는 비판을 하고 있는데, 그와 같은 그의 행동은 아마 姻戚關係에서 연유하는 바가 크지 않았나 생각된다. 그의 처는 바로 李資謙의 姪女에 해당되는 것이다.

崔滋盛의 자녀로는 현재 褒抗·褒偁의 두 아들만이 알려져 있다. 이중 崔褒抗(肅宗 4 ; 1099~仁宗 23 ; 1145)은36) 처음 門蔭으로 官界에 발을 들여놓았다. 그러나 이후 배움에 뜻을 두고 麗澤齋에 입학하여 學問을 쌓아 仁宗 2年에는 과거에 급제하고 있거니와, '度量이 重厚한 大臣의 子로' 장래가 촉망되는 인재였다. 더구나 그는 門閥家인 慶源 李彦林의37) 사위였으므로 누구보다도 君王의 寵幸이 두터웠으나 47세를 일기로 卒去하여 벼슬은 秘書少監(從4品)에 그치고 말았다. 그는 슬하에 3男 4女를 두었는데 그 가운데 장자인 誠碓이 父蔭을 입어 戶部主事同正에 취임하였다는 기록38) 이외에 달리 눈에 띄는 것은 없다.

다음 褒偁(?~毅宗 24 ; 1170)의 경우,39) 실은 褒抗과 형제간임을

---

34) 이 점에 관하여는 앞에 든 李萬烈,「高麗 慶源李氏 家門의 展開過程」참조.

35) 앞에 든 藤田亮策,「李子淵と其の家系」및 李萬烈,「高麗 慶源李氏 家門의 展開過程」. 家系에 대해서는『高麗史』卷95, 李子淵傳·同 卷127, 李資謙傳·『韓國金石文追補』85쪽, 李子淵墓誌銘·『朝鮮金石總覽』279쪽, 李頲墓誌 등 참조.

36) 崔褒抗에 관하여는『韓國金石文追補』113쪽의 本人 廟誌銘과『高麗史節要』卷10, 仁宗 13年 閏2月條 참조.

37) 이 家系에 대하여는『高麗史』卷95, 列傳 李子淵 附 頵·光縉傳, 同書 卷17, 世家 毅宗 4年 12月, 同 5年 12月條 참조.

38)『韓國金石文追補』113쪽, 崔褒抗廟誌銘.

말해주는 明文 史料가 전하지는 않는다. 다만 양자의 활동시기가 유사하고 또 이름자의 항렬을 보아 그와 같이 이해하여 오고 있는데,[40] 필자도 같은 생각이다. 하여튼 그는 官途가 순조로와 御史雜端·直門下省·承宣 등을 거쳐 毅宗 15年 12月에 樞密副使(正3品), 이어서 다음 해 3月에는 同知樞密院事(從2品)를 제수받아 재상의 자리에 오르며, 同王 19年 마침내는 平章事(正2品)·判吏部事로 首相까지 지내지마는, '성격이 强狠 貪墨하고' '자기에게 附詔하지 않는 사람은 반드시 중상하였다'는 평과도 같이 인격적으로는 좀 결함이 있었던 모양 같다. 때문에 그는 毅宗 24年의 武臣亂 중에 해를 당하고 마는 것이다. 그의 傳記에, '子壻들이 勢家와 連結하여 顧忌하는 바가 없었다'고 한 점으로 미루어 자녀가 여러 명 있었던 사실을 알 수 있으나 그 이상의 자세한 내용은 역시 전하여지지 않는다.

요컨대 崔惟諾系에서도 首相 내지는 宰相 등 고위관료들을 배출하고 名門인 慶源李氏 등과 通婚하면서 번영을 누렸다는 사실을 알 수 있다. 그리고 이들의 入仕 또한 科擧와 蔭叙를 모두 이용하고 있어 長兄인 惟恕系와 같은 현상을 보여주고 있다.

3. 崔忠恭 – 崔壽神系

崔壽神도 忠恭의 아들 중 한 사람인데, 그 역시 몇째 자녀였는가는 잘 알 수가 없다. 崔精墓誌銘에 의해 그가 忠恭의 아들이며 司

---

39) 崔褒偁에 대해서는 『高麗史』 卷125, 列傳의 本人 傳記와 『高麗史』 世家 및 『高麗史節要』 毅宗朝의 각 기록 참조.

40) 李樹健氏는 앞에 든 「高麗時代 ‘土姓’硏究」에서 褒抗과 褒偁을 형제로 보았다.

宰少卿(從4品)을 지냈고 부인이 江城郡大君文氏였다는 사실을[41] 확인할 수 있을 뿐인 것이다. 아래에 이이의 家系를 보이면 다음과 같다.

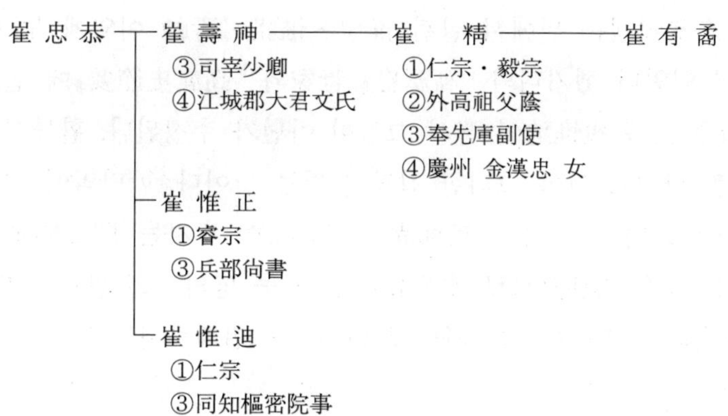

壽神의 아들 崔精(文宗 30 ; 1076~毅宗 11 ; 1157)에 대하여는 본인의 墓誌銘이 남아있어[42] 비교적 자세한 내용을 살펴볼 수 있다. 즉 그는 33세가 되던 睿宗 3年에 三韓功臣이자 外高祖父인 金 柒의 蔭德을 입어 胥吏로 진출한 후 龍崗縣尉・沿海監副使・試 閤門祗候 등의 관직을 지내는 것이다. 아내는 新羅의 王孫으로 睿 宗朝의 大臣인 慶州 金漢忠의[43] 둘째 딸로서 가문의 威勢는 대략 짐작이 가는데, 그러나 그는 지위와 재산에 별 뜻이 없었으므로 벼 슬은 奉先庫副使(從6品)에서 그치고 있다. 享年은 82세였다. 아들 로는 有崙이 있었다 하나 그에 대해서는 별반 알려진 것이 없다.

---

41) 『韓國金石文追補』 158쪽, 崔精墓誌銘.
42) 『韓國金石文追補』 158쪽, 崔精墓誌銘.
43) 金漢忠에 대하여는 『高麗史』 卷95, 列傳의 本人 傳記와 『高麗史』 世
    家 및 『高麗史節要』의 각 條 참조.

요컨대 현존하는 사료에 입각하여 보는 한 崔壽神系는 그리 번
성하지 못했던 것을 알 수 있다. 그러나 당대 名門인 慶州金氏와
의 혼인관계가 주의를 끌며, 아울러 崔精이 外高祖父의 蔭德을 입
고 있다는 점도 유의해 둘 사항이라 생각된다.

崔忠恭에게는 위에서 살핀 惟恕·惟諾·壽神 이외에 두 아들
이 더 있었다 했거니와『高麗史』世家와『高麗史節要』에 실려있
는 崔惟正과 崔惟迪이 혹시 그들이 아닌가 추정된다. 활동시기와
‘惟’字 항렬로 보아 그러한 짐작이 가는 것이다.44) 만약에 이러한
판단이 옳다면 전자는 兵部尙書(正3品),45) 후자는 同知樞密院事
(從2品)를46) 지냈으므로 水州崔氏家는 두 명의 고위관료를 더 배
출한 셈이 된다. 이들의 자녀에 대해서는 현재로서는 밝히기가 어
렵다.

4. 崔令言系

崔士威의 第6子인 令言系도 대략적인 파악이 가능하다. 다음에
그의 家系부터 그려보면 아래와 같다.

---

44) 李樹健氏는 앞에 든「高麗前期 土姓 硏究」에서 崔惟迪은 역시 水州崔
氏로 보았으나 崔惟正은 顯宗～文宗年間에 활동한 海州崔氏家의 인물
이라 하였다. 그러나 惟正은 顯宗～文宗年間의 인물이 아니며 또 海州
崔氏도 아니었던 것 같다(朴龍雲,「高麗時代의 海州崔氏와 坡平尹氏 家
門 分析」참조). 아마 그도 水州崔氏로 보는 것이 옳지 않나 생각된다.
45) 崔惟正에 대하여는『高麗史』卷11, 世家 肅宗 3年 3月 癸亥條·同書
　　卷12, 世家 睿宗 卽位年 11月 己亥條·同 睿宗 元年 8月 戊寅條 참조.
46) 崔惟迪에 대하여는『高麗史節要』卷8, 仁宗 卽位年 12月條·『高麗
　　史』卷15, 世家 仁宗 4年 12月 庚辰條·同 仁宗 5年 5月 壬辰條 참조.

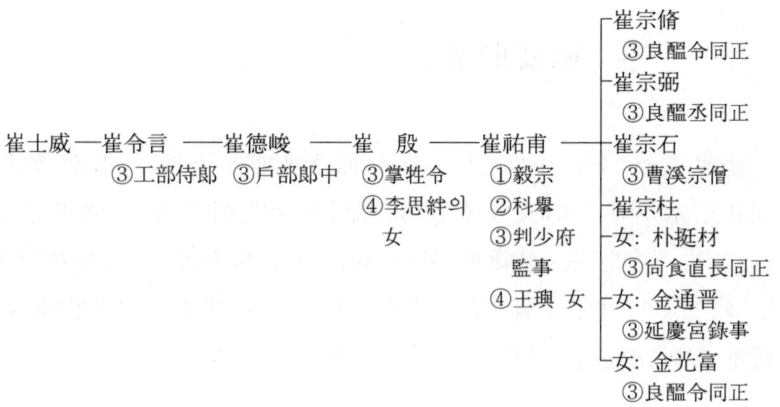

    이 도표는 崔祐甫의 墓誌銘에[47] 의한 것이거니와, 우리는 여기
에서 그의 曾祖가 되는 令言은 工部侍郎(正4品), 祖 德峻은 戶部郎
中(正5品), 그리고 부친인 殷은 掌牲令(從8品)을 지내는 정도의 가
세를 이어온 것을 알 수 있다. 그 뒤 崔祐甫(肅宗 10 ; 1105∼毅宗
24 ; 1170) 자신은[48] 科擧를 통해 官途를 밟은 후 두루 要職을 거쳐
判少府監事(從3品)에까지 오르지마는, 그간에 그는 金富軾이 『三
國史記』를 편찬하는 데 한 몫을 담당하기도 하였고, 또 諫官職에
있을 때 宦者인 鄭諴을 閤門祗候로 임명하려는 왕의 처사에 극력
반대하고 나선 사실로도 널리 알려져 있다. 그의 아내는 大僕卿(從
3品)을 지낸 王璵의 딸이었다. 그러나 지금 그 派系를 잘 알 수가
없고, 子壻들도 佛門에 투신한 제3자를 제외하고는 당시 모두들
하위직에 머물고 있었다. 요컨대 이 系列도 그렇게 떨치지는 못하
였지만 대체적으로 귀족적 특권을 누릴 수 있는 5品官 以上으로
이어져 왔다는 사실만은 이해할 수 있다 하겠다.

─────────────────

47) 『韓國金石文追補』 160쪽.
48) 崔祐甫에 대하여는 『韓國金石文追補』 160쪽의 本人 墓誌銘과 『高麗
    史』 世家 및 『高麗史節要』의 각 기사 참조.

5. 崔婁伯系

앞에 들어 두었듯이(史料 라) 崔徐遷에게는 上京 入仕한 韓用 말고도 水州에 그대로 土着한 또 하나의 아들이 있었다. 崔婁伯系 는 그의 후손인 듯 싶다.[49] 이는 婁伯의 부친 尙翥가 水原吏였다 는 점으로[50] 미루어 볼 때 신빙성이 있는 이야기라고 생각된다. 아 래에 그의 派系를 도표로 나타내면 다음과 같다.

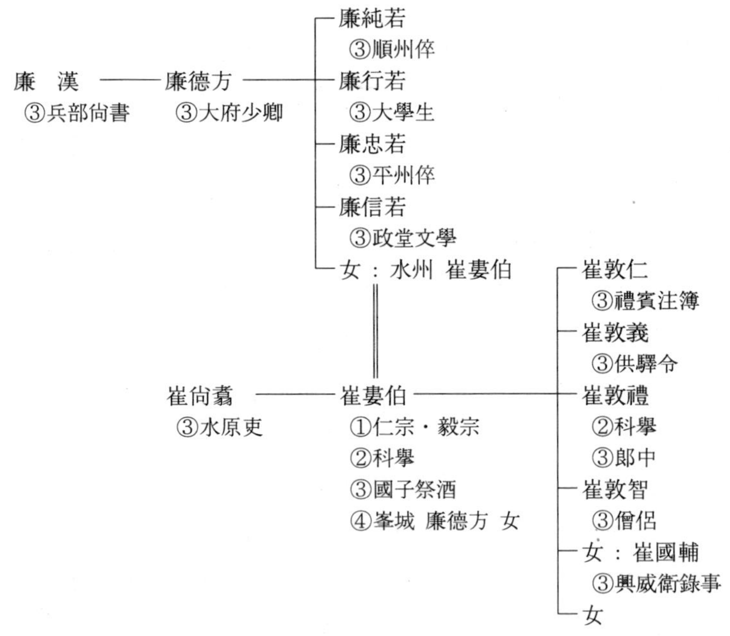

[峯城(瑞原)廉氏]

---

49) 李樹健氏도 앞에 든 「高麗時代 ‘土姓’研究」에서 崔婁伯은 在地土着한
　　徐遷의 長孫系 後孫일 것이라고 추정하였다.
50) 『高麗史』 卷121, 列傳 崔婁伯傳.

거듭 말하지만 崔婁伯은 鄕吏의 자제로써 뒤늦게 科擧를 통해 중앙으로 진출, 벼슬을 하고 있다. 그러니까 水州崔氏家는 그간 中央貴族化의 길을 걸은 韓用系와 在地 土着한 婁伯의 先祖들로 분리되어 있었던 셈이며, 이제 그 후자 계열이 다시 上京 從仕하고 있는 것이다. 이와 같은 예는 당시 그리 드물지 않은 사실로써 고려시대 鄕吏의 존재를 이해하는데 매우 중요한 시사를 준다. 하여튼 婁伯은[51] 그후 正言・左右司諫・禮部郎中 등 요직을 거쳐 國子祭酒(從3品)의 고위직에까지 오르며, 아내도 당대 名門 중의 하나인 峯城(瑞原)廉氏 집안에서 맞는다. 보다시피 妻父 廉德方은 大府少卿(從4品), 妻祖인 廉漢은 兵部尚書(正3品)를 지냈으며, 나중에 宰相職에까지 오르는 廉信若도 그와는 妻男 妹夫간의 사이였다.[52]

崔婁伯은 슬하에 4男 2女를 두고 있었다. 그 가운데 제3자인 敦禮는 科擧에 급제 후 벼슬길에 나가 監察御史職에 재임하면서 沿海溟州道의 察訪使가 되기고 하고 또 郎中職(正5品)에 있을 때 金나라 皇太后喪의 弔問使로 가는 등 활동이 많았다.[53] 그러나 장자인 敦仁은 禮賓注簿(從7品),[54] 차자인 敦義는 供驛令(從7品)을 지냈으며[55] 제4자 敦智도 승려가 되었다는[56] 단순한 사실 이외에 달

---

51) 崔婁伯에 대하여는 『高麗史』 卷121, 列傳의 本人 傳記와 『韓國金石文追補』 109쪽의 本人 墓誌 및 『朝鮮金石總覽』 357쪽, 廉瓊愛墓誌, 그리고 『高麗史』 世家와 『高麗史節要』의 각 조 참조.
52) 峯城廉氏에 대하여는 『朝鮮金石總覽』 390쪽, 廉氏配沈氏墓誌・『韓國金石文追補』 194쪽, 廉克髦墓誌銘과 『高麗史』 卷9, 世家 文宗 35年 春正月條 및 同書 卷99, 列傳 廉信若傳 참조.
53) 『韓國金石文追補』 109쪽, 崔婁伯墓誌銘・『高麗史』 卷19, 世家 明宗 8年 春正月 丁巳條・同書 卷20, 明宗 21年 2月 乙未條.
54) 『韓國金石文追補』 109쪽, 崔婁伯墓誌銘.
55) 『韓國金石文追補』 185쪽, 李一娘墓誌銘.
56) 『朝鮮金石總覽』 357쪽, 廉瓊愛墓誌.

리 알려진 것이 없다.

요컨대 이 系列 역시 開國功臣의 후예로서 吏族으로 머물고 있다가 뒤늦게나마 중앙으로 진출하여 名門인 峯城廉氏 등과 혼인 관계를 맺으면서 상당한 가세를 이어간 것으로 보인다.

IV. 結 論

이상에서 고려시대의 水州崔氏家를 분석하여 보았다. 그것도 史料의 한계성 때문에 매우 疏略한 내용이 되고 말았지만, 그러나 다음의 몇 가지 사실만은 확인할 수 있었다고 생각된다.

우선 이 집안은 羅末麗初 水州地方의 豪族으로 일찍이 高麗 太祖 王建에게 협력하여 開國功臣家가 되었다는 점이다. 이러한 배경이 결국 起家의 계기가 되었으리라는 것은 다시 말할 필요가 없겠거니와, 그 一派系가 곧 上京 從仕하여 崔士威와 같은 큰 인물을 배출함으로써 가문의 기반을 다질 수 있었던 것으로 보인다.

崔士威는 슬하에 6男 1壻를 두었는데 이들 뿐 아니라 그 후손 여러 명이 고위직에 올라 가문은 더욱 번성하게 되었다. 좀 늦게 중앙으로 진출한 崔襄伯系까지 계산하면 현재 확인되는 숫자만도 首相이 2명(崔士威·崔襄伯), 2品 以上의 宰相位에 오른 사람은 6명이며, 귀족적 특권을 누릴 수 있는 5品 以上官을 지낸 이는 15명으로 計 23名에 다다르고 있는 것이다. 가위 門閥家門이라고 말하여 별 손색이 없다고 생각된다. 이들은 물론 그들의 관직에 수반하는 경제적인 특권도 누렸을 것이다.

水州崔氏家에서 이처럼 여러 명의 고위관료를 배출한 데는 科擧制에 적극 적응하였다는 점을 빼놓을 수 없을 것 같다. 특히 吏族에서 立身한 崔婁伯의 경우에서 이 점은 더욱 잘 드러나고 있다. 그러나 한편으로 이와 함께 蔭叙制의 역할도 그에 못지 않았다는 사실 역시 지적되어야 하리라고 생각된다. 전체 家系를 살펴보면 科擧와 蔭叙 出身者가 교차되기도 하고, 혹은 蔭叙, 혹은 科擧 出身者로 연속되고도 있다. 결국 당시 水州崔氏를 포함한 名門貴族들은 門蔭을 통해 자손을 벼슬시키기도 하고, 또는 科擧制를 적절히 이용하여 家世를 이어간 것으로 이해되는 것이다.

이와 같은 家門의 정치적 사회적 위치는 通婚圈에서 가장 잘 드러나고 있었다. 그러므로 水州崔氏의 경우도 혼인의 상대는 그 지위에 걸맞는 당대의 名門인 慶源李氏·江陵金氏·慶州金氏·峯城廉氏 등이었다. 특히 前二者와는 3중의 姻戚關係에 있었으며, 慶州金氏와도 派系는 다르지만 2중의 혼인을 맺고있어 貴族家門 간의 連姻이 주목을 끄는데, 그러나 王室과는 간접적인 관계에만 그쳐 직접적으로 外戚家門이 되지는 못하였다.

이 水州崔氏는 일면 佛門과도 밀접한 관계를 가지고 있었던 것 같다. 慈恩宗의 僧統에 오른 尙之, 三重大師를 지낸 崔觀奧 등의 배출에서 그 같은 면모를 볼 수 있는 것이다. 고려전기에는 대체적으로 教宗勢力이 득세하여 貴族家門들과 긴밀히 연결되어 있는 경우가 많았거니와, 水州崔氏도 그 하나였음을 알 수 있다.

高麗를 貴族社會로 이해할 때 일반적으로 豪族出身과 開國功臣系의 中央貴族化 현상과, 蔭叙와 科擧―귀족제적 테두리 內의 일 제도로서의 科擧―를 통한 高位官僚의 배출, 그 官位에 따른 功蔭田柴의 特惠, 貴族家門 상호간의 連姻樣相 내지는 外戚家門의 득세, 그리고 門閥家와 佛門과의 긴밀한 관계 등을 그 특징으로 들어

왔다. 우리는 이와 같은 여러 가지 모습을 水州崔氏家의 分析을 통해 살펴볼 수 있었으며, 그것은 동시에 高麗 貴族社會의 특성을 다시 한번 확인하는 작업이었다고도 생각된다.

(『史叢』 26, 1982)

제5장

고려시대 茂松庾氏家門 분석

Ⅰ. 머리말

일반적으로 高麗王朝는 貴族社會로 이해되고 있다. 그것은 고려가 정치·경제·사회 등 제부면의 특권적 지위를 세습적으로 향유하는 지배신분층인 貴族들이 대부분의 국가 요직을 점유하고 政策 決定이나 價値의 배분을 귀족제적인 테두리 안에서 운영하여 간 사회라고 생각되었기 때문이다.[1] 연구자들은 종래 그같은 양상을 보여주는 하나의 요소로 5品 이상 고급관료의 자손에게는 科擧를 거침이 없이 父祖의 蔭德에 의해 官途로 나갈 수 있게 한 蔭叙制를 들었다. 그리고 역시 5品 이상의 고급관료에게 納公을 전제로 하는 一般田柴 이외에 따로이 세습을 인정한 功蔭田柴를

---

1) 朴龍雲, 1977, 「高麗 家産官僚制說과 貴族制說에 대한 檢討」『史叢』 21·22 합집 ; 1980, 『高麗時代 臺諫制度 研究』, 一志社, 306～314쪽.

특별히 지급한 제도도 같은 요소로서 간주하여 이들에 관한 해명에 노력해 왔다.

고려사회의 귀족제적 양상을 밝히는 작업은 이러한 제도적인 장치와 함께 家門에 대한 분석을 통해서도 접근하려는 시도가 있었다. 貴族官僚들의 구체적인 家系와 帶有한 관직 및 通婚圈 등에 관한 조사는 그 사실을 입증하는 또 다른 하나의 효과적인 방법이라고 생각되었던 까닭이다. 그리하여 현재 이 방면의 연구는 상당히 진척되어 많은 수에 달하는 貴族家門의 실체가 드러난 바 있다.[2]

본고에서 다루려고 하는 茂松庾氏家門에 대한 분석도 다시 말할 필요조차 없이 그같은 한 사례의 연구에 해당하는 것이다. 사실 茂松庾氏는 고려시대 貴族家門의 한 존재로서 일찍부터 논자들의 주목을 끌었었다.[3] 그러나 종래의 연구에서는 모두 극히 간략한

---

2) 藤田亮策, 1933·1934, 「李子淵と其の家系」『靑丘學叢』 13·15.
  邊太燮, 1961, 「高麗朝의 文班과 武班」『史學硏究』 11 ; 1971, 『高麗政治制度史硏究』, 一潮閣.
  李樹健, 1976, 「高麗時代 '土姓'硏究」『亞細亞學報』 12 ; 1984 『韓國中世社會史硏究』, 一潮閣.
  閔賢九, 1976·1977, 「趙仁規와 그의 家門」『震檀學報』 42·43.
  朴龍雲, 1977, 「高麗時代의 海州崔氏와 坡平尹氏 家門 分析」『白山學報』 23 (本書 所收).
  朴龍雲, 1978, 「高麗時代의 定安任氏·鐵原崔氏·孔巖許氏 家門 分析」『韓國史論叢』 3 (本書 所收).
  朴龍雲, 1978, 「高麗前期 文班과 武班의 身分 問題」『韓國史硏究』 21·22(本書 所收).
  李萬烈, 1980, 「高麗 慶源李氏家門의 展開過程」『韓國學報』 21.
  朴龍雲, 1982, 「高麗時代 水州崔氏家門 分析」『史叢』 26 (本書 所收).
  金蓮玉, 1982, 「高麗時代 慶州金氏의 家系」『淑大史論』 11·12.
3) 李樹健, 1976, 「高麗時代 '土姓'硏究」『亞細亞學報』 12, 75·76쪽 ; 1984, 『韓國中世社會史硏究』, 一潮閣, 159·160쪽 및 216·217쪽.

언급에 그치고 있으므로 본고에서 새삼 분석의 대상으로 삼아보려는 것이지만, 이와 더불어 茂松庾氏家와 일정한 관계가 있다고 알려져온 平山庾氏家門을 분석하여 양자의 관련성 여부에 관해서도 잠시 살피는 과정을 갖고자 한다. 소론이나마 이로써 고려의 귀족사회에 대한 우리들의 이해의 폭이 조금이라도 넓혀질 수 있기를 바라는 마음이다.

Ⅱ. 平山庾氏와 茂松庾氏

平山庾氏는 後三國 통일의 元勳 가운데 한 사람인 庾黔弼을 시조로 한다. 그리하여 고려 초·중기에 활동하는 庾氏系 인물들은 거의 모두가 그의 후손으로서, 여러 사람이 중요한 역할을 담당하는 것이다.

庾黔弼 자신은 이미 太祖 元年(918) 秋7月에 馬軍將軍으로서 靑州가 반란을 일으킬 것에 대비하여 왕명을 받들고 鎭州에 가 주둔하고 있는 기사가 보인다.[4] 王建이 고려 태조로 즉위한 것이 6월이므로 이는 그 다음달의 일에 해당한다. 다 알고 있는 바와 같이 王建의 주변에는 여러 명의 浿江鎭(平州) 출신 인물들이 유력한 지위에 있었거니와, 庾黔弼 역시 그곳 태생으로 本鄕에 상당한 세력을 펴고 있던 豪族 내지는 그 후예였던 것 같다. 그는 이러한 在地的 勢力을 바탕으로 하여 이미 泰封國의 벼슬을 했던 듯싶지마는, 따

朴龍雲, 註 1) 論文 325쪽.
4) 『高麗史節要』 卷1.

라서 재임중에 발생한 바 裵玄慶·洪儒·卜智謙·申崇謙 등이 弓裔를 내몰고 새 국왕으로 王建을 옹립하는 '혁명'에 그가 직접 나서지는 않았으나 입장과 보조만은 저들과 같이하였던 모양 같다. 개국 직후부터 태조가 크게 신임하는 武將의 한 사람으로 그가 활약을 하고 있는 것도 그러한 연유에서라고 생각된다.

兩者의 결속은 庾黔弼의 딸이 太祖의 夫人 가운데 한 사람이 됨으로써 더욱 강화되었으리라 짐작되는데,5) 하여튼 그는 태조의 忠直한 臣僚로 開定軍 3,000명을 거느리고 北界의 鶻巖城에 나아가 女眞族을 복속시킨 것을 비롯하여 이후 주로 後百濟戰에 참가해 혁혁한 무공을 세우는 것이다.6)『高麗史』卷92에 실려 있는 傳記에 의하면 그는, "將略이 있고 士卒의 心腹을 얻었으며, 매번 出征 때에 명을 받으면 즉시 떠나 집에서 잠자는 일이 없었다"고 하며, 그에 대한 王建의 대우도 각별한 바 있어, "凱還에 미쳐서는 태조가 반드시 迎勞하여 시종 寵遇함이 諸將의 따를 바가 못 되었다"고 전하고 있다. 그는 마침내 고려가 後三國을 통일한 지 5년이 되는 태조 24년(941) 4월에 大匡(2品)의 지위로 세상을 떠나지만, 조정에서는 그의 성품과 공로를 참작하여 忠節이라는 諡號를 내리고, 이어서 太師(正1品)를 贈職하며 太祖의 廟庭에 配享하는 은택을 베풀었다.

庾黔弼은 슬하에 兢과 官儒·慶 등 세 아들을 두었다.7) 당대 庾

---

5)『高麗史』卷88, 后妃列傳 太祖 "東陽院夫人庾氏 平州人 太師·三重大匡黔弼之女 生孝穆太子義·孝隱太子㻶". 잘 알려진 대로 太祖는 王權을 다지기 위해 정책적으로 각지의 유력한 豪族의 딸들과 혼인을 하였었다.

6) 그에 대해서는『高麗史』卷92, 列傳 庾黔弼傳과『高麗史』世家 및『高麗史節要』의 각 해당 年月의 條에 비교적 자세한 내용이 전해지고 있다.

7)『高麗史』권92, 列傳 庾黔弼傳.

黔弼의 위치로 보거나, 또 한때 참소를 입어 유배되었던 그가 혐의
가 풀려 돌아왔을 시에 태조가, "자손 대대로 賞이 미치게 하여 그
대의 忠節에 보답하겠다"고 말하고 있는 점으로 미루어8) 상기한
세 아들 역시도 벼슬길에 올랐을 듯 짐작이 되는데, 그러나 史書에
는 이들의 이름이 달리 나타나지 않고 있다. 혹시 定宗·光宗代의
왕권강화책에 따른 '舊臣·宿將'과 그 후손에 대한 억압정책의 결
과와 관련이 있는 것이 아닐까 하는 생각은 드나 자세한 내막은 잘
알 수가 없다.

하지만 이러한 과도기를 거치고 난 얼마 뒤부터는 예상대로 庾
黔弼의 후손들에 관한 기사를 史書에서 다시 대할 수 있게 된다.
그의 曾孫인 庾恭義와 후손으로만 나와 있는 庾逵·庾仲卿 父子에
관한 이야기가 그것이다. 지금 이처럼 확인되는 몇몇 사람들을 族
譜와9) 비교하며 世系를 작성하면 다음의 도표가 만들어진다. 여기
에는 이해의 편의를 돕기 위해 각 인물 아래에 ①에는 주 활동 시
기, ②에는 科擧·蔭叙 여부, ③에는 알 수 있는 최고 직위, ④에는
妻와 그 家門을 첨가하고, 아울러 족보에만 보이는 내용은 (　)로
표시하여 구분해 놓았다.

---

8) 『高麗史』卷92, 列傳 庾黔弼傳·『高麗史節要』卷1, 太祖 14년 3월과
　冬10월條.
9) 여기서 참고한 族譜는 庾基衡刊編, 1930, 『平山庾氏族譜』, 吉州와 庾
　秉鎬編, 1916, 『茂松庾氏派譜』, 高敞이다. 물론 이것들 이외에 몇 종류
　가 더 있지만 내용이 모두들 大同小異하므로 본고에서는 이 두 족보만
　을 비교해 가면서 이용하였으며, 이하의 설명에서도 족보라 했을 때는
　역시 이 두 가지를 지칭하는 뜻으로 쓰고자 한다.

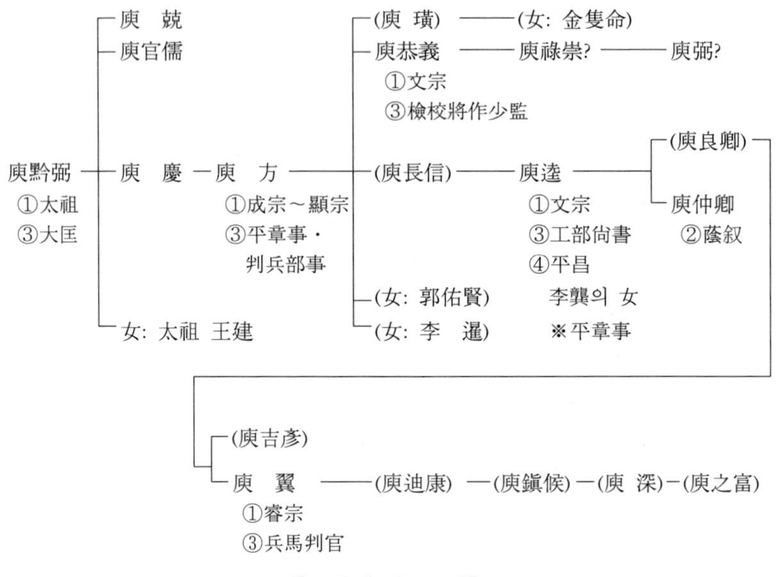

[平山庾氏 世系]

　　보다시피 世系上 庾恭義는 庾黔弼－庾慶－庾方에 이어지고 있
다. 이러한 世系는 그가 庾黔弼의 曾孫임이 분명하고[10] 또 시간적
으로도 잘 맞아 신빙성이 높다고 생각되거니와, 그렇다고 할 때에
우리들은 먼저 그의 부친이 되는 庾方에 대해 주목하게 된다. 庾方
은 成宗 12년 10월, 契丹의 제1차 침입에 대적하기 위해 郎將(正6
品)으로 출전하고 있는 데서 처음으로 보이지만,[11] 穆宗 12년(1009)
정월에는 이미 親從將軍(正4品)의 요직에 승진해 있었다.[12] 그리하
여 그는 내용은 잘 알려져 있지 않으나 康兆의 政變과 穆宗에서
顯宗으로 왕위가 바뀌는 와중에서 일정한 역할을 담당했던 듯, 顯

---

10)『高麗史』卷7, 世家 文宗 9년 8월 ·『高麗史節要』卷4, 同年 同月條.
11)『高麗史節要』卷2, 成宗 12년 冬10월條.
12)『高麗史』卷3, 世家 穆宗 12년 春正月 ·『高麗史節要』卷2, 同年 同月
　　條.

宗 2년(1011) 5월에는 파격적으로 兵部尙書兼上將軍(正3品)으로 승진한 데 이어 同 10월에 叅知政事(從2品)·西京留守 겸 西北面 行營都兵馬使로[13] 宰相의 지위에 오르는 것이다. 그뒤에도 그의 벼슬은 계속 올라 內史侍郎平章事(正2品)를 거쳐 千乘縣開國男의 封爵을 받으며, 다시 門下侍郎平章事(正2品)로 判兵部事를 맡아[14] 亞相이 되었다. 그 몇년 후인 顯宗 18년(1027) 春正月에 庾方은 特進(正2品)·門下侍中(從1品)을 제수받음과 동시에 致仕하고,[15] 靖宗 4년(1038)에 이르러서 마침내 이 세상을 하직하지마는,[16] 그는 武臣으로 출발하여 亞相의 지위에까지 올랐고, 또 武班에서 文班으로 改班한 예로서도 주목을 끌기에 충분한 존재였다.

이와 같은 부친의 성공과 더불어 庾恭義 역시 일찍부터 官途에 진출했던 것 같다. 그렇지만 그는 재임중에 謟諫罪를 범하여 직위는 檢校將作少監(從4品)에서 그치고 말았다. 文宗 9년(1055)에 吏部에서는 그가 庾黔弼의 曾孫임을 감안하여 實職에 叙用하자는 건의를 한 일이 있으나 門下省의 반대에 부닥쳐 실현되지 못하며,[17] 그 이후의 거취에 대해서는 전하는 것이 없다.

庾方의 손자이며 庾黔弼에게는 高孫이 되는 庾逢는 工部尙書(正3品)의 지위에까지 올랐다.[18] 그리하여 그는 아들인 庾仲卿에게 蔭職을 주게 되는데, 이에 대해서 門下侍中인 李子淵 등이 반대하고 나섰다. 庾仲卿의 어머니가 도덕적으로 떳떳치 못한 관계에 의해 태어난 사람이기 때문이었다. 이 문제는 결국 平章事인 金元鼎

---

13)『高麗史』卷4, 世家 顯宗 2년 5월·同 冬10月條.
14)『高麗史』卷4, 世家 顯宗 13년 6월 및 同 卷5, 世家 顯宗 16년 春正月條.
15)『高麗史』卷5, 世家 顯宗 18년 春正月·『高麗史節要』卷3, 同年 同月條.
16)『高麗史』卷6, 世家 靖宗 4년 6월·『高麗史節要』卷4, 同年 同月條.
17)『高麗史』卷7, 世家 文宗 9년 8월·『高麗史節要』卷4, 同年 同月條.
18)『高麗史』卷7, 世家 文宗 6년 秋7月條.

등이, 그것은 庾仲卿 父子 자신의 잘못이 아닐 뿐더러 이들은 功臣인 庾黔弼의 후손이므로 仕途를 막아서는 안된다는 의견을 개진함에 따라 직급을 강등하여 蔭職을 주는 쪽으로 타결이 나지마는,[19] 그 이후의 저들 행적에 대해서는 역시 기록이 전해지지 않아 잘 알 수가 없다.

族譜에 의해서나마 그 系譜를 알 수 있는 인물로 庾翼이 더 찾아진다. 즉, 그는 庾逵의 손자가 되는 사람으로서, 『高麗史』에 볼 것 같으면 睿宗 卽位年(1105)에는 兵馬錄事로 재직한 사실이 또한 확인되며,[20] 다시 同王 3년 8월에는 兵馬判官(5·6品)으로 尹瓘·吳延寵을 따라 女眞族의 정벌에 참가했다가 전사를 하였음도 밝혀져 있다.[21] 이같은 공로로 인해 그는 兵部侍郎(正4品)·知御史臺事(從4品)를 追贈받지만, 그로부터 오랜 세월이 지난 忠宣王朝에 이르러서도 후손들에게 恩蔭의 특전이 베풀어지고 있다.[22]

지금까지 派系가 확인되는 사람들에 대해 살펴보았지마는, 그렇지 못한 인물들도 꽤 여럿이 눈에 띈다. 물론 그 가운데에는 庾說과 같이 系譜만을 모를 뿐, 庾黔弼의 후손이라는 것은 알 수 있는 사람이 있고,[23] 또 그 후손인지의 여부조차도 밝혀져 있지 않은 사람도 있다. 하지만 비록 후자의 경우라 하더라도 고려의 초·중기에 활동하는 庾姓 人物들은 거의 모두가 庾黔弼의 후손이라고 간주하여도 좋을 듯 생각된다.[24] 당시에 上京 從仕한 다른 庾姓의

---

19) 『高麗史節要』卷5, 文宗 12년 5월·『高麗史』卷95, 列傳 金元鼎傳.
20) 『高麗史』卷12, 世家 睿宗 卽位年 12월條.
21) 『高麗史』卷12, 世家 睿宗 3년 8월·『高麗史節要』卷7, 同年 同月條.
22) 『高麗史』卷75, 選擧志 3 銓注 叙功臣子孫 忠宣王卽位敎. 이 敎書에서는 혜택을 받고 있는 사람의 이름이 庾益으로 나와 있으나, 이는 睿宗代의 庾翼과 동일 인물임이 분명하다.
23) 『朝鮮金石總覽』上, 369쪽, 尹誧墓誌.
24) 李樹健씨는 1976, 「高麗時代 ‘土姓’硏究」『亞細亞學報』12, 75쪽에서

派系는 없었기 때문이다. 아래에 그 명단을 소개하면 다음과 같다.

庾 孫 : ①太祖 ③驃騎大將軍[25]
庾稟廉 : ①穆宗 ③工部侍郎[26]
庾行簡 : ①穆宗 ③閤門舍人[27]
庾伯符 : ①穆宗・顯宗 ③兵馬判官[28]
庾 昌 : ①靖宗 ③工部侍郎[29]
庾 先 : ①靖宗 ③戶部侍郎[30]
庾高滿 : ①文宗 ③守司徒[31]
庾 晳 : ①宣宗~肅宗 ②科擧 ③右僕射兼太子賓客[32]
庾惟祐 : ①肅宗[33]

이상에서 平山庾氏에 대해 알아본 셈인데, 族譜에 의하면 茂松庾氏의 첫 인물로 알려진 庾祿崇은 庾恭義의 아들로 되어 있고, 다시 庾弼은 庾祿崇의 아들로 연결되어 있다. 그리하여 오늘날까지 平山庾氏와 茂松庾氏는 동일한 派系라고 이해하여 오고 있지만, 그러나 이는 잘못인 것 같다. 族譜에는 庾黔弼로부터 庾慶—庾方—庾恭義까지는 平山(平州)을 本貫으로 삼았으나 庾祿崇代에

그와 같이 보았는데, 필자도 동감이다.
25)『高麗史』卷4, 世家 顯宗 4년 9월・『高麗史節要』卷3, 同年 同月條.
26)『高麗史』卷5, 世家 顯宗 18년 6월・『高麗史』卷123, 列傳 庾行簡傳.
27)『高麗史』卷123, 列傳 庾行簡傳・『高麗史』卷3, 世家 穆宗 12년 春正月 및 2월・『高麗史節要』卷2, 同年 同月條.
28)『高麗史』卷127, 列傳 康兆傳・『高麗史』卷4, 世家 顯宗 10년 3월 및 同 卷5, 世家 德宗 元年 3월・『高麗史節要』卷4, 同年 同月條.
29)『高麗史』卷6, 世家 靖宗 元年 春正月 및 同 6년 8월條.
30)『高麗史』卷6, 世家 靖宗 5년 2월・同 卷94, 列傳 徐熙 附 訥傳.
31)『高麗史』卷8, 世家 文宗 25년 11월・『高麗史節要』卷5, 同年 同月條.
32)『高麗史』卷80, 食貨志 3 賑恤 水旱疫癘賑貸之制 宣宗 3년 12월・同 卷10, 世家 宣宗 4년 11월・同 卷73, 選擧志 1 科目 選場 肅宗 2년 4월 및 同 卷11, 世家 肅宗 4년 12월條.
33)『高麗史』卷11, 世家 肅宗 2년 11월・『高麗史節要』卷6, 同年 同月條.

이르러 茂松(全羅道)에 移封받은 것을 계기로 새로이 그곳을 본관으로 칭하게 되었다는 설명을 붙이고 있다. 그렇지만 이러한 설명을 그대로 믿기는 어렵다. 사실 庾祿崇은 平山庾氏와는 관계없이 오랜 동안 茂松地方에서 살아온 그곳의 土姓인 庾氏의 후예로서,[34] 특별히 茂松에 封함을 받은 일도 없는 것이다. 따라서 庾祿崇을 庾恭義의 아들로 연결시키기는 어려우며, 또한 뒤에 설명하는 바와 같이 庾弼이 庾祿崇의 아들도 아니므로 이 부분의 世系는 다시 검토하여 볼 필요가 있다.

　茂松庾氏家의 인물로 상당한 지위에 올랐던 庾應圭의 墓誌와 傳記, 그리고 庾資諒의 墓誌에도 庾黔弼에 관한 언급이 전혀 없다. 만약에 이들이 유금필의 후손이었다면 다른 사람의 예로 미루어 보아 그에 대해 의당 한마디의 언급이 있을 법한 일이다. 그럼에도 불구하고 전혀 언급이 없다는 것은 이들과 유금필간에 혈연적으로 연결이 되어 있지 않았다는 또다른 방증이라고 생각된다.

　물론 얼마간의 시기가 지난 뒤에 이와 상반되는 기록이 나타나기는 한다. 즉, 庾資諒의 후손 가운데 한 사람인 庾自惕의 墓誌銘에 그의 派系가 유금필과 연결된 것처럼 서술되어 있고,[35] 또 忠烈王 때에 몽고 조정에 들어가 본국을 모해하는 庾贈에게 역시 禿魯花로 그곳에 가 있던 金忻 등이, "그대는 黔弼·資諒의 後孫이 아니냐"고 힐난하고 있는 것이다.[36] 그러나 이것은 고려 중기 이후 平山庾氏는 쇠미해진 반면에 茂松庾氏의 族勢는 크게 번성해지면서 후자도 마치 유금필의 후예인 듯이 附會하게 된 데 말미암은 것으로,[37] 사실과는 거리가 있는 이야기라고 판단된다. 애초부터 平

---

34) 李樹健, 1976,「高麗時代 ‘土姓’研究」『亞細亞學報』 12, 76쪽 ; 1984,
　　『韓國中世社會史研究』, 一潮閣, 160쪽.
35) 李蘭瑛 編,『韓國金石文追補』 219쪽, 庾自惕墓誌銘.
36)『高麗史節要』卷20, 忠烈王 9년 2월條.

山庾氏와 茂松庾氏는 鄕貫을 달리하는 다른 派系였다고 이해되는 것이다.

Ⅲ. 茂松庾氏의 起家

茂松庾氏는 고려 국초부터 茂松縣에서 世居해 온 土姓으로, 在地勢力으로서는 상당한 族勢를 펴고 있던 유력한 집안이었다.[38] 이러한 家門의 바탕을 배경으로 어떤 계기에 上京 從仕한 듯 생각되거니와, 현재 확인되는 바로는 그 첫 인물이 文宗末부터 睿宗初에 걸쳐 활동한 庾祿崇이었다. 그는 이미 肅宗 4년(1099) 12월에 右散騎常侍(正3品)를 제수받고 있으며, 이후 계속 직위가 높아져 肅宗 7년 5월에 樞密院使(從2品) 겸 太子賓客(正3品), 그리고 다시 肅宗 8년 2월에 尙書左僕射(正2品)·叅知政事(從2品)까지 역임하였다.[39] 그 얼마 후 致仕를 하고 閑居하다가 睿宗 9년(1114)에 이르러 세상을 떠나지만,[40] 그는 성격이 강직하여 在官 40여년에 남에게 굽히는 일이 없었으며, 또 宰相의 지위에 오른 뒤에도 매우 검소하게 지냈다는 사실이 傳記에 특기되어 전하고 있다.[41] 그는 "儒

---

37) 李樹健, 1984,「高麗前期 支配勢力과 土姓」『韓國中世社會史硏究』, 一潮閣, 160쪽 및 216·217쪽.

38)『東國李相國集』卷36, 銀靑光祿大夫尙書左僕射致仕庾公墓誌銘 "庾氏 源于錦城之茂松 在版籍爲甲 而公其出也"·『朝鮮金石總覽』上, 578쪽, 庾資諒墓誌.

39)『高麗史』卷12·13, 世家 해당 年月條.

40)『高麗史』卷13, 世家 睿宗 9년 6월條.

41)『高麗史』卷97, 列傳 林槩 附 庾祿崇傳·『高麗史節要』卷8, 睿宗 9년

術로써 진출하였다"고 한 점으로[42) 미루어 보면 科擧를 통해 仕途를 걷게 된 것이 아닐까 짐작된다. 그러나 자세한 내용은 잘 알 수가 없다.

庾祿崇의 선조나 후손에 대해서는 알려진 사실이 전혀 없다. 혹 이름만을 가지고 생각했을 때 그보다 얼마 뒤에 賀正使로 金나라에 다녀온 일이 있고 工部郎中(正5品)을 지낸 庾祿公이[43) 어떤 인척관계에 있지 않았을까 하고 추측되는 면은 있다. 그렇지만 이 역시 추정의 단계를 넘어서는 것은 물론 못된다.

茂松庾氏家의 인물로 庾祿崇에 이어서 높은 지위에 올라 門地를 다진 사람은 庾弼이었다. 아들인 庾應圭의 傳記(『高麗史』卷99)에 附載되어 있는 그에 관한 기록에는 庾弼이 科擧에 급제하였다는 내용은 보이지 않는다. 하지만 毅宗 2년에 同知貢擧, 다시 同王 6년에 知貢擧를 역임한 점으로[44) 짐작컨대 그가 科擧 급제자 출신이라는 사실은 의심의 여지가 없다. 고려시대에 科擧의 시험관은 급제자가 맡는 것이 상례였기 때문이다. 이처럼 庾弼은 科擧에 급제한 것을 계기로 중앙의 官界에 진출하여, 이후에는 순탄한 출세의 길을 걸은 것 같다. 그리하여 毅宗 元年(1147) 12월에는 이미 樞密院知奏事(正3品)·吏部侍郎(正4品)을 지내고, 다음해 12월에는 樞密院副使(正3品)로 宰相의 지위에 오르며, 이어서 毅宗 4년 12월에 知樞密院事(從2品), 다음해 4월에는 知門下省事(從2品), 그리고 다시 5월에는 叅知政事(從2品)·判兵部事로 亞相이 된다. 그 후 계속하여 그는 同 5년 12월에 中書侍郎平章事(正2品)로서 修國

    6월條.
42) 위와 같음.
43) 『高麗史』卷17, 世家 毅宗 4년 11월·『高麗史節要』卷11, 同年 同月條·『朝鮮金石總覽』上, 368쪽, 李仁實廟誌.
44) 『高麗史』卷73, 選擧志 1 科目 選場 毅宗 2년 閏8月 및 6년 4月條.

史와 太子太師를 겸하는 등 요직을 맡다가[45] 毅宗 9년(1155) 12월
에 이르러 首相인 門下侍郎平章事(正2品)·判吏部事로 下世하거
니와,[46] 庾弼의 이와 같은 큰 성공은 본인의 능력도 능력이지만 睿
宗 後宮의 딸을 아내로 맞았고,[47] 또 毅宗의 지극한 총애를 받았던
金存中과는 뒤에 인척관계를 맺을 정도로 친밀한 사이였으므로[48]
그로써도 도움을 받았으리라 짐작된다. 그는 死後에 恭肅이라는
諡號를 받고 毅宗廟庭에 配享되는 영광도 누렸다.

  앞서 잠시 언급했듯이 族譜에는 庾弼이 庾祿崇의 아들로 되어
있으나 이는 옳지 못한 연결로 판단된다. 庾弼의 長子인 庾應圭의
墓誌銘에 실려 있는 世系에 의하면 庾弼의 부친은 檢校太子太師
(從1品)인 庾彦卿이며, 祖父는 檢校太子詹事(正3品)인 庾告成이
분명하기 때문이다.[49] 그리고 이와 같은 世系는 비록 성명은 밝혀
져 있지 않다 하더라도 李奎報가 撰한 다른 한 아들인 庾資諒의
墓誌에 기록되어 있는 내용과도 일치하여[50] 다시 확인이 된다. 庾
祿崇과 庾弼은 다 같이 茂松을 鄕貫으로 하는 그곳의 土姓 출신으
로, 같은 집안의 인물이라는 점은 의심의 여지가 없으나 그 구체적
인 인척관계는 지금으로서는 잘 알 수가 없는 것이다.

  庾弼의 父·祖가 帶有한 관직은 그가 출세함에 따라 뒤에 추가

---

45) 『高麗史』 卷17, 世家 각 해당 年月條.
46) 『高麗史』 卷17, 世家 毅宗 9년 6월 및 同 卷99, 列傳 庾應圭傳.
47) 『高麗史』 卷121, 列傳 庾碩傳에, "그의 曾祖母는 睿宗의 後宮 出身이
    다"라고 하였는데, 庾碩의 曾祖母는 바로 庾弼에게는 장모가 된다.
48) 『東國李相國集』 卷36, 銀靑光祿大夫尙書左僕射致仕庾公墓誌銘·『朝
    鮮金石總覽』 上, 578쪽, 庾資諒墓誌·『高麗史』 卷123, 列傳 金存中傳.
49) 李蘭暎 編, 『韓國金石文追補』 165쪽, 庾應圭墓誌銘.
50) 『東國李相國集』 卷36, 銀靑光祿大夫尙書左僕射致仕庾公墓誌銘 "公
    諱資諒 字湛然 曾祖諱某皇檢校太子詹事 祖諱某皇檢校太子太師 考諱某
    皇配某廟功臣門下侍中修文殿大學士判吏部事贈恭肅公 母張氏 尙衣奉
    御諱贊之女也 此公之世系也"·『朝鮮金石總覽』 上, 578쪽, 庾資諒墓誌.

로 수여된 贈職으로 생각된다. 따라서 그의 父·祖가 높은 관직을
띠었다 하여 이 집안이 일찍부터 上京 從仕하였다고 단정하기는
어렵다. 아마 이 派系가 중앙으로 진출한 것은 庾弼代에 이르러 비
로소 시작되었다고 이해하는 게 온당하다는 생각이 많이 들거니
와, 그로부터 그의 자손들이 계속 요직에 오름으로써 茂松庾氏는
번성하게 되는 것이다.

  요컨대, 茂松庾氏는 本鄕인 茂松縣의 유력한 在地勢力의 하나
로 族勢를 이어오다가 文宗朝 이후 庾祿崇과 庾弼이 차례로 科擧
를 통해 중앙의 官界로 진출하여 크게 성공을 거둠으로써 門地를
세우게 되었다고 할 수 있다. 그렇지만 庾祿崇의 世系는 지금으로
서는 잘 알 수가 없고, 家門의 지위를 다져나간 것은 庾弼의 후손
들이었다. 그러면 먼저 平山庾氏에서와 마찬가지의 요령에 의거하
여 茂松庾氏의 世系圖를 만들어 제시하고 이 家門에 대해 하나하
나 설명하여 가기로 하겠다.

Ⅳ. 茂松庾氏家門의 展開過程

1. 庾應圭系

  庾弼은 슬하에 다섯 아들을 두고 있었다.[51] 그 가운데 지금은 應
圭(一名 元規)·資諒(一名 元儀) 형제의 이름만이 전해지고 있지
마는, 이 가운데 仁宗 9년(1131) 태생인 庾應圭는[52] 父蔭을[53] 입어

---

51)『高麗史』卷99, 列傳 庾應圭傳.

이미 벼슬길을 걸었던 것 같다. 그후에 그는 두 차례에 걸쳐 科擧
에 응시하였다가 모두 낙방하는 좌절을 맛보기도 하였다. 그렇지
만 庾應圭는 본래부터 穎悟하고 글짓기도 잘하는 편인데다가 당
시 省宰로 있던 아버지 덕택에 毅宗 5년에는 內侍로54) 들어갈 수
가 있었다. 이후 그는 여러 관직을 역임하고 南京留守判官(6品 이
상)으로 재직시에는 淸廉한 官員이라는 聲譽를 얻기도 하거니와,
京職으로 되돌아와서 閣門祗候(正7品)를 거쳐 考功員外郎(正6品)
에 재임하다가 武臣 鄭仲夫 등의 쿠데타에 의한 武臣亂(1170)을 만
나게 되었다. 그리하여 많은 文臣들이 학살을 당하고 정권이 文臣
으로부터 武臣의 손으로 넘어가는 일대 격변을 겪게 되지만, 그런
속에서도 庾應圭는 禍를 면하였을 뿐더러 무신란을 통해 새로 즉
위한 明宗의 신임을 받아 다시 內侍로 들어갔다가 곧 이어 工部郎
中(正5品)으로 승진하였다.55)

　그런데 이때 고려에는 하나의 큰 외교문제가 제기되어 있었다.
毅宗을 폐하고 그의 동생 明宗을 세운 사실을 어떻게 金나라에 이
해시키느냐 하는 과제였다. 庾應圭는 결국 이 난제 해결의 적임자
로 선발되어 明宗 卽位年 冬10月에 金나라로 가게 되거니와, 예상
했던대로 金은 毅宗의 병이 깊어 동생에게 禪讓하였다는 고려 측

---

52) 그는 明宗 5년(1175)에 45세를 일기로 卒去하였는데(『高麗史節要』卷
　　12, 明宗 5년 9월條), 이로써 환산하여 보면 탄생한 연대는 仁宗 9년
　　(1131)이 된다.
53) 李蘭瑛 編, 『韓國金石文追補』 165쪽, 庾應圭墓誌銘. 여기에는 '蔭'이
　　라고만 나와 있으나 이는 父蔭인 것이 거의 확실하다. 父親 이외에는
　　달리 蔭叙의 혜택을 줄 수 있는 자격을 갖춘 사람이 없기 대문이다.
54) 고려 때의 內侍는 주로 名門의 자제들이 入仕하는 국왕의 側近職이었
　　다.
55) 이러한 그의 행적은 『高麗史』卷99, 列傳 庾應圭傳과 『韓國金石文追
　　補』 165쪽의 庾應圭墓誌銘에 비교적 자세하게 전해지고 있다.

[茂松庾氏 世系圖]

庾告成
③ 檢校太子詹事

庾彦卿
③ 檢校太子太師

庾 弼
① 仁宗·毅宗
② 科擧
③ 平章事·判吏部事
④ i) 睿宗 後宮의 女
ii) 張贊의 女
※ 尙衣奉御

※ 庾祿崇
① 肅宗·睿宗
③ 僕射·叅知政事

庾應圭
① 毅宗·明宗初
② 蔭敍
③ 殿中監
某
某
某
庾資諒
① 明宗～高宗初
② 蔭敍
③ 左僕射
④ 龍宮 金存中의 女
※ 承宣

庾 禧
③ 春坊公子
※ 早死
庾世謙
① 高宗初
③ 戶部侍郎
女
女

庾 靖
① 科擧
③ 國學學諭
※ 早死
庾敬玄
① 高宗 19년 전후
② 科擧
③ 僕射
庾 桂
① 科擧
③ 內侍
※ 早死
(庾 輔)?
(女: 金公鼎)
① 高宗 19년 전후
③ 奉御
(女: 崔 珛)

庾 碩
① 高宗
② 科擧
③ 禮賓卿

(庾自貞) ——— (庾昌裔)
庾 弘
① 高宗 32년 전후
② 科擧
③ 左承宣
(④ 鐵原 崔宗蕃의 女)
※ 承宣
庾 瞷
① 元宗·忠烈王
③ 指諭
(女: 柳 淳)

庾 垓(世方)
③ 樞密副使
·左散騎常侍
④ 慶源 李長의 女
※ 上將軍
庾 超
① 元宗
④ 慶源 李藏用의 外孫女
(女: 奇淑昇)
(女: 光山 金鍊) ——— 金之淑
① 元宗·忠烈王   ① 忠烈王
③ 叅知政事   ③ 贊成事
(女: 太 珛)
(女: 李應詔)
① 元宗
③ 樞密院使
(女: 朴之秀)
(女: 林公衍)

(庾 保)
庾自惕(庾瑞)
① 忠烈王·忠宣王
③ 檢校評理
④ 橫川 趙扑의 女
※ 知密直司事
女: 陝州 李德孫
① 忠烈王
③ 知都僉議司事
(女: 羅 育)

庾 億
③ 義盈庫使·知鳳州事
庾 益(益堅)
③ 郎將
庾公濬
③ 令同正
女: 崔中安
③ 司憲糾正
女: 京山 李林宗
② 科擧
③ 民部直郎
女: 瑞州 鄭信綏
③ 典客令
女: 朴良桂
③ 散員
女

(庾 崇)
(庾 哲)
(庾 權)
(庾 瑠)
(女: 黃 綸)

(庾 實)
(庾 營)
(庾 謙)
(庾 敦)
(女: 趙 恂)
(女: 李 珍)
① 恭愍王
③ 評理
(女: 李長祿)
(女: 金義珍)
(庾公裔)
(庾公俊)
(庾公實)
(庾龜山)
(庾繁山)
(女: 崔福江)
(女: 盧 謙)
(女: 黃處中)
(女: 鄭 初)

黃順常
① 昌王
③ 版圖判書

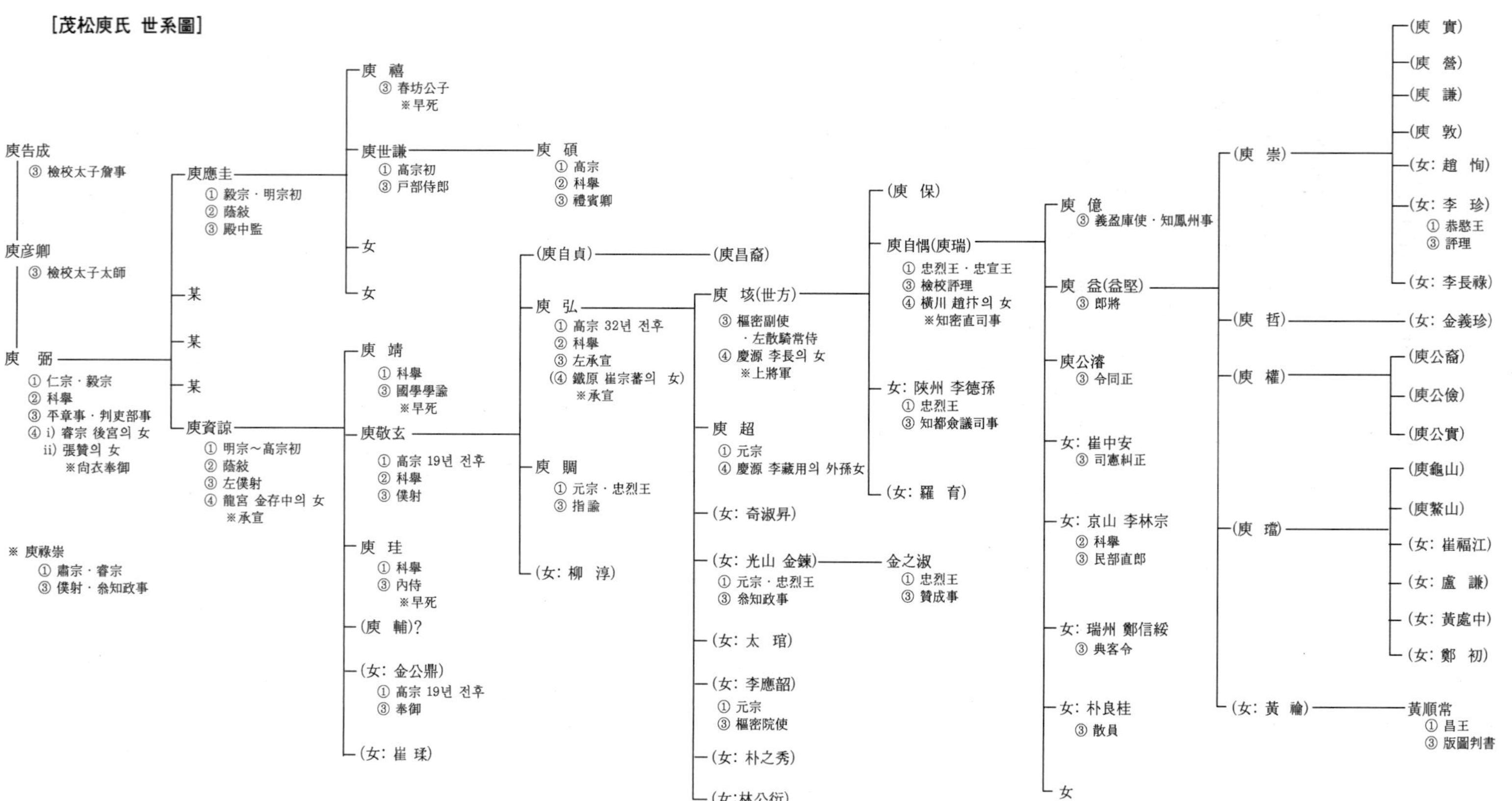

의 설명에 의아심을 품어 새 국왕의 즉위를 인정하려 아니하였다.
이에 그도 관복을 갖추어 입고는 대궐 뜰에 서서 무려 7일간이나
食飮을 전폐하고 버텨 마침내 新王에 대한 金나라 皇帝의 回詔를
받아냄으로써 이 문제를 마무리짓고 돌아오는 것이다.56) 이 공로
로 그는 軍器監(正4品) 겸 太子中舍人(正5品)으로 진급하고 후세까
지 기림을 받기도 하지마는,57) 武臣政權을 무너뜨리려는 金甫當의
起兵이 실패로 돌아가 文臣들에 대한 제2차의 학살이 자행되고 있
을 때 한 兵卒이 文臣出身 宰相인 尹鱗瞻을 결박하고 이어서 자기
에게로 다가오자 그는 그 兵卒을 꾸짖어 물리치고 諸將에게 찾아
가 항변하여 尹鱗瞻을 풀어주고 있으며,58) 또 武臣政權의 담당자
가운데 한 사람인 李義方이 제거되었을 때에도 군인들의 동요가
있자 庾應圭가 鄭仲夫에게 가서 고하여 무마시키고 있는 데서59)
그러한 면모를 잘 볼 수가 있다. 그간에 그는 殿中監(從3品)과 工
部侍郎(正4品) 등을 역임하며, 西京留守 趙位寵의 叛軍을 진압하
는 데에 한몫을 담당하는 등60) 활약이 많았지만, 明宗 5년(1175) 9
월에 이르러 45세를 일기로 卒去하고 말았다. 宰相家의 아들로 태
어나 武臣亂의 어려운 시기를 잘 극복하고 나름대로의 역할을 수
행하며 일정한 직위를 지켜간 사실이 주목된다 하겠다.
　　庾應圭는 2男 2女의 자녀를 슬하에 두었다.61) 그 가운데 장자인
禧는 春坊公子가 되었으나 일찍이 세상을 떠나고 말아 별다른 행

---

56) 『高麗史』 卷19, 世家 明宗 卽位年 冬10월 ·『高麗史節要』 卷11, 明宗
　　卽位年 冬10월 및 卷12, 明宗 元年 5월條.
57) 『高麗史』 卷75, 選擧志 3 銓注 叙功臣子孫 忠宣王卽位敎.
58) 『高麗史節要』 卷12, 明宗 3년 9월 ·『高麗史』 卷99, 列傳 庾應圭傳.
59) 『高麗史節要』 卷12, 明宗 4년 12월條.
60) 『高麗史節要』 卷12, 明宗 5년 春正月 ·『高麗史』 卷99, 列傳 庾應圭傳.
61) 『高麗史』 卷99, 列傳 庾應圭傳 ·『韓國金石文追補』 165쪽, 庾應圭墓
　　誌銘.

적을 남기지 못하였으나, 차자인 世謙은 戶部侍郎(正4品)을 지낸 것이 확인되며,[62] 아울러 高宗 初年에 침입해 온 거란 遺種을 격퇴시키기 위한 출동군의 兵馬副使로 참전한 사실도 전해지고 있다.[63]

良吏로 널리 알려진 庾碩은 바로 이 世謙의 아들이었다.[64] 그는 高宗 3년의 科擧에서 壯元으로 급제한 인재로,[65] 內侍에 속했다가 閤門通事舍人(正7品)을 거친 이후로는 忠淸道·全羅道의 按察使와 東南道都指揮副使·安東都護副使(5品 이상)·東北面兵馬使(3品) 등 주로 外任을 맡았다. 그런 가운데 특히 安東에서 훌륭한 政事를 펴 그곳의 백성들이 庾碩을 "부모와 같이 사랑하고, 神明처럼 존경하였다"고 전한다.[66] 그는 內職으로는 禮賓卿(從3品)과 知刑部事 등을 역임하지만, "성격이 剛直·淸白하여 權貴에게 阿諛하지 않았으므로 여러 차례 작은 過失로 인해 배척을 당하였으나 節介를 지켜 조금도 屈하지 않았다"는 그의 傳記(『高麗史』 卷121)의 평과도 같이 不義와는 전혀 타협치 않아 몇 번이나 유배되는 시련을 겪었다. 그의 下世도 실은 知刑部事로 재임중이던 高宗 37년(1250)에 上將軍 金寶鼎과 大將軍 李輔의 奴婢爭訟事件을 공정하게 처리하였다가 이들의 미움을 사서 모함을 받고 다시 安北都護副使로 貶斥당하여 그곳에서 맞는 것이다.[67] 崔氏武臣政權期의 어려운 시기를 살다가 간 한 官貝을 통해 당시 사회의 일 단면

---

62) 『高麗史』 卷99, 列傳 庾應圭傳.
63) 『高麗史節要』 卷14, 高宗 3년 8월·『高麗史』 卷103, 列傳 金就礪傳.
64) 『高麗史』 卷99, 列傳 庾應圭傳·『高麗史』 卷121, 列傳 庾碩傳.
65) 『高麗史』 卷22, 世家 高宗 3년 5월 및 同 卷73, 選擧志 1 科目 選場 高宗 3년 5월.
66) 『櫟翁稗說』 前集 2, 庾壯元碩條·『新增東國輿地勝覽』 卷24, 慶尙道 安東 名宦條.
67) 『高麗史節要』 卷16, 高宗 37년 秋7월·『高麗史』 卷121, 列傳 庾碩傳.

을 보는 느낌이다. 名門의 자제로 실력을 갖추고 있으면서 淸廉하고 不義를 몰랐던 庾碩은 人望의 收斂이라는 차원에서 등용은 되지마는, 거기에는 일정한 한계가 있었던 것이다.

庾碩의 후손에 대해서는 알려진 내용이 없다. 그렇다고 물론 자손이 전혀 없었다고 보기는 어려울 듯하나 아마 그렇게 뚜렷한 위치에 올랐던 인물이 배출되지는 않았던 모양이다. 그러면 이어서 다른 한 갈래인 庾資諒系에 대해 살펴보도록 하자.

2. 庾資諒系

庾資諒은 毅宗 4년(1150) 태생으로[68] 長兄인 庾應圭와는 19살의 차이가 나는 점으로 미루어볼 때 그는 庾弼의 다섯 아들 가운데 막내가 아니었을까 추정된다. 그리고 庾應圭가 睿宗 後宮 딸의 몸에서 태어난 데 비해 그는 奉御(正6品)를 지낸 張贊의 딸을 어머니로 하여 태어났으며,[69] 6세가 되던 어린 나이에 아버지를 여의었다. 하지만 이러한 여건에도 불구하고 庾資諒은 莊重·寡默하면서도 信義있고 淸儉한 인재로 자랐으며,[70] 특히 얼마 안된 나이에 형과 마찬가지로 宰相을 역임한 아버지의 蔭德을 입어 守宮署丞(正9品)이라는 파격적인 대우로 벼슬길에 오를 수도 있었다.[71]

---

68) 그는 80세가 되던 高宗 16년(1229)에 卒去하였으므로(『高麗史』 권99, 列傳 庾應圭 附 資諒傳·『東國李相國集』 卷36, 庾公墓誌銘·『朝鮮金石總覽』 上, 578쪽, 庾資諒墓誌). 이를 가지고 계산해 보면 탄생 연대는 毅宗 4년(1150)이 된다.

69) 위의 本人 墓誌.

70) 위와 같음.

71) 本人의 傳記에 "資諒 蔭補守宮署丞"이라 보이며, 墓誌에는 "年若干 以宰相子 直補守宮署丞"이라 기록되어 있다.

그리하여 在官중에 武臣亂(1170)을 만나는 듯싶거니와, 그 몇 년 전부터 庾資諒은 貴門의 자제들과 契를 하면서 그 안에 武人인 吳光陟과 文章弼 등을[72] 참여시켰었다. 처음에 그가 자기네 契에 이들 무인의 참가를 제안하였을 때 모두들 반대하였으나 그는, "交遊하는 사람 가운데에는 文·武를 구비하는 것이 옳다. 만약에 거절한다면 뒤에 반드시 후회가 있을 것"이라고 설득하여 저들을 가입시켰던 것이다. 그런데 과연 얼마 있지 않아 武臣의 난이 일어나서 많은 文臣들이 학살당하는 참극이 벌어졌으나 같은 契員들은 吳光陟 등의 도움으로 모두 무사하였다는 일화가 전해지고 있지마는, 이처럼 庾資諒은 무신란의 어려운 고비를 슬기롭게 넘길 수 있었다. 그리고 이후에도 단절없이 監察御史(從6品)·戶部郎中(正5品)·大府少卿(從4品)·兵部侍郎(正4品)·判司宰寺事(正3品) 등 대소의 관직을 두루 거쳐[73] 尙書左僕射(正2品)로 64세가 되던 康宗 2년에 引年 致仕한 후 閑居하다가 高宗 16년(1229)에 80세를 일기로 이 세상을 떠나는 것이다.[74] 우리는 이러한 庾資諒의 일생을 통해 역시 文班 宰相家의 아들로서 武臣亂의 고비를 잘 넘긴 한 사례를 봄과 동시에, 한편으로 省宰가 되지 못하고 64세에 引年 致仕한 것에서 그가 武臣執權期에 할 수 있었던 활동의 한계성 등을 느낄 수 있을 것 같다.

庾資諒은 毅宗의 지극한 총애를 받으면서 承宣(正3品)까지 지낸 金存中의 딸을 아내로 맞아[75] 靖·敬玄·珪의 세 아들과[76] 두 딸

---

72) 庾資諒의 傳記(『高麗史』 卷99)에는 吳光陟·文章弼로 나와 있고, 墓誌(『東國李相國集』 卷36·『朝鮮金石總覽』 578쪽)에는 吳光陟·李光挺으로 되어 있다.
73) 그의 官歷은 墓誌에 비교적 자세하게 소개되어 있다.
74) 本人의 傳記와 墓誌 및 『高麗史節要』 卷15, 高宗 16년 8월條.
75) 本人의 墓誌 및 『高麗史』 卷123, 列傳 金存中傳.
76) 이는 庾資諒의 傳記와 墓誌에 분명히 밝혀져 있다. 따라서 族譜에 따

을 슬하에 두었다. 그리하여 사위 가운데 한 사람으로 알려진 金公
鼎은 奉御(正6品)까지 지냈으나 그 이상의 진출은 하지 못한 것 같
고,77) 세 아들도 모두 科擧에 급제한 후 벼슬길에 올라 장자인 庾
靖은 國學學諭(從9品)를 지냈으며, 제3자인 庾珪는 內侍에 속하였
으나 이 두 사람은 일찍이 세상을 떠나는 바람에 家門은 次子인
庾敬玄이 이어갔다.78) 즉. 庾敬玄은 諫議大夫(正4品)와 尙書右丞
(從3品)·知御史臺事(從4品), 그리고 右承宣(正3品)을 지내는 동안
國子試 試官을 맡기도 하고, 또 몽고와의 전쟁 기간에 達魯花赤으
로 와서 많은 행패를 부렸던 都旦을 무마하는 일을 담당하는 등 여
러가지 활동을 한 사실이 확인되는 것이다.79) 그는 결국 尙書左僕
射(正2品)·翰林學士承旨(正3品)로 세상을 마치지만,80) 가세는 자
손에 의해 다시 계승되었다.

　庾敬玄의 아들 가운데 族譜에만 보이는 自貞에 대해서는 달리
알아볼 길이 없고, 제3자인 贖는 고려를 배반하고 元에 仕宦한 逆
臣 洪福源의 아들 洪茶丘에게 투신하여 역시 본국을 모해하는 데
앞장섰던 인물의 하나였다.81) 그러므로 이 집안의 가세는 다시 次
子인 庾弘에 의해 이어져갔다고 할 수 있거니와, 그에 대해서는 左

　　로이 더 보이는 庾輔의 존재는 의문시되는 점이 많다.
77)『高麗史』卷23, 世家 高宗 19년 春正月·『高麗史節要』卷16, 同年 同
　　月條.
78) 庾資諒의 傳記와 墓誌.
79)『高麗史』卷74, 選擧志 2 科目 國子試 및 國子試之額 高宗 14년 3월·
　　『東國李相國集』卷33, 批答 庾敬玄讓監試試員 不允批答·『高麗史』
　　卷22, 世家 高宗 14년 12월 및 同 卷23, 世家 高宗 19년 2월·『高麗史
　　節要』卷16, 高宗 19년 2월條.
80) 李蘭瑛 編,『韓國金石文追補』219쪽, 庾自惕墓誌銘 및 同 277쪽, 高麗
　　茂松郡夫人庾氏墓誌銘.
81)『高麗史』卷26, 世家 元宗 11년 夏4월·『高麗史節要』卷20, 忠烈王 9
　　년 2월·『高麗史』卷104, 列傳 金方慶 附 忻傳.

承宣(正3品)에 재임중 國子試 試官을 맡은 사실이 전해지고 있
다.82) 이것에 의해 우리는 그가 科擧 급제자라는 사실도 동시에 알
수 있지마는, 族譜에 의하면 그의 처음 이름은 庾弘翼이었다고 한
다. 그렇다면 이 庾弘翼은 高宗 19년 당시에 忠州判官으로 있던
庾洪翼과83) 동일한 인물이었으리라는 생각이 많이 든다. 만약에
이와 같은 추측이 옳은 것이라면 庾弘은 科擧에 급제한 후 忠州判
官을 지내고, 이후 계속 지위가 올라 高宗 32년을 전후하여서는 承
宣의 요직에 재임하다가 40세가 채 안된 장년의 나이에 卒去하였
다는 그의 일대기를 그려볼 수 있다.

역시 族譜에 의하면, 庾弘의 아내는 鐵原人 崔宗蕃의 딸이었다
고 전한다. 이는 鐵原崔氏 族譜에 의해서도 확인되는 것으로 사실
인 성싶다. 이미 잘 알려진 바와 같이 鐵原崔氏는 고려의 前·後
期에 걸친 최대 閥族 가운데 하나로서, 崔宗蕃은 承宣(正3品)을 지
내고, 아버지 崔詵은 平章事(正2品)·判吏部事로 수상을 역임하였
으며, 두 형인 崔宗峻·崔宗梓는 각기 門下侍中(從1品)과 僕射(正
2品), 그리고 아들 崔坪도 樞密副使(正3品)의 지위에 올랐거니
와,84) 그의 한 딸이 庾弘과 혼인을 하였던 것이다. 사회적으로 通
婚圈이 상당히 중요한 의미를 가지고 있던 당시에 있어서 이와 같

---

82)『高麗史』卷74, 選擧志 2 科目 國子試之額 高宗 32년 5월 ·『動安居士
　　集』行錄 卷3, 和朴承制詩幷序. 특히 후자의 기록에는, "庾弘은 平章
　　事 資亮의 아들로 나이 40이 되지 않아 承宣으로 卒하였다"는 설명이
　　보인다. 여기서 '資亮'은 '資諒'임이 틀림없고, '子'는 '孫'을 오해한 것
　　이라고 생각된다. 이와 같은 世系는『韓國金石文追補』219쪽, 庾自惼
　　墓誌銘에 의해 분명하게 확인되는 것이다. 아울러 資諒의 직위도 이곳
　　에는 옳지 않게 되어 있다.
83)『高麗史』卷23, 世家 高宗 19년 春正月 ·『高麗史節要』卷16, 高宗 19
　　년 春正月 ·『高麗史』卷103, 列傳 李子晟傳.
84) 鐵原崔氏에 대해서는 朴龍雲, 1978,「高麗時代의 定安任氏·鐵原崔
　　氏·孔巖許氏 家門 分析」『韓國史論叢』3 (本書 所收) 참조.

은 혼인관계를 통해서도 우리는 茂松庾氏家의 위치를 이해하는
데 도움을 받을 수 있을 것 같다.

庾弘은 슬하에 璥(일명 世方)와 超의 두 아들을 두었는데, 그 가
운데 장자인 庾璥는 樞密副使(正3品)·散騎常侍(正3品)를 지내고,
아내는 慶源李氏 출신으로 上將軍(正3品)을 역임한 바 있는 李長
의 딸을 맞이하였다.85) 慶源李氏(仁州李氏)는 다 아는 대로 고려
전기의 최대 門閥家이고, 후기에도 상당한 가세를 이어온 것으로
알려져 있지마는, 그러나 李長의 派系만은 현재 잘 파악이 되지 않
는다.86) 『高麗史』 世家에 보면 李長은 大將軍(從3品)으로 활동하
고 있음이 확인된다.87) 그뒤에 그는 아마 上將軍으로 승진한 모양
같다.

庾超는 처음에 승려가 되었다가 還俗하여서는 李藏用의 孫女와
혼인하였다. 李藏用은 역시 慶源李氏 출신으로, 武臣政權 末期인
元宗朝에 文班의 대표가 되어 武人執政인 金俊과 林衍을 견제하
고 對元關係를 원만하게 조절하는 등의 중요한 역할을 수행한 인
물이다.88) 그런데 그에게는 아들이 없었으므로 庾超와 혼인한 孫
女는 아마 外孫女를 지칭한 듯싶거니와, 庾超는 그같은 관계로 하
여 李藏用을 따라 元에 들어갔다가 그곳에 머물면서 蒙古 皇帝에
게 본국의 承宣인 許珙 등을 무고하였다가 杖刑을 당하고 있는 것
으로 미루어89) 그렇게 떳떳한 사람은 아니었던 것 같다.

庾弘에게는 두 아들 이외에 여섯 명의 딸이 있어서 각각 출가하

---

85) 李蘭瑛 編,『韓國金石文追補』219쪽, 庾自惕墓誌銘 및 同書 277쪽, 高
    麗茂松郡夫人庾氏墓誌銘.
86) 李萬烈, 註 1) 論文.
87)『高麗史』卷24, 世家 高宗 41년 8월條.
88)『高麗史』卷102, 列傳 李藏用傳. 그에 대해서는 註 86) 논문 참조.
89)『高麗史節要』卷19, 元宗 13년 2월 ·『高麗史』卷105, 列傳 許珙傳.

여 가정을 이룬 사실이 족보에 밝혀져 있다. 그 가운데에서 우리의 주목을 끄는 사람은 둘째딸과 혼인한 金鍊과 네째딸과 결혼한 李應韶이다. 金鍊은 고려후기에 크게 族勢를 떨치는 名門의 하나였던 光山金氏의 후손으로 그 자신 忠烈王朝에 仕宦하여 叅知政事(從2品)를 역임하기도 하지만, 아버지 金坪은 大將軍(從3品), 아들 金之淑은 贊成事(正2品)를 지내며,[90] 李應韶의 경우 그 派系는 잘 알 수 없다 하더라도 元宗朝에 承宣(正3品)과 樞密院使(從2品) 및 守司空(正1品)・左僕射(正2品) 등의 요직에 올랐던 인물인 것이다.[91]

다음으로 庾垓는 각기 두 아들과 두 딸을 슬하에 두었으나 그 가운데 장자인 庾保와 한 사위인 羅育은 族譜에만 이름이 전하는 정도이고, 가문의 지위를 이어간 사람은 역시 차자인 庾自偶와 다른 한 사위인 李德孫이었다. 처음 庾瑞라는 성명을 사용했던 庾自偶는 元宗 元年(1260) 태생으로,[92] "나이 겨우 17세에 西材場判官이 되었다"는 것을 보면[93] 아마 蔭叙로 仕途를 걸은 게 아닌가 추정된다. 그러나 어떻든 그는 이후에 郎將(正6品)과 監察御史(從6品) 등을 역임하는데, 西海道按廉使로서 元나라로 들어가는 길에 그의 지역에 머물게된 忠烈王 일행의 供億을 담당하거나,[94] 李承

---

90)『高麗史』卷28, 世家 忠烈王 4년 6월・『朝鮮金石總覽』485쪽, 洪奎配
　　金氏墓誌・『高麗史』卷108, 列傳 金之淑傳 및 同 卷31, 世家 忠烈王
　　26년 11월條.
91)『高麗史節要』卷17, 高宗 46년 夏4월・『高麗史』卷25, 世家 元宗 元
　　年 12월・同 3년 12월・同 4년 12월 및 同 5년 8월條.
92) 그는 忠宣王 5년(1313)에 54세를 일기로 세상을 떠나므로(『韓國金石文
　　追補』219쪽, 庾自偶墓誌銘) 이에 근거하여 계산하면 生年은 元宗 元
　　年(1260)이 된다.
93) 李蘭瑛 編,『韓國金石文追補』219쪽, 庾自偶墓誌銘.
94)『高麗史』卷30, 世家 忠烈王 19년 冬10월・『高麗史節要』卷21, 忠烈
　　王 19년 冬10월・『高麗史』卷89, 列傳 后妃 忠烈王 齊國大長公主.

休를 일으켜 쓰려는 忠宣王의 詔書를 당해인에게 전달하는 등의
임무를 수행하는 것은95) 그로부터 얼마 뒤의 일이었다. 그후 庾自
偶는 典理摠郎(正4品)·三司右尹(從3品)·判通禮門事(正3品) 등을
지내고 散職으로는 檢校僉議評理(從2品)에까지 올랐다가96) 54세
가 되던 忠宣王 5년(1313)에 이 세상을 하직하지마는, 그간에 趙抃
의 딸을 아내로 맞아97) 3男 5女를 남겼다. 이들에 대해서는 잠시
뒤에 설명하겠거니와, 그의 장인이 된 趙抃은 역시 고려후기의 名
門인 橫川趙氏 출신으로 知密直司事(從2品)를 지내며, 다시 아들
文簡·文瑾 형제도 각기 同知密直司事(從2品)와 僉知門下政事(從
2品)를 역임한98) 사람들이었다. 아울러 庾自偶와는 매제 처남간이
되는 李德孫도99) 또한 判秘書省事(正3品)에 올랐던 李淳牧의 아들
로 그 자신 知都僉議司事(從2品)를 지내는 등 상당한 가세를 유지
해 간 陜州(陜川)李氏의 자손이어서100) 이들로 인한 茂松庾氏家의
신장을 당연히 생각할 수 있는 것이다.

　庾自偶墓誌銘에 명시되어 있는 3男 5女 가운데 그의 下世時에
義盈庫使(從5品)·知鳳州事로 있던 장자 庾億과, 郞將(正6品)을

---

95)『高麗史節要』卷22, 忠烈王 24년 忠宣 2월 ·『高麗史』卷106, 列傳 李
　　承休傳.
96) 그의 官歷은 본인의 墓誌銘에 비교적 자세하게 소개되어 있다.
97) 本人 墓誌銘 및『高麗史』卷103, 列傳 趙冲 附 抃傳.
98)『高麗史』卷103, 列傳 趙冲 附 抃傳 ·『高麗史』卷32, 世家 忠烈王 31
　　년 8월條.
99)『韓國金石文追補』276쪽, 高麗李德孫墓誌銘에는 그의 장인이 庾成
　　一이었다고 하여 지금까지 설명한 庾垓, 즉 庾世方과는 달리 나타나
　　고 있다. 혹 異名同人이 아닐까 짐작되기도 하나 확실한 내용은 잘
　　알 수가 없다.
100)『高麗史』卷102, 列傳 李淳牧傳 및 同 卷123, 列傳 李汾禧 附 李德孫
　　傳 ·『韓國金石文追補』276쪽, 高麗李德孫墓誌銘 및 同 277쪽, 高麗
　　茂松郡夫人庾氏墓誌銘.

지내던 次子 庾益 및 令同正이었던 第3子 庾公濬에 대한 기록은
달리 찾아지지 않으며, 사위 가운데서도 司憲糾正(從6品)을 지내던
崔中安과 散貝(正8品)의 지위에 있던 朴良桂는 마찬가지 형편이
다. 그러나 둘째 사위인 李林宗은,『帝王韻記』의 저자로 널리 알
려져 있고 벼슬은 密直副使(正3品)·監察大夫(正3品)까지 올랐던
京山人 李承休의 아들로서 그 자신은 科擧에 급제한 후 讞部散郎
(正6品)과 民部直郎(正5品) 등을 역임하였으며,101) 세째 사위인 鄭
信綏 역시 贊成事(正2品)까지 올랐던 鄭仁卿의 아들로서 본인은
典客令(正3品)을 지낸 사실이102) 확인된다. 茂松庾氏를 이해함에
있어 이와 같은 혼인관계 역시 주목해야 한다는 것은 다시 말할 필
요가 없다고 하겠다.

　족보에 의하면 앞서 도표로 제시한 바와 같이 庾益의 자손 여러
명이 가문을 이어간 것으로 되어 있다. 하지만 이들 가운데는 그의
孫女婿인 李珍이 恭愍王 때에 評理(從2品)로 재임한 사실과,103) 外
孫 黃順常이 昌王 即位年에 版圖判書(正3品)로서 私田革罷疏를
올리고 있는 것104) 이외에는 별다른 기록이 보이지 않는다. 아마
그렇게 뚜렷한 위치에 오르지는 못했던 때문이 아닌가 생각된다.

　이상에서 世系를 알 수 있는 茂松庾氏家의 인물들에 대해 알아
보았지만, 史書에는 이들 이외에도 꽤 많은 수의 庾氏姓을 가진 사
람들이 활동하는 기사가 실려 있다. 앞서 그와 같은 인물들 가운데
고려 초·중기에 활약하는 사람들은 대체적으로 平山庾氏와 관련

---

101)『高麗史』卷106, 列傳 李承休傳.
102)『高麗史』卷107, 列傳 鄭仁卿傳·『朝鮮金石總覽』473쪽, 鄭仁卿墓誌·
　　『石灘集』下, 附錄 恭愍王 9년 榜目. 마지막 史料에는 庾自惕가 庾日
　　遇로 나오는데 이는 기록상의 잘못으로 생각된다.
103)『高麗史』卷38, 世家 恭愍王 3년 2월 및 同 3년 11월條.
104)『高麗史』卷78, 食貨志 1 田制 祿科田 昌王 即位年 7월·『高麗史節
　　要』卷33, 昌王 即位年 7월.

이 있을 것이라는 추측을 하였다. 당시에는 平山庾氏系만이 上京 從仕했기 때문이었다. 비슷한 이유에서 고려후기에 활약하는 인물들은 대부분 茂松庾氏系가 아닐까 짐작된다. 물론 平山庾氏系가 전혀 없었다고 단정하기는 어렵다 하더라도 대체적으로는 그러했으리라고 생각되는 것이다. 이제 참고로 그들의 명단을 소개하면 아래와 같다.

庾世績 : ①明宗 ③少府監[105]
庾　寬 : ①明宗 ③閣門祗候[106]
庾亮才 : ①熙宗 ②禮部試 壯元及第[107]
庾松栢 : ①高宗 ②國子試 合格[108]
庾資弼 : ①高宗 ③郞將[109]
庾　泰 : ①高宗 ③散員[110]
庾希亮 : ①元宗 ③龍州守[111]
庾伯貞 : ①忠烈王 ③三司使[112]
庾　旰 : ①忠烈王 ③大樂丞[113]
庾良俊 : ①忠肅王 ③大護軍 ④坡平 尹宣佐의 女[114]

---

105)『高麗史』卷19, 世家 明宗 6년 秋7월・『高麗史節要』卷12, 同年 同月條・『高麗史』卷96, 列傳 尹瓘 附 鱗瞻傳.

106)『高麗史』卷20, 世家 明宗 20년 12월・『高麗史節要』卷13, 同年 同月條.

107)『高麗史』卷21, 世家 熙宗 2년 6월・『高麗史節要』卷14, 同年 同月條・『高麗史』卷73, 選擧志 1 科目 選場 熙宗 2년 6월.

108)『高麗史』卷74, 選擧志 2 科目 國子試之額 高宗 13년 3월.

109)『高麗史』卷24, 世家 高宗 42년 6월・『高麗史節要』卷17, 同年 同月條.

110)『高麗史節要』卷17, 高宗 45년 3월 및 夏4월・『高麗史』卷99, 列傳 崔惟淸 附 昷傳.

111)『高麗史節要』卷18, 元宗 10년 冬10월・『高麗史』卷130, 列傳 崔坦傳.

112)『高麗史』卷30, 世家 忠烈王 13년 6월・『高麗史節要』卷21, 同年 同月條.

113)『高麗史節要』卷22, 忠烈王 28년 11월條.

V. 맺음말

위에서 茂松庾氏를 중심으로 하여 平山庾氏家門도 함께 분석해 보았다. 그리하여 우리는 몇 가지 결론을 얻을 수 있었는데, 그것들을 요약하면 다음과 같이 정리가 된다.

첫째로, 茂松庾氏는 茂松縣에서 世居해 온 유력한 在地勢力의 하나로 고려의 중기에 해당하는 文宗～仁宗朝에 庾祿崇과 庾弼이 上京 從仕하게 되면서 비로소 起家한 家門이라는 것이다. 이는 고려의 지배신분층인 貴族官僚의 한 갈래가 地方 豪族－나중에는 上級 鄕吏層과 연결되어 있었다는 종래의 이해와 상통되는 현상으로 茂松庾氏는 그 일 사례라고 할 수 있다. 물론 고려 초·중기에는 庾黔弼을 始祖로 하는 平山庾氏가 상당한 가세를 유지하고 있었다. 그리하여 茂松庾氏도 이 平山庾氏와 系派를 같이하는 것으로 보려는 경향 역시 없지 않으나 실제는 그와 달랐던 것 같다.

둘째로, 그같은 起家의 계기는 科擧에 의해 마련되고 있다는 점이다. 庾弼이 그러하고 庾祿崇도 科擧에의 급제가 上京 從仕하는 전기가 되었던 것이다. 그러나 일단 中央官僚化하여 특권을 누릴 수 있는 지위에 오르게 되면 庾應圭·庾資諒 형제의 예와 같이 蔭叙를 통해 官途에 나가며, 그 자손들은 이 두 가지 방법을 적절히 이용하고 있다. 庾氏家의 분석에서는 科擧 출신이 다수 눈에 띄고 있지만 蔭叙 출신자도 확인된 사람들 이외에 더 있었을 가능성은 많다.

---

114) 『高麗史』 卷35, 世家 忠肅王 14년 冬11월 · 『稼亭集』 卷12 · 『朝鮮金石總覽』 648쪽, 尹宣佐墓誌.

세째로, 그리하여 茂松庾氏家門은 말할 것 없고 平山庾氏家門에서도 많은 인물들이 宰相 내지는 5品官 이상에 올라 가세를 이어갔다. 꽤 오래 전에 필자는 貴族的 특권을 누릴 수 있는 5品官 이상의 官人을 3代 이상에 걸쳐 배출하게 되면 그 집안은 貴族家門으로 행세할 수 있었을 것이라는 의견을 제시한 일이 있지만, 兩家는 모두 그와 같은 기준에 맞는 貴族家門이었다고 생각된다. 아울러 이러한 가문의 지위가 특히 茂松庾氏의 경우 1170년의 武臣亂에 큰 영향을 받지 않고 계속되고 있다는 점도 주목되는 내용이다.

네째로, 한 가문의 사회적 지위는 通婚圈에 잘 나타난다고 하였거니와, 茂松庾氏는 鐵原崔氏와 慶源李氏·橫川趙氏 및 光山金氏·陝州李氏·瑞州鄭氏·京山李氏 등 名門들과 인척관계를 맺고 있어서 그 집안도 자연적으로 크게 인정을 받았던 가문이라는 사실을 확인할 수 있다. 다 아는 대로 고려 때의 일급 가문은 대체적으로 外戚이었다. 茂松庾氏는 그러한 위치로까지 성장하지는 못하여 이 가문이 지니는 일정한 한계를 보이고는 있으나 名門으로서의 지위는 확고했던 것 같다. 平山庾氏의 경우 庾黔弼의 딸이 太祖의 夫人이 되고는 있지마는, 이때의 혼인은 貴族家門 대 王室의 관계가 아니라 王權의 安定策이라는 측면에서 이루어진 것이므로 그 성격은 좀 다른 것이었다.

요컨대, 우리는 平山庾氏와 함께 茂松庾氏家門의 分析을 통하여 고려사회의 貴族的 양상을 다시 한번 확인할 수 있었다고 생각된다.

(『李丙燾九旬紀念 韓國史學論叢』, 1987)

제6장

고려시대 東萊鄭氏家門 분석

I. 序 言

異說이 없지는 않지만 일반적으로 고려왕조는 貴族社會로 이해되고 있다. 그것은 고려가 특권적 지위를 세습적으로 향유하는 정치적·사회적 지배신분층인 貴族들이 대부분의 국가 요직을 점유하고 政策의 결정이나 價値의 배분을 귀족제적인 테두리 안에서 운영하여 갔다고 생각한 때문이었다. 연구자들은 종래 그같은 양상을 보여주는 제도적 장치로 흔히들 蔭敍制와 功蔭田柴法을 들었다. 음서제란 5품 이상 고급관료의 자손에게 科擧를 거침이 없이 官途로 나갈 수 있도록 한 제도이며, 공음전시법 역시 5품 이상의 고급관료에게 특별히 수여하여 자손에게 세습시킬 수 있도록 한 田柴 지급 제도의 하나로서, 그것은 귀족신분에게 베풀어진 특권으로 볼 수 있는 여지가 많기 때문이었다.

　이와 함께 당시 貴族官僚들의 존재 양상에서도 그 같은 모습이 찾아진다는 지적이 있었다. 그것은 구체적인 家門 내지는 家系를 분석하여 얻은 결과로서, 거기에 속한 각 인물이 帶有한 관직, 仕路로의 진출 방식 및 通婚圈 등을 살펴볼 때 귀족제적 사회현상이 드러난다는 것이다. 그리하여 현재 이 방면의 연구도 상당히 진척되어 꽤 많은 수에 달하는 貴族家門의 실체가 검토된 바 있다.[1]

　본고에서 다루려고 하는 東萊鄭氏家門에 대한 분석도 물론 그러한 한 사례연구에 해당하는 것이다. 사실 東萊鄭氏는 고려전기 이래의 名門으로서 여러 논자들의 관심을 끌어 이미 연구가 진행된 바 있다. 하지만 기존의 연구는 睿宗代에 李資謙勢力에 맞섰던 韓安仁派와 관련하여서거나,[2] 土姓 또는 內侍 문제를 검토하는 과정에서[3] 간략히 언급되는데 그치고 있을 뿐더러 잘못 설명되고 있

---

1) 藤田亮策, 1933·1934, 「李子淵と其の家系」『靑丘學叢』13·15.

　邊太燮, 1961, 「高麗朝의 文班과 武班」『史學硏究』11 ; 1971, 『高麗政治制度史硏究』, 一潮閣.

　李樹健, 1976, 「高麗時代 '土姓'硏究」『亞細亞學報』12 ; 1984, 『韓國中世社會史硏究』, 一潮閣.

　閔賢九, 1976·1977, 「趙仁規와 그의 家門」『震檀學報』42·43.

　朴龍雲, 1977, 「高麗時代의 海州崔氏와 坡平尹氏 家門 分析」『白山學報』23 (本書 所收).

　朴龍雲, 1978, 「高麗時代의 定安任氏·鐵原崔氏·孔巖許氏 家門 分析」『韓國史論叢』3 (本書 所收).

　李萬烈, 1980, 「高麗 慶源李氏家門의 展開過程」『韓國學報』21.

　朴龍雲, 1982, 「高麗時代 水州崔氏家門 分析」『史叢』26 (本書 所收).

　金蓮玉, 1982, 「高麗時代 慶州金氏의 家系」『淑大史論』11·12.

2) E. J. Shultz, 1983, 「韓安仁派의 登場과 그 役割－12世紀 高麗 政治史의 展開에 나타나는 몇 가지 特徵－」『歷史學報』99·100.

3) 李樹健, 1984, 「高麗前期 支配勢力과 土姓」『韓國中世社會史硏究』, 一潮閣.

　朴漢男, 1984, 「高麗 內侍와 門閥貴族의 形成關係－高麗前期 東萊鄭氏家門을 中心으로－」『首善論集』8.

는 부분도 없지 않은 듯하다. 따라서 東萊鄭氏 자체에 관한 한 좀 더 깊이있고 포괄적인 해명이 필요하다고 생각되는 것이다. 그런 취지에서 본고에서는 종래 다루어왔던 고려전기의 상황뿐 아니라 후기의 그에 대해서도 자료가 찾아지는 한도 내에서 언급하여 보고자 한다. 소론이지만 이것이 고려 귀족사회에 대한 우리들의 이해의 폭을 넓히는 데 조금이라도 보탬이 되었으면 한다.

Ⅱ. 東萊鄭氏의 起家

東萊鄭氏는 고려전기에 名門의 하나로 성장하지만 귀족사회가 난숙기로 접어드는 文宗朝(1047~1082)까지만 하여도 아직 東萊郡의 鄕吏 집안에 지나지 않았다. 현재 찾아지는 사료에 의하면 東萊鄭氏의 先世는 鄭之遠-鄭文道 父子까지 거슬러올라갈 수가 있는데, 文道의 아들이 되는 鄭穆墓誌銘에는[4] 그들이 모두 '郡長'이었다고 전하고 있으며, 다시 손자가 되는 鄭沆墓誌銘에는 '本郡戶長', 즉 東萊郡의 戶長이었다고 보이는 것이다.[5] 그리고 또 鄭文道 자신에 대한 기사를 싣고 있는 『新增東國輿地勝覽』 卷23, 東萊人物條에는 그가 '邑吏'였다고 적고 있어서, 이 점은 어느 정도 확실하다고 생각된다. 東萊鄭氏는 高麗初 이래로 本鄕인 東萊에서 대

---

4) 鄭穆墓誌銘은 1935년, 京城(서울)에서 간행된 鄭芝秀 編, 『東萊鄭氏一統譜』의 9冊 중 第1冊에 실려 있는데, 그것을 다시 金龍善氏가 1988, 『歷史學報』 117, 140~142쪽에 소개하여 지금은 쉽게 구해볼 수가 있다.

5) 李蘭暎編, 『韓國金石文追補』 99쪽, 鄭沆墓誌銘. "公諱沆 字子臨 其先本東萊郡人也 考諱穆攝大府卿 祖諱文道 曾祖諱之遠 皆爲本郡戶長"

대로 戶長의 지위를 이어갈 정도의 家門이었던 것이다. 다 아는 바와 같이 戶長은 향리의 직급 중 가장 높은 지위이었던 만큼 東萊鄭氏는 이 지역에서는 유력한 집안이었던 셈이다.

그러다가 東萊鄭氏가 중앙으로까지 진출하는 것은 文道의 아들 중 한 사람인 穆에 의해서였다. 鄭穆(1040 ; 靖宗 7년~1105 ; 肅宗 10년)은 일찍부터 靑雲의 뜻을 품고 있어서 18세가 되던 文宗 11년(1057)에 부모의 곁을 떠나 유학의 길에 나섰다. 그리하여 많은 어려움을 겪는 중에도 뜻을 세워 마침내 유학 10년째가 되는 文宗 20년(1066)에 科擧의 예비고시인 成均試에[6] 합격하며, 이후 점차 이름이 알려져가던 가운데 檢校將作監(正4品)의 지위에 있던 廣陵 출신 高益恭의 눈에 띄어 그의 딸과 혼인하게 된다. 鄭穆의 나이 32세가 되던 文宗 25년(1071)의 일이거니와, 이듬해에는 국왕이 주관하는 覆試에서 丙科로 及第하여 秘書省校書郎同正(正9品)을 제수받음으로써[7] 중앙의 정계에서 벼슬생활을 시작하게 되는 것이다. 지금까지의 과정을 보기쉽게 다시 정리하면 아래와 같이 된다.

靖宗 7년(1040) 出生
文宗 11년(1057, 18세) 辭親 遊學
 〃   20년(1066, 27세) 成均試에 합격
 〃   25년(1071, 32세) 檢校將作監(正4品) 廣陵 高益恭의 女와 혼인
 〃   26년(1072, 33세) 覆試에서 丙科로 及第. 秘書省校書郎同正(正9品)을 제수받음.

여기에서 우선 우리는 鄭穆이 立身하는 계기를 科擧 及第에서

---

6) 成均試에 대해서는 현재 科擧의 예비고시라는 견해와, 成均館에의 입학자격시험이라는 견해로 엇갈려 있으나, 여기서는 전자의 의견에 따른다.

7) 이상의 설명은 註 4)의 鄭穆墓誌銘에 의한 것인데, 鄭穆에 관한 다음의 설명 역시 마찬가지이다.

찾고 있다는 사실에 주목하게 된다. 그러나 寒微한 향리의 자제로서 유학하는 동안의 어려운 사정을 반영하듯, 비교적 늦은 시기인 32세가 되어서야 그 뜻을 이루고 있으며[8] 또 初仕職도 대부분의 급제자가 實職을 받고 있는 바와는 달리 散職인 同正職을 받고 있다는 점도[9] 눈길이 가는 대목이다. 이렇게 鄭穆은 그의 능력에도 불구하고 여러 가지 불리한 여건을 안고 벼슬길을 시작하지마는, 그 이후에도 동료들과 화합하기에 노력하는 등 언동을 극히 조심하였다. 그러했기 때문에 族姓者 가운데에 그를 시기하는 사람이 있었으나 어찌하지 못하였다 한다.

鄭穆의 벼슬은 그후 조금씩 승진하여 從3品官인 攝大府卿까지 이른다. 그간에도 신중한 언동을 견지하여 별다른 과오 없이 관직 생활을 계속하면서 착실히 지위를 높여갔던 것이다. 이 점에 대해 그의 墓誌銘에는, "從事에 謹愼 自規하였고 그 云爲도 操守하여 마침내 敗戾됨이 없었다"고 서술해 놓고 있다. 아래에 初仕 이후 그의 官歷과 行蹟을 간략하게 정리하면 다음과 같다.

> 文宗 30년(1076, 37세) 軍器主簿(正8品)·高州通判(7品). 還京後 魏繼廷·尹瓘 등과 깊이 사귐.
> 宣宗 卽位年(1084, 45세) 永淸縣 守令으로서 惠政을 베품.
> 〃 3년?(1086, 47세) 邵台輔의 추천으로 直史館(8品 또는 權務)이 됨.
> 〃 10년(1093, 54세) 監察御史(從6品)
> 　　　　　　　　　春夏番東北面兵馬判官·甲仗別監　兼宣撫使로 窮民을 救恤함.
> 未 幾　　　　　　殿中內給事(從6品)
> 　　　　　　　　金州 守令

---

8) 고려 때 科擧 급제자의 평균 연령은 24.4세였다. 이 점에 대해서는 朴龍雲, 1990,「高麗時代의 科擧－製述科의 運營」『高麗時代 蔭敍制와 科擧制 研究』, 一志社, 302～309쪽 참조.
9) 급제자의 초직에 대해서도 上同 논문, 277～298쪽 참조.

左拾遺(從6品)・知制誥

여러번 옮겨	殿中侍御史(正6品)
肅宗 2년(1097, 58세)	起居郎(從5品)
여러번 옮겨	刑部侍郎(正4品)
	禮部侍郎(正4品)
肅宗 10년(1105, 66세)	春에 3品官(攝大府卿, 從3品)
	3월 病革
	5월 卒去

　이 같은 官歷을 대하면서 우리는 그의 승진 속도가 좀 느리다는 느낌을 받는다. 初仕後 15년이 되어서야 급제자들이 즐겨 취임하는 館職의 하나인 直史館에 임명된 점에서나, 특권적 지위를 누릴 수 있는 5品官까지 올라가는 데 26년이 소요되었다는 점에서도 그러하다. 좀 늦게 관직생활을 시작한 탓도 있겠지만, 그렇기 때문에 그는 66세를 일기로 卒去할 때까지 從3品官에 그치고 있다. 관직생활을 시작한 초기에 그는 魏繼廷・尹瓘 등과 가깝게 지냈다는 사실이 墓誌銘에 전해지고 있는데, 이들 중 尹瓘은 鄭穆보다 2년 늦게 급제하고 있으며,[10] 魏繼廷도 확실치는 않으나 비슷한 시기에 급제한 듯하다.[11] 그럼에도 불구하고 윤관과 위계정은 鄭穆보다 훨씬 빠른 속도로 승진하고 있다.[12] 위계정의 경우 世系가 분명치 않아 직접 비교하기는 좀 어렵지만, 어떻든 鄭穆의 승진이 늦어진 이유 가운데 하나가 향리의 자손이라는 그의 家門과 관련이 깊었으리라는 짐작은 가능하다고 본다.

　그러나 이 같은 사정에도 불구하고 鄭穆은 급제하여 仕宦한 것을 계기로 그의 家門을 향리에서 중앙관료의 집안으로 상승시킨

---

10)『高麗史』卷96, 列傳 尹瓘傳・「高麗朝科擧事蹟」 해당 年月條.

11)『高麗史』卷95, 列傳 魏繼廷傳.

12)『高麗史』의 宣宗과 肅宗 世家에 올라있는 尹瓘과 魏繼廷의 관직을 鄭穆의 것과 비교해 보면 분명하게 알 수 있다.

것이었다. 한데 거기에 이어서 집안의 위치를 한층 더 높이는 일이
그의 아들들에 의하여 이루어지고 있었다. 그는 슬하에 네 아들을
두었는데, 그 중 맏을 제외한 나머지 세 아들이 모두 科擧에 급제
하고 벼슬길에 올라 촉망을 받고 있었던 것이다.[13) 이러한 家勢를
바탕으로 그는 당시 名門의 하나인 江陵王氏(江陵金氏) 집안에서
며느리를 맞아 그 기반을 한층 굳히어가기도 한다. 즉 그는, 太祖
의 功臣으로 內史令(從1品)까지 지냈던 王乂의 玄孫으로서, 자신
은 直門下省·上將軍 등을 거치는 동안 특히 뒤에 왕위에 오르는
肅宗을 도와 이른바 李資義의 난을 진압하고 叅知政事(從2品)·判
兵部事를 역임하는 王國髦의 딸을 넷째 아들 鄭沆의 배필로 받아
들이고 있는 것이다.[14) 요컨대 鄭穆은 本人이 科擧에 급제하여 중
앙의 官界로 진출함으로써 起家의 바탕을 마련하였고, 이어서 여
러 아들들도 급제하여 벼슬을 한 위에 江陵王氏와 같은 名門과 혼
인을 맺으면서 점차 家門의 위치를 높여갔다고 하겠다.

　앞서 인용한 일이 있는『新增東國輿地勝覽』卷23의 鄭文道에
관한 기록을 보면, 그는 세 아들을 두었는데 모두 登科하였다고 전
하고 있다. 그렇다면 穆 이외에 급제한 아들이 두 사람 더 있었다
는 이야기인데, 이는 필시 기록상의 잘못이 아닐까 짐작된다. 이
사실이 鄭穆墓誌銘이나 鄭沆墓誌銘을 비롯하여 어디에도 나타나
있지 않기 때문이다. 혹 鄭穆의 세 아들이 급제한 내용을 잘못 기
록한 것은 아닐까. 族譜에는 及第한 鄭穆만이 上京 從仕하고, 그
렇지 못한 다른 한 아들인 鄭先祚는 향리로서 그대로 本鄕에 머물

---

13)『歷史學報』117, 鄭穆墓誌銘.
14)『增補文獻備考』卷47, 帝系考 8 江陵金氏條 ·『高麗史』卷95, 列傳 邵
　　台輔 附 王國髦傳 ·『韓國金石文追補』99쪽, 鄭沆墓誌銘. 이에 대해서
　　는 朴龍雲, 1978,「高麗前期 文班과 武班의 身分 問題」『韓國史硏究』
　　21·22, 48〜51쪽 (本書 所收) 참조.

은 것으로 되어 있다. 추론이기는 하지만 이 기록이 사실에 가깝다
는 생각이 많이 든다. 후술하거니와 일시 죄를 얻어 歸鄕하는 鄭叙
의 경우와 연관시켜 볼 때 더욱 그러했을 가능성이 많다고 짐작되
는 것이다.15) 만약에 이러한 추측이 옳다고 한다면 이미 얼마의 사
례를 통해 드러나고 있듯이, 한 家門 내에서도 어떤 派系는 上京
從仕하여 중앙 貴族化의 길을 걸은 데 비해, 다른 派系는 지방의
향리로 그대로 머무는 양상을 東萊鄭氏에서도 찾아볼 수 있다는
점에서 이 부분 역시 관심을 가질 필요가 있다고 생각된다.

Ⅲ. 東萊鄭氏家門의 展開過程

1. 高麗前期의 東萊鄭氏

鄭穆代에 이르러 起家의 기틀을 마련한 東萊鄭氏는 그의 후손
들이 계속하여 중앙관료로 진출함으로써 집안의 위치를 점차 상승
시켜 갔다 함은 이미 위에서 지적하였다. 그러면 먼저 그 상황의
개략을 대체적으로 武臣亂(1170)이 일어나 사회가 크게 바뀌기 이
전인 고려전기로 한정하여 世系圖로 소개하고 설명을 이어가도록
하겠다. 이 世系圖에는 당해인에 대한 이해의 편의를 위해 ①에는
주활동 시기, ②에는 蔭敍·科擧 여부, ③에는 최고 직위, ④에는
妻와 그 家門 등을 아울러 첨가코자 한다. 하지만 그 내용 중에서
族譜에만 보이는 사실은 ( )로 표시하여 구분해 두도록 하겠다.

---

15) 李樹健, 註 3) 論文 209쪽.

[高麗前期의 東萊鄭氏 世系圖]

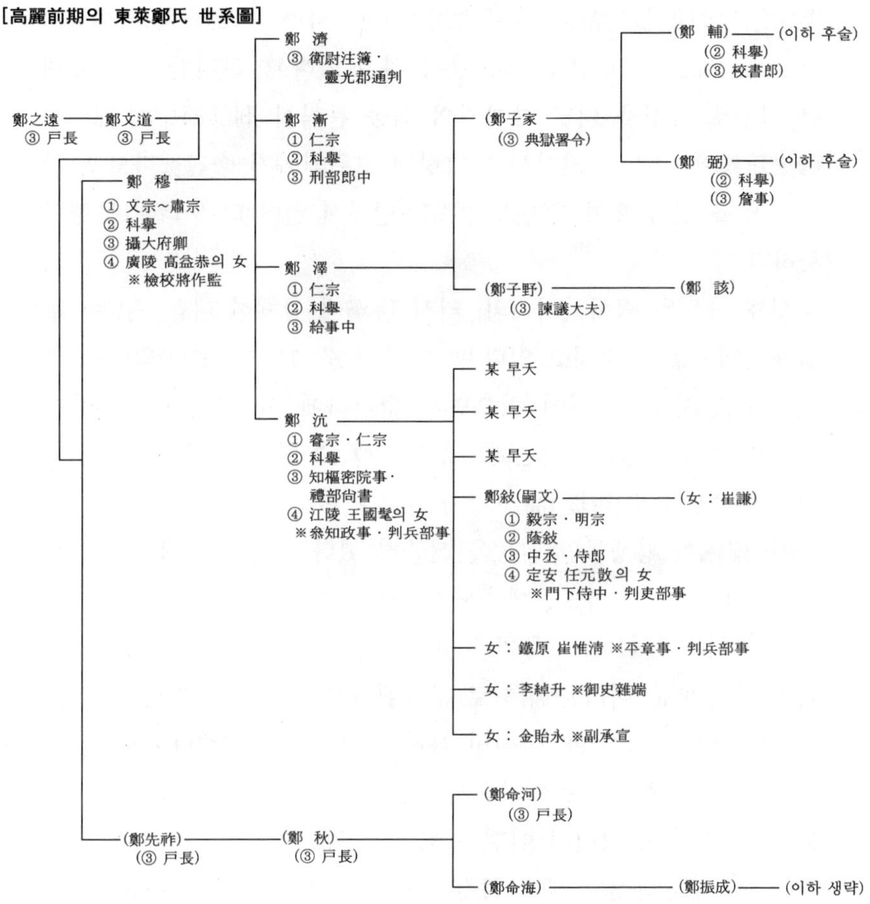

鄭穆의 첫째 아들은 濟인데, 科擧 출신은 아니었지만 吏術로 벼
슬을 얻어 衛尉注簿(從7品)·靈光郡通判(7品)을 지냈다. 그러나 그
는 일찍 세상을 떠나는 바람에 높은 지위에 오르지는 못하였다.16)
둘째 아들의 이름은 漸이었다. 그는 형과 달리 科擧에 급제한 후

16)『歷史學報』 117, 142쪽 鄭穆墓誌銘 ·『韓國金石文追補』 98쪽 鄭沆墓
    誌銘.

衛尉注簿同正(從7品)을 거쳐 仁宗 9년(1131)에는 御史雜端(從5品)으로서 上疏하여 時政의 得失을 논하고 있다.17) 하지만 그도 57세를 일기로 세상을 떠날 때까지의 최종 관직이 刑部郎中(正5品)·御史雜端에 그치고 있어서18) 그렇게 고위직까지 승진했다고 말할 수는 없을 것 같으며, 향년도 仁宗 9년에서 얼마 더 누리지 못했던 듯하다.

셋째 아들은 澤이었거니와, 역시 科擧에 급제한 다음 內侍·雜織署丞(正9品)을 지내고 있다.19) 그 후 仁宗 11년(1133) 9월에는 禮賓少卿(從4品)의 지위에 있으면서 金나라에 사절의 임무를 띠고 파견된 사실이 전하지마는,20) 그도 또한 57세를 일기로 下世할 때의 지위는 給事中(從4品)·太子贊善大夫(正5品)에서 그치고 있다.21) 鄭穆이 평생동안 언동을 신중히 했다는 점에 대해서는 앞서 언급한 터이지만, 아들들에게도 "벌레가 性命을 온전히 하는 것은 毒이 없기 때문이며, 나무가 天年을 얻는 것은 材木이 될 만한 것이 아니기 때문"이라는 語句로 훈계했다고 전한다.22) 그와 같은 아버지의 훈도 영향일까, 아니면 아직도 그렇게 뚜렷했다고는 할 수 없는 가문적 배경 때문이었을까, 漸·澤의 지위는 4·5品에 머물고 있는 것이다. 그러나 어떻든 鄭澤의 系列에서는 아버지에 이어서 그의 아들 子家가 典獄署令(正8品), 子野는 諫議大夫(正4品)를 역임하였으며, 다시 子家의 아들 輔가 校書郎(正9品), 弼이 詹事(正3品)의 지위에 올랐다고 전해지고 있다. 그러나 이 기록은 族譜

---

17) 『歷史學報』 117, 142쪽, 鄭穆墓誌銘·『高麗史』 卷16, 世家 仁宗 9年 春正月條.
18) 『韓國金石文追補』 98쪽, 鄭沆墓誌銘.
19) 『歷史學報』 117, 142쪽, 鄭穆墓誌銘.
20) 『高麗史』 卷16, 世家 仁宗 11年 9月條.
21) 『韓國金石文追補』 98쪽, 鄭沆墓誌銘.
22) 『歷史學報』 117, 141쪽, 鄭穆墓誌銘.

에만 보이는 내용이므로 단정하여 말하기는 어려운 면도 있다는 점을 염두에 두어야 할 것 같다. 高麗後期에 활약하는 東萊鄭氏家의 인물은 모두가 이 澤－子家 系列인데, 그들에 대해서는 후술하기로 하겠다.

鄭穆의 아들 가운데 단연 두각을 나타낸 사람은 막내인 沆(1080 ; 文宗 34년～1136 ; 仁宗 14년)이었다. 그는 두 형과 마찬가지로 23세가 되던 肅宗 7년(1102)에 제술과에 급제하고 다시 왕이 친히 臨軒하여 치른 覆試에서 第2人으로 발탁되는 발군의 실력을 발휘하였다. 그리하여 內侍에 속했다가 尙州牧司錄을 거쳐, 睿宗의 즉위와 동시에 다시 內侍로 부름을 받고, 이어서 直史館 및 直翰林院에 임명된 이후 30여년간을 近侍職에서 떠나지 않을 정도로 두터운 신임을 얻었다. 예종의 뒤를 이어 나이 어린 仁宗이 즉위하여 李資謙이 擅權하는 동안에 그는 잠시 어려움을 겪지만, 그것은 오히려 忠直함이 인정을 받는 기회가 되어 李資謙이 敗沒하자(仁宗 4년 ; 1126), 일약 왕의 비서 역할을 맡는 權知承宣의 자리에 오르며, 이후 역시 10여년간 이 자리를 지키면서 여러 요직을 겸임하였다. 그가 仁宗을 도와 왕의 학업을 크게 성장시키고, 또 同知貢擧가 되어 우수한 인재를 선발하는 것도 이 때의 일이다. 그러나 지위는 樞密院知奏事(正3品)로 그치고 있는데, 병이 들어 위독하게 되자 知樞密院事(從2品)·禮部尙書(正3品)·翰林學士承旨(正3品)로 宰相의 班列에 올리지만 곧 세상을 떠나 57세를 일기로 생을 마감하게 된다(仁宗 14년 11월).23)

---

23) 이상의 설명은『韓國金石文追補』98쪽, 鄭沆墓誌銘·『高麗史』卷97, 列傳 鄭沆傳·『高麗史節要』卷10, 仁宗 14年 11月·『高麗史』卷15, 世家 仁宗 5年 3月·『高麗史』卷16, 仁宗 7年 8月·同 10年 3月·同 10年 4月·同 11年 5月·『高麗史』卷73, 選擧志 1 科目 1 選場 仁宗 12年 5月·『高麗史』卷16, 世家 仁宗 12年 6月·同 13年 8月·同 14

鄭沆은 王氏夫人과의 사이에 4男 3女를 두고 있었다. 하지만 그 중 위로부터 셋째까지의 男兒는 夭夭하고 막내인 嗣文(叙)만이 蔭叙로 벼슬을 하였다. 한데 그의 아내는 바로 定安任氏 任元皚(任元厚)의 딸이었다.24) 임원애는 수상을 지내는 懿의 아들로, 李資謙의 敗沒과 동시에 딸들도 廢妃되고 그 뒤를 이어서 자신의 딸이 仁宗妃가 되자 國舅로써 首相을 역임하며 아들들도 모두 고위직에 올랐다. 그리하여 定安任氏는 고려의 전·후기에 걸치는 名門이 되지마는,25) 鄭沆은 그 집안에서 며느리를 맞았던 것이다. 뿐 아니라 鄭沆은 딸을 閥族 가운데 하나인 鐵原崔氏 출신의 崔惟淸에게 출가시키고 있다.26) 최유청은 역시 平章事·判吏部事로 首相을 지내는 奭(錫)의 아들로, 그도 뒤에 亞相의 지위에까지 오르며, 여러 아들들 또한 고위직을 역임하였다.27) 御史雜端(從5品)을 지내는 李綽升과 副承宣(正3品)에 오른 金貽永 역시 그의 사위였지마는, 하여튼 자신은 江陵王氏에서 아내를 맞고 아들은 음서를 통해 벼슬을 시킴과 동시에 당시의 門閥家인 定安任氏와 鐵原崔氏에서 각각 며느리와 사위를 들이고 있는 鄭沆의 집안을 이제는 貴族家門으로 성장해 있었다고 보아도 좋을 성싶은 것이다.

鄭叙(嗣文)는 앞에서 설명했듯이 家蔭으로 벼슬길에 올라 良醞

年 11月條 등에 의거한 것이다.

24)『韓國金石文追補』98쪽, 鄭沆墓誌銘.

25)『高麗史』卷95, 列傳 任懿傳·同 附 元厚·克忠·克正·溥·濡傳·『韓國金石文追補』90쪽, 任懿墓誌銘. 定安任氏에 대해서는 朴龍雲, 1978,「高麗時代의 定安任氏·鐵原崔氏·孔巖許氏 家門 分析」『韓國史論叢』3, 45~50쪽 (本書 所收) 참조.

26)『韓國金石文追補』98쪽, 鄭沆墓誌銘·同書 159쪽, 東萊郡夫人鄭氏墓誌銘.

27)『高麗史』卷99, 列傳 崔惟淸傳·同 附 讜·詵傳·『韓國金石文追補』166쪽, 崔惟淸墓誌銘·同 274쪽, 崔讜墓誌銘. 鐵原崔氏에 대해서는 朴龍雲, 註 25) 論文 54~60쪽 참조.

丞同正(正9品)에 취임한 이래 仁宗妃인 恭睿太后의 妹壻로서 사랑을 받으며 꾸준히 지위가 높아져 內侍・郎中(正5品)까지 승진하였다.[28] 그런데 그는 才藝는 있었으나 성격이 좀 경박하였다. 그리하여 당시의 국왕인 毅宗의 동생 大寧侯 璟과 가까이 지내며 밤에 모여 宴飮했다가 탄핵을 받고 東萊로 유배당하지마는, 널리 알려진대로 鄭瓜亭曲은 바로 그가 유배지에서 임금을 그리워하며 지은 것이었다. 鄭叙의 유배사건과 관련하여 그와 처남 및 姉妹夫가 되는 任克正(任元敱의 子)・崔惟淸・李綽升・金貽永 등도 貶斥당하거니와,[29] 이들 중 後二者와 장본인인 鄭叙는 鄭仲夫 등에 의한 武臣亂으로 毅宗이 왕위에서 물러나고 明宗이 즉위한 다음에야 (1170) 赦免을 받고 還京한다.[30] 鄭叙는 서울로 돌아온 후 복직되어 中丞(從4品)과 侍郎(正4品) 등을 역임한 듯 싶은데,[31] 하지만 그의 후손들에 대해서는 별반 알려진 내용이 없다.

鄭穆과 鄭漸・鄭澤・鄭沆 3형제, 그리고 鄭子野・鄭叙가 이어가면서 계속하여 5품 이상의 고위직에 오름으로써 東萊鄭氏는 고려전기에 이미 정치적・사회적으로 뚜렷한 위치에 올라설 수 있었다. 그렇게 되자 科擧와 함께 蔭叙를 이용하여 官途로 나가기도 하며, 또 혼인도 당대의 門閥家인 江陵王氏・定安任氏・鐵原崔氏 등과 맺고 있었다. 東萊鄭氏 역시 고려전기 貴族家門의 하나로 성장했던 것이라 하겠다. 하지만 상대적인 의미에서 다른 貴族家門에 비해 그렇게 특출한 위치에 있었다고 말하기는 어려울 듯하다.

---

28)『高麗史』卷97, 列傳 鄭沆 附 叙傳.
29)『高麗史』卷90, 宗室傳 仁宗 大寧侯璟・同書 卷95, 任懿 附 克正傳・同書 卷99, 崔惟淸傳・『高麗史節要』卷11, 毅宗 5年 閏4月・同 5年 5月・同 11年 2月條.
30)『高麗史』卷19, 世家 明宗 卽位年 冬10月條.
31)『補閑集』卷上, 鄭中丞叙雜書 및『西河集』卷1, 古律詩 次韻鄭侍郎叙 詩幷序.

2. 高麗後期의 東萊鄭氏

武臣亂(1170) 이래로 활동하는 東萊鄭氏家의 인물은 앞서 지적했듯이 주로 鄭澤—鄭子家系列이었다. 그러면 그들에 대해서도 먼저 전기 때와 동일한 요령으로 世系圖를 제시하고 설명을 이어가도록 하겠다.

보다시피 鄭子家의 장손 系列은 鄭輔—鄭承宗—鄭筠—鄭惟義로 이어지고 있다. 그리하여 輔는 校書郎(正9品) 벼슬을 지냈고, 承宗은 錄事(下級品官 내지 吏屬), 筠은 大府少卿(從4品), 惟義는 判△府寺事(正3品 또는 從3品)를[32] 각각 역임하였다고 전해오는데, 그러나 이 내용은 모두 族譜에만 보이는 것이라는 자료상의 제약성을 지닌다. 하지만 鄭惟義의 아들인 瑚와 사위 許伯의 이름은 史書에서 찾아진다. 즉, 鄭瑚는 忠肅王이 元都에서 어려움을 겪고 있을 때에 執義(從3品)에 재직하며 忠節로 보좌하여 그후 여러 官僚들과 함께 2等功臣에 봉함을 받고 있는 것이다.[33] 그리고 許伯은 고려후기의 최대 문벌 가운데 하나인 陽川(孔巖)許氏 출신으로 아버지 冠은 戶部散郎(正6品), 할아버지 珙은 僉議中贊(從1品)을 역임하였고, 자신도 贊成事(正2品)의 지위에까지 오른 인물이었다.[34] 이 시기에 즈음하여 東萊鄭氏는 武臣執權期 동안의 부진을 씻고 꽤 부상되어 있었던 것 같다.

---

32) 判大府寺事(正3品)인지, 判少府寺事(從3品)인지, 그 점은 분명치가 않다.

33) 『高麗史』 卷35, 世家 忠肅王 14年 冬11月 戊子敎.

34) 『高麗史』 卷105, 列傳 許珙傳·同 附 許冠傳·『高麗史』 卷37, 世家 忠定王 元年 10月·同書 卷39, 恭愍王 5年 5月. 孔巖許氏에 대해서는 朴龍雲, 註 25) 論文 참조.

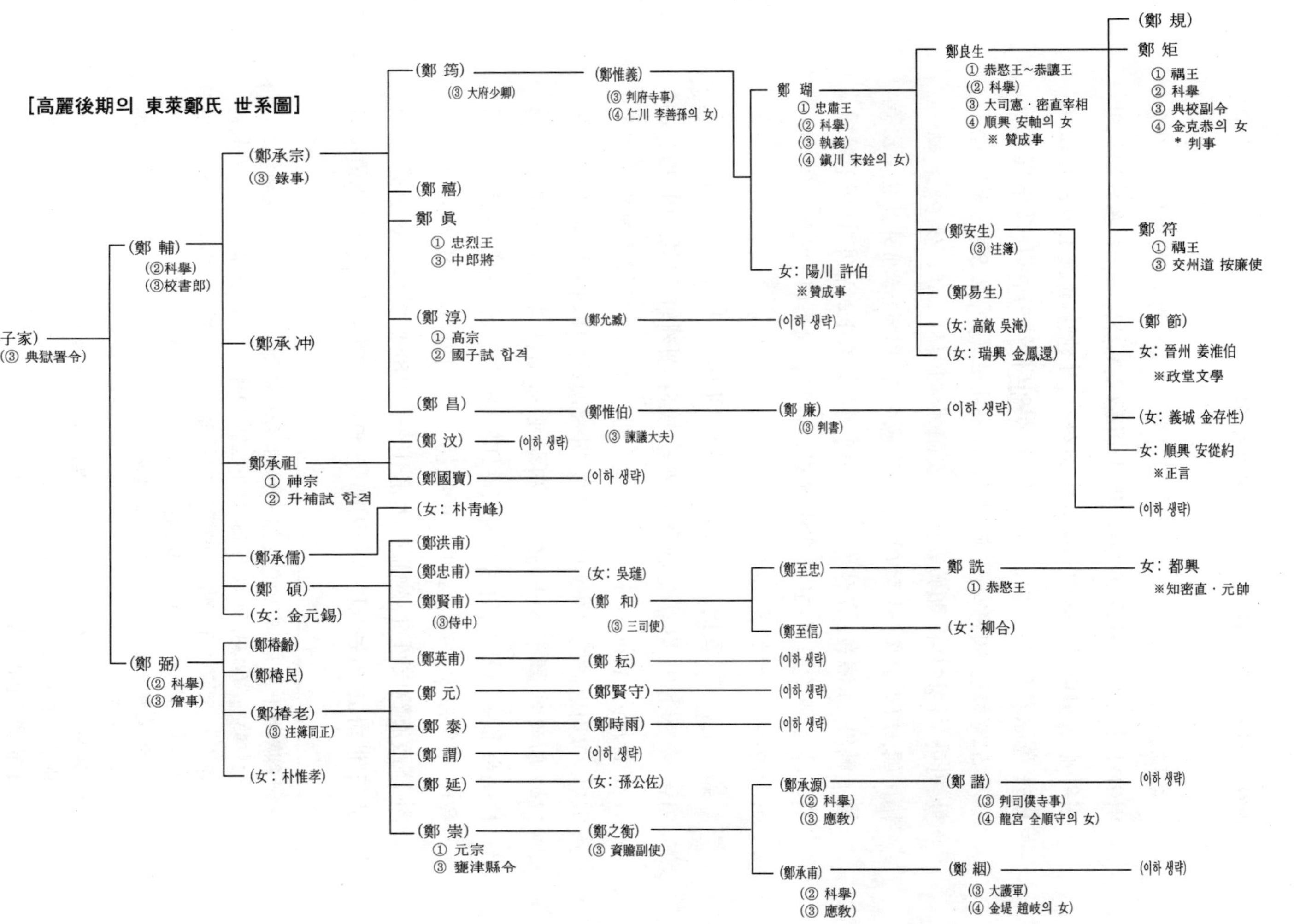

[高麗後期의 東萊鄭氏 世系圖]

(鄭子家)
③ 典獄署令

(鄭 輔)
② 科擧
③ 校書郎

(鄭 弼)
② 科擧
③ 詹事

(鄭承宗)
③ 錄事

(鄭承冲)

鄭承祖
① 神宗
② 升補試 합격

(鄭承儒)

(鄭 碩)

(女：金元錫)

(鄭椿齡)

(鄭椿民)

(鄭椿老)
③ 注簿同正

(女：朴惟孝)

(鄭 筠)
③ 大府少卿

(鄭 禧)

鄭 眞
① 忠烈王
③ 中郞將

(鄭 淳)
① 高宗
② 國子試 합격

(鄭 昌)

(鄭 汝) ── (이하 생략)

(鄭國寶) ── (이하 생략)

(女：朴靑峰)

(鄭洪甫)

(鄭忠甫)

(鄭賢甫)
③ 侍中

(鄭英甫)

(鄭 元)

(鄭 泰)

(鄭 謂)

(鄭 延)

(鄭 崇)
① 元宗
③ 甕津縣令

(鄭惟義)
③ 判府寺事
④ 仁川 李善孫의 女

女：陽川 許伯
※贊成事

鄭允藏 ── (이하 생략)

(鄭惟伯)
③ 諫議大夫

女：吳璡

(鄭 和)
③ 三司使

(鄭 耘) ── (이하 생략)

(鄭賢守) ── (이하 생략)

(鄭時雨) ── (이하 생략)

(이하 생략)

(女：孫公佐)

(鄭之衡)
③ 資贍副使

鄭 瑚
① 忠肅王
② 科擧
③ 執義
④ 鎭川 宋銓의 女

(鄭安生)
③ 注簿

(鄭易生)

女：高敵 吳淹

(女：瑞興 金鳳還)

(鄭 廉)
③ 判書

(鄭至忠)

(鄭至信)

(鄭承源)
② 科擧
③ 應敎

(鄭承甫)
② 科擧
③ 應敎

鄭良生
① 恭愍王~恭讓王
② 科擧
③ 大司憲·密直宰相
④ 順興 安軸의 女
※贊成事

(이하 생략)

(이하 생략)

鄭 詵
① 恭愍王

女：柳合

(鄭 諧)
③ 判司僕寺事
④ 龍宮 全順守의 女

(鄭 絪)
③ 大護軍
④ 金堤 趙岐의 女

(鄭 規)

鄭 矩
① 禑王
② 科擧
③ 典校副令
④ 金克恭의 女
＊判事

鄭 符
① 禑王
③ 交州道 按廉使

(鄭 節)

女：晉州 姜淮伯
※政堂文學

(女：義城 金存性)

女：順興 安從約
※正言

(이하 생략)

女：都興
※知密直·元帥

(이하 생략)

(이하 생략)

鄭瑚는 슬하에 몇 아들을 두었는데 그 중 장남인 良生이 가장 뛰어났다. 그는 別將(正7品) 및 大司憲(正3品)을 거쳐 密直宰相의 지위에 올랐다가 고려가 終焉을 고하기 직전인 恭讓王 4년(1392) 6月에 蓬原君으로 죽음을 맞고 있는 것이다.35) 아울러 그가 麗末에 크게 도약하는 順興安氏 軸의 딸을 아내로 들이고 있는 점도 주목할 만한 사항이다. 順興安氏는 安碩에 이어서 그의 세 아들 軸・輔・輯, 그리고 다시 軸의 아들 宗源이 科擧에 급제하였고, 그 중 軸・輔와 宗源은 승진을 거듭하여 贊成事(正2品)까지 역임하며, 계속하여 후손들이 고위직에 올라 名門이 되는데, 鄭良生은 바로 이 집안의 사위였던 것이다.36)

鄭良生은 그 安氏夫人과의 사이에 네 아들과 세 딸을 두지마는, 이들 중 활동이 컸던 인물은 둘째인 矩와 셋째인 符였으며, 딸들은 각기 晉州人 姜淮伯과 義城人 金存性, 順興人 安從約에게 출가하였다. 그러면 이들 가운데에서 먼저 鄭矩에 대해서부터 살펴보면, 그는 일찍이 禑王 3년(1377)의 科擧에 급제한 후 고려조에서는 典校副令(從4品)의 지위에까지 올랐다. 하지만 政爭에 휘말려 일시 유배되기도 하는데, 그러나 朝鮮朝에 들어가서는 여러 요직을 거쳐 議政府贊成까지 지내고 太宗 18년(1418)에 이르러 69세를 일기로 下世하고 있는 것이다.37) 鄭符 역시 고려조에서는 交州道按廉

---

35) 『稼亭集』 卷11, 安軸墓誌銘・『朝鮮金石總覽』 上 647쪽, 安軸墓誌・『高麗史』 卷133, 列傳 卷46, 禑王 2年 12月・『牧隱文藁』 卷19, 安輔墓誌銘・『朝鮮金石總覽』 657쪽, 安輔墓誌・『高麗史』 卷46, 世家 恭讓王 4年 6月・『新增東國輿地勝覽』 卷23, 慶尙道 東萊 人物.

36) 上同 安軸・安輔墓誌銘・『高麗史』 卷109, 列傳 安軸傳・同 附 宗源傳・輔傳.

37) 『高麗史節要』 卷31, 禑王 8年 春正月・『高麗史』 卷113, 列傳 崔瑩傳 禑王 8年・『朝鮮太宗實錄』 卷35, 太宗 18年 5月 丙辰・『新增東國輿地勝覽』 卷23, 慶尙道 東萊 人物.

使를 역임한 사실이 확인된다.38) 按廉使는 지방장관이므로 상당한 고위직이라 할 수 있는데, 조선조에 들어와서는 漢城府尹을 지내고 太宗 12년(1412)에 세상을 떠났다.39)

사위들 가운데 金存性의 경우는 활동 상황이 史書에서 찾아지지 않는다. 하지만 姜淮伯과 安從約은 역시 뚜렷한 발자취를 남기고 있다. 즉, 姜淮伯은 門下贊成事(正2品)를 역임한 姜蓍의 아들로, 科擧에 급제한 후 요직을 거쳐 政堂文學(從2品)·兼大司憲(正3品)의 지위까지 승진하였다. 그러나 그는 정치적으로 李成桂派의 반대편에 섰고, 또 동생 淮季가 恭讓王의 사위였던 관계로 왕조가 교체되는 과정에서 3父子 모두가 어려움을 겪었다.40)

安從約은 性理學을 전래한 것으로 유명한 安珦의 玄孫으로 아버지 瑗은 知申事(正3品), 할아버지 元崇은 密直副使(正3品)를 지냈다.41) 그도 고려조에서 右正言(從6品)을 역임하지마는,42) 조선조에 들어가서도 계속하여 활동을 하였다.43)

鄭良生의 딸은 한때 恭愍王妃의 간택에 참여한 일이 있거니와,44) 장본인이 누구였는지는 잘 모르겠다. 아마 셋 중 하나이었을 것으로 생각되는데, 이 역시 당시 東萊鄭氏의 위치를 짐작케 해준다는 점에서 주목된다. 東萊鄭氏는 고려 후·말기에도 자손들이 대를 이어서 고위직에 오르고 또 孔巖許氏·順興安氏·晉州姜氏

---

38)『高麗史』卷135, 列傳 卷48, 禑王 9年 10月.
39)『朝鮮太宗實錄』卷23, 太宗 12年 6月 庚午.
40)『高麗史』卷117, 列傳 姜淮伯傳.
41)『高麗史』卷46, 世家 恭讓王 4年 夏4月·同書 卷41, 世家 恭愍王 14年 9月條. 順興安氏의 家系에 대해서는 金光哲, 1991,『高麗後期世族層研究』, 東亞大出版部, 附錄 別表 1, 36, 順興安氏 참조.
42)『高麗史』卷46, 世家 恭讓王 3年 12月.
43)『朝鮮太宗實錄』卷1, 太宗 元年 正月 乙酉·同書 丙戌·『朝鮮世宗實錄』卷27, 世宗 7年 3月 甲午·同書 卷30, 世宗 7年 11月 甲寅.
44)『高麗史』卷132, 列傳 辛旽傳 恭愍王 15年.

등 당대의 名門들과 혼인으로 얽히면서 家勢를 이어갔음이 확인되는 것이다.

그러나 이러한 번성은 長孫 系列에 한정되고 있어서 東萊鄭氏가 지니는 한계성 같은 것도 나타나고 있다. 구체적인 상황을 볼 것 같으면, 鄭承宗의 항렬에서는 承祖가 神宗 7년(1204)에 실시된 升補試에서 수석으로 합격하고 있고,45) 鄭筠 항렬에서는 淳이 高宗 34년(1247)에 실시된 國子試에서 수석으로 합격한 사실이46) 전해지고 있는데, 하지만 그 뒤 이들이 本考試에서 及第했는지의 여부나 벼슬 등은 전혀 알려져 있지 않다. 史書에서 관직이 확인되는 인물은 忠烈王 당시에 中郎將(正5品)이었던 淳의 형 眞이47) 찾아지는 정도로 그치는 것이다. 淳의 동생 和의 경우 아들 惟伯과 손자 廉이 각각 諫議大夫(正4品)와 判書(正3品)를 역임했다고 하나 이는 族譜에만 실려 있는 내용이다.

鄭碩 — 鄭賢甫 — 鄭和 — 鄭至忠 系列에도 상당한 지위에 올랐던 인물이 있었던 듯, 역시 族譜에 전해지나 달리 확인할 길은 없고, 다만 至忠의 아들 誳이 恭愍王 10년(1361)에 침입한 紅巾賊을 격퇴하는 데 공로를 세워 그 사실이 이름과 함께 史書에 실려 있다.48) 그는 아마 중·하급 官僚나 무장이었던 모양이다. 鄭誳은 都興을 사위로 맞았거니와, 그는 知密直(從2品)의 지위에 올랐을 뿐더러 元帥로서 여러 전선에서 외적을 물리치는 데 크게 활약하고 있어49) 눈길이 간다.

---

45)『高麗史』卷74, 選擧志 2 科目 2 升補試 神宗 7年 2月.

46)『高麗史』卷74, 選擧志 2 科目 2 國子試之額 高宗 34年 4月.

47)『高麗史節要』卷22, 忠烈王 26年 11月 ·『高麗史』卷125, 列傳 宋玢傳.

48)『高麗史』卷113, 列傳 安祐傳.

49)『高麗史』卷44, 世家 恭愍王 22年 3月 · 同書 卷134, 列傳 禑王 6年 3月 · 同書 卷135, 禑王 9年 12月 · 同書 卷137, 禑王 14年 5月 ·『高麗史節要』卷35, 恭讓王 4年 6月條 등.

鄭弼－鄭椿老 系列에서는 椿老의 막내 아들 崇이 甕津縣令(7品 이상)으로 재임한 사실이 역시 史書에서 찾아진다.[50] 그와 함께 族譜에는 후손들이 계속하여 대소의 관직에 취임하였다고 기술하고 있는데, 그러나 이 사실은 여전히 확인이 되지 않는다.

요컨대 東萊鄭氏는 고려후기에도 일부 派系는 상당한 家勢를 이어갔음을 알 수 있다. 고려전기 때와 같이 귀족적 지위를 지켜갔던 것이라 하겠다. 하지만 그렇지 못한 派系도 여러 갈래여서 東萊鄭氏家가 지니는 한계성도 동시에 엿보이고 있다.

Ⅳ. 結 論

우리는 지금까지 高麗前期 이래의 名門 중 하나로 알려진 東萊鄭氏에 대하여 살펴보았다. 그리하여 몇 가지 사실을 확인할 수 있었는데, 그 점들을 정리하면 다음과 같다.

첫째로, 東萊鄭氏는 귀족사회가 난숙기로 들어서는 11세기 중반까지만 하여도 東萊郡의 鄕吏 집안이었으나 鄭穆이 科擧에 급제하여(1072 ; 文宗 26년) 벼슬을 시작함으로써 中央官僚化의 길을 걷게 되었다.

둘째로, 鄭穆에 이어서 그의 맏아들 濟를 제외한 漸·澤·沆이 모두 科擧에 급제하고 고위직에 오르며, 계속하여 澤의 아들 子野, 沆의 아들 叙(嗣文) 등이 높은 관직을 역임하여 家勢가 떨치게 된

---

50)『高麗史』卷25, 世家 元宗 元年 春正月條..

다. 이런 과정에서 鄭叙의 경우 蔭叙制를 이용하여 벼슬길에 나가고 있어 주목된다. 귀족적 특권을 누리고 있다는 점에서이다.

셋째로, 鄭沆 자신은 당시의 유력한 가문이었던 江陵王氏에서 아내를 맞고 있고, 다시 아들 叙의 배필을 外戚家門으로서 閥族이던 定安任氏에서 들이고 있으며, 딸은 당대의 名門인 鐵原崔氏 등에 출가시키고 있다. 이 같은 婚姻關係 역시 東萊鄭氏의 가세를 짐작케 하여 주는 것으로 주목되는 점이었다.

이렇게 3代 이상에 걸쳐 5품 이상의 고급관원을 배출하고, 科擧와 함께 蔭叙를 통해 벼슬길에 나가기도 하며, 또 門閥家와 혼인으로 얽혀 있던 東萊鄭氏는 貴族家門의 일원으로써 손색이 없다고 생각된다. 종래 東萊鄭氏를 그 같이 평가하여 온 것도 이런 연유에서였던 것이다. 그런데 넷째로, 이것은 鄭穆 系列에 한정되고 그의 동생인 鄭先祚 系列은 여전히 鄕吏로 本鄕에 머물렀다. 한 家門 내에서도 中央貴族과 鄕吏 신분이 共存하였던 것이다. 이 점은 이미 다른 가문의 분석을 통해서도 확인된 사항으로, 東萊鄭氏에서도 다시 엿볼 수 있었다.

다섯째로, 東萊鄭氏는 武臣執權期에 들어와 얼마간 부진을 면치 못한 듯하다. 그러나 鄭澤의 長孫 系列은 다시 5代餘에 걸쳐 고위직을 역임하며, 또 이 시기에 家勢를 떨치는 孔巖許氏・順興安氏・晉州姜氏 등과 혼인을 맺고 있다. 貴族家門으로서의 지위를 그대로 이어갔다고 하겠다.

여섯째로, 그러나 長孫 系列을 제외한 다른 여러 派系에서는 몇몇 官員을 배출하기는 했어도 家勢를 줄곧 유지, 발전시켜 나가지 못했던 것 같다. 이런 점에서 東萊鄭氏가 지니는 한계성을 동시에 살필 수 있었다.

『泰東古典研究』 10, 1993)

ㄴ

ㅈ

박 용 운(朴龍雲)

평북 선천군에서 출생
서울대학교 사범대학, 고려대학교 대학원 석사·박사과정을 마치고
동대학원에서 문학박사 학위 취득
성신여자대학교 조교수를 거쳐
현재 고려대학교 문과대학 한국사학과 교수

著 述

『高麗時代 臺諫制度 研究』,『高麗時代史』上·下,『高麗時代 蔭敍制
와 科擧制 研究』,『고려시대 開京 연구』,『高麗時代 官階·官職 研
究』,『高麗時代史研究의 成果와 課題』,『고려시대 中書門下省宰臣 연
구』,『高麗時代 尙書省 研究』,『高麗時代 中樞院 研究』,『高麗社會의
여러 歷史像』 외 論文 다수

高麗社會와 門閥貴族家門   정가 : 23,000원

2003년 7월 21일   초판인쇄
2003년 7월 30일   초판발행

저   자 : 朴 龍 雲
회   장 : 韓 相 夏
발 행 인 : 韓 政 熙
발 행 처 : 景仁文化社
편   집 : 申 鶴 泰
　　　　　서울특별시 마포구 마포동 324 - 3
　　　　　전화 : 718 - 4831~2, 팩스 : 703 - 9711
　　　　　E-mail : kyunginp@chollian.net
등록번호 : 제10 - 18호(1973. 11. 8)